第三册

Grant Thornton
致同

致同研究之企业会计准则实务指引系列

新收入准则解析与行业应用示例

致同会计师事务所（特殊普通合伙）专业技术部 编

中国财经出版传媒集团
中国财政经济出版社

图书在版编目（CIP）数据

新收入准则解析与行业应用示例／致同会计师事务所（特殊普通合伙）专业技术部编．-- 北京：中国财政经济出版社，2020.12

（致同研究之企业会计准则实务指引系列）

ISBN 978 - 7 - 5223 - 0250 - 8

Ⅰ.①新…　Ⅱ.①致…　Ⅲ.①企业会计－会计准则－中国　Ⅳ.①F279.23

中国版本图书馆 CIP 数据核字（2020）第 259941 号

责任编辑：潘　飞　　　　责任印制：史大鹏

封面设计：陈宇琰　　　　责任校对：胡永立

新收入准则解析与行业应用示例

XINSHOURU ZHUNZE JIEXI YU HANGYE YINGYONG SHILI

中国财政经济出版社 出版

URL：http：//www.cfeph.cn

E - mail：cfeph@cfeph.cn

社址：北京市海淀区阜成路甲 28 号　邮政编码：100142

营销中心电话：010 - 88191522

天猫网店：中国财政经济出版社旗舰店

网址：https：//zgczjjcbs.tmall.com

北京时捷印刷有限公司印刷　各地新华书店经销

成品尺寸：185mm×260mm　16 开　30.25 印张　562 000 字

2021 年 3 月第 1 版　2021 年 5 月北京第 2 次印刷

定价：98.00 元

ISBN 978 - 7 - 5223 - 0250 - 8

（图书出现印装问题，本社负责调换，电话：010 - 88190548）

本社质量投诉电话：010 - 88190744

打击盗版举报热线：010 - 88191661　QQ：2242791300

Grant Thornton
致同

www. grantthornton. cn

“Grant Thornton（致同）”是指 Grant Thornton 成员所在提供审计、税务和咨询服务时所使用的品牌，并按语境的要求可指一家或多家成员所。

致同会计师事务所（特殊普通合伙）是 Grant Thornton International Ltd（GTIL，致同国际）的成员所。GTIL（致同国际）与各成员所并非全球合伙关系。GTIL（致同国际）和各成员所是独立的法律实体。服务由各成员所提供。GTIL（致同国际）不向客户提供服务。GTIL（致同国际）与各成员所并非彼此的代理，彼此间不存在任何义务，也不为彼此的行为或疏漏承担任何责任。

编 委 会

序　言

致同会计师事务所（特殊普通合伙）管委会主席 

致同研究之企业会计准则实务指引系列（第三册）：《新收入准则解析与行业应用示例》是致同会计师事务所在连续17年对沪深A股上市公司年度报告进行跟踪分析、归纳总结的基础上，结合新收入准则的实施编写的一本对资本市场具有参考和借鉴意义的书籍。该书基于2017年财政部发布的修订后的新收入准则，对准则的核心要点进行归纳，并结合实务案例分析和实务应用示例对准则的判断框架和关键点进行梳理，以准则解析为切入点，将新收入准则核心要点和上市公司年度财务报告的相关披露示例呈现于读者，是一本很好的工具书。

会计信息披露质量的关键在于披露是否真实、可靠，披露是否充分、及时以及披露的对象之间是否具有可比性。真实、可靠源自于企业对会计准则的理解和应用。准则条文在实务中需要企业根据不同的情况作出判断和处理，准则涉及的内容繁多且部分要求较为原则，单纯地靠知识点记忆很难应对复杂的实务情形。本书以结构化、系统化、实例化的方式将准则的内容进行提炼，独特和创新之处在于第一章到第六章是对准则的判断框架或判断要点进行了梳理，第七章到第十八章以行业为基础对各行业的会计事项进行阐释，同时结合实务案例分析和上市公司年报中实务应用示例，会计处理和披露一目了然，以帮助读者深入理解新收入准则。此外，第十九章概述了A+H股上市公司执行新收入准则的总体情况，并以行业为基础选取了典型上市公司展示其年报中的披露。第二十章则给出了审计应对建议。

新收入准则对原收入准则做了较大改进，改革了现有的收入确认模型，明确收入确认的核心原则是“企业应当在履行了合同中的履约义务，即在客户取得相关商品或服务的控制权时确认收入”，强调企业确认收入的方式应当反映其向客户转让商品或服务的模式，确认金额应当反映企业因交付该商品或服务而预期有权收取的金额。基于该核心原则，新收入准则设定了统一的收入确认计量的“五步法”模型，即识别与客户订立的合同、识别合同中的单项履约义务、确定交易价格、将交易价格分摊至各单项履约义务、履行每一单项履约义务时确认收入。上述变化会广泛且深刻影响企业的会计实务和年报披露，这些内容都在本书中有所体现。

致同会计师事务所将结合企业会计准则的最新变化，持续关注上市公司年度报告，研究企业会计准则所涉及的复杂会计事项，深入挖掘披露案例，为资本市场提供更多有参考意义的实务案例。

2021 年 1 月

前　言

致同会计师事务所（特殊普通合伙合伙）首席合伙人　**李惠琦**

致同研究包括企业会计准则实务指引、国际财务报告准则实务指引、美国公认会计原则实务指引、审计准则实务指引、行业及监管案例研究等五大系列，部分研究成果也已陆续通过致同官微、致同官网等渠道对外发布。目前，致同研究出版物包括致同研究之美国公认会计原则实务指引系列（第一册至第四册）、致同研究之企业会计准则实务指引系列第一册《上市公司执行企业会计准则年报披露示例》、第二册《新金融工具准则解析及实务应用示例》、第三册《新收入准则解析与行业应用示例》及致同研究之审计准则实务指引系列第一册《新审计报告准则解读及上市公司审计报告案例解析》。本书是致同研究之企业会计准则实务指引系列的第三册。

在中国企业会计准则与国际财务报告准则趋同的大背景下，随着国际财务报告准则的变化，财政部自2017年以来陆续发布并施行新金融工具、新收入、新租赁等一系列新准则，新收入准则的发布与施行既是会计准则理论的发展变化，也是会计准则顺应商业模式的变化而做出的改变，它为实务中存在的一些有争议的、模糊的事项带来了解决的思路，同时也为会计实务带来了挑战。会计领域的从业者需要从新准则的角度对很多问题进行重新思考。总结实务中执行新准则的情况是学习和执行新准则的重要方式。

致同会计师事务所根据多年对上市公司年度报告进行跟踪分析、归纳总结的基础上编写了系列出版物。《新收入准则解析与行业应用示例》的特点在于理论篇结合实务篇，从十二个行业的业务模式出发，结合2018—2019港股、A+H股以及个别美股上市公司年报分析研究成果以及实务中遇到的典型案例和披露示例，参考财政部发布的新收入准则应用案例、证监会《上市公司执行企业会计准则案例解析（2020）》，选取各行业执行新收入准则广受关注和影响的会计事项进行归纳整理和分析，总结了A+H股公司新收入准则实施情况及一些变化较大的行业执行新收入准则相对完整的披露示例，给出相应的审计应对措施，供实务参考。我们希望，本书能够为执行新收入准则的企业提供一定的帮助。

2021 年 1 月

编者序

致同会计师事务所（特殊普通合伙）风险管理主管合伙人 **童登书**

信息披露是资本市场的命脉，会计信息的披露质量直接影响投资者的投资决策、经济利益以及资本市场的秩序稳定。上市公司会计信息披露的质量一直是我国政府监管部门重点关注的领域。为掌握上市公司执行企业会计准则、企业内部控制规范和财务信息披露规则的情况，证监会会计部每年都会组织专门力量，抽样审阅上市公司的年度财务报告，重点关注股权投资和企业合并、收入确认、金融工具、公允价值、资产减值、非经常性损益、所得税、政府补助等方面的会计处理、财务信息披露情况及其存在的问题，并对内部控制评价与审计报告的披露情况进行分析和总结，形成年度监管报告。因而，对上市公司执行企业会计准则的信息披露进行深入研究，可以为上市公司、非上市公司、会计师事务所、会计从业人员、会计研究者提供更多有参考意义的实务案例，有着重要的借鉴意义。

致同会计师事务所（特殊普通合伙）专业技术部从2003年年报开始，连续17年对沪深A股上市公司年度报告进行跟踪分析，形成事务所内部会计提示。新收入准则的施行，为会计实务和理论研究带来了新的挑战。《新收入准则解析与行业应用示例》结合历年的年报分析研究成果以及实务中遇到的典型案例，从新收入准则涉及的常见会计事项中选取一些广受关注的事项进行归纳整理和分析。本书共分三大部分，第一部分包括第一章至第六章，主要阐述了新收入准则的基本原理，包括新收入准则修订背景及主要变化、五步法模型、特定交易的会计处理、合同成本的会计处理、收入的列报与披露以及衔接规定。第二部分包括第七章至第十九章，分析了制造业、医药行业、汽车行业、建筑业、零售业、交通运输行业、酒店餐饮业、软件行业、房地产行业、影视行业、服务业、网络游戏行业的业务模式、新收入准则下的主要会计事项以及相关案例，最后总结了A+H股新收入准则实施情况及一些变化较大的行业执行新收入准则相对完整的披露示例。第三部分包括第二十章，总结了收入相关的审计应对。在未来，结合新租赁准则等新会计准则的陆续施行，我们将持续关注沪深两市A股上市公司的年度报告，继续研究企业会计准则所涉及的复杂会计事项，同时深入挖掘执行企业会计准则的上市公司年报中有参考借鉴意义的信息披露案例，陆续出版企业会计准则实务指引系列书籍。

我们希望本书可以作为与会计相关的学生、学者、会计从业人员、会计师事务所审计从业人员及财务报表使用者更好地理解和运用企业会计准则进行信息披露和报表分析的参考工具。

本书所有实务应用示例均摘录自相关上市公司公开披露的年度报告，实务中应以企业会计准则的规定和监管要求为准。致同的分析成果是基于各上市公司公开披露的年度报告，致同不对其相关会计处理发表评论，本书引用的内容也不表明致同赞同或不赞同其做法。本书不应视为专业建议，未征得具体专业意见之前，不应依据本书所述内容采取或不采取任何行动。

2021年1月

目　　录

第一章　**新收入准则的修订背景及主要变化** / 1

第一节　新收入准则的修订背景与实施规定 / 1

第二节　新收入准则的主要变化 / 4

第三节　新收入准则的适用范围 / 6

第二章　**新收入准则的"五步法模型"** / 10

第一节　识别与客户订立的合同 / 11

第二节　识别合同中的单项履约义务 / 24

第三节　确定交易价格 / 36

第四节　将交易价格分摊至各单项履约义务 / 48

第五节　在履行履约义务时确认收入 / 59

第三章　**特定交易的会计处理** / 75

第一节　附有销售退回条款的销售 / 75

第二节　附有质量保证条款的销售 / 79

第三节　主要责任人与代理人 / 82

第四节　附有客户额外购买选择权的销售 / 87

第五节　授予知识产权许可 / 92

第六节　售后回购 / 98

第七节　客户未行使的权利 / 101
第八节　无须退回的初始费 / 103

第四章　**合同成本的会计处理** / 107
第一节　准则概要 / 107
第二节　与原准则的差异及财务影响 / 110
第三节　难点与示例 / 112

第五章　**收入的列报与披露** / 115
第一节　财务报表列报 / 115
第二节　信息披露 / 118

第六章　**衔接规定** / 120
第一节　准则施行日期 / 120
第二节　合并财务报表的处理 / 121
第三节　衔接规定 / 122

第七章　**新收入准则应用示例：制造业** / 124
第一节　行业概述 / 124
第二节　主要会计事项与应用示例 / 127

第八章　**新收入准则应用示例：医药行业** / 154
第一节　行业概述 / 154
第二节　主要会计事项与应用示例 / 162

第九章　**新收入准则应用示例：汽车行业** / 171
第一节　行业概述 / 171
第二节　主要会计事项与应用示例 / 177

第十章　**新收入准则应用示例：建筑业 / 198**
第一节　行业概述 / 198
第二节　主要会计事项与应用示例 / 200

第十一章　**新收入准则应用示例：零售业 / 217**
第一节　行业概述 / 217
第二节　主要会计事项与应用示例 / 220

第十二章　**新收入准则应用示例：交通运输行业 / 246**
第一节　行业概述 / 246
第二节　主要会计事项与应用示例 / 249

第十三章　**新收入准则应用示例：酒店餐饮行业 / 255**
第一节　行业概述 / 255
第二节　主要会计事项与应用示例 / 258

第十四章　**新收入准则应用示例：软件行业 / 269**
第一节　行业概述 / 269
第二节　主要会计事项与应用示例 / 271

第十五章　**新收入准则应用示例：房地产行业 / 283**
第一节　行业概述 / 283
第二节　主要会计事项与应用示例 / 287

第十六章　**新收入准则应用示例：影视行业 / 307**
第一节　行业概述 / 307
第二节　主要会计事项与应用示例 / 311

第十七章 **新收入准则应用示例：服务业** / 321

第一节 行业概述 / 321

第二节 主要会计事项与应用示例 / 327

第十八章 **新收入准则应用示例：网络游戏行业** / 335

第一节 行业概述 / 335

第二节 主要会计事项与应用示例 / 339

第十九章 **新收入准则实施情况** / 355

第一节 A+H股上市公司新收入准则实施情况 / 355

第二节 新收入准则披露示例：制造业 / 356

第三节 新收入准则披露示例：交通运输、仓储和邮政业 / 361

第四节 新收入准则披露示例：采矿业 / 369

第五节 新收入准则披露示例：建筑业 / 379

第六节 新收入准则披露示例：电力、热力、燃气及水生产和供应业 / 391

第七节 新收入准则披露示例：房地产业 / 400

第八节 新收入准则披露示例：其他行业 / 410

第二十章 **审计应对** / 419

第一节 识别与客户订立的合同的审计应对 / 419

第二节 识别合同中单项履约义务的审计应对 / 424

第三节 确定交易价格的审计应对 / 425

第四节 交易价格分摊的审计应对 / 429

第五节 收入确认时点的审计应对 / 435

第六节 特定交易的审计应对 / 438

第七节 合同成本的审计应对 / 448

第八节　新旧衔接的审计应对 / 452
第九节　实务应用案例 / 454

后记 / 463
联系致同 / 464

第一章 新收入准则的修订背景及主要变化

2017年7月，财政部正式发布了《关于修订印发〈企业会计准则第14号——收入〉的通知》（财会〔2017〕22号）。《企业会计准则第14号——收入》（2017年修订）（以下简称“新收入准则”或“CAS 14”）与《国际财务报告准则第15号——与客户之间的合同产生的收入》（以下简称“IFRS 15”）趋同。执行新收入准则的企业，不再执行2006版《企业会计准则第14号——收入》和《企业会计准则第15号——建造合同》（以下分别简称“原收入准则”和“建造合同准则”）。

新收入准则将原收入准则和建造合同准则两项准则纳入统一的收入确认模型，以控制权转移替代风险报酬转移作为收入确认时点的判断标准，对包含多重交易安排的合同及某些特定交易的会计处理提供了更明确的指引。

第一节 新收入准则的修订背景与实施规定

随着市场经济的日益发展、交易事项的日趋复杂，实务中收入确认和计量面临越来越多的问题；客观上要求对准则中的收入确认和计量原则予以重新审视，切实解决实务问题。此外，国际会计准则理事会（IASB）和美国财务会计准则委员会（FASB）联合发布了《国际财务报告准则第15号——与客户之间的合同产生的收入》和《主题606——与客户之间的合同产生的收入》，为进一步规范企业收入确认、计量和相关信息披露，保持我国企业会计准则与国际财务报告准则的持续趋同，也需要对收入准则进行修订。

一、新收入准则的修订背景

2006 年 2 月，财政部发布《企业会计准则第 14 号——收入》和《企业会计准则第 15 号——建造合同》，对企业的收入确认、计量和相关信息的披露进行了规范。其中，原收入准则规范企业销售商品、提供劳务和让渡资产使用权取得的收入，建造合同准则规范企业建造合同取得的收入；销售商品收入主要以风险和报酬转移为基础确认，提供劳务收入和建造合同收入主要采用完工百分比法确认。然而，随着市场经济的日益发展、交易事项的日趋复杂，实务中收入确认和计量面临越来越多的问题。例如，如何划分收入准则和建造合同准则的边界，如何区分销售商品收入和提供劳务收入，如何判断商品所有权上的主要风险和报酬转移，如何确定按总额还是净额确认收入，对于包含多重交易安排或可变对价的复杂合同如何进行会计处理，等等。这从客观上要求准则制定机构完善收入相关准则，切实满足实践需要。

此外，国际会计准则理事会（IASB）于 2014 年 5 月发布了《国际财务报告准则第 15 号——与客户之间的合同产生的收入》，自 2018 年 1 月 1 日起生效。该准则改革了原有的收入确认模型，突出强调了主体确认收入的方式应当反映其向客户转让商品或服务的模式，确认金额应当反映主体因交付该商品或服务而预期有权获得的金额，并设定了统一的收入确认计量的五步法模型，即识别与客户订立的合同、识别合同中的单项履约义务、确定交易价格、将交易价格分摊至各单项履约义务、履行每一单项履约义务时确认收入。

综上，为切实解决我国现行准则实施中存在的具体问题，进一步规范收入确认、计量和相关信息披露，并保持我国企业会计准则与国际财务报告准则持续趋同，财政部借鉴 IFRS 15，并结合我国实际情况，修订发布了新收入准则。

二、新收入准则修订完善的意义

自我国 2006 年收入准则和建造合同准则发布至今已逾十载，财政部首次对收入相关准则进行了全面修订。本次修订的意义主要体现在：

一是有助于企业增强合同意识、规范合同管理。在市场经济条件下，市场主体之间的交易主要依据合同，合同约定了交易各方的权利和义务，且这些权利和义务受到法律保护。与大多数市场经济国家一致，新收入准则基于合同确认收入，有助于强化企业合同意识、规范合同管理，将有力推动我国的市场经济进一步走向成熟。

二是有助于提升企业收入信息的质量和透明度，并提高企业间收入信息的可比性。新收入准则要求采用统一的收入确认模型确认收入，以控制权转移代替风险报酬转移作为收入确认的标准，对于收入的确认、计量以及很多特定的交易和事项给出了具体指引，并要求企业充分披露与收入相关的信息，将有助于指导实务操作，满足企业收入核算的实际需要，提供更加可靠、可比、透明的收入信息，从而更好地为企业、投资人、监管机构等财务报表使用者进行经济决策提供依据。

三是有助于促进企业业务管理与会计管理的有机融合，全面提升企业的管理水平。与 IFRS 15 一致，新收入准则突出强调了企业确认收入的方式应当反映其向客户转让商品或服务的模式，确认金额应当反映企业因交付该商品或服务而预期有权获得的金额。企业在确认收入的过程中需要依据历史数据等进行大量的判断和估计，合同条款的约定直接影响收入确认的结果，会计核算所需的很多信息也会依赖于业务部门提供的相关信息。因此，新收入准则实施后，为确保企业收入信息的质量，必然促使企业更好地收集和整理相关业务信息，同时要求业务部门和财务部门之间密切合作，就相关交易的商业模式、支付条款、定价安排等进行充分沟通，这都将有力地推动企业内部管理和会计工作的有机融合，全面提升企业的管理水平。

三、新收入准则的实施时间和衔接规定

IFRS 15 于 2018 年 1 月 1 日开始施行，并允许主体提前采用。因此，所有在我国香港上市或在采用国际财务报告准则的境外市场发行权益证券或债券的境内公司，都须自 2018 年 1 月 1 日起执行该准则。考虑到我国 A 股上市公司、非上市公司等的情况和要求有所不同，财政部在兼顾我国的市场环境和企业的实际情况，并与国际趋同的基础上，采取了分步实施的策略，具体如下：

一是，对于在境内外同时上市的企业以及在境外上市并采用国际财务报告准则或企业会计准则编制财务报告的企业，自 2018 年 1 月 1 日起执行新收入准则，这一要求与 IFRS 15 的生效日期保持一致，以避免该类上市公司境内外报表出现差异。

二是，对于其他在境内上市的企业，要求自 2020 年 1 月 1 日起执行新收入准则，为这些企业预留两年的准备时间，以总结、借鉴境外上市公司执行新收入准则的经验，确保所有上市公司高质量地执行新准则。

三是，对于执行企业会计准则的非上市企业，要求自 2021 年 1 月 1 日起执行新收入准则，为这些企业预留近三年的准备时间，以确保准则在该类企业得到平稳有效实施。

四是，对于条件具备、有意愿和有能力提前执行新收入准则的企业，允许其提前执行新收入准则。

在衔接规定方面，IFRS 15 有两种方法供企业选择：一是允许企业采用追溯调整；二是将首次执行的累积影响仅调整首次执行该准则当年年初留存收益及财务报表其他相关项目金额，而不调整可比期间信息。我国新收入准则采用了第二种方法，以便既实现我国企业之间的财务报表信息可比，又避免追溯调整给企业带来的负担和影响。

第二节　新收入准则的主要变化

新收入准则建立了统一的收入确认模型，以控制权转移替代风险报酬转移作为收入确认时点的判断标准，并提供了更多明确的指引。

一、新收入准则修订的主要内容

新收入准则修订的主要内容包括：

1. 将原收入准则和建造合同两项准则纳入统一的收入确认模型

原收入准则和建造合同准则在某些情形下边界不够清晰，可能导致类似的交易采用不同的收入确认方法，从而对企业财务状况和经营成果产生重大影响。新收入准则采用统一的收入确认模型来规范所有与客户之间的合同产生的收入，并且就“在一段时间内”还是“在某一时点”确认收入提供了具体指引。除原收入准则和建造合同准则外，新收入准则还会替代《企业会计准则讲解（2010）》第十五章中关于“奖励积分”的规定，以及《企业会计准则解释第 3 号》中关于“企业自行建造或通过分包商建造房地产”的规定。

2. 以控制权转移替代风险报酬转移作为收入确认时点的判断标准

原收入准则要求区分销售商品收入和提供劳务收入，并且强调在将商品所有权上的主要风险和报酬转移给购买方时确认销售商品收入，实务中有时难以判断。新收入准则打破商品和劳务的界限，要求企业在履行合同中的履约义务，即客户取得相关商品（或服务）的控制权时确认收入，从而能够更加科学合理地反映企业的收入确认过程。

3. 对包含多重交易安排的合同的会计处理提供更明确的指引

原收入准则对包含多重交易安排的合同仅提供了非常有限的指引，具体体现在收入准则第十五条以及企业会计准则讲解中有关奖励积分的会计处理规定。这些规定远远不能满足实务需要。新收入准则对包含多重交易安排的合同的会计处理提供了更明确的指引，要求企业在合同开始日对合同进行评估，识别合同所包含的各单项履约义务，按照各单项履约义务所承诺商品（或服务）的相对单独售价将交易价格分摊至各单项履约义务，进而在履行各单项履约义务时确认相应的收入。

4. 对某些特定交易（或事项）的收入确认和计量给出了明确规定

新收入准则对于某些特定交易（或事项）的收入确认和计量给出了明确规定。包括附有销售退回条款的销售、附有质量保证条款的销售、主要责任人和代理人、附有客户额外购买选择权的销售、授予知识产权许可、售后回购、客户未行使的权利、无须退回的初始费等。

二、新收入准则主要变化比较

与原收入准则和建造合同准则相比，新收入准则的主要变化见表1－1至表1－7。

表1－1　收入确认模型

新收入准则	原收入准则
将原收入准则和建造合同两项准则纳入统一的收入确认模型。 不再区分业务类型，而是提供一个统一的衡量标准，以判断履约义务是否在某一时段内履行（或者在某一时点履行）。 因此，生产并销售存货也有可能在某一时段内确认收入；而销售定制软件可能在某一时点确认收入。	并行两种收入确认模式，根据业务类型（销售商品、提供劳务、让渡资产使用权和建造合同）分别采用不同的收入确认模式。 销售商品收入主要以风险和报酬转移为基础确认，提供劳务收入和建造合同收入主要采用完工百分比法确认。

表1－2　收入确认时点的判断标准

新收入准则	原收入准则
以控制权转移替代风险报酬转移作为收入确认时点的判断标准。在“控制权转移”模型下，风险和报酬转移仅作为控制权转移的一个指标。	“风险报酬转移”模型，强调商品所有权上的主要风险和报酬转移给客户时（同时满足其他4个条件），确认收入。

表1－3　交易价格的计量

新收入准则	原收入准则
企业应当按照分摊至各单项履约义务的交易价格计量收入。 交易价格按照企业预期有权收取的对价金额计量。 若一项安排涉及可变对价、非现金对价、重大融资成分或应付客户的对价，交易价格的确定会更为复杂。	收入按照已收或应收对价的公允价值计量。

表 1-4　　多重要素安排

新收入准则	原收入准则
引入了“履约义务”的概念，明确了如何识别各单项履约义务以及如何将交易价格分摊至各单项履约义务。 即要求企业在合同开始日对合同进行评估，识别合同所包含的各单项履约义务，按照各单项履约义务所承诺商品（或服务）的单独售价的相对比例将交易价格分摊至各单项履约义务，进而在履行各单项履约义务时确认相应的收入。	提供了非常有限的指引，具体体现在原收入准则第 15 条以及《企业会计准则讲解（2010）》中有关奖励积分的会计处理规定。

表 1-5　　合同成本

新收入准则	原收入准则和建造合同准则
合同成本包括取得合同的增量成本（例如，销售佣金）和履行合同成本。 企业为取得合同发生的增量成本预期能够收回的，应当作为合同取得成本确认为一项资产（即资本化），并且采用与收入确认相同的基础进行摊销，计入当期损益（但摊销期限不超过一年的，可简化）。 不属于其他企业会计准则规范范围的符合资本化条件的履行合同的成本必须是与一项合同（或特定预期合同）直接相关的成本，且该成本增加了企业未来用于履行履约义务的资源，该成本预期能够收回。	建造合同准则要求符合条件的建造合同的订立成本可以计入合同成本，但是未涉及其他情况下发生的合同取得成本的会计处理，实务中可能存在不同做法。

表 1-6　　特定交易（或事项）

新收入准则	原收入准则
新收入准则对附有销售退回条款的销售、附有质量保证条款的销售、主要责任人和代理人、附有客户额外购买选择权的销售、向客户授予知识产权许可、售后回购、预收客户款项、无须退回的初始费等特定交易进行了明确规定。 这些规定将有助于更好地指导实务操作，从而提高会计信息的可比性。	部分涉及。 没有关于主要责任人和代理人、知识产权许可等的明确规定；附有销售退回条件的商品销售的收入确认取决于是否能够合理估计退货的可能性。

表 1-7　　列报和披露

新收入准则	原收入准则
增加新的术语，要求在资产负债表中列示合同资产和合同负债。 提出了广泛的新披露要求，包括企业可能需要因此而更改现有的数据收集流程和信息系统。	列报和披露要求相对简单。

第三节　新收入准则的适用范围

收入准则主要规范收入的确认、计量和相关信息披露。企业对发生的交易进行账务处理之前，应首先判断适用的准则是否正确。

一、适用范围

新收入准则适用于所有与客户之间的合同，包括企业以存货换取客户的固定资产、无形资产等的交易。但下列各项除外：

1. 由《企业会计准则第 2 号——长期股权投资》《企业会计准则第 22 号——金融工具确认和计量》《企业会计准则第 23 号——金融资产转移》《企业会计准则第 24 号——套期会计》《企业会计准则第 33 号——合并财务报表》以及《企业会计准则第 40 号——合营安排》规范的金融工具及其他合同权利和义务，分别适用《企业会计准则第 2 号——长期股权投资》《企业会计准则第 22 号——金融工具确认和计量》《企业会计准则第 23 号——金融资产转移》《企业会计准则第 24 号——套期会计》《企业会计准则第 33 号——合并财务报表》以及《企业会计准则第 40 号——合营安排》。

2. 由《企业会计准则第 21 号——租赁》规范的租赁合同，适用《企业会计准则第 21 号——租赁》。

3. 由保险合同相关会计准则规范的保险合同，适用保险合同相关会计准则。

与原收入准则相比，排除范围增加了金融工具，股利收入不属于新收入准则的适用范围。与此相反，尽管只有与客户之间的合同才应按照新收入准则进行会计处理，但是，新收入准则中的某些要求应当适用于并非企业日常经营活动产出的非金融资产的转让。例如，企业处置固定资产、无形资产等交易，在确定处置时点及计量处置损益时，按照新收入准则的相关规定进行处理。另外，债务人以存货清偿债务不适用新收入准则。具体使用范围见图 1－1。

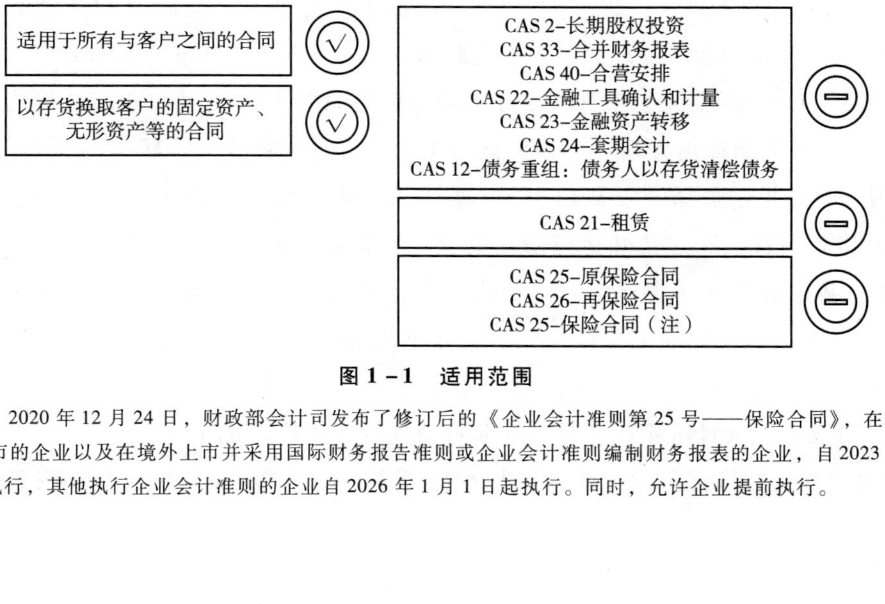

图 1－1　适用范围

注：2020 年 12 月 24 日，财政部会计司发布了修订后的《企业会计准则第 25 号——保险合同》，在境内外同时上市的企业以及在境外上市并采用国际财务报告准则或企业会计准则编制财务报表的企业，自 2023 年 1 月 1 日起执行，其他执行企业会计准则的企业自 2026 年 1 月 1 日起执行。同时，允许企业提前执行。

二、适用范围的变化

对于收入准则的适用范围需要注意：

1. 新收入准则沿用了原收入准则的收入定义，即“收入是指企业在日常活动中形成的、会导致所有者权益增加的、与所有者投入资本无关的经济利益的总流入。”“日常活动”不包括企业处置固定资产、无形资产等活动（参见原收入准则应用指南），但是新收入准则中的某些要求可以适用于并非企业日常经营活动产出的非金融资产的转让。这与 IFRS 15 的原则一致。

2. 企业应当仅在合同的对方为客户的情况下对该合同应用收入准则。客户是指与企业订立合同以向该企业购买其日常活动产出的商品或服务并支付对价的一方。如果合同的对方属于以下情况，则并非客户：例如，对方与企业订立合同以参与一项活动或过程，其中合同各方分担及分享源自该活动或过程（例如，根据协作安排开发一项资产）的风险及利益，而非获取企业正常经营活动的产出。

三、新收入准则与部分准则的衔接问题

1. 与《企业会计准则解释第 2 号》（以下简称《解释 2 号》）、《企业会计准则解释第 14 号》（以下简称《解释 14 号》）的衔接

新收入准则发布后的一段时间，《解释 2 号》关于 BOT 业务的会计处理仍然有效，但是与新收入准则有不衔接之处。

为了保持与新收入准则的衔接，财政部于 2021 年 1 月 26 日发布了《企业会计准则解释第 14 号》（财会〔2021〕1 号），规范了社会资本方对政府和社会资本合作（PPP）项目合同的会计处理，自公布之日起施行。《企业会计准则解释第 2 号》（财会〔2008〕11 号）中关于“五、企业采用建设经营移交方式（BOT）参与公共基础设施建设业务应当如何处理”的内容同时废止。与《解释 2 号》相比，《解释 14 号》与《国际财务报告解释公告第 12 号——服务特许权协议》（IFRIC 12）趋同。社会资本方在 PPP 项目资产建造和运营阶段的收入确认等方面与新收入准则协调一致，社会资本方将建造服务（含建设和改扩建）发包给其他方时，应当按照《企业会计准则第 14 号——收入》确定其身份是主要责任人还是代理人，并进行会计处理，确认合同资产。

2. 与《企业会计准则第 7 号——非货币性资产交换》的衔接

《财政部关于修订印发〈企业会计准则第 14 号——收入〉的通知》明确，企业

以存货换取客户的固定资产、无形资产等交易按照收入准则的规定进行会计处理；其他非货币性资产交换，应按照财政部于 2019 年 5 月发布的《关于印发修订〈企业会计准则第 7 号——非货币性资产交换〉的通知》（财办会〔2019〕8 号）的规定进行会计处理。

3. 与《企业会计准则第 21 号——租赁》的衔接

财政部于 2018 年 12 月 7 日发布了《企业会计准则第 21 号——租赁》（2018 修订）。新的租赁准则要求识别租赁，这对于部分以租赁合同或者销售合同达成的交易，应按照新租赁准则的规定确认交易性质，判断交易属于租赁还是提供服务，恰当选择适用的准则进行相应的会计处理。

第二章

新收入准则的“五步法模型”

新收入准则旨在确立企业在向财务报表使用者报告关于客户合同收入及现金流量的性质、金额、时间和不确定性的有用信息时应当运用的原则。其核心原则为：企业确认收入的方式应当反映向客户转让商品或服务的模式，而确认的金额应反映企业预计因交付这些商品或服务而有权获得的对价。

确认源自客户合同的收入应遵循“五步法模型”：（1）识别与客户订立的合同；（2）识别合同中的单项履约义务；（3）确定交易价格；（4）将交易价格分摊至各单项履约义务；（5）在履行履约义务时确认收入。

“五步法模型”的核心要求如图2－1所示。

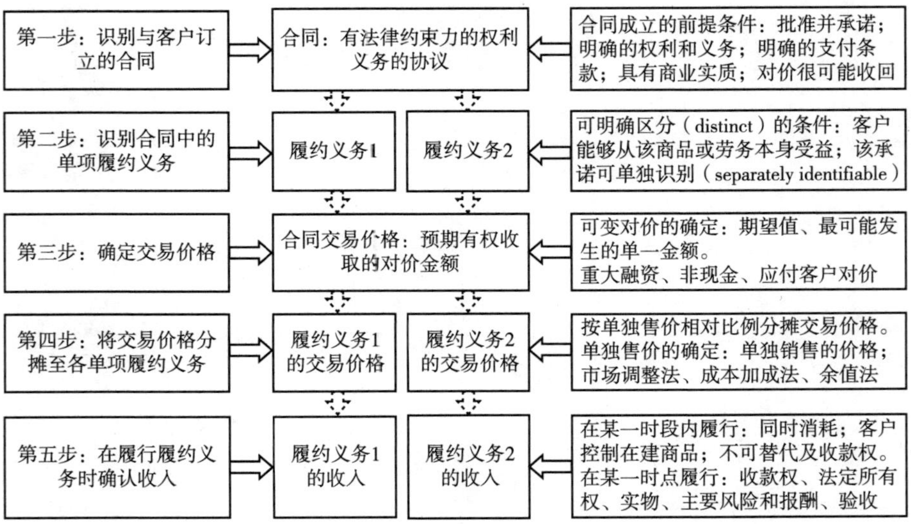

图2－1 收入确认的“五步法”

第一节　识别与客户订立的合同

“五步法模型”的第一步是“识别与客户订立的合同”。合同，是指双方或多方之间订立有法律约束力的权利义务的协议，当企业与客户之间的合同同时满足特定条件时，企业应当在客户取得相关商品控制权时确认收入。

一、准则概要

（一）合同成立的条件

当企业与客户之间的合同同时满足下列条件时，企业应当在客户取得相关商品控制权时确认收入：

1. 合同各方已批准该合同并承诺将履行各自的义务；

2. 该合同明确了合同各方与所转让商品或提供劳务（以下简称“转让商品”）相关的权利和义务；

3. 该合同有明确的与所转让商品相关的支付条款；

4. 该合同具有商业实质，即履行该合同将改变企业未来现金流量的风险、时间分布或金额；

5. 企业因向客户转让商品而有权取得的对价很可能收回。

在合同开始日（通常是指合同生效日）即满足前款条件的合同，企业在后续期间无须对其进行重新评估，除非有迹象表明相关事实和情况发生重大变化。例如，如果客户支付对价的能力显著恶化，企业应当重新评估其是否很可能取得因向客户转让剩余商品或服务而有权获得的对价。

合同有书面形式、口头形式以及其他形式。书面合同条款可能不同于客户的预期。因此可能需要考虑与客户间的邮件或补充协议，并了解口头沟通、微信、短信沟通情况以及企业的正常商业惯例，以识别合同的所有条款。无论议定的条款是采用何种形式，如果协议确立了对各方具有约束力的可执行权利和义务，合同即成立。

1. 合同各方已批准该合同并承诺将履行各自的义务。

如果合同各方未批准合同，则该合同是否可执行是值得怀疑的。合同形式本身不能确定合同各方是否已批准合同。相反，企业在评估各方是否打算受合同条款和条件约束时，应当考虑所有相关的事实和情况。因此，在某些情况下，口头或隐含合同（根据商业惯例）的各方可能已同意履行其相应的义务。但是，如果合同的每一方均有权利终止尚未被履行的合同，且不须赔偿另一方（或其他各方），那么该合同不存在。

2. 明确了合同各方的权利和义务。

如果企业不能识别各方与拟转让商品或服务相关的权利和义务，则无法评估商品或服务的转让。

3. 有明确的支付条款。

如果企业不能识别已承诺商品或服务的付款条款，则无法确定交易价格。

4. 合同具有商业实质。

合同具有商业实质，即履行该合同将改变企业未来现金流量的风险、时间分布或金额。若不存在这一要求，企业可能会相互之间反复转让商品或服务（通常以极少或零现金对价）以虚增收入。因此，准则规定，如果非货币性交换不具有商业实质，则企业不应确认源自非货币性交换的收入。

不具有商业实质的合同不确认收入。例如，两家石油公司之间同意交换石油以便及时满足其位于不同指定地点的客户需求的合同。虽然与企业交换存货的一方符合客户的定义，因为其与企业订立了取得企业日常经营活动产出的合同。但这种做法会同时增加收入和费用，并使财务报表使用者难以评估报告期内企业的业绩和毛利，同时，此类安排中的交易对方也作为供应商而非客户。

5. 对价很可能收回。

对客户信用风险的评估是确定合同是否有效的重要组成部分。可收回性门槛是关于识别合同的其他要求的延伸，从本质上而言，合同成立的其他条件要求企业评估合同是否真实有效及体现真正的交易。可收回性门槛与该评估有关，因为评估一项交易是否有效的一个关键部分在于确定客户在多大程度上有能力和意愿支付已承诺的对价。此外，企业通常仅当其很可能取得有权获得的对价金额时才会订立合同。

企业应通过考虑下列两个方面来评估是否很可能取得对价金额：①客户支付企业因向其转让商品或服务而有权获得的对价金额的能力（即财务能力）；②客户支付对价金额的意图。对客户意图的评估要求企业考虑所有事实和情况，包括该客户或客户类别的过往实务。该评估应当基于对价金额将须支付的假设（即相应的履约义务将得到履行并且对价不会受可能影响企业获得该对价的权利的进一步变化的影响）而作出。

（二）合同不成立时的处理

如果在合同开始日与客户之间的合同不符合合同成立的条件，企业应当持续评估该合同以确定其是否在后续期间符合合同成立的条件。如果与客户之间的合同不满足合同成立的条件且企业取得了客户支付的对价，仅当下列任一事件发生时，企业才应当将所取得的对价确认为收入：

1. 企业并不具有向客户转让商品或服务的剩余义务，并且企业已取得客户所承诺的全部或几乎全部对价且对价不可返还；或者

2. 合同已终止且客户支付的对价不可返还。

在发生上述的任一事件或在后续期间满足合同成立的条件之前，企业应将客户支付的对价确认为一项负债。视与合同相关的具体事实和情况，所确认的负债代表企业在未来转让商品或服务的义务或者返还已取得对价的义务。在上述任一种情形下，负债均应按客户所支付的对价金额计量。合同不成立时的处理如图 2－2 所示。

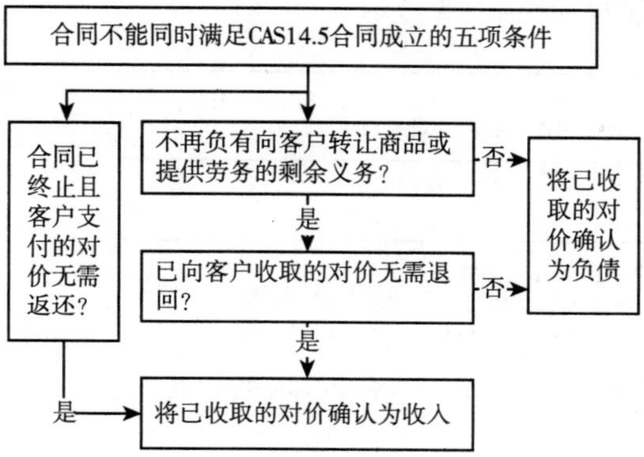

图 2－2　合同不成立时的处理

（三）合同期间

企业应关注客户合约中影响合约期限的条款。例如，如果客户有终止合同的权利，并且不需要支付重大的违约金，那么合同取消权可以被认为等同于未执行的续约选择权；相反，如果终止合同的一方需要支付重大的违约金，合同存续期间很可能与合同约定的期间一致。当只有客户拥有无条件终止合同的权利时，客户的该项权利才会被视为客户拥有的一项续约选择权，重大的续约选择权应当作为单项履约义务进行会计处理。

合同期限可能会影响收入的相关财务信息：

①列报合同资产和合同负债的期间；

②公司披露与基础合同和类别有关的信息的程度；

③期间毛利率；

④取得或履行合同的资本化成本予以摊销的期间等。

（四）合同的合并

合同是识别履约义务的基础，企业将多项合同合并为单个合同时，在“五步法模型”下，可能将形式上的多项合同识别为一项履约义务，从而影响到企业收入确认的结果。

在某些情况下，新收入准则要求企业将多项合同合并为单个合同进行会计处理。企业与同一客户（或该客户的关联方）同时订立或在相近时间内先后订立的两份或多份合同，在满足下列条件之一时，应当合并为一份合同进行会计处理：

1. 该两份或多份合同基于同一商业目的而订立并构成一揽子交易。

2. 该两份或多份合同中的一份合同的对价金额取决于其他合同的定价或履行情况。

3. 该两份或多份合同中所承诺的商品（或每份合同中所承诺的部分商品）构成该准则规定的单项履约义务。

合同合并的判断流程如图 2－3 所示。

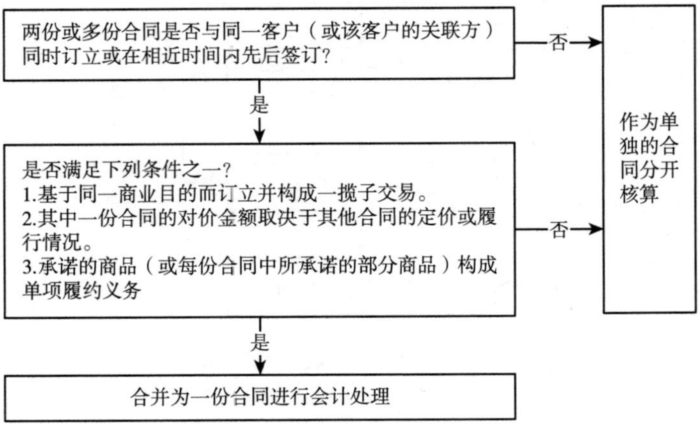

图 2－3　合同合并的判断

如果满足上述 1 或 2 的标准，合同中对价之间的关系（即价格的相互依赖）会使得如果此类合同未予合并，则分摊至每项合同中履约义务的对价金额可能无法如实地反映向客户转让的商品或服务的价值。上述条件 3 则旨在避免企业根据其设计合同结构的方式而有效规避有关识别履约义务的要求的可能性。

需要注意的是，新收入准则要求，合同只有在与相同的客户（或该客户的关联方）签订的情况下才能合并，如果企业与不同客户分别签署合同，应识别客户间是否存在关联关系，根据交易实质进行会计处理。

（五）合同变更

合同变更，是指经合同各方批准对原合同范围或价格作出的变更。企业应当区分下列三种情形，对合同变更分别进行会计处理：

1. 合同变更增加了可明确区分的商品及合同价款，且新增合同价款反映了新增商品单独售价的，应当将该合同变更部分作为一份单独的合同进行会计处理。

判断新增合同价款是否反映了新增商品的单独售价时，应当考虑为反映该特定合同的具体情况而对新增商品价格所做的适当调整。例如，在合同变更时，企业由于无须发生为发展新客户等所须发生的相关销售费用，可能会向客户提供一定的折扣，从而适当调整新增商品的单独售价，该调整不影响新增商品单独售价的判断。

2. 合同变更不属于上述第 1 条规定的情形，且在合同变更日已转让的商品或已提供的服务（以下简称“已转让的商品”）与未转让的商品或未提供的服务（以下简称“未转让的商品”）之间可明确区分的，应当视为原合同终止；同时，将原合同未履约部分与合同变更部分合并为新合同进行会计处理。

3. 合同变更不属于上述第 1 条规定的情形，且在合同变更日已转让的商品与未转让的商品之间不可明确区分的，应当将该合同变更部分作为原合同的组成部分进行会计处理，由此产生的对已确认收入的影响，应当在合同变更日调整当期收入。

合同变更的会计处理如图 2－4 所示。

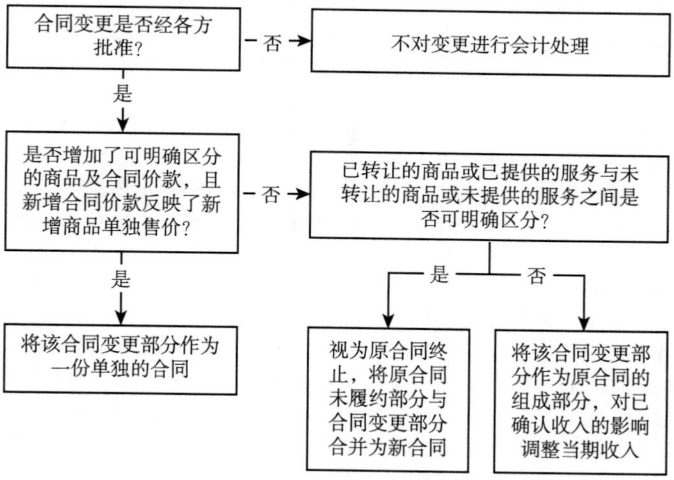

图 2－4　合同变更的会计处理

上述三种合同变更情形的实务案例及分析如图 2－5 所示：

一份单独的合同	客户在当前的手机服务套餐中增加短信套餐服务，并就额外套餐支付了标准价格
现有合同的终止和新合同的订立	客户支付费用获得收看某有线电视服务公司提供的10个频道的24个月的服务；合同执行10个月后，客户获得免费收看另外2个收费频道的权利，直至合同终止 初始合同下的所有剩余服务均可明确区分，修订合同价格，但不变更约定的商品或服务，且剩余的商品或服务与已交付的商品或服务之间可明确区分
初始合同的一部分	某道路修筑工程，在道路修建期间，客户要求拓宽其中一段道路，以增加两条额外的车道，并相应增加合同价格 如果道路拓宽工程与道路修建工程不可明确区分，则道路拓宽工程就成为在合同修订日已部分履行的单一履约义务的一部分。

图 2－5　合同变更情形的实务案例及分析

合同的变更可能采用书面、口头协议形成或企业的商业惯例所隐含的方式批准。如果合同各方尚未批准合同变更，企业仍应以现有合同进行收入确认。如果合同各方已批准合同范围的变更但尚未确定相应的价格变动，企业在区分不同情形下的合同变更时需要考虑这部分价格变动的影响，并采用新收入准则对于可变对价的规定进行会计处理。

二、与原准则的差异及财务影响（见表2－1）

表2－1　　新旧准则的差异及财务影响（1）

事项	新准则	原准则	新旧差异
合同成立的条件	第五条 当企业与客户之间的合同同时满足下列条件时，企业应当在客户取得相关商品控制权时确认收入： （一）合同各方已批准该合同并承诺将履行各自义务； （二）该合同明确了合同各方与所转让商品或提供劳务（以下简称"转让商品"）相关的权利和义务； （三）该合同有明确的与所转让商品相关的支付条款； （四）该合同具有商业实质，即履行该合同将改变企业未来现金流量的风险、时间分布或金额； （五）企业因向客户转让商品而有权取得的对价很可能收回。 在合同开始日即满足前款条件的合同，企业在后续期间无须对其进行重新评估，除非有迹象表明相关事实和情况发生重大变化。合同开始日通常是指合同生效日。	CAS 14 第四条 销售商品收入同时满足下列条件的，才能予以确认： （一）企业已将商品所有权上的主要风险和报酬转移给购货方； （二）企业既没有保留通常与所有权相联系的继续管理权，也没有对已售出的商品实施有效控制； （三）收入的金额能够可靠地计量； （四）相关的经济利益很可能流入企业； （五）相关的已发生或将发生的成本能够可靠地计量。 《企业会计准则讲解（2010）》"第十五章 收入"规定：……三、同时销售商品和提供劳务交易：在实务中，企业向其顾客提供广告服务以换取该顾客向其提供广告服务的，这样的易货交易只有在所交换的广告服务不相同或相似而且符合收入确认条件时，才能确认收入。	新收入准则下，企业应当首先评估企业与客户之间的合同是否满足一定的条件 明确没有商业实质的非货币性资产交换，不确认收入
合同不成立时的处理	第六条 在合同开始日不符合本准则第五条规定的合同，企业应当对其进行持续评估，并在其满足本准则第五条规定时按照该条的规定进行会计处理。 对于不符合本准则第五条规定的合同，企业只有在不再负有向客户转让商品的剩余义务，且已向客户收取的对价无须退回时，才能将已收取的对价确认为收入；否则，应当将已收取的对价作为负债进行会计处理。没有商业实质的非货币性资产交换，不确认收入。	—	明确了不符合条件的合同的会计处理

续表

事项	新准则	原准则	新旧差异
合同合并与分拆	第七条 企业与同一客户（或该客户的关联方）同时订立或在相近时间内先后订立的两份或多份合同，在满足下列条件之一时，应当合并为一份合同进行会计处理： （一）该两份或多份合同基于同一商业目的而订立并构成一揽子交易； （二）该两份或多份合同中的一份合同的对价金额取决于其他合同的定价或履行情况； （三）该两份或多份合同中所承诺的商品（或每份合同中所承诺的部分商品）构成本准则第九条规定的单项履约义务。	CAS 15 第七条 一组合同无论对应单个客户还是多个客户，同时满足下列条件的，应当合并为单项合同： （一）该组合同按一揽子交易签订； （二）该组合同密切相关，每项合同实际上已构成一项综合利润率工程的组成部分； （三）该组合同同时或依次履行。	明确应当进行合同合并的条件
合同变更	第八条 企业应当区分下列三种情形，对合同变更分别进行会计处理： （一）合同变更增加了可明确区分的商品及合同价款，且新增合同价款反映了新增商品单独售价的，应当将该合同变更部分作为一份单独的合同进行会计处理； （二）合同变更不属于本条（一）规定的情形，且在合同变更日已转让的商品或已提供的服务（以下简称“已转让的商品”）与未转让的商品或未提供的服务（以下简称“未转让的商品”）之间可明确区分的，应当视为原合同终止，同时，将原合同未履约部分与合同变更部分合并为新合同进行会计处理； （三）合同变更不属于本条（一）规定的情形，且在合同变更日已转让的商品与未转让的商品之间不可明确区分的，应当将该合同变更部分作为原合同的组成部分进行会计处理，由此产生的对已确认收入的影响，应当在合同变更日调整当期收入。 本准则所称合同变更，是指经合同各方批准对原合同范围或价格作出的变更。	CAS 15 第九条 合同变更，是指客户为改变合同规定的作业内容而提出的调整。合同变更款同时满足下列条件的，才能构成合同收入： （一）客户能够认可因变更而增加的收入； （二）该收入能够可靠地计量。 CAS 15 第六条 追加资产的建造，满足下列条件之一的，应当作为单项合同： （一）该追加资产在设计、技术或功能上与原合同包括的一项或数项资产存在重大差异； （二）议定该追加资产的造价时，不需要考虑原合同价款。	明确了合同变更的会计处理

三、难点和示例

（一）如何把握“很可能”收回对价？

收回价款的可能性只是应用收入确认模型前的先决问题。在新收入准则下，企业只有在合同初始即“很可能”收到预计有权获得的对价时才能应用该收入确认模型。上述标准旨在防止企业对收回价款有问题的合同应用收入模型，在确认收入的同时确认大额减值损失。

IFRS 15. BC42 - 46 指出，在确定主体是否很可能取得其有权获得的对价金额时，主体可能首先需要确定其有权获得的对价金额。在某些情况下，主体有权获得的对价金额可能低于合同规定的价格。这可能是因为主体向客户提供价格折让或主体有权获得的对价金额因其他原因（如奖金承诺）而发生变化。在上述任何一种情况下，主体应考虑在与对价相关的不确定性消除时，其是否很可能取得有权获得的对价金额。

主体应通过考虑下列两个方面来评估是否很可能取得对价金额：

1. 客户支付主体因向其转让商品或服务而有权获得的对价金额的能力（即财务能力）；

2. 客户支付对价金额的意图。对客户意图的评估要求主体考虑所有的事实和情况，包括该客户或客户类别的过往实务。该评估应当基于对价金额将须支付的假设（即相应的履约义务将得到履行，并且对价不会受可能影响主体获得该对价的权利的进一步变化的影响）。

在实务中，企业在对合同组合中的每一份合同进行评估时，均认为其合同对价很可能收回，但是，根据历史经验，企业预计可能无法收回该合同组合中的全部对价。此时，企业应当认为这些合同满足“因向客户转让商品而有权取得的对价很可能收回”这一条件，并以此为基础估计交易价格。同时，企业应当考虑这些合同下确认的合同资产或应收款项是否存在减值。

示例 2 - 1：客户须支付的对价金额

（1）背景概述。

某企业为服务供应商，与一个具有较低信用质量的新客户签订了 3 年期的服务合同。合同的交易价格是 720 元，每个月末支付 20 元，每月服务的单独售价是 20 元。如果合同被提前取消，双方都要受到终止处罚。企业与该类客户交易的历史经验表明，虽然不能得出客户很可能支付 720 元交易价格的结论，但是，客户预期至少能按照合同支付 9 个月。如果在合同期间客户停止支付，企业的商业惯例是不再向客户提供进一步的服务并且有权收回未支付的服务费，因此能够限定信用风险。

（2）准则概要。

企业与客户之间的合同条件要求，企业因向客户转让商品而有权取得的对价很可能收回。

（3）简要分析。

在评估合同是否符合可收回性条件时，企业应当考虑是否很可能收回几乎全部将向客户提供服务而有权取得的对价，包括评估企业与此类客户交易的历史经验和因客户未支付而停止提供服务的商业惯例。但是，企业不需要考虑不会提供服务相关的对价支付的可能性，因为企业不承担未提供服务部分的信用风险。

企业不是很可能收回全部的交易价格 720 元，因为客户具有较低的信用评级，但是企业的信用风险敞口被降低，如果客户不支付到期的承诺对价，那么企业有能力和意图停止提供服务。因此，企业得出结论，认为合同符合可收回性的条件，如果其他条件也同时满足，那么可以确认收入。

（4）示例概括。

企业应评估因向客户转让商品而有权取得的对价是否很可能收回，企业不需要考虑不会提供服务相关的对价支付的可能性。

（二）如何区分合同成立与坏账？

如果在合同开始日，合同符合上述 5 个条件，则企业应按“五步法模型”确认收入。企业在考虑其中“企业因向客户转让商品而有权取得的对价很可能收回”这一条件时，应基于对有权取得的对价考虑客户支付的意图和能力，但该对价金额不会反映就企业可能无法从客户收回的金额所作的任何调整。

当满足合同的 5 个条件时，则应当按照准则的规定确认相关收入，事实和情况的后续变化表明客户信用风险增加，应收款项有发生预期信用损失可能的，应当按照金融工具准则的预期信用损失模型对应收款项的坏账准备进行测算和会计处理。

示例 2－2：合同的成立

（1）背景概述。

A 公司有大量类似客户。A 公司在与客户进行交易前，会先对客户是否很可能按合同付款进行评估，如果评估结果不是“很可能”，则 A 公司不会与该客户进行交易。A 公司与经评估合格的客户进行交易。历史数据表明，大部分客户会按合同约定支付全款，极少数客户会完全不付款。不付款客户的比例约为 2%。

（2）准则概要。

当企业与客户之间的合同同时满足 5 个条件时，合同方成立，企业才可在客户取得相关商品控制权时确认收入。

（3）简要分析。

A 公司与该类客户中的一家签订一份新合同，对价为 300 元。A 公司在履约义务完成时确认收入，预期有权收到金额为300元。该类客户历史回款的平均比例为98%，仅与客户信用风险相关，不属于隐性价格折让。

A公司将考虑计提相应坏账费用6元（300×2%）。

（4）示例概括。

可以看出，评价企业因向客户转让商品而有权取得的对价是否很可能收回时，需要考虑信用风险，但信用风险并不影响收入金额的计量。

（三）若在合同执行过程中出现不是很可能收到合同对价的情况，公司应在哪个时点停止确认收入？在哪个时点将已收取对价确认为收入？

如果与客户之间的合同在合同开始时符合合同成立的标准，除非有迹象表明相关事实和情况发生了重大变化，企业无须重新评估这些标准。例如，如果客户支付对价的能力显著恶化，企业应当重新评估其是否很可能取得因向客户转让剩余商品或服务而有权获得的对价。

如果与客户之间的合同不符合合同的标准且企业取得了客户支付的对价，仅当下列任一事件发生时，企业才应当将所取得的对价确认为收入：

（1）企业并不具有向客户转让商品或服务的剩余义务，并且企业已取得客户所承诺的全部或几乎全部对价且对价不可返还；或者

（2）合同已终止且客户支付的对价不可返还。

在发生上述任一事件或在后续期间符合合同的标准之前，企业应将客户支付的对价确认为一项负债。视与合同相关的具体事实和情况，所确认的负债代表企业在未来转让商品或服务的义务或者退还已取得对价的义务。在上述任何一种情形下，负债均应按客户所支付的对价金额计量。

因此，在合同执行过程中出现不是很可能收到合同对价的情况，企业应当在相关事实和情况发生重大变化，导致合同在执行过程中不再满足合同成立的条件时，停止确认收入。此时，对于企业已收取的客户对价，只有在企业并不具有向客户转让商品或服务的剩余义务，并且企业已取得客户所承诺的全部或几乎全部对价且对价不可返还时，才能确认为收入。

示例2-3：合同不成立

（1）背景概述。

供电公司×自2×18年1月1日起每月向客户Y供电，并在月末收取电费。

在合同签订时，供电公司X向客户Y收取了一次入网费1 000元，并预期能够取得2年的全部电费收入，合同期限为2年。

客户Y从第7个月起未支付电费。根据当地相关法律规定，X不能立即停止供电，需要先履行催交程序。Y经催告后，仍不缴费，则X可自首次欠费后的第5个月（即该年12月）起停止供电。

（2）准则概要。

如果与客户之间的合同不满足合同成立的条件且企业取得了客户支付的对价，则在发生特定事件或在后续期间满足合同成立的条件之前，企业应将客户支付的对价确认为一项负债，并按客户所支付的对价金额计量。

（3）简要分析。

对于每月供电收入：7月，客户停止缴费，但是企业经过评估认为仍很有可能取得对价，所以此时仍满足合同成立的条件，仍应继续确认供电收入，但同时需要考虑应收账款的减值；9月，客户已持续2个月未缴费，企业经评估认为很可能收不回对价，此时已不再满足合同成立的条件，不再继续确认供电收入。

对于一次性入网费收入：9月，合同已经不再满足成立的条件，企业收取的一次入网费（在24个月内摊销）无须退还，但是企业仍负有向客户转让商品（或提供服务）的剩余履约义务（需要持续供电到12月），所以此时不应将入网费确认为收入，而应作为负债；12月，此时企业收取的一次入网费无须退还，并且企业不再负有向客户转让商品（或提供服务）的剩余履约义务（已经持续供电到12月），所以此时可将尚未摊销的入网费确认为收入。

（4）示例概括。

相关事实和情况发生重大变化，企业通过重新评估表明合同已经不再满足成立的条件时，应停止确认收入。如果按照合同或相关法规的要求，企业仍然负有继续向客户转让商品或服务的义务，对于已收取的对价应确认为一项负债，不应结转确认收入。

（四）什么情况下应当合并合同?

企业与同一客户（或该客户的关联方）同时订立或在相近时间内先后订立的两份或多份合同，在满足下列条件之一时，应当合并为一份合同进行会计处理：

1. 该两份或多份合同基于同一商业目的而订立并构成一揽子交易；

2. 该两份或多份合同中的一份合同的对价金额取决于其他合同的定价或履行情况；

3. 该两份或多份合同中所承诺的商品（或每份合同中所承诺的部分商品）构成新准则规定的单项履约义务。

示例2－4：与同一客户签订软件开发和咨询服务合同

（1）背景概述。

软件公司A与客户B签订授权许可协议，允许客户B使用其开发的客户关系管理软件。3天后，软件公司A与客户B签订了另一份咨询服务协议，软件公司A将根据客户B的IT运行环境，对B的客户关系管理软件进行重大的修改或定制。客户B在定制服务完成之前不能使用该软件。

（2）准则概要。

企业与同一客户同时订立或在相近时间内先后订立的两份或多份合同，在满足条件时，应当合并为一份合同进行会计处理。

（3）简要分析。

对于软件公司A，由于这两份合同几乎是在同一时间与同一客户签订的，合同中的商品或服务整体看是一个定制软件，即仅有一项履约义务，因此，两份合同应合并。

（4）示例概括。

多份合同几乎是在同一时间与同一客户签订，且实际提供一项完整的商品或服务，应进行合同合并，并以合并后的合同为基础识别履约义务。

（五）合并变更如何进行会计处理?

与原收入准则比较，仅《企业会计准则第15号——建造合同》明确了建造合同中合同的分立与合并的处理，而新收入准则对于合同变更给出了具体的操作规定。企业需要按照新收入准则区分不同的合同变更情形，进行相应的会计处理。

示例2－5：商品合同的变更

（1）背景概述。

A公司承诺以12 000元（每件产品100元）的价格向客户出售120件产品。这些产品在6个月内转让给客户。A公司在某一时点转移对每件产品的控制。

在A公司将其对60件产品的控制转移给客户后，合同进行了修订，要求A公司向客户交付额外30件产品（共计150件相同的产品）。在就额外30件产品的购买进行协商的过程中，合同各方最初议定的价格为每件产品80元。

但是，客户发现A公司最初转让给客户的60件产品存在这些已交付产品所独有的瑕疵。A公司承诺提供每件产品15元的部分抵免以补偿上述低质产品对客户造成的损失。A公司和客户同意将900元的抵免额（每件抵免额15元×60件产品）纳入

A 公司就额外 30 件产品收取的价格。

因此，修订后的合同规定额外 30 件产品的价格为 1 500 元（或每件产品 50 元）。该价格包括就额外 30 件产品的商定价格 2 400 元（或每件产品 80 元）减去 900 元的抵免额。

A 公司如何对该项合同变更进行会计处理？

（2）准则概要。

新增可明确区分的商品及反映单独售价的新增合同价款的条件并未满足，如果拟实现在合同变更后提供的商品或服务与之前已提供的商品或服务可明确区分，则应当视为原合同终止；同时，将原合同未履约部分与合同变更部分合并为新合同进行会计处理。

（3）简要分析。

在合同作出修订时，A 公司将 900 元确认为交易价格的降低，并因而将其确认为最初转让的 60 件产品收入的减少。

在对额外 30 件产品的销售进行会计处理时，A 公司确定议定价格（每件产品 80 元）并未反映额外产品的单独售价。由于拟交付的剩余产品与已转让的产品可明确区分开来，因此 A 公司将该合同修订作为原合同的终止及新合同的订立进行会计处理。

因此，对每件剩余产品确认的收入金额应为综合价格 93.33 元。{[（100 元 × 尚未根据原合同转让的 60 件产品）＋（80 元 × 拟根据合同的修订转让的 30 件产品）] ÷90 件剩余产品}

（4）示例概括。

若合同变更并未增加可明确区分的商品或合同价款，或者新增合同价款并未反映新增商品单独售价，则视已转让的商品或服务与未转让的商品或服务之间是否可明确区分，分别作为原合同终止及新合同成立，或将变更部分作为原合同的组成部分进行累计追加调整。

示例 2－6：建筑合同的变更

（1）背景概述。

X 公司为客户 C 建造大型定制设备 S，价格为 1 000 000 元。

按履约进度在一段时间内确认收入。

第 1 年年末，完成 30% 的建造，因此确认收入 300 000 元。

第 2 年年初，X 和 C 同意更改定制设备 S 的规格，并将对价提高了 100 000 元。X 公司重新估算了产品 S 的总成本，并调整已完工进度为 27%。

X 公司如何处理该合同变更？

(2) 准则概要。

新增可明确区分的商品及反映单独售价的新增合同价款的条件并未满足，如果拟在合同变更后提供的商品或服务与之前已提供的商品或服务不可明确区分，则应当将该合同变更部分作为原合同的组成部分进行会计处理，由此产生的对已确认收入的影响，应当在合同变更日调整当期收入。

(3) 简要分析。

由于拟在合同变更后提供的建造服务与之前已提供的服务之间不可明确区分，应当将该合同变更部分作为原合同的组成部分，进行累计追加调整。

原来合同中未确认为收入的剩余对价为 700 000 元，变更价款 100 000 元，因此剩余对价总额为 800 000 元。

根据调整后的完工进度，调整产品 S 的累积收入，调减 3 000 元，具体计算如下：

已完工进度 27% ×分摊至产品 S 的变更后交易价格（300 000 + 800 000） – 至今已确认的收入 300 000 = –3 000（元）。

(4) 示例概括。

若合同变更并未增加可明确区分的商品或合同价款，或者新增合同价款并未反映新增商品单独售价，则视已转让的商品或服务与未转让的商品或服务之间是否可明确区分，分别作为原合同终止及新合同成立，或将变更部分作为原合同的组成部分进行累计追加调整。

第二节　识别合同中的单项履约义务

新收入准则的“五步法模型”中，步骤 2 要求企业识别与客户之间的合同中每一项交付商品或提供服务的承诺（可以是合同隐含或明确作出的承诺，例如，与客户订立的合同可能同时包含基于企业惯例或已公布政策而隐含的承诺）。如果承诺的商品或服务可明确区分，则该承诺构成一项履约义务。在考虑何时（在某一时点还是在某一时间段内）确认收入前（即步骤 5），企业必须识别出合同中包含了哪些履约义务。对于许多企业而言，这将是收入确认的关键判断。由于原收入准则几乎并未就此提供任何指引，该要求可能导致某些企业实务上的重大变更。

一、准则概要

在合同开始日，企业应当对合同进行评估，识别该合同所包含的各单项履约义务，并确定各单项履约义务是在某一时段内履行，还是在某一时点履行，然后，在履行了各单项履约义务时分别确认收入。

企业向客户承诺的商品同时满足下列条件的，应当作为可明确区分商品：

1. 客户能够从该商品本身或从该商品与其他易于获得资源一起使用中受益。（条件1）

2. 企业向客户转让该商品的承诺与合同中其他承诺可单独区分。（条件2）

企业确定了商品本身能够明确区分后，还应当在合同层面继续评估转让该商品的承诺是否与合同中其他承诺彼此之间可明确区分。这一评估的目的在于确定承诺的性质，即根据合同约定，企业承诺转让的究竟是每一单项商品，还是由这些商品组成的一个或多个组合产出。很多情况下，组合产出的价值应当高于或者显著不同于各单项商品的价值总和。

可明确区分商品或服务的判断流程如图2－6所示：

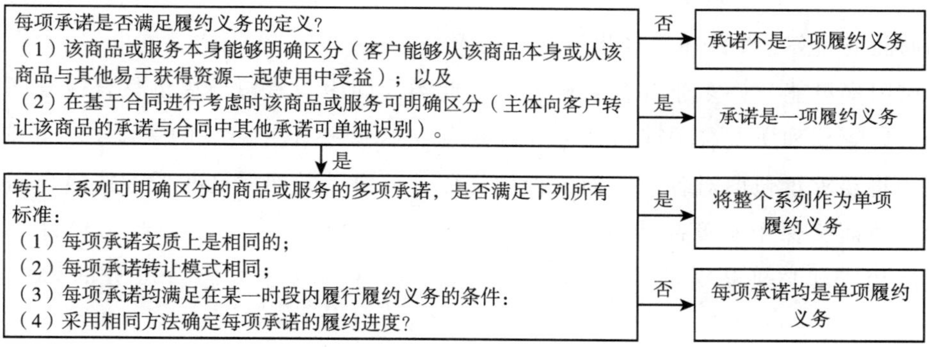

图2－6　可明确区分商品或服务的判断

（一）条件1：使客户受益

如果商品或服务能够被使用、消耗或出售以产生经济利益，则表明客户能够从单独使用该商品或服务中获益。对于某些商品而言，客户可以从该商品本身获益，而对于另一些商品而言，客户可能需要将其与其他易于获得的资源一起使用才能从中获益。其他易于获得的资源，是指企业（或其他企业）单独销售的商品，或者客户已经从企业获得的资源（包括企业按照合同将会转让给客户的商品）或从其他交易或事项中获得的资源。

在评估某项商品是否能够明确区分时，应当基于该商品自身的特征，而与客户可能使用该商品的方式无关。因此，企业无须考虑合同中可能存在的阻止客户从其他来源取得相关资源的限制性条款。

（二）条件2：可单独区分

评估企业向客户转让商品或服务的承诺是否可单独区分，目的是在基于合同内容考虑时，确定该承诺的性质是单独转让每一项商品或服务，还是转让以已承诺商品或服务作为投入要素而形成的一个或多个组合项目。

通常表明企业向客户转让该商品或服务的承诺与合同中其他承诺不可单独区分的情形包括：

1. 企业须提供重大的服务以将该商品与合同中承诺的其他商品整合成合同约定的组合产出转让给客户。换言之，企业以这些商品作为投入要素，生产或交付客户所要求的一项或多项组合产出。一项或多项组合产出可包括不止一个阶段、要素或单元。

如果企业提供整合服务，则转让个别商品或服务所产生的风险是不可分割的，因为企业向客户作出的承诺的主要内容是确保将个别商品或服务纳入组合产出。因此，个别商品或服务是生产单一产出所需的投入。

该因素可能与许多建造合同相关（在此类合同中，承包商提供整合或合同管理服务，以管理和协调各项建造任务并承担与整合这些任务相关的风险）。此外，整合服务将要求承包商对各分包商执行的任务进行协调并确保这些任务按照合同细则执行，从而确保个别商品或服务恰当地纳入客户合同约定的组合产出项目。该因素也适用于建造业以外的其他行业。例如，某些包含重大整合服务的软件开发合同。

2. 该商品将对合同中承诺的其他商品予以重大修订或定制。如果某项商品或服务对合同中的其他商品或服务作出修订或定制，则每一项商品或服务将被整合在一起（即作为投入）以生产客户合同约定的组合产出。例如，企业可能承诺向客户提供现有软件，并同时承诺定制该软件以使其与客户现有的基础设施配套使用，从而企业将为客户提供完全整合的系统。在这种情况下，如果定制服务要求企业对现有软件作出重大修订，从而导致提供软件与提供定制服务所产生的风险不可分割，则企业可以断定转让软件的承诺与转让定制服务的承诺无法区分开来。因此，这些商品或服务在基于合同进行考虑时不可明确区分。

3. 该商品与合同中承诺的其他商品具有高度关联性。换言之，每一项商品均在很大程度上受合同中其他一项或多项商品或服务的影响，使得企业无法通过单独转让每一项商品来履行其承诺，或者导致客户无法在不对合同承诺的其他商品或服务造成重大影响的情况下选择购买其中某一项商品。

例如，企业同意为客户设计一种实验性的新产品并生产该产品的10个样品。产品规格包含尚未得到证实的功能。因此，企业必须在生产和测试样品过程中持续对产品设计进行修正，并对样品的在产品或产成品作出必要的修订。企业预计由于产品设计在生产过程中的变化，大多数或全部拟生产的样品均可能需要进行一些返工。在这种情况下，客户可能无法选择在不对生产服务造成重大影响的情况下仅购买设计服务，或者在不对设计服务造成重大影响的情况下仅购买生产服务。这是因为提供设计服务与提供生产服务所产生的风险是不可分割的。因此，尽管每一项承诺本身均可使客户获益，但在基于合同进行考虑时，这些承诺无法单独区分开来。这是因为企业认为每一项承诺均高度依赖于合同中的其他承诺并且与其高度关联。

需要强调的是，企业应当评价在履行合同过程中两个项目之间是否存在转化关系，而不是考虑某个项目从其本身性质来看是否依赖另一项目（即两个项目之间是否存在功能关系）。

如果已承诺的商品或服务不可明确区分，企业应当将该商品或服务与其他已承诺的商品或服务合并，直至其能够识别出可明确区分的一组商品或服务为止。在某些情况下，这将导致企业将合同承诺的所有商品或服务作为单一履约义务进行会计处理。

（三）一系列实质相同且转让模式相同的、可明确区分的商品

企业向客户转让一系列实质相同且转让模式相同的、可明确区分商品的承诺，也应当作为单项履约义务。

转让模式相同，是指每一项可明确区分商品均满足新收入准则第十一条规定的、在某一时段内履行履约义务的条件，且采用相同的方法确定其履约进度。

上述要求适用于连续提供（而非同时提供）的商品或服务，如重复性服务合同（保洁合同、交易处理或供电合同等）。

在考虑一系列可明确区分的商品或服务是否实质上相同时，企业首先应当确定承诺为客户提供的服务的性质。如果承诺的性质是提供特定数量的服务，评估时应当考虑每项服务是否可明确区分且实质上相同，如在合同期内每月提供的薪酬外包服务。相反，如果企业承诺的性质是准备好或在一段时间内提供单一服务（如提供服务的数量不确定、酒店管理服务），评估时应当考虑每个时间增量（如每小时或每天）而非潜在的活动是否可明确区分且实质上相同。

（四）已承诺的商品或服务

视合同的具体情况，已承诺的商品或服务情形见表2-2，在本书第七章至第十四章中对其进行了分析和判断，并对相应的会计处理进行了详细的阐述。

表 2-2 已承诺的商品或服务及索引

序号	已承诺的商品或服务	索引
1	销售企业所生产的商品	第七章 销售仪器及配套产品（第二步）
2	销售企业所购买的商品	第十一章 百货商场主要责任人和代理人的判断（特定交易三）
3	销售企业所购买的对商品或服务的权利	第十三章 酒店通过互联网平台预定（特定交易三）
4	为客户执行合同所议定的一项或多项任务	第十章 EPC 业务（第二步、第五步）
5	提供一项准备向客户提供商品或服务，或者使商品或服务在客户决定使用时可供其使用的服务	第十四章 软件未来升级或优化、维护及培训的区分（第二步）
6	提供为另一方安排向客户转让商品或服务的服务	第十一章 电商主要责任人与代理人的判断（特定交易三）
7	授予在未来提供的商品或服务的权利，而客户可将该权利再出售或提供给其客户	第九章 汽车免费维修服务是否单项履约义务（第二步）
8	代表客户建造、制造或开发一项资产	第十四章 定制软件和系统集成的收入确认时点（第二步、第五步）
9	授予知识产权许可	第八章 知识产权许可（特定交易五）
10	授予购买额外商品或服务的选择权	第十二章 航空公司常旅客奖励积分（特定交易四）

二、与原准则的差异及财务影响（见表 2-3）

表 2-3 新旧准则的差异及财务影响（2）

事项	新准则	原准则	新旧差异
履约义务作为收入确认、计量的单元	第九条 合同开始日，企业应当对合同进行评估，识别该合同所包含的各单项履约义务，并确定各单项履约义务是在某一时段内履行，还是在某一时点履行，然后，在履行了各单项履约义务时分别确认收入。 履约义务，是指合同中企业向客户转让可明确区分商品的承诺。履约义务既包括合同中明确的承诺，也包括由于企业已公开宣布的政策、特定声明或以往的习惯做法等导致合同订立时客户合理预期企业将履行的承诺。企业为履行合同而应开展的初始活动，通常不构成履约义务，除非该活动向客户转让了承诺的商品。 企业向客户转让一系列实质相同且转让模式相同的、可明确区分商品的承诺，也应当作为单项履约义务。 转让模式相同，是指每一项可明确区分商品均满足本准则第十一条规定的、在某一时段内履行履约义务的条件，且采用相同方法确定其履约进度。	CAS 15 第四条 企业通常应当按照单项建造合同进行会计处理。但是，在某些情况下，为了反映一项或一组合同的实质，需要将单项合同进行分立或将数项合同进行合并。	要求合同开始日识别单项履约义务，以单项履约义务为基础进行收入确认。

续表

事项	新准则	原准则	新旧差异
可明确区分的条件	第十条 企业向客户承诺的商品同时满足下列条件的，应当作为可明确区分商品： （一）客户能够从该商品本身或从该商品与其他易于获得资源一起使用中受益； （二）企业向客户转让该商品的承诺与合同中其他承诺可单独区分。 下列情形通常表明企业向客户转让该商品的承诺与合同中其他承诺不可单独区分： 1. 企业须提供重大的服务以将该商品与合同中承诺的其他商品整合成合同约定的组合产出转让给客户； 2. 该商品将对合同中承诺的其他商品予以重大修改或定制； 3. 该商品与合同中承诺的其他商品具有高度关联性。	CAS 14 第十五条 企业与其他企业签订的合同或协议包括销售商品和提供劳务时，销售商品部分和提供劳务部分能够区分且能够单独计量的，应当将销售商品的部分作为销售商品处理，将提供劳务的部分作为提供劳务处理。销售商品部分和提供劳务部分不能够区分，或虽能区分但不能够单独计量的，应当将销售商品部分和提供劳务部分全部作为销售商品处理。 CAS 15 第五条 一项包括建造数项资产的建造合同，同时满足下列条件的，每项资产应当分立为单项合同： （一）每项资产均有独立的建造计划； （二）与客户就每项资产单独进行谈判，双方能够接受或拒绝与每项资产有关的合同条款； （三）每项资产的收入和成本可以单独辨认。	就识别履约义务给出了具体的判断标准。

三、难点和示例

（一）如何理解商品或服务“不可明确区分”的迹象中的“重大整合”“重大修改或定制”及“高度依赖或关联”？

“重大整合”“重大修改或定制”及“高度依赖或关联”是表明转让商品或服务的承诺不可明确区分的因素。

“重大整合”“重大修改或定制”及“高度依赖或关联”都以是否存在“单独风险”作为评估基础，强调的是承诺的商品或服务之间的关系。IFRS 15. BC103 指出，如果主体为履行向客户转让一揽子商品或服务中的某一项已承诺商品或服务的义务而承担的风险与转让该一揽子商品或服务中其他已承诺商品或服务的相关风险是不可分割的，则该一揽子商品或服务中的个别商品或服务不可明确区分。

1. 重大整合

IFRS 15. BC107 指出，如果主体提供整合服务，则转让个别商品或服务所产生的风险是不可分割的，因为主体向客户作出的承诺的主要内容是确保将个别商品或服务组合形成产出。个别商品或服务是生产单一产出所需的投入。合并产出的价值应当高于各单独项目的加总。IASB 和 FASB 认为，该因素可能与许多建筑合同相关（在此类合同中，承包商提供整合或合同管理服务，以管理和协调各项建造任务并承担与整合这些任务相关的风险）。此外，整合服务将要求承包商对各分包商执行的任务进行协调并确保这些任务按照合同细则执行，从而确保个别商品或服务恰当地纳入客户合同约定的组合产出项目。

IFRS 15. BC108 指出，IASB 和 FASB 认为，该因素也适用于建造业以外的其他行业。例如，某些包含重大整合服务的软件开发合同同样涉及符合《国际财务报告准则第 15 号》标准的已承诺商品或服务。

示例 2－7：不可明确区分的商品和服务（摘自 IFRS 15 示例 10）

（1）背景概述。

建筑公司 C 和客户 D 签订合同，设计并建造一家医院。建筑公司 C 负责项目的全局管理，确定所需提供的商品和服务，包括工程规划、工地清理、地基、采购、结构建造、配管布线、设备安装和完工事宜等。

（2）准则概要。

按照准则规定，在识别履约义务时应该满足两个标准：（1）客户能够从单独使用该商品或服务，或将其与客户易于获得的其他资源一起使用中获益（即该商品或服务本身能够明确区分）；（2）主体向客户转让该商品或服务的承诺可与合同中的其他承诺区分开（即在基于相关合同进行考虑时该商品或服务可明确区分）。

（3）简要分析。

对于每项建造材料，客户 D 可按高于残值的价格转售。这些材料也可以与额外材料或另一承包商的服务等其他可用资源结合出售。因此，每项建造材料本身是能够明确区分的。但是，从客户 D 的角度，建筑公司 C 正提供一项重大整合服务，将合同中所有的商品和服务合并为与客户 D 商定的合并项目（即医院建设项目）。因此，该合同仅有一项履约义务。

（4）示例概括。

建筑公司建造一家医院，从客户角度，其提供了一项重大整合服务，合同中的各项商品和服务不可明确区分，应作为一项履约义务进行会计处理。

2. “重大修改或定制”

IFRS 15. BC109 指出，如果某些商品或服务对合同中的其他商品或服务作出修订或定制，则每一项商品或服务将被整合在一起（即作为投入）以生产客户合同约定的组合产出。IFRS 15. BC110 指出，例如，主体可能承诺向客户提供现有软件，并同时承诺定制该软件以使其与客户现有的基础设施配套使用，从而主体将为客户提供完全整合的系统。在这种情况下，如果定制服务要求主体对现有软件作出重大修订，从而导致提供软件与提供定制服务所产生的风险不可分割，则主体可以断定转让软件的承诺与软件定制服务的承诺无法区分开来。因此，这些商品或服务在基于合同进行考虑时不可明确区分。

示例 2-8：可明确区分的商品或服务（摘自 IFRS 15 示例 11）

（1）背景概述。

某软件开发商主体与客户订立一项合同，约定转让软件许可证、实施安装服务并在两年期间内提供未明确规定的软件更新和技术支持（通过在线和电话方式）。主体单独出售许可证、安装服务和技术支持。

情形 1：安装服务包括为各类用户（如市场营销、库存管理和信息技术）更改网页屏幕。安装服务通常由其他主体执行，并且不会对软件作出重大修订。该软件在没有更新和技术支持的情况下仍可正常运行。

情形 2：合同明确规定，作为安装服务的一部分，软件将作重大定制以增添重要的新功能，从而使软件能够与客户使用的其他定制软件应用程序相对接。定制安装服务可由其他主体提供。

（2）准则概要。

下列情形通常表明企业向客户转让该商品的承诺与合同中的其他承诺不可单独区分：“……2. 该商品将对合同中承诺的其他商品予以重大修改或定制。”

（3）简要分析。

情形 1：主体认定软件是在其他商品和服务之前交付，并且在没有更新和技术支持的情况下仍可正常运行。客户能从软件更新及合同开始时转让软件许可证并获益。同时，主体认为，虽然其将软件与客户的系统整合，但是安装服务并未重大影响客户使用软件许可证及从其获益的能力，因为安装服务是常规的，而且能够从替代供应商处取得。在许可证有效期内，软件更新不能对客户使用软件许可证及从其获益的能力产生重大影响。主体进一步认为，承诺的商品或服务不会对所承诺的另一商品或服务作出重大修订或定制，主体也没有提供重大的将软件和服务整合至一项组合产出的服务。最后，主体得出结论：软件和服务不会互相产生重大影响，因此二者不是高度相关或关联的，因为主体能够单独履行其初始转让软件许可证及之后提供安装服务、软件更新或技术支持的承诺。

基于上述评估，主体识别出合同中关于下列商品或服务的 4 项履约义务：

①软件许可证；

②安装服务；

③软件更新；

④技术支持。

情形2：情形2与情形1的安装服务不同，主体认为定制安装服务将授予许可证的软件与现有软件系统相整合。换言之，主体使用许可证和定制安装服务作为投入以生产合同所列明组合产出（即具特定功能的集成软件系统）。因此，有关服务将对软件作出重大修订和定制，不可单独区分开来，转让许可证的承诺与定制安装服务不可明确区分。

（4）示例概括。

软件安装服务对软件进行了重大修改或定制，通常表明其不可单独区分，应作为一项履约义务。

3. “高度依赖或关联”

在某些情况下，合同中所承诺的部分商品或服务高度依赖合同所承诺的其他商品或服务或与其高度关联，从而导致客户无法在不对合同承诺的其他商品或服务造成重大影响的情况下选择购买其中某一项商品或服务。尽管每一项承诺本身均可使客户获益，但在基于合同进行考虑时，这些承诺无法单独区分开来。

2016年4月IASB发布的IFRS 15解释了在评估多项商品或服务之间是否高度依赖或关联时，不应着重在功能上的关联度，而应重点关注这些商品或服务之间在履约过程中是否存在相互改变的影响。

示例2-9：设计生产实验性的新产品

（1）背景概述。

制造商A同意为客户设计一种实验性的新产品并生产该产品的10个样本。产品规格包含尚未得到证实的功能。制造商A必须在生产和测试样品过程中持续对产品设计进行修正，并对样品的在产品或产成品作出必要的修订。制造商A预计由于产品设计在生产过程中出现变化，大多数或全部拟生产的样品均可能需要进行一些返工。

（2）准则概要。

下列情形通常表明企业向客户转让该商品的承诺与合同中的其他承诺不可单独区分：“……3. 该商品与合同中承诺的其他商品具有高度关联性。”

（3）简要分析。

客户无法选择在不对生产服务造成重大影响的情况下仅购买设计服务，或在不对设计服务造成重大影响的情况下仅购买生产服务。提供设计服务与提供生产服务所产生的风险是不可分割的。因此，该合同仅有一项履约义务。

（4）示例概括。

在实验性新产品的设计和生产过程中，客户无法单独购买设计和生产中的任何一项服务，表明该新产品的设计和生产之间具有高度关联性，应作为一项履约义务。

（二）如何判断转让一系列实质上相同且转让模式相同的可明确区分的承诺

新收入准则规定，企业向客户转让一系列实质相同且转让模式相同的、可明确区分商品的承诺，应当作为单项履约义务。这对于企业在一段时期内连续提供同一商品或服务（如重复性服务安排）的情况，简化了收入确认模型的应用并确保了识别履约义务的一致性。需要注意的是，准则并未允许企业选择使用，而是要求强制采用这一简化方法。

其中，“转让模式相同”应同时满足在一段时间内履行的履约义务和采用相同方法确定其履约进度两项标准。

企业向客户转让一系列实质相同且转让模式相同的、可明确区分商品的承诺的判断流程如图 2－7 所示：

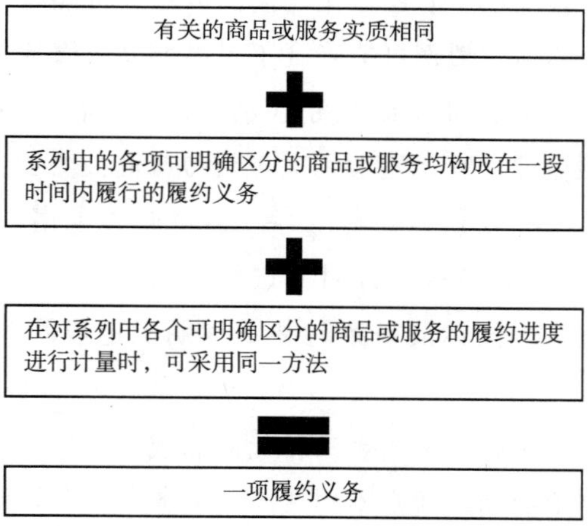

图 2－7　一系列实质相同且转让模式相同的、可明确区分商品的承诺的判断流程

示例 2－10：按月提供连续的有线电视服务

（1）背景概述。

有线电视公司 R 与客户 M 签订了为期两年的服务合同，以每月 100 元的固定收费向客户 M 提供有线电视服务。该有线电视服务在一段时间内履约，因为客户 M 从每天享受有线电视服务中获益。每单位（每天或每月）的增量服务都是可明确区分的，因为客户 M 在这段服务时间内获益。每单位增量服务均可与前后段的服务单独区分，即服务时间段之间不会在很大程度上互相影响、更改或定制。

（2）准则概要。

企业向客户转让一系列实质相同且转让模式相同的、可明确区分商品的承诺，也应当作为单项履约义务。

（3）简要分析。

R认定其与客户M的合同构成提供两年期有线电视服务的单一履约义务，因为每一单位可明确区分的增量服务大致相同，且都在一段时间内履约。R使用同一进度计量方法确认其有线电视服务的收入，不受合同期的影响。

（4）示例概括。

向客户提供连续服务的合同，各期间的服务实质相同且转让模式相同，应作为单项履约义务。

（三）企业何时应将隐含的承诺确认为履约义务

企业在识别客户合同中的履约义务之前，首先需要识别合同中所有已承诺的商品或服务。通常情况下，合同中所有已承诺的商品或服务可能均明确列示于合同中。但是在其他情况下，企业的商业惯例可能隐含了提供商品或服务的承诺。如果此类惯例导致客户形成企业将向其转让商品或服务（例如，某些在可供使用时将提供的软件更新）的有效预期，则企业应在确定履约义务时考虑此类隐含的承诺。

如果客户已形成一项有效预期，则该客户会将此类承诺视为商定交易的一部分（即客户预计将取得此类商品或服务并对其进行支付）。反之，某些已承诺的商品或服务如果在合同各方就该合同达成一致时并不（明确地或隐含地）存在，则可能并非履约义务。

企业不应考虑其可能实施的未向客户转让商品或服务的活动，也就是说，企业为履行合同而应开展的初始活动，通常不构成履约义务，除非该活动向客户转让了承诺的商品或服务。在企业实施不会直接向客户转让商品或服务的单独活动的许多合同中（例如，需要大量准备成本的服务合同），则可能发生这种情况，尽管此类活动是成功转让客户合同的标的商品或服务所必需的。但是，将此类活动纳入履约义务不符合收入确认的核心原则，因为此类活动不会导致企业向客户转让商品或服务。

示例2-11：隐含的服务承诺

（1）背景概述。

汽车制造商N一直以来都向通过经销商购买汽车的最终用户提供两年免费维修服务。该为期两年的免费维修服务并未在与经销商的合同中明确说明，而是一般在汽车制造商 N 的汽车广告中说明。该免费维修服务是否属于单项履约义务?

（2）准则概要。

企业的商业惯例可能隐含了提供商品或服务的承诺。如果此类惯例导致客户形成企业将向其转让商品或服务的有效预期，则企业应在确定履约义务时考虑此类隐含的承诺。

（3）简要分析。

汽车制造商 N 向通过经销商购买汽车的最终用户提供两年的免费维修服务虽并未在合同中列示，但导致客户形成了企业将向其转让商品或服务的有效预期，因此该维修服务应当作为合同中已承诺的商品或服务的一项，即免费维修服务属于单项履约义务。

（4）示例概括。

无论是否在合同中明确，如果企业的商业惯例导致客户形成企业将向其转让商品或服务的有效预期，则企业应在确定履约义务时考虑此类隐含的承诺。

示例 2－12：行政管理服务

（1）背景概述。

软件公司 B 向客户 L 授权并转让操作系统软件。如果软件公司 B 不提供密钥，该操作系统软件就无法在客户 L 的电脑硬件上运行。客户 L 须向软件公司 B 提供其硬件的序列号以接收密钥。客户 L 须从另外一家供应商购买硬件，在操作系统交付时还未收到硬件，客户 L 仍须为操作系统软件付款，因为款项支付不取决于密钥的交付。密钥的交付是否构成单项履约义务?

（2）准则概要。

履约义务，是指合同中企业向客户转让可明确区分商品或服务的承诺。

（3）简要分析。

软件公司 B 在交付操作系统软件时确认收入，因为操作系统软件在交付给 L 后已经可供 L 使用，密钥的交付仅取决于 L 的行为。因此，密钥的交付是个行政管理事项，不涉及转移承诺的商品或服务，所以这一活动在合同中不被认为是单项履约义务。

（4）示例概括。

尽管有些活动是成功转让客户合同的标的商品或服务所必须的，但是，若企业为履行合同而应开展的初始活动并未向客户转让承诺的商品或服务，则该活动不构成履约义务。

第三节　确定交易价格

“五步法模型”的第三步是“确定交易价格”。企业应当根据合同条款，并结合其以往的习惯做法确定交易价格。与客户之间的合同所承诺的对价可能包括固定金额、可变金额或二者兼有。在确定交易价格时，企业应当考虑可变对价、合同中存在的重大融资成分、非现金对价、应付客户对价等因素的影响。

一、准则概要

交易价格，是指企业因向客户转让商品而预期有权收取的对价金额。企业代第三方收取的款项（如增值税）以及企业预期将退还给客户的款项，应当作为负债进行会计处理，不计入交易价格。

若一项安排涉及可变对价、非现金对价、重大融资成分或应付客户的对价，交易价格的确定会更为复杂。

（一）可变对价

折扣、退款、返利、积分、价格折让、退货、绩效奖金、罚款、特许权使用费等项目都可能产生可变对价。根据事实与情况的不同，企业以预期价值或最可能的金额来估计可变对价，并以极可能不会发生重大转回的金额为限。

1. 计量方法

合同中存在可变对价的，企业应当按照期望值或最可能发生金额确定可变对价的最佳估计数。方法的使用具体取决于企业预计哪一种方法能更好地预测其有权获得的对价金额。

方法1：期望值，是一系列可能发生的对价金额的概率加权金额的总和。

方法2：最可能发生金额，是一系列可能发生的对价金额中最可能发生的单一金额（即合同最可能产生的单一结果）。如果合同仅有两个可能结果（例如，企业能够实现或未能实现业绩奖金目标），则最可能的金额可能是可变对价金额的恰当估计。

2. 以极可能不会发生重大转回的金额为限

企业可能需要对可计入交易价格的可变对价金额加以限制。企业计入交易价格的可变对价金额以后续“极可能”不会发生重大转回（即对已确认的累计收入金额进行重大下调）的金额为限。其中“极可能”是一个比较高的门槛，其发生的概率应远高于“很可能”（即可能性超过 50%），但不要求达到“基本确定”（即可能性超过 95%）。企业在评估累计已确认收入是否极可能不会发生重大转回时，应当同时考虑收入转回的可能性及其比重。目前，许多企业的做法是，直到可变对价确定且对价的最终金额已知时确认收入。在新收入准则下，企业可能需要至少就对价的一部分提早确认。同时，新收入准则应用指南指出了部分导致收入转回的可能性增强或转回金额比重增加的因素。

即使是固定价格的合同，如果在履约义务得以满足后，也不确定企业是否将有权获得所有对价，则对收入的限制也适用于此类合同。例如，企业与客户签订合同以提供法律服务并收取固定费用，但是只有当法院判决有利于客户时，企业才会取得报酬。尽管法律服务已经提供，但是在法院对案件作出判决之前，企业可能无法确认收入。如果管理层认为该笔收费极可能不会导致累计已确认收入的重大转回，则企业将在法院判决之前确认收入。

准则对于许可使用知识产权而产生的基于销售额或使用情况的特许权使用费，在可变对价的限制上给出了一个豁免。特许权使用费直到其金额不再可变（即发生后续销售或使用与相关履约全部或部分履行的较晚时间，即使企业拥有证明客户持续出售或使用情况的以往证据），才能计入交易价格。这些豁免仅限于基于销售或使用的特许权使用费，不适用于其他特许权安排。

3. 后续计量

每一资产负债表日，企业应当重新估计应计入交易价格的可变对价金额。可变对价金额发生变动的，按照新准则规定将其分摊至相应的履约义务。

新收入准则关于可变对价的主要要求如图 2－8 所示。

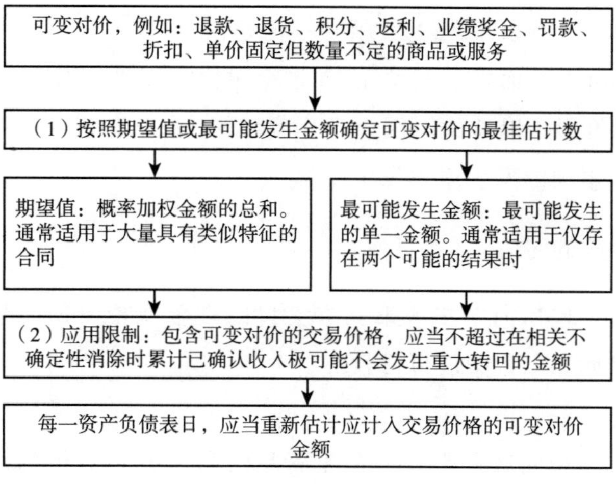

图 2－8　可变对价的会计处理

（二）重大融资成分

如果合同中包括重大的融资成分，则在估计合同的交易价格时，企业须调整承诺的对价金额，以反映货币的时间价值。企业应当按照假定客户在取得商品控制权时即以现金支付的应付金额确定交易价格。该交易价格与合同对价之间的差额，应当在合同期间内采用实际利率法摊销。

如果客户在控制权转移前为商品或服务支付预付款，可能导致确认利息费用；而对于延后付款的商品或服务，可能导致确认利息收入。同时，准则就重大融资成分的确认给出了实务操作方法：合同开始日，企业预计客户取得商品控制权与客户支付价款间隔不超过一年的，可以不考虑合同中存在的重大融资成分。企业应当对类似情形下的类似合同一致地应用这一简化处理方法。

但是，部分情形下企业向客户转让商品与客户支付相关款项之间虽然存在时间间隔，但并不一定表明合同中包含重大融资成分，具体分析详见本章“三、难点和示例”中的“商品现金售价与合同价格存在差异时是否一定包含重大融资成分?”

（三）非现金对价

非现金对价的形式包括材料、设备、服务等。客户支付非现金对价的，企业通常应当按照非现金对价在合同开始日的公允价值确定交易价格。非现金对价的公允价值不能合理估计的，企业应当参照其承诺向客户转让商品的单独售价（指企业向客户单独销售商品的价格）间接确定交易价格。

非现金对价的公允价值因对价形式以外的原因而发生变动的，应当作为可变对价，按照可变对价进行会计处理。公允价值是否因对价形式以外的原因而发生变动的示例如下：

示例1（因对价形式而发生变动）：非现金对价为股票，因股票价格而变动。

示例2（因对价形式以外的原因而发生变动）：企业有权获得的非现金对价的奖金取决于未来某一事项的发生或不发生。

（四）应付客户的对价

应付客户的对价包括向客户或第三方支付的现金或授予的奖励积分等，如礼品券、折扣券、批量回扣、货架展位付款等。

1. 计量

企业应付客户（或向客户购买本企业商品的第三方）对价的，应当将该应付对价冲减交易价格。

企业应付客户对价是为了向客户取得其他可明确区分商品的，应当采用与本企业其他采购相一致的方式确认所购买的商品。企业应付客户对价超过向客户取得可明确区分商品公允价值的，超过金额应当冲减交易价格。向客户取得的可明确区分商品公允价值不能合理估计的，企业应当将应付客户对价全额冲减交易价格。

2. 确认时点

企业应在以下二者孰晚的时点冲减当期收入（应付客户对价是为了向客户取得其他可明确区分商品的除外）：

（1）确认相关收入；

（2）支付（或承诺支付）客户。

3. 应付客户对价是为了向客户取得其他商品时的会计处理

如果应付给客户的对价是对来自客户的可明确区分的商品或服务进行的支付，则企业应当按其向供应商进行的其他采购相同的方式对该商品或服务的购买进行会计处理。

4. 分销链上的“客户的客户”

企业应付客户对价，包括向客户购买本企业商品的第三方支付的对价。这里的第三方通常指向企业的客户购买本企业商品的一方，即处于企业分销链上的“客户的客户”，例如，企业将其生产的产品销售给经销商，经销商再将这些产品销售给最终用户，最终用户即是第三方。有时，企业需要向其支付款项的第三方是本企业客户的客户，但处于企业分销链之外，如果企业认为该第三方也是本企业的客户，或者根据企业与其客户的合同约定，企业有义务向该第三方支付款项，则企业向该第三方支付的款项也应被视为应付客户对价进行会计处理。

新收入准则关于应付客户对价的主要要求如图2－9所示。

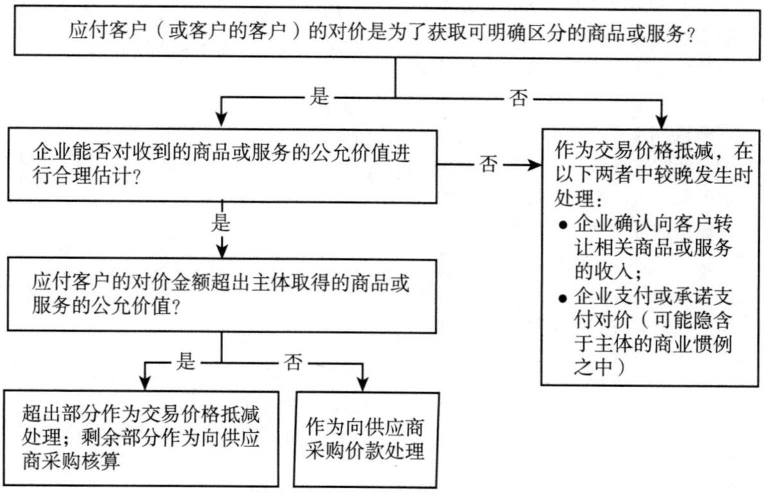

图2－9　应付客户对价的会计处理

二、与原准则的差异及财务影响（见表 2 -4）

表 2 -4　　　　　　新旧准则的差异及财务影响（3）

事项	新准则	原准则	新旧差异
交易价格	第十四条 企业应当按照分摊至各单项履约义务的交易价格计量收入。 交易价格，是指企业因向客户转让商品而预期有权收取的对价金额。企业代第三方收取的款项以及企业预期将退还给客户的款项，应当作为负债进行会计处理，不计入交易价格。	CAS 15 第八条 合同收入应当包括下列内容： （一）合同规定的初始收入； （二）因合同变更、索赔、奖励等形成的收入。	定义了交易价格。
交易价格的四项影响因素	第十五条 企业应当根据合同条款，并结合其以往的习惯做法确定交易价格。在确定交易价格时，企业应当考虑可变对价、合同中存在的重大融资成分、非现金对价、应付客户对价等因素的影响。	—	在确定交易价格时，应当考虑可变对价、合同中存在的重大融资成分、非现金对价、应付客户对价等因素的影响。
可变对价	第十六条 合同中存在可变对价的，企业应当按照期望值或最可能发生金额确定可变对价的最佳估计数，但包含可变对价的交易价格，应当不超过在相关不确定性消除时累计已确认收入极可能不会发生重大转回的金额。企业在评估累计已确认收入是否极可能不会发生重大转回时，应当同时考虑收入转回的可能性及其比重。 每一资产负债表日，企业应当重新估计应计入交易价格的可变对价金额。可变对价金额发生变动的，按照本准则第二十四条和第二十五条规定进行会计处理。	CAS 15 第十条 索赔款，是指因客户或第三方的原因造成的、向客户或第三方收取的、用以补偿不包括在合同造价中成本的款项。索赔款同时满足下列条件的，才能构成合同收入： （一）根据谈判情况，预计对方能够同意该项索赔； （二）对方同意接受的金额能够可靠地计量。 CAS 15 第十一条 奖励款，是指工程达到或超过规定的标准，客户同意支付的额外款项。奖励款同时满足下列条件的，才能构成合同收入： （一）根据合同目前完成情况，足以判断工程进度和工程质量能够达到或超过规定的标准； （二）奖励金额能够可靠地计量。	明确了可变对价的估算方法，并要求收入确认以极可能不会发生重大转回的金额为限。 不再强调收入金额能够可靠计量，可能导致实务中部分包含可变对价条款的交易提前确认收入。

续表

事项	新准则	原准则	新旧差异
重大融资成分	第十七条 合同中存在重大融资成分的，企业应当按照假定客户在取得商品控制权时即以现金支付的应付金额确定交易价格。该交易价格与合同对价之间的差额，应当在合同期间内采用实际利率法摊销。 合同开始日，企业预计客户取得商品控制权与客户支付价款间隔不超过一年的，可以不考虑合同中存在的重大融资成分。	第五条 企业应当按照从购货方已收或应收的合同或协议价款确定销售商品收入金额，但已收或应收的合同或协议价款不公允的除外。合同或协议价款的收取采用递延方式，实质上具有融资性质的，应当按照应收的合同或协议价款的公允价值确定销售商品收入金额。应收的合同或协议价款与其公允价值之间的差额，应当在合同或协议期间内采用实际利率法进行摊销，计入当期损益。 应用指南“三、销售商品收入金额的计量” 根据原收入准则第五条规定，企业销售商品满足收入确认条件时，应当按照已收或应收合同或协议价款的公允价值确定销售商品收入金额。 从购货方已收或应收的合同或协议价款，通常为公允价值。某些情况下，合同或协议明确规定销售商品需要延期收取价款，如分期收款销售商品，实质上具有融资性质的，应当按照应收的合同或协议价款的现值确定其公允价值。应收的合同或协议价款与其公允价值之间的差额，应当在合同或协议期间内，按照应收款项的摊余成本和实际利率计算确定的摊销金额，冲减财务费用。	原收入准则仅涉及赊销产生的应收账款确认利息收入，新收入准则对于那些为提前取得资金而要求客户预付货款的企业也需确认相应的利息费用。
非现金对价	第十八条 客户支付非现金对价的，企业应当按照非现金对价的公允价值确定交易价格。非现金对价的公允价值不能合理估计的，企业应当参照其承诺向客户转让商品的单独售价间接确定交易价格。非现金对价的公允价值因对价形式以外的原因而发生变动的，应当作为可变对价，按照本准则第十六条规定进行会计处理。 单独售价，是指企业向客户单独销售商品的价格。	—	要求存货销售的合同对价为非货币资产时，应当按照非现金对价的公允价值确定交易价格。不适用《企业会计准则第 7 号——非货币性资产交换》（2019 年修订）

续表

事项	新准则	原准则	新旧差异
应付客户对价	第十九条 企业应付客户（或向客户购买本企业商品的第三方，本条下同）对价的，应当将该应付对价冲减交易价格，并在确认相关收入与支付（或承诺支付）客户对价二者孰晚的时点冲减当期收入，但应付客户对价是为了向客户取得其他可明确区分商品的除外。 企业应付客户对价是为了向客户取得其他可明确区分商品的，应当采用与本企业其他采购相一致的方式确认所购买的商品。企业应付客户对价超过向客户取得可明确区分商品公允价值的，超过金额应当冲减交易价格。向客户取得的可明确区分商品公允价值不能合理估计的，企业应当将应付客户对价全额冲减交易价格。	CAS 14 第六条 销售商品涉及现金折扣的，应当按照扣除现金折扣前的金额确定销售商品收入金额。现金折扣在实际发生时计入当期损益。现金折扣，是指债权人为鼓励债务人在规定的期限内付款而向债务人提供的债务扣除。 CAS 14 第七条 销售商品涉及商业折扣的，应当按照扣除商业折扣后的金额确定销售商品收入金额。商业折扣，是指企业为促进商品销售而在商品标价上给予的价格扣除。 CAS 14 第八条 企业已经确认销售商品收入的售出商品发生销售折让，应当在发生时冲减当期销售商品收入。销售折让属于资产负债表日后事项的，适用《企业会计准则第 29 号——资产负债表日后事项》。销售折让，是指企业因售出商品的质量不合格等原因而在售价上给予的减让。	新收入准则对应付客户对价的会计处理原则进行了统一规范。 新收入准则下，现金折扣涉及可变对价，应按照可变对价的处理原则进行处理。

三、难点和示例

（一）可变对价

1. 判断可变对价是否极可能不会发生重大转回的考虑因素是什么？

新收入应用指南给出了导致收入转回的可能性增强或转回金额比重增加的因素，包括但不限于：一是对价金额极易受到企业影响范围之外的因素影响，例如市场波动性、第三方的判断或行动、天气状况、已承诺商品存在较高的陈旧过时风险等。二是对价金额的不确定性预计在较长时期内无法消除。三是企业对类似合同的经验（或其他证据）有限，或者相关经验（或其他证据）的预测价值有限。四是企业在以往实务中对于类似情况下的类似合同，或曾提供了多种不同程度的价格折扣，或曾给予不同的付款条件。五是合同有多种可能的对价金额，且这些对价金额分布非常广泛。需要说明的是，将可变对价计入交易价格的限制条件不适用于企业向客户授予知识产权许可并约定按客户实际销售或使用情况收取特许权使用费的情况。

示例 2－13：可变对价的估计未受到限制（摘自 IFRS 15 示例 23 案例 A）

（1）背景概述。

主体于 20×8 年 1 月 1 日与客户订立一项提供为期 5 年的资产管理服务的合同。主体基于截至每季度末所管理的客户资产价值收取每季度 2% 的管理费。此外，若在该 5 年内该基金的回报超过可观察市场指数的回报，则主体可获得相当于基金超额回报 20% 的基于业绩的奖励费。因此，合同中的管理费和业绩奖励费均为可变对价。在 20×8 年 3 月 31 日，主体管理的客户资产价值为 CU 1 亿元。

（2）准则概要。

包含可变对价的交易价格，应当不超过在相关不确定性消除时累计已确认收入极可能不会发生重大转回的金额。每一资产负债表日，企业应当重新估计应计入交易价格的可变对价金额。可变对价金额发生变动的，按照本准则规定将其分摊至相应的履约义务。

（3）简要分析。

主体认为已承诺的对价取决于市场，因此极易受到超出主体影响范围之外的因素影响。此外，与奖励费相关的可能的对价金额数量多且分布广泛。主体同时断定，尽管其拥有针对类似合同的经验，但该经验在确定未来市场业绩方面不具有预测价值。因此，在合同开始时，主体无法得出结论认为，如果将估计的管理费或奖励费纳入交易价格，已确认收入的累计金额极可能不会发生重大转回。

在每一季度末，主体认为每季度管理费不确定性已消除，将实际收取的金额纳入交易价格。但是，主体断定其无法在每一季度末将估计的奖励费纳入交易价格，这是因为自合同开始以来相关评估并未发生变化。奖励费的变化是以市场指数为基础，这表明主体无法得出结论认为，如果将估计的奖励费纳入交易价格，已确认收入的累计金额极可能不会发生重大转回。在 20×8 年 3 月 31 日，主体管理的客户资产价值为 CU 1 亿元。因此，相应的季度管理费和交易价格为 CU 2 百万元。

（4）示例概括。

以客户资产价值为基础收取的管理费和以市场指数为基础收取的奖励费，取决于市场，因此极易受到超出主体影响范围之外的因素影响。可能表明可变对价并非极可能不会发生重大转回。

此外，TRG（Transition Resource Group，收入过渡资源小组）在 2015 年 7 月 13 日会议讨论中认为，使用预期价值考虑可能发生的概率加权金额，有时候达到了可变对价限制的目标。因为基于可能发生的概率加权金额，预期价值并未包含全部对价金额，从而降低了收入发生转回的可能性。在有些情况下，如果没有因素显示收入可能发生重大转回，主体可以不考虑限制可变对价的预期价值。

2. 如何区分可变对价与坏账?

可变对价是企业根据合同有权获得的对价，只不过金额不确定，包括折扣、回扣、退款、抵免、价格折让、激励措施、业绩奖金、罚款、退货权等；是企业正常经营活动的组成部分，由企业和客户协商决定。而坏账准备是一种资产减值损失，是由于客户单方信用风险引起的，根据相关合同，企业仍有权获得相关对价，只不过由于客户信用风险增加，企业无法收回该对价。

在第一步骤识别合同中，应按五步法进行会计处理的合同需要满足的标准之一是企业很可能取得因向客户转让商品或服务而有权获得的对价。此处很可能的标准是估计企业取得对价的概率，如果企业认为其很可能取得对价，则应按此步骤确定交易价格，即确定其有权获得的金额。坏账应根据金融资产减值的相关规定进行会计处理，金融工具准则对于金融资产减值提出了预期信用损失模型，因此很有可能在初始计量日就需要对应收账款计提坏账。

综上所述，可变对价影响的是企业根据合同有权收取的金额，即收入确认的金额；而坏账准备影响的是企业销售可收回的金额，其不影响企业收入确认的金额，而是影响企业销售产生的应收账款可收回的金额。

示例 2－14：可变对价的估计未受到限制（摘自 IFRS 15 示例 23 案例 A）

（1）背景概述。

A 公司与其客户 B 公司签订一份新合同，对价为 300 万元。A 公司在履约义务完成时确认收入，预期有权收到金额为 300 万元。B 公司历史回款的平均比例为 98%，仅与客户信用风险相关，不属于隐性价格折让。

（2）准则概要。

交易价格，是指企业因向客户转让商品而预期有权收取的对价金额。

（3）简要分析。

A 公司按照收入准则确认应收账款 300 万元，按照金融工具准则计提相应的坏账准备 60 万元（300 万元 ×2%）。

（4）示例概括。

企业应以预期有权收取的对价金额确认交易价格，按照金融工具准则计提的坏账准备不应影响收入确认的金额。

（二）重大融资成分

商品现金售价与合同价格存在差异时是否一定包含重大融资成分?

对于部分企业，虽然商品现金售价与合同价格存在差异，或者付款与合同的履行之间可能存在重大的时间差，但并不一定存在重大融资成分。不存在重大融资成分的情形包括：

（1）客户就商品支付了预付款，且可以自行决定这些商品的转让时间。例如，企业向客户出售其发行的储值卡，客户可随时到该企业持卡购物；再如，企业向客户赠予奖励积分，客户可随时到该企业兑换这些积分等。

（2）客户承诺支付的对价中有相当大的部分是可变的，该对价金额或付款时间取决于某一未来事项是否发生，且该事项实质上不受客户或企业控制。例如，按照实际销售量收取的特许权使用费。

（3）合同承诺的对价金额与现销价格之间的差额是由于向客户或企业提供融资利益以外的其他原因所导致的，且这一差额与产生该差额的原因是相对称的。例如，合同约定的支付条款是为了向企业或客户提供保护，以防止另一方未能依照合同充分履行其部分或全部义务。实务中例如，长期建筑及制造合同中约定有保留款项，即合同价格的一部分要保留到履约义务完成后或者到某一商定时点才支付，设定这样的支付条款可能与融资因素无关。

（三）非现金对价

1. 非现金对价与非货币性交易有何区别？

收入准则规定在确定交易价格时需要考虑非现金对价，因此，适用收入准则的交易应按照准则规定对非现金对价进行会计处理，而其他交易应适用相应的准则。

对于非货币性资产交换，新收入准则进一步明确，企业以存货换取客户的固定资产、无形资产等的，按照收入准则的规定进行会计处理；其他非货币性资产交换，按照《企业会计准则第 7 号——非货币性资产交换》的规定进行会计处理。因此，收入准则并不能涵盖到所有的非货币性资产交换交易，如发行股份购买资产、股权交换，以及不具有商业实质的非货币性交换的处理。

新收入准则规定，没有商业实质的非货币性资产交换，不确认收入。而是否具有商业实质应按照《企业会计准则第 7 号——非货币性资产交换》的规定进行判断。例如，两家石油公司之间同意交换石油以便及时满足其位于不同指定地点的客户需求的合同，不具备商业实质，不应确认收入。

示例 2－15：向客户销售房屋换取土地

（1）背景概述。

企业 X 为房地产开发企业，其与客户 Y 签订了一项以房换地的合同，即客户 Y

向企业X交付一块土地，同时，企业X向客户Y交付其开发的一栋郊区商品房。

（2）准则概要。

客户支付非现金对价的，企业应当按照非现金对价的公允价值确定交易价格。非现金对价的公允价值不能合理估计的，企业应当参照其承诺向客户转让商品的单独售价间接确定交易价格。

（3）简要分析。

该交易房地产开发企业以开发的商品房换取客户的土地，实质是企业X销售房屋收取土地作为非现金对价。如果作为非现金对价的土地的公允价值可以合理估计，土地以公允价值计量。

（4）示例概括。

房地产开发企业以开发的商品房换取客户的土地，该交易具有商业实质，应按照收入准则的规定计算确认收入。

2. 非现金对价应以哪个时点的公允价值进行计量？

客户支付非现金对价的，通常情况下，企业应当按照非现金对价在合同开始日的公允价值确定。新收入准则没有对非现金对价公允价值的计量日进行明确规定，企业需要运用判断以确定最适合的计量日（合同开始日、非现金对价取得日或履约义务完成日）；同时，根据新收入准则的规定，披露计量非现金对价的方法、输入值和假设。

示例2-16：获得非现金对价的权利（摘自IFRS 15示例31）

（1）背景概述。

主体与客户订立一项合同，约定在一年内每周向客户提供服务。合同于20×1年1月1日签订且相关工作立即开始。作为服务对价，客户承诺就每周的服务提供其100股普通股（即针对该合同共提供5 200股股票）。合同条款规定，股票必须在每周服务成功完成时交付。

（2）准则概要。

客户支付非现金对价的，企业应当按照非现金对价的公允价值确定交易价格。非现金对价的公允价值不能合理估计的，企业应当参照其承诺向客户转让商品的单独售价间接确定交易价格。非现金对价的公允价值因对价形式以外的原因而发生变动的，应当作为可变对价，按照收入准则可变对价的规定进行会计处理。

（3）简要分析。

主体在每周服务完成后计量其履约义务的履约进度。为确定交易价格（及应确认的收入金额），主体计量合同开始日即20×1年1月1日股票的公允价值。主体并未在收入中反映已收（或应收）股票公允价值的任何后续变动。

（4）示例概括。

客户支付非现金对价的，通常情况下，企业应当按照非现金对价在合同开始日的公允价值确定。非现金对价股票后续公允价值的变动不是对价特定形式之外的原因产生，不应调整收入。

3. 客户投入的商品或服务是否为非现金对价？

客户可能投入商品或服务（如材料或劳动力）以完成合同的履行。企业应评估其是否取得了该客户所投入商品或服务的控制权，以确定这些商品或服务是否为非现金对价，而构成企业的收入，即：如果未能取得控制权，不构成交易对价；这种情形常见于委托加工等实务案例，此时，企业应进一步识别交易的主要责任人和代理人。

（四）应付客户的对价

1. 如何理解将应付客户的对价作为交易价格抵减时进行会计处理的时点？

企业应付客户（或向客户购买本企业商品的第三方）对价的（如优惠券或兑换券），应在以下二者孰晚的时点冲减当期收入（应付客户对价是为了向客户取得其他可明确区分商品的除外）：

（1）确认相关收入；

（2）支付（或承诺支付）客户。该承诺可能隐含于企业的商业惯例之中。

对于应付客户的可变对价，企业仍应按可变对价的规定在合同开始时及后续期间考虑其对交易价格的影响，即：如果企业有向客户应付此类可变对价的经验，即使客户没有明确承诺向客户支付此类对价，仍须在合同开始时对此对价予以考虑。

示例 2－17：应付客户对价的确认时点

（1）背景概述。

公司 A 与零售商 B 签订合同，并在第 1 年 12 月 15 日交付商品。第 2 年的 1 月 20 日，公司 A 在报纸上提供优惠券，为出售给零售商 B 的商品零售进行促销。公司 A 同意向零售商 B 报销已兑换的优惠券。以往年度公司 A 也提供过类似的优惠券。

（2）准则概要。

企业应付客户（或向客户购买本企业商品的第三方）对价的，应当将该应付对价冲减交易价格，并在确认相关收入与支付（或承诺支付）客户对价二者孰晚的时点冲减当期收入，但应付客户对价是为了向客户取得其他可明确区分商品的除外。

合同中存在可变对价的，企业应当按照期望值或最可能发生金额确定可变对价的最佳估计数，但包含可变对价的交易价格，应当不超过在相关不确定性消除时累计已确认收入极可能不会发生重大转回的金额。企业在评估累计已确认收入是否极可能不会发生重大转回时，应当同时考虑收入转回的可能性及其比重。每一资产负债表日，企业应当重新估计应计入交易价格的可变对价金额。

（3）简要分析。

公司A鉴于提供优惠券的历史，其在第1年12月15日出售商品时，估计的交易价格包括可变对价。

如果公司A在以往年度并未提供过优惠券，且在合同开始时也不预期提供任何优惠券，则应在向零售商B承诺为其报销优惠券时，确认负债并调整相关收入。

（4）示例概括。

如果企业有向客户应付对价的惯例，即使企业没有明确承诺向客户支付此类对价，仍须在合同开始时予以考虑。公司A向客户提供的优惠券构成可变对价，应按照可变对价的规定进行确认和重新估计。

2. 如何区分作为交易价格抵减的应付客户对价与可变对价？

应付给客户的对价包括企业向客户（或向客户购买企业商品或服务的其他方）支付或预计支付的现金金额。该对价可采用下列形式：为换取客户提供的商品或服务而进行的支付，就向客户提供的商品或服务给予的折扣、退款或二者的结合。作为交易价格抵减的应付客户对价是就向客户提供的商品或服务给予的折扣、退款等。如果作为交易价格抵减的应付客户对价金额是不确定的，使合同的交易价格包括可变对价，企业仍应按可变对价的规定在合同开始时及后续期间考虑其对交易价格的影响。具体处理参见示例2－17。

第四节　将交易价格分摊至各单项履约义务

“五步法模型”的第四步是“将交易价格分摊至各单项履约义务”。在步骤3中确定了交易价格后，步骤4规定了交易价格如何在不同的履约义务之间进行分摊。此前准则对于此方面仅存在有限的指引，而新收入准则对此作出了具体的规定。因此，对于某些企业而言，这可能导致实务的重大变化。例如，对于电信营运商，手机合同往往将手机与后续服务（如接入网络）捆绑在一起。根据新收入准则的要求，需要将交易价格（即客户根据合同应付的金额）分摊至可明确区分的履约义务，这通常需要将初始交付手机与提供网络服务区分开来。

一、准则概要

合同中包含两项或多项履约义务的，企业应当在合同开始日，按照各单项履约义务单独售价的相对比例，将交易价格分摊至各单项履约义务。企业不得因合同开始日之后单独售价的变动而重新分摊交易价格。

（一）单独售价的估计方法

商品或服务单独售价的最佳证据是向情况类似的客户单独出售该商品或服务时可观察到的价格。单独售价无法直接观察的，企业应当综合考虑其能够合理取得的全部相关信息，采用市场调整法、成本加成法、余值法（企业在商品近期售价波动幅度巨大，或者因未定价且未曾单独销售而使售价无法可靠确定时，可采用余值法估计其单独售价）等方法合理估计单独售价。

在估计单独售价时，企业应当最大限度地采用可观察的输入值，并对类似的情况采用一致的估计方法。

新收入准则关于分摊交易价格的主要要求如图 2－10 所示。

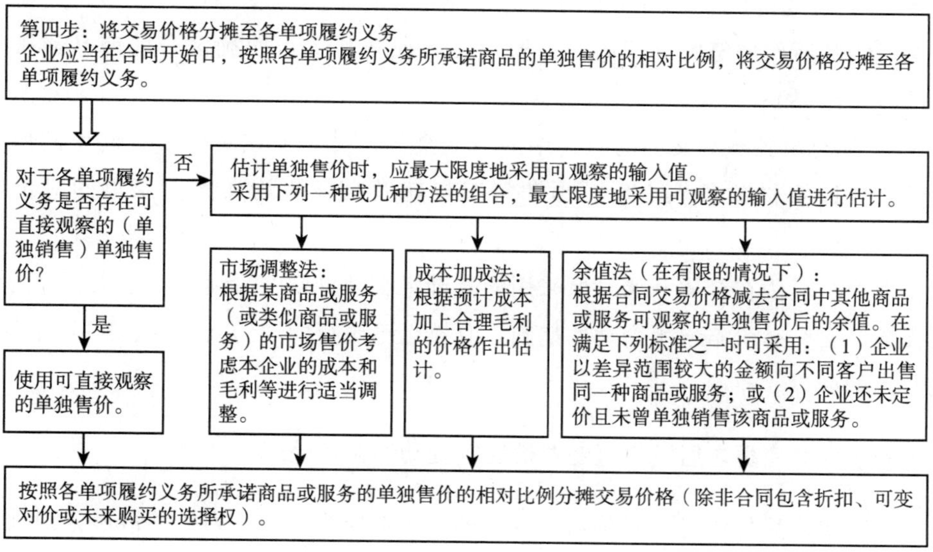

图 2－10　按单独售价的相对比例分摊交易价格

（二）合同折扣和可变对价的分摊

合同折扣和可变对价通常将会按比例法分配至合同中的所有履约义务。如果满足特定条件，折扣或可变对价可被分配至一项或多项单独的履约义务，而不是分配至一项安排中的所有履约义务。

1. 合同折扣的分摊

如果满足下列所有条件，企业应将折扣全部分配至合同中的一项或多项单独的履约义务：

（1）企业通常按照独立售价单独出售每一项可明显区分的商品或服务（或每一组可明显区分的商品或服务）；

（2）企业通常单独将其中的某些商品或服务捆绑销售，价格是被捆绑商品或服务的单独售价的一定折扣；

（3）归属于该组商品或服务的折扣几乎等于合同的折扣。

合同折扣仅与合同中一项或多项（而非全部）履约义务相关，且企业采用余值法估计单独售价的，应当首先按照上述规定在该一项或多项（而非全部）履约义务之间分摊合同折扣，然后采用余值法估计单独售价。

2. 可变对价的分摊

如果同时符合下列条件，可变对价估计的变更应全部被分配至一项履约义务，或构成单一履约义务的可明显区分的商品或服务：

- 有关可变付款额的条款专门针对企业为履行该履约义务或转让该可明确区分的商品或服务所作的努力（或履行该履约义务或转让该可明确区分的商品或服务所导致的特定结果）；
- 分配至单独履约义务的对价中的可变金额，与企业在考虑了合同中的所有其他履约义务以及付款条款之后，预期将有权就满足该履约义务而获得的对价金额一致。

企业应当运用在合同开始时所采用的基础将交易价格的后续变动分摊至合同中的履约义务。在交易价格发生变动的期间，分摊至已履行的履约义务的金额应确认为收入或收入的减少。

（三）合同变更之后发生可变对价后续变动的会计处理

合同变更之后发生可变对价后续变动的，企业应当区分下列 3 种情形分别进行会计处理：

1. 合同变更属于新准则合同变更规定情形 1 的，企业应当判断可变对价后续变动与哪一项合同相关，并按照新准则可变对价的分摊规定进行会计处理。

2. 合同变更属于新准则合同变更规定情形 2 的，且可变对价后续变动与合同变更前已承诺可变对价相关的，企业应当首先将该可变对价后续变动额以原合同开始日确定的基础进行分摊，然后再将分摊至合同变更日尚未履行履约义务的该可变对价后续变动额以新合同开始日确定的基础进行二次分摊。

3. 合同变更之后发生除上述1、2规定情形以外的可变对价后续变动的，企业应当将该可变对价后续变动额分摊至合同变更日尚未履行的履约义务。

二、与原准则的差异及财务影响（见表2-5）

表2-5　　新旧准则的差异及财务影响（4）

事项	新准则	原准则	新旧准则
按照单独售价分摊交易价格	第二十条 合同中包含两项或多项履约义务的，企业应当在合同开始日，按照各单项履约义务所承诺商品的单独售价的相对比例，将交易价格分摊至各单项履约义务。企业不得因合同开始日之后单独售价的变动而重新分摊交易价格。	—	合同中包含两项或多项履约义务时，应当按照单独售价分摊交易价格。
单独售价的估计方法	第二十一条 企业在类似环境下向类似客户单独销售商品的价格，应作为确定该商品单独售价的最佳证据。单独售价无法直接观察的，企业应当综合考虑其能够合理取得的全部相关信息，采用市场调整法、成本加成法、余值法等方法合理估计单独售价。在估计单独售价时，企业应当最大限度地采用可观察的输入值，并对类似的情况采用一致的估计方法。 市场调整法，是指企业根据某商品或类似商品的市场售价考虑本企业的成本和毛利等进行适当调整后，确定其单独售价的方法。 成本加成法，是指企业根据某商品的预计成本加上其合理毛利后的价格，确定其单独售价的方法。 余值法，是指企业根据合同交易价格减去合同中其他商品可观察的单独售价后的余值，确定某商品单独售价的方法。	—	明确了单独售价的确认原则和估计方法
余值法的适用情形	第二十二条 企业在商品近期售价波动幅度巨大，或者因未定价且未曾单独销售而使售价无法可靠确定时，可采用余值法估计其单独售价。	—	明确了允许采用余值法的情形。
合同折扣的分摊	第二十三条 对于合同折扣，企业应当在各单项履约义务之间按比例分摊。 有确凿证据表明合同折扣仅与合同中一项或多项（而非全部）履约义务相关的，企业应当将该合同折扣分摊至相关一项或多项履约义务。 合同折扣仅与合同中一项或多项（而非全部）履约义务相关，且企业采用余值法估计单独售价的，应当首先按照前款规定在该一项或多项（而非全部）履约义务之间分摊合同折扣，然后采用余值法估计单独售价。 合同折扣，是指合同中各单项履约义务所承诺商品的单独售价之和高于合同交易价格的金额。	—	合同折扣除有确凿证据表明与部分履约义务相关，应当在各单项履约义务之间按比例分摊。

续表

事项	新准则	原准则	新旧准则
可变对价的分摊	第二十四条 对于可变对价及可变对价的后续变动额，企业应当按照本准则第二十条至第二十三条规定，将其分摊至与之相关的一项或多项履约义务，或者分摊至构成单项履约义务的一系列可明确区分商品中的一项或多项商品。 对于已履行的履约义务，其分摊的可变对价后续变动额应当调整变动当期的收入。 第二十五条 合同变更之后发生可变对价后续变动的，企业应当区分下列三种情形分别进行会计处理： （一）合同变更属于本准则第八条（一）规定情形的，企业应当判断可变对价后续变动与哪一项合同相关，并按照本准则第二十四条规定进行会计处理。 （二）合同变更属于本准则第八条（二）规定情形，且可变对价后续变动与合同变更前已承诺可变对价相关的，企业应当首先将该可变对价后续变动额以原合同开始日确定的基础进行分摊，然后再将分摊至合同变更日尚未履行履约义务的该可变对价后续变动额以新合同开始日确定的基础进行二次分摊。 （三）合同变更之后发生除本条（一）（二）规定情形以外的可变对价后续变动的，企业应当将该可变对价后续变动额分摊至合同变更日尚未履行的履约义务。	—	可变对价应分摊至与之相关的履约义务。 合同变更之后发生可变对价后续变动的区分合同变更的三种情形分别进行会计处理。

三、难点和示例

（一）采用余值法进行单独售价估计时应注意的事项

企业只有在商品近期售价波动幅度巨大，或者因未定价且未曾单独销售而使售价无法可靠确定时，才可以使用余值法计算其独立售价。

余值法要求在使用余值法确定剩余项目的独立售价之前，首先确定合同折扣是否仅与合同中特定的履约义务相关；如果折扣不能被分配至特定的履约义务，管理层应按比例将折扣分配至合同中的所有履约义务。

当使用余值法时，需要运用判断以确定项目所分配的金额是否如实反映企业预期有权获得的对价金额。如果余值法将导致分配给一个项目的金额过低或者是零，则不能使用余值法。

示例 2-18A：适用余值法（摘自 IFRS 15 示例 34 案例 B）

（1）背景概述。

主体定期单独出售产品 A、B 和 C，从而确定单独售价如下：

产品	单独售价 CU
产品 A	40
产品 B	55
产品 C	45
合计	140

此外，主体定期以 CU60 的价格将产品 B 和 C 一同出售。

产品	单独售价 CU
产品 B 和 C	60
产品 A、B、C 和 D	130
产品 D	15 至 45 不等

主体与客户订立一项出售产品 A、B、C 和 D 的合同。合同的总对价为 CU130。由于主体向不同客户出售产品 D 的价格差异范围较大（从 CU15 至 CU45 不等），因此，产品 D 的单独售价可变程度极高。据此，主体决定采用余值法估计产品 D 的单独售价。

（2）准则概要。

合同中包含两项或多项履约义务的，企业应当在合同开始日，按照各单项履约义务所承诺商品的单独售价的相对比例，将交易价格分摊至各单项履约义务。

企业在类似环境下向类似客户单独销售商品的价格，应作为确定该商品单独售价的最佳证据。

企业在商品近期售价波动幅度巨大，或者因未定价且未曾单独销售而使售价无法可靠确定时，可采用余值法估计其单独售价。

有确凿证据表明合同折扣仅与合同中一项或多项（而非全部）履约义务相关的，企业应当将该合同折扣分摊至相关一项或多项履约义务。

（3）简要分析。

由于主体定期以 CU60 的价格将产品 B 和 C 一同出售，且以 CU40 的价格出售产品 A，因此主体有可观察的证据将 CU100 分摊至这 3 种产品，并将 CU40 的折扣分摊至转让产品 B 和 C 的承诺。通过采用余值法，主体估计产品 D 的单独售价为 CU30，具体如下：

产品	单独售价 CU	方法
产品 A	40	直接可观察
产品 B 和 C	60	直接可观察且有折扣
产品 D	30	余值法
合计	130	

主体认为相应分摊至产品 D 的 CU30 是在其可观察的售价范围（CU15—CU45）之内。因此，相应的分摊准则对于交易价格分摊至各项履约义务提出了要求。

（4）示例概括。

主体应优先使用可直接观察的销售价格确定单独售价；在准则允许的有限的情况下使用余值法。

示例 2-18B：不适用余值法（摘自 IFRS 15 示例 34 案例 C）

（1）背景概述。

主体定期单独出售产品 A、B 和 C，从而确定单独售价如下：

产品	单独售价 CU
产品 A	40
产品 B	55
产品 C	45
合计	140

此外，主体定期以 CU60 的价格将产品 B 和 C 一同出售。

产品	单独售价 CU
产品 B 和 C	60
产品 A、B、C 和 D	105
产品 D	15 至 45 不等

主体与客户订立一项出售产品 A、B、C 和 D 的合同。合同的总对价为 CU105。由于主体向不同客户出售产品 D 的价格差异范围较大（从 CU15 至 CU45 不等），因此，产品 D 的单独售价可变程度极高。据此，主体决定采用余值法估计产品 D 的单独售价。

（2）准则概要。

合同中包含两项或多项履约义务的，企业应当在合同开始日，按照各单项履约义务所承诺商品的单独售价的相对比例，将交易价格分摊至各单项履约义务。

企业在类似环境下向类似客户单独销售商品的价格，应作为确定该商品单独售价的最佳证据。

企业在商品近期售价波动幅度巨大，或者因未定价且未曾单独销售而使售价无法可靠确定时，可采用余值法估计其单独售价。

有确凿证据表明合同折扣仅与合同中一项或多项（而非全部）履约义务相关的，企业应当将该合同折扣分摊至相关一项或多项履约义务。

（3）简要分析。

案例 B 与案例 A 的情况相同，但交易价格为 CU105 而非 CU130。相应地，采用余值法将导致产品 D 的单独售价为 CU5（交易价格 CU105 减去分摊至产品 A、B 和 C 的 CU100）。主体得出结论，认为 CU5 不能如实反映主体因履行转让产品 D 的履约义务而预计有权获得的对价金额，因为 CU5 并不接近产品 D 的单独售价，产品 D 的单独售价在 CU15—CU45 之内。所以，主体复核其可观察的数据（包括销售和利润报告），以采用其他合适的方法估计产品 D 的单独售价。

（4）示例概括。

当使用余值法时，需要判断以确定项目所分配的金额是否如实反映主体预期有权获得的对价金额。如果余值法将导致分摊给商品的单独售价严重偏离商品的交易价格，应考虑采用其他合理的方法估计单独售价。

（二）可变对价如何进行分摊？

同时满足下列两项条件时，企业应当将可变对价及可变对价的后续变动额全部分摊至与之相关的某项履约义务，或者构成单项履约义务的一系列可明确区分商品中的某项商品：一是可变对价的条款专门针对企业为履行该项履约义务或转让该项可明确区分商品所作的努力（或者是履行该项履约义务或转让该项可明确区分商品所导致的特定结果）；二是企业在考虑了合同中的全部履约义务及支付条款后，将合同对价中的可变金额全部分摊至该项履约义务或该项可明确区分商品符合分摊交易价格的目标。对于不满足上述条件的可变对价及可变对价的后续变动额，以及可变对价及其后续变动额中未满足上述条件的剩余部分，企业应当按照分摊交易价格的一般原则，将其分摊至合同中的各单项履约义务。对于已履行的履约义务，其分摊的可变对价后续变动额应当调整变动当期的收入。

示例 2－19：可变对价全部分摊至一项履约义务（摘自 IFRS 15 示例 35 案例 A）

（1）背景概述。

20×6 年 12 月 31 日，主体与客户订立一份针对两项知识产权许可证（许可证 X 和 Y）的合同，主体确定该合同代表两项履约义务，每项履约义务均在某一时点履行。许可证 X 和 Y 的单独售价分别为 CU800 和 CU1 000。主体在合同开始时转让许可证 Y，并在 1 个月内转让许可证 X。

合同针对许可证 X 所规定的价格为固定金额 CU800，而针对许可证 Y 所规定的对价则是客户销售使用了许可证 Y 的产品的未来销售额的 3%。在进行分摊时，主体根据准则规定估计其基于销售的特许使用费（即可变对价）为 CU1 000。

（2）准则概要。

对于可变对价及可变对价的后续变动额，企业应当按照本准则分摊交易价格的规定，将其分摊至与之相关的一项或多项履约义务，或者分摊至构成单项履约义务的一系列可明确区分商品中的一项或多项商品。

（3）简要分析。

为分摊交易价格，主体考虑了以下条件后，得出可变对价应当全部分摊至许可证Y的结论：

（1）可变付款额明确地与转让许可证Y的履约义务的结果相关（即客户后续销售使用许可证Y的产品）；

（2）基于销售的特许使用费的估计值（CU1 000）接近许可证Y的单独售价，且固定金额CU800接近许可证X的单独售价。将预计特许使用费金额CU1 000全部分摊至许可证Y符合分摊目标。

当转让许可证X时，主体将分摊至许可证X的CU800确认为收入。在转让许可证Y时，由于分摊至许可证Y的对价是基于销售的特许使用费形式，所以主体并不确认收入。

（4）示例概括。

可变对价条款是针对合同的一项商品或服务，且将可变对价分摊至该项商品或服务时能够反映企业有权取得的对价，应将可变对价分摊至该项履约义务。

示例2－20：可变对价全部分摊至一项履约义务（摘自IFRS 15示例35案例B）

（1）背景概述。

20×6年12月31日，主体与客户订立一项针对两项知识产权许可证（许可证X和Y）的合同，主体确定该合同代表两项履约义务，每项履约义务均在某一时点履行。许可证X和Y的单独售价分别为CU800和CU1 000。主体在合同开始时转让许可证Y，并在3个月后转让许可证X。

合同针对许可证X所规定的价格为固定金额CU300，而针对许可证Y所规定的对价则是客户销售使用了许可证Y的产品的未来销售额的5%。在进行分摊时，主体根据准则规定估计其基于销售的特许使用费（即可变对价）为CU1 500。在第一个月，由客户的首月销售所产生的特许使用费为CU200。

（2）准则概要。

对于可变对价及可变对价的后续变动额，企业应当按照本准则分摊交易价格的规定，将其分摊至与之相关的一项或多项履约义务，或者分摊至构成单项履约义务的一系列可明确区分商品中的一项或多项商品。

（3）简要分析。

在应用IFRS 15第85段的要求时，虽然可变付款额明确地与转让许可证Y的履约义务的结果相关（即客户后续销售使用许可证 Y 的产品）的结论，但将可变对价全部分摊至许可证 Y 将不符合分摊交易价格的原则。将 CU300 分摊至许可证 X 并将 CU1 500 分摊至许可证 Y 未能反映出基于许可证 X 和许可证 Y 的单独售价（分别为 CU800 和 CU1 000）对交易价格进行的合理分摊。

交易价格分摊见表 2－6：

表 2－6　　交易价格分摊表

许可证	分摊固定对价 CU300	分摊首月销售所产生的特许使用费 CU200
许可证 Y（合同开始时转让）	CU167 = CU1 000 ÷ CU1 800 × CU300	CU111 = CU1 000 ÷ CU1 800 × CU200
许可证 X（3 个月后转让）	CU133 = CU800 ÷ CU1 800 × CU300	CU89 = CU800 ÷ CU1 800 × CU200

许可证 Y 在合同开始时转让给客户，主体将分摊至许可证 Y 的 CU167 确认为收入。而许可证 X 则在 3 个月后转让，主体将分摊至许可证 X 的 CU133 确认为收入。

在第一个月，由客户的首月销售所产生的特许使用费为 CU200。主体应将分摊至许可证 Y（已转让给客户，因此是已履行的履约义务）的 CU111 确认为收入。主体应针对分摊至许可证 X 的 CU89 确认一项合同负债。这是因为尽管主体的客户已发生后续销售，但分摊特许使用费的履约义务尚未得到履行。

（4）示例概括。

可变对价不能分摊至一项或多项商品时，应按照准则规定将可变对价分摊至合同中的各项履约义务，并在此基础上确认收入。

（三）合同变更后的交易价格变动（含可变对价的修订）如何进行分摊？

企业应当运用在合同开始时所采用的基础，将交易价格的后续变动分摊至合同中的履约义务。在交易价格发生变动的期间，分摊至已履行的履约义务的金额应确认为收入或收入的减少。

合同变更之后发生可变对价后续变动的，企业应区分不同情形分别进行会计处理（见表 2－7）。

表 2－7　　对合同变更之后发生可变对价后续变动情形的会计处理

合同变更之后发生可变对价后续变动的情形	会计处理
情形 1：合同变更增加了可明确区分的商品及合同价款，且新增合同价款反映了新增商品单独售价的，应当将该合同变更部分作为一份单独的合同进行会计处理（新增商品可明确区分，且新增价款反映了新增商品单独售价）。	企业应当判断可变对价后续变动与原合同还是新增合同相关，并按照准则规定将可变对价分摊至该合同中的相关履约义务。

续表

合同变更之后发生可变对价后续变动的情形	会计处理
情形2：且在合同变更日已转让的商品与未转让的商品之间可明确区分的，但是，不属于情形1；应当视为原合同终止；同时，将原合同未履约部分与合同变更部分合并为新合同进行会计处理（已转让商品与未转让商品可明确区分的，但新增价款未反映新增商品单独售价）+可变对价后续变动与合同变更前已承诺可变对价相关。	首先将该可变对价后续变动额以原合同开始日确定的基础进行分摊，然后再将分摊至合同变更日尚未履行履约义务的该可变对价后续变动额，以新合同开始日确定的基础进行二次分摊。
其他情形： 情形3：合同变更的情形2+可变对价后续变动与合同变更前已承诺可变对价不相关。 情形4：合同变更日已转让的商品与未转让的商品之间不可明确区分的，应当将该合同变更部分作为原合同的组成部分进行会计处理。	将该可变对价后续变动额分摊至合同变更日尚未履行的履约义务。

示例2-21：合同修订后的交易价格变动（摘自IFRS 15示例6）

（1）背景概述。

20×0年7月1日，企业承诺向客户转让两种可明确区分的产品。产品X在合同开始时转让，产品Y于20×1年3月31日转让。对价包含固定对价1 000元和估计值为200元的可变对价。产品X和产品Y单独售价相同。20×0年11月30日，双方对合同范围进行修订，增加由企业于20×1年6月30日将产品Z（连同尚未交付的产品Y）转让给客户的承诺，合同价格增加300元（固定对价），该增加额未反映产品Z的单独售价。产品Z的单独售价与产品X和产品Y的单独售价相同。

20×1年1月30日（合同修订后但交付产品Y和产品Z之前），企业将其关于预计有权获得的可变对价的估计值修正为240元。

（2）准则概要。

合同变更属于新准则合同变更情形2，且可变对价后续变动与合同变更前已承诺可变对价相关的，企业应当首先将该可变对价后续变动额以原合同开始日确定的单独售价为基础进行分摊，然后再将分摊至合同变更日尚未履行履约义务的变动额以新合同开始日确定的单独售价为基础进行二次分摊。

（3）简要分析。

合同签订时，产品X和Y的单独售价相同，可变对价条款并非专门针对履行产品X或Y的履约义务，平均分摊交易价格总额1 200元（固定对价1 000元，可变对价200元），则产品X和Y的交易价格各为600元。

剩余的产品Y和Z与修订前已转让的产品X可明确区分，合同修订作为现有合同的终止及新合同的订立处理。交易价格变动40元归属于合同修订前已承诺的可变对价，分摊至合同修订前已识别的履约义务，即产品X和Y各分摊20元。由于产品Y在合同修订前尚未转让给客户，因此，归属于产品Y的交易价格变动应当在合同修订时分摊至剩余的履约义务（产品Y和产品Z）。

（4）示例概括。

虽然可变对价的增加额CU40归属于在合同修订前承诺的可变对价，但仍然需要按照准则的规定将分摊至原合同尚未履行的履约义务的增加额在剩余履约义务之间进行二次分摊。

第五节　在履行履约义务时确认收入

“五步法模型”的最后一步是“在履行履约义务时确认收入”。新收入准则以控制权转移为收入确认标准，相较于更为关注风险与报酬转移的原收入准则而言，有些交易的收入确认时间可能会发生变化。

一、准则概要

最后一个步骤是为每一项履约义务确定何时确认收入。企业应当在合同开始时确定商品或服务的控制权是在一段时间内或是在某一时点被转移。企业应当首先评估履约义务是否满足在一段时间履行；如果不满足，则商品或服务控制权是在某一时点转移。

（一）对商品或服务的控制权

商品和服务均是客户取得的资产（尽管许多服务未确认为资产，因为这些服务是由客户在取得的同时消耗的）。基本准则对资产的定义使用控制来确定何时对资产进行确认或终止确认，新收入准则也以控制权转移替代风险报酬转移作为收入确认时间的判断标准。

企业应当在履行了合同中的履约义务，即在客户取得相关商品或服务控制权时确认收入。取得相关商品或服务控制权，是指能够主导该商品或服务的使用并从中获得几乎全部的经济利益，也包括有能力阻止其他方主导该商品的使用并从中获得经济利益。对已承诺商品或服务（即资产）的控制是指客户能够主导资产的使用并获得资产几乎所有剩余利益的能力。控制权同时包括3项要素：能力、主导使用及经济利益。

（1）能力。企业只有在客户拥有现时权利，能够主导该商品或服务的使用并从中获得几乎全部经济利益时，才能确认收入。

（2）主导该资产的使用。客户有能力主导该资产的使用，是指客户在其活动中有权使用资产，或者能够允许或阻止其他方使用该资产。

（3）能够获得几乎全部的经济利益。客户必须拥有获得资产几乎全部经济利益的能力，才能被视为获得了对该资产的控制。

资产的利益为可通过如下多种方式直接或间接地获取的潜在现金流量（现金流入或现金流出的减少）：

①使用该资产以生产商品或提供服务（包括公共服务）；

②使用该资产以提升其他资产的价值；

③使用该资产以清偿负债或减少费用；

④出售或交换该资产；

⑤将该资产作为贷款的抵押担保品；

⑥持有该资产。

需要注意的是，在评价客户是否取得对资产的控制时，企业应当考虑任何回购资产的协议，并且在判断商品或服务的控制权是否发生转移时，应当从客户的角度进行分析，即客户是否取得了相关商品或服务的控制权以及何时取得该控制权。

（二）在某一段时间内确认收入

新收入准则不再区分销售商品、提供劳务还是建造合同，而是要求所有收入交易采用统一的标准判断应在一段期间内确认收入还是在某一时点确认收入。满足下列条件之一的，属于在某一时段内履行履约义务：

1. 客户在企业履约的同时即取得并消耗企业履约所带来的经济利益

该标准适用于客户在提供服务的同时消耗服务所产生利益的服务合同，例如，企业为客户提供月度工资处理服务。对于难以通过直观判断获知结论的情形，企业在进行判断时，可以假定在企业履约的过程中更换为其他企业继续履行剩余履约义务，当该继续履行合同的企业实质上无须重新执行企业累计至今已经完成的工作时，表明客户在企业履约的同时即取得并消耗了企业履约所带来的经济利益。例如，甲企业承诺将客户的一批货物从A市运送到B市，假定该批货物在途经C市时，由乙运输公司接替甲企业继续提供该运输服务，由于A市到C市之间的运输服务是无须重新执行的，表明客户在甲企业履约的同时即取得并消耗了甲企业履约所带来的经济利益，因此，甲企业提供的运输服务属于在某一时段内履行的履约义务。

2. 客户能够控制企业履约过程中在建的商品

这适用于客户在企业建造商品的过程中控制在产品的情形，企业的履约创造或改良了客户所控制的资产。该资产可以是有形资产或无形资产，如在客户现场建造。

3. 企业履约过程中所产出的商品具有不可替代用途，且该企业在整个合同期间内有权就累计至今已完成的履约部分收取款项（即"合格收款权"）

具有不可替代用途，是指因合同限制或实际可行性限制，企业不能轻易地将商品用于其他用途。企业应当在合同开始日基于产品最终交付时的特征判断"不可替代用途"。有权就累计至今已完成的履约部分收取款项，是指在由于客户或其他方原因终止合同的情况下，企业有权就累计至今已完成的履约部分收取能够补偿其已发生成本和合理利润的款项，并且该权利具有法律约束力。"合格收款权"需要在整个合同期间均满足。

该标准针对客户在资产被创建过程中对其无控制权或企业的履约义务不创建任何资产的情况。例如，建造只有客户能够使用的专项资产，或按照客户的指示建造资产。

某一时段内履行履约义务的判断如图 2－11 所示。

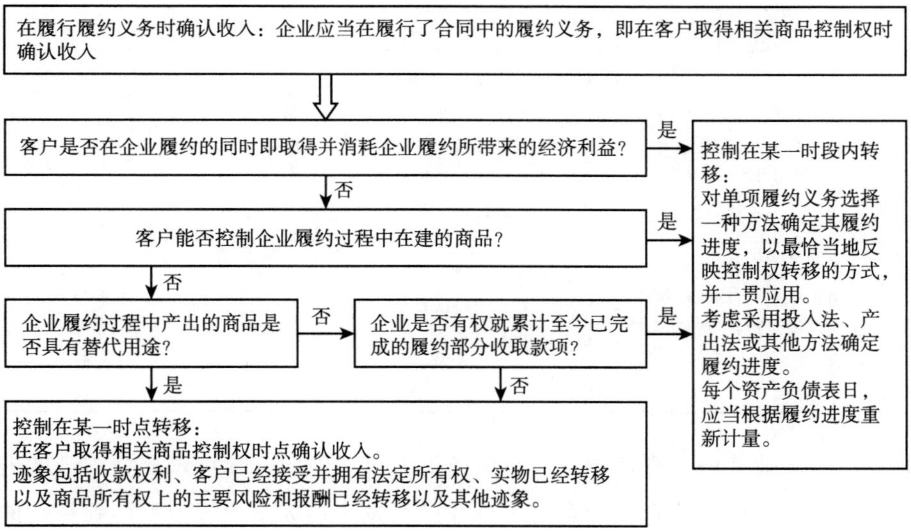

图 2－11　某一时段内履行履约义务的判断

（三）确定履约进度

对于在一段时间内满足的履约义务，企业可能使用产出法（如已生产的数量、合同的关键节点或对已执行工作的监理报告）或投入法（如已发生的成本或工时）计量满足履约义务的进度，其目的是体现企业将商品或服务的控制权转移给客户的履约过程。

需要注意的是，当选择的产出指标无法计量控制权已转移给客户的商品时，不应采用产出法。例如，当处于生产过程中的在产品在其完工或交付前已属于客户时，如果该在产品对本合同或财务报表具有重要性，则在确定履约进度时不应使用已完工或已交付的产品作为产出指标，这是因为处于生产过程中的在产品的控制权也已经转移给了客户，而这些在产品并没有包括在产出指标的计量中，因此该指标并未如实反映已向客户转移商品的进度。又如，如果企业在合同约定的各个“里程碑”之间向客户转移了重大的商品的控制权，则很可能表明基于已达到的“里程碑”确定履约进度的方法是不恰当的。

如果企业基于发生的成本使用投入法，则须考虑对部分未安装的商品，以及没有反映在合同价格中的、履约过程中的重大低效损耗（如浪费的材料、人工或其他资源），以及部分初始活动（未向客户转移企业承诺的服务）发生的投入进行调整。产出法与投入法的比较见表2－8。

表2－8　　产出法与投入法的比较

方法	描述	举例	优点	不足
产出法	根据已转移给客户的商品对客户的价值确定履约进度的方法	• 实际测量的完工进度 • 评估已实现的结果 • 已达到的里程碑 • 时间进度 • 已完工或交付的产品	通常能够客观地反映履约进度	• 产出可能无法直接观察 • 信息的取得成本可能过大
投入法	根据企业履行履约义务的投入确定履约进度的方法	• 投入的材料数量 • 花费的人工工时或机器工时 • 发生的成本 • 时间进度	指标易于获得	投入与控制权转移之间可能不存在直接关系

企业仅当企业能够合理计量其履行义务的完成进度时，才可按照履约进度进行收入确认。当履约进度不能合理确定时，企业已经发生的成本预计能够得到补偿的，应当按照已经发生的成本金额确认收入，直到履约进度能够合理确定为止。

（四）在某一时点确认收入

对于在某一时点履行的履约义务，企业应当在客户取得相关商品控制权时点确认收入。在判断客户是否已取得商品控制权时，企业应当考虑下列迹象：

1. 企业就该商品享有现时收款权利，即客户就该商品负有现时付款义务。

2. 企业已将该商品的法定所有权转移给客户，即客户已拥有该商品的法定所有权。

如果企业仅出于防止客户不付款的原因而保留资产的法定所有权，企业的此类权利并不妨碍客户取得对资产的控制。

3. 企业已将该商品实物转移给客户，即客户已实物占有该商品。

对资产的实物占有可能不一定等同于对资产的控制。例如，在某些回购协议及特定的委托代销安排的情况下，企业控制的资产其实物可能由客户或受托方持有。相反，在某些“开出账单但代管商品”的安排下，企业可能会持有由客户控制的资产。

4. 企业已将该商品所有权上的主要风险和报酬转移给客户，即客户已取得该商品所有权上的主要风险和报酬。

5. 客户已接受该商品。

企业在判断客户是否已经取得了商品的控制权时，应考虑客户是否已经实际接受了该商品，包括客户验收是否仅为一项例行程序。

6. 其他表明客户已取得商品控制权的迹象。

二、与原准则的差异及财务影响

表 2－9　　新旧准则的差异及财务影响（5）

事项	新准则	原准则	新旧差异
属于在某一时段内履行履约义务的条件	第十一条 满足下列条件之一的，属于在某一时段内履行履约义务；否则，属于在某一时点履行履约义务： （一）客户在企业履约的同时即取得并消耗企业履约所带来的经济利益； （二）客户能够控制企业履约过程中在建的商品； （三）企业履约过程中所产出的商品具有不可替代用途，且该企业在整个合同期间内有权就累计至今已完成的履约部分收取款项。 具有不可替代用途，是指因合同限制或实际可行性限制，企业不能轻易地将商品用于其他用途。 有权就累计至今已完成的履约部分收取款项，是指在由于客户或其他方原因终止合同的情况下，企业有权就累计至今已完成的履约部分收取能够补偿其已发生成本和合理利润的款项，并且该权利具有法律约束力。	第十条 企业在资产负债表日提供劳务交易的结果能够可靠估计的，应当采用完工百分比法确认提供劳务收入。完工百分比法，是指按照提供劳务交易的完工进度确认收入与费用的方法。 第十一条 提供劳务交易的结果能够可靠估计，是指同时满足下列条件： （一）收入的金额能够可靠地计量； （二）相关的经济利益很可能流入企业； （三）交易的完工进度能够可靠地确定； （四）交易中已发生和将发生的成本能够可靠地计量。 《企业会计准则解释第 3 号》 六、企业自行建造或通过分包商建造房地产，应当遵循哪项会计准则确认与房地产建造协议相关的收入？ 答：企业自行建造或通过分包商建造房地产，应当根据房地产建造协议条款和实际情况，判断确认收入应适用的会计准则。 房地产购买方在建造工程开始前能够规定房地产设计的主要结构要素，或者能够在	将原收入准则和建造合同两项准则纳入统一的收入确认模型。

续表

事项	新准则	原准则	新旧差异
属于在某一时段内履行履约义务的条件		建造过程中决定主要结构变动的，房地产建造协议符合建造合同定义，企业应当遵循《企业会计准则第15号——建造合同》确认收入。 房地产购买方影响房地产设计的能力有限（如仅能对基本设计方案做微小变动）的，企业应当遵循《企业会计准则第14号——收入》中有关商品销售收入的原则确认收入。 应用指南：（一）安装费，在资产负债表日根据安装的完工进度确认收入。安装工作是商品销售附带条件的，安装费在确认商品销售实现时确认收入。 （二）宣传媒体的收费，在相关的广告或商业行为开始出现于公众面前时确认收入。广告的制作费，在资产负债表日根据制作广告的完工进度确认收入。 （三）为特定客户开发软件的收费，在资产负债表日根据开发的完工进度确认收入。 （四）包括在商品售价内可区分的服务费，在提供服务的期间内分期确认收入。 （五）艺术表演、招待宴会和其他特殊活动的收费，在相关活动发生时确认收入。收费涉及几项活动的，预收的款项应合理分配给每项活动，分别确认收入。 （六）长期为客户提供重复的劳务收取的劳务费，在相关劳务活动发生时确认收入。	
采用产出法或投入法确定恰当的履约进度	第十二条 对于在某一时段内履行的履约义务，企业应当在该段时间内按照履约进度确认收入，但是，履约进度不能合理确定的除外。企业应当考虑商品的性质，采用产出法或投入法确定恰当的履约进度。其中，产出法是根据已转移给客户的商品对于客户的价值确定履约进度；投入法是根据企业为履行履约义务的投入确定履约进度。对于类似情况下的类似履约义务，企业应当采用相同的方法确定履约进度。 当履约进度不能合理确定时，企业已经发生的成本预计能够得到补偿的，应当按照已经发生的成本金额确认收入，直到履约进度能够合理确定为止。	CAS 14 第十一条 提供劳务交易的结果能够可靠估计，是指同时满足下列条件：（一）收入的金额能够可靠地计量；（二）相关的经济利益很可能流入企业；（三）交易的完工进度能够可靠地确定；（四）交易中已发生和将发生的成本能够可靠地计量。 CAS 14 第十二条 企业确定提供劳务交易的完工进度，可以选用下列方法：（一）已完工作的测量。（二）已经提供的劳务占应提供劳务总量的比例。（三）已经发生的成本占估计总成本的比例。 CAS 14 第十三条 企业应当按照从接受劳务方已收或应收的合同或协议价款确定提供劳务收入总额，但已收或应收的合同或协议价款不公允的除外。企业应当在资产负债表日按照提供劳务收入总额乘以完工进度扣除以前会计期间累计已确认提供劳务收入后的金额，确认当期提供劳务收入；同时，按照提供劳务估计总成本乘以完工	要求考虑商品的性质，采用产出法或投入法确定恰当的履约进度。 当履约进度不能合理确定时，企业已经发生的成本预计能够得到补偿的，应当按照已经发生的成本金额确认收入。与原收入准则中交易的完工进度不能够可靠地确定的处理不存在实质性差异。

续表

事项	新准则	原准则	新旧差异
采用产出法或投入法确定恰当的履约进度		进度扣除以前会计期间累计已确认劳务成本后的金额，结转当期劳务成本。 CAS 14 第十四条 企业在资产负债表日提供劳务交易结果不能够可靠估计的，应当分别下列情况处理：（一）已经发生的劳务成本预计能够得到补偿的，按照已经发生的劳务成本金额确认提供劳务收入，并按相同金额结转劳务成本。（二）已经发生的劳务成本预计不能够得到补偿的，应当将已经发生的劳务成本计入当期损益，不确认提供劳务收入。 CAS 15 第十八条 在资产负债表日，建造合同的结果能够可靠估计的，应当根据完工百分比法确认合同收入和合同费用。完工百分比法，是指根据合同完工进度确认收入与费用的方法。 CAS 15 第十九条 固定造价合同的结果能够可靠估计，是指同时满足下列条件：（一）合同总收入能够可靠地计量；（二）与合同相关的经济利益很可能流入企业；（三）实际发生的合同成本能够清楚地区分和可靠地计量；（四）合同完工进度和为完成合同尚需发生的成本能够可靠地确定。 CAS 15 第二十条 成本加成合同的结果能够可靠估计，是指同时满足下列条件：（一）与合同相关的经济利益很可能流入企业；（二）实际发生的合同成本能够清楚地区分和可靠地计量。 CAS 15 第二十一条 企业确定合同完工进度可以选用下列方法：（一）累计实际发生的合同成本占合同预计总成本的比例。（二）已经完成的合同工作量占合同预计总工作量的比例。（三）实际测定的完工进度。 CAS 15 第二十二条 采用累计实际发生的合同成本占合同预计总成本的比例确定合同完工进度的，累计实际发生的合同成本不包括下列内容：（一）施工中尚未安装或使用的材料成本等与合同未来活动相关的合同成本。（二）在分包工程的工作量完成之前预付给分包单位的款项。 CAS 15 第二十三条 在资产负债表日，应当按照合同总收入乘以完工进度扣除以前会计期间累计已确认收入后的金额，确认为	

续表

事项	新准则	原准则	新旧差异
采用产出法或投入法确定恰当的履约进度		当期合同收入；同时，按照合同预计总成本乘以完工进度扣除以前会计期间累计已确认费用后的金额，确认为当期合同费用。 CAS 15 第二十四条 当期完成的建造合同，应当按照实际合同总收入扣除以前会计期间累计已确认收入后的金额，确认为当期合同收入；同时，按照累计实际发生的合同成本扣除以前会计期间累计已确认费用后的金额，确认为当期合同费用。 CAS 15 第二十五条 建造合同的结果不能可靠估计的，应当分别下列情况处理： （一）合同成本能够收回的，合同收入根据能够收回的实际合同成本予以确认，合同成本在其发生的当期确认为合同费用。 （二）合同成本不可能收回的，在发生时立即确认为合同费用，不确认合同收入。 CAS 15 第二十六条 使建造合同的结果不能可靠估计的不确定因素不复存在的，应当按照本准则第十八条的规定确认与建造合同有关的收入和费用。	
商品控制权转移迹象	第十三条 对于在某一时点履行的履约义务，企业应当在客户取得相关商品控制权时点确认收入。在判断客户是否已取得商品控制权时，企业应当考虑下列迹象： （一）企业就该商品享有现时收款权利，即客户就该商品负有现时付款义务。 （二）企业已将该商品的法定所有权转移给客户，即客户已拥有该商品的法定所有权。 （三）企业已将该商品实物转移给客户，即客户已实物占有该商品。 （四）企业已将该商品所有权上的主要风险和报酬转移给客户，即客户已取得该商品所有权上的主要风险和报酬。 （五）客户已接受该商品。 （六）其他表明客户已取得商品控制权的迹象。	应用指南：二、商品所有权上主要风险和报酬转移的判断 根据本准则第四条规定，企业已将商品所有权上的主要风险和报酬转移给购货方，构成确认销售商品收入的重要条件。 （一）企业已将商品所有权上的主要风险和报酬转移给购货方，是指与商品所有权有关的主要风险和报酬同时转移。与商品所有权有关的风险，是指商品可能发生减值或毁损等形成的损失；与商品所有权有关的报酬，是指商品价值增值或通过使用商品等产生的经济利益。 （二）判断企业是否已将商品所有权上的主要风险和报酬转移给购货方，应当关注交易的实质，并结合所有权凭证的转移进行判断。 通常情况下，转移商品所有权凭证并交付实物后，商品所有权上的主要风险和报酬随之转移，如大多数零售商品。某些情况下，转移商品所有权凭证但未交付实物，商品所有权上的主要风险和报酬随之转移，企业只保留了次要风险和报酬，如交款提货方式销售商品。有时，已交付实物但	新收入准则给出了判断客户是否已取得商品控制权时应考虑的迹象，并在应用指南中对于“委托代销安排”“售后代管商品安排”给出进一步的收入确认指引。

续表

事项	新准则	原准则	新旧差异
商品控制权转移迹象		未转移商品所有权凭证，商品所有权上的主要风险和报酬未随之转移，如采用支付手续费方式委托代销的商品。 应用指南：四（一）1. 销售商品采用托收承付方式的，在办妥托收手续时确认收入。 2. 销售商品采用预收款方式的，在发出商品时确认收入，预收的货款应确认为负债。 3. 销售商品需要安装和检验的，在购买方接受商品以及安装和检验完毕前，不确认收入，待安装和检验完毕时确认收入。如果安装程序比较简单，可在发出商品时确认收入。 4. 销售商品采用以旧换新方式的，销售的商品应当按照销售商品收入确认条件确认收入，回收的商品作为购进商品处理。 5. 销售商品采用支付手续费方式委托代销的，在收到代销清单时确认收入。	

三、难点和示例

（一）如何理解“控制”？

销售商品和提供服务可能涉及客户确认资产，企业（销售方）相应终止确认资产，现行准则体系通常要求资产基于控制权模型进行确认和终止确认。因此，新收入准则转变为以控制权转移作为收入确认标准，将减少各项准则间的矛盾，使相互交叉的内容协调一致。

1. 控制权定义

取得相关商品控制权，是指能够主导该商品的使用并从中获得几乎全部的经济利益。控制权定义明确了控制要素包括：①能够主导商品的使用；②获得相应的经济利益。

（1）主导商品的使用是指客户有权配置该项资产、允许其他企业在其活动中配置该项资产或限制其他企业主导资产的使用。

企业只有在客户拥有现时权利、能够主导该商品的使用并从中获得几乎全部经济利益时，才能确认收入。如果客户只能在未来的某一期间主导该商品的使用并从中获益，则表明其尚未取得该商品的控制权。例如，企业与客户签订合同为其生产产品，虽然合同约定该客户最终将能够主导该产品的使用，并获得几乎全部的经济利益，但是，只有在客户真正获得这些权利时（根据合同约定，可能是在生产过程中或更晚的时点），企业才能确认收入，在此之前，企业不应当确认收入。

（2）资产的经济利益可通过如下多种方式直接或间接地获取潜在的现金流量（现金流入或现金流出的减少）：

- 使用资产以生产商品或提供劳务（包括公共劳务）；
- 使用资产以提升其他资产的价值；
- 使用资产以清偿负债或减少费用；
- 销售或交换资产；
- 质押资产以担保借款；
- 持有资产。

企业应当主要从客户的角度对控制进行评估，因为该角度最大限度地降低了企业就其实施的与向客户转让商品或服务无关的活动确认收入的风险。

2. 特殊交易的控制权判断

（1）售后回购交易。如果企业具有回购资产的义务或权利（远期合同或看涨期权），则客户并未获得对该资产的控制，因为客户主导这项资产的使用并获得这项资产几乎所有剩余利益的能力受到限制（即使客户可能已持有该资产实物）。

对于某些交易安排，企业虽然占有实物资产，但并不代表其取得了该项资产的控制权。例如，在某些回购协议及特定的委托代销安排的情况下，企业控制的资产其实物可能由客户或受托方持有。相反，在某些“开出账单但代管商品”的安排下，企业可能会持有由客户控制的资产。

（2）委托代销安排。当企业将产品交付给经销商（或其他方）以供出售给终端客户时，企业应当评价在该时点经销商是否已获得对相关产品的控制。如果经销商并未获得对这些产品的控制，已发送至其他方的产品可能是在委托代销安排下持有的。相应地，如果已发送的产品是在委托代销安排下持有，企业不应在向经销商发送产品时确认收入。表明一项安排是委托代销安排的因素包括但不限于：

- 在特定事件发生之前，例如，向经销商的客户出售产品或指定期间到期之前，企业拥有对产品的控制；
- 企业能够要求退货或将该产品转让给第三方（如其他经销商）；
- 经销商没有对该产品进行支付的无条件义务（尽管可能要求其支付一笔定金）。

（3）售后代管。在实务中，客户可能会因为缺乏足够的仓储空间或生产进度延迟而要求与销售方订立此类合同。在这种情况下，尽管企业仍然持有商品的实物，但是，当客户已经取得了对该商品的控制权时，即使客户决定暂不行使实物占有的权利，其依然有能力主导该商品的使用并从中获得几乎全部的经济利益。因此，企业不再控制该商品，而只是向客户提供了代管服务。对于这类交易，在符合下列所有条件的情况下，客户才可能取得商品的控制权：

①该安排必须具有商业实质，例如，该安排是应客户的要求而订立的；

②属于客户的商品必须能够单独识别，例如，将属于客户的商品单独存放在指定地点；

③该商品可以随时交付给客户；

④企业不能自行使用该商品或将该商品提供给其他客户。

在实务中，越是通用的、可以和其他商品互相替换的商品，越有可能难以满足上述条件。

需要注意的是，如果在满足上述条件的情况下，企业对尚未发货的商品确认了收入，则企业应当考虑是否还承担了其他的履约义务。例如，向客户提供保管服务等，从而应当将部分交易价格分摊至该履约义务。

（4）客户验收。如果企业能够客观地确定对商品或服务的控制已按照合同的约定规格转移给客户，则客户验收仅为一项例行程序，不会影响企业关于客户何时获得对商品或服务的控制的确定。在实务中，企业应当考虑，在过去执行类似合同的过程中已经累计的经验以及客户验收的结果，是否能够证明其销售的商品满足合同约定的验收条件。如果在取得客户验收之前企业已经确认了收入，企业应当考虑是否还存在剩余的履约义务，例如设备安装、运输等。在通常情况下，控制权转移给客户之前发生的运输活动不构成单项履约义务，而只是企业为了履行合同而从事的活动，相关成本应当作为合同履约成本；相反，控制权转移给客户之后发生的运输活动则可能表明企业向客户提供了一项运输服务，企业应当考虑该项服务是否构成单项履约义务。

如果企业无法客观地确定向客户提供的商品或服务是否符合合同的约定规格，则企业在客户验收之前无法得出客户已获得控制的结论。这是由于在这种情况下，企业无法确定客户是否有能力主导该商品或服务的使用并获得其几乎所有剩余利益。例如，客户主要基于主观判断进行验收时，在验收完成之前，企业无法确定其商品是否能够满足客户的主观标准，因此，企业应当在客户完成验收接受该商品时确认收入。在实务中，定制化程度越高的商品，可能越难证明客户验收仅仅是一种形式。

如果企业发货给客户是为了让客户试用或评价产品，且客户并未承诺在试用期终止前支付任何对价，则对该产品的控制在客户接受该产品或试用期终止前并未转移给客户。

（二）如何理解在一段时间内履行履约义务条件 3 的“具有不可替代用途”和“有权就累计至今已完成的履约部分收取款项”？

属于在某一时段内履行履约义务的第 3 项条件同时要求：

- 企业履约过程中所产出的商品具有不可替代用途；
- 该企业在整个合同期间内有权就累计至今已完成的履约部分收取款项。

1. 具有不可替代用途

具有不可替代用途，是指因合同限制或实际可行性限制，企业不能轻易地将商品用于其他用途。在合同开始后，除非发生合同变更导致履约义务发生实质性改变，否则企业不应更新关于资产替代用途的评估结果。

（1）判断时点是合同开始日。企业应当在合同开始日判断所承诺的商品是否具有不可替代用途，此后，除非发生合同变更，且该变更显著改变了原合同约定的履约义务，否则，企业无须重新进行判断。

（2）考虑合同限制。合同限制是指合同条款规定，合同限制必须是实质性的。如果企业试图主导资产用于另一用途，则客户能够执行其对该资产的权利，合同限制就是实质性的。在某些情况下，合同限制不具有实质性，例如，一项资产很大程度上可与其他资产相互替换，企业可以在不违反合同且不发生原本不会发生的与该合同相关的重大成本的情况下，向另一客户转让该资产。

（3）考虑实际可行性限制。实际可行性限制是指若企业主导资产的使用则将发生重大经济损失（如重大返工成本或出售资产的重大损失）。例如，如果资产的设计规格符合某一客户的独特要求或资产位于偏远地区，则企业将该资产用于另一用途将受到实际可行性限制。

（4）基于最终转移给客户的商品的特征判断。当商品在生产的前若干个生产步骤是标准化的，只是从某一时点（或者某一流程）才进入定制化的生产时，企业应当根据最终转移给客户时该商品的特征来判断其是否满足“具有不可替代用途”的条件。

2. 有权就累计至今已完成的履约部分收取款项

有权就累计至今已完成的履约部分收取款项，是指在由于客户或其他方原因终止合同的情况下，企业有权就累计至今已完成的履约部分收取能够补偿其已发生成本和合理利润的款项，并且该权利具有法律约束力。付款条款的差异可能导致商品在一个案例中作为在一段时间内满足的履约义务处理，而在另一个案例中则作为在某一时点转移的存货处理。需要注意的是，该权利要求的是已发生成本和合理利润，而不是仅就合同终止后企业可能发生的利润损失作出补偿。

在评估企业是否有权就累计至今已完成的履约部分收取款项，企业不仅应当考虑合同条款，还应当考虑可补充或凌驾于这些合同条款的法规或司法实践以及类似案例的结果，包括：

- 法规、行政惯例或法律先例是否赋予企业就迄今为止已完成的履约部分获得付款的权利，即使与客户之间的合同并未列明这一权利；
- 相关的法律先例是否表明类似合同中就迄今为止已完成的履约部分获得付款的类似权利没有法律约束力；
- 企业选择不执行获得付款权利的商业惯例是否导致在当前法律环境下该权利无法执行。然而，尽管企业可能选择放弃其在类似合同中获得付款的权利，但如果在与客户之间的合同中，企业就迄今为止的履约部分获得付款的权利仍然是可执行的，则企业仍具有获得付款的权利。

有权就累计至今已完成的履约部分收取款项，无须获得付款的现时无条件权利。在许多情况下，仅在议定的“里程碑”或履约义务全面得到履行后，企业才具有获得付款的无条件权利。此时，企业应考虑若合同因客户或其他方原因终止，是否有获得付款的权利。具体而言，合同列明的付款进度表不一定能够表明企业具有就迄今为止已完成的履约部分获得付款的可执行权利。尽管合同的付款进度表列示了客户应支付对价的时间和金额，但付款进度表不一定能够提供企业具有就迄今为止已完成的履约部分获得付款的权利的证据，这是因为合同约定的付款进度和企业的履约进度可能并不匹配。例如，合同可能会明确规定向客户收取的对价可因企业未能按合同承诺履约之外的其他原因而予以返还。此时，企业须进一步评估，合同中约定的付款时间表，是否使企业在合同存续期内的任何时点，在客户或其他方原因终止合同的情况下，有权就累计至今已完成的履约部分收取款项。如果客户在其无权终止合同时终止了合同（包括客户未能按承诺履行其义务），该合同（或其他法律）可能赋予企业继续向客户转让已承诺的商品或服务并要求客户支付已承诺的商品或服务交换对价的权利。在这种情况下，企业具有就迄今为止已完成的履约部分获得付款的权利。

示例 2－22：为客户建造专用卫星（摘自 IFRS 15 示例 15 和示例 16）

（1）背景概述。

主体与政府机构客户订立一份建造专用卫星的合同。主体为各类客户（如政府和商业主体）建造卫星。基于每一客户的需求及卫星所使用的技术类型，每一卫星的设计和建造均存在显著差异。

合同的付款进度表明确规定，客户必须在合同开始时支付合同价格的 10%，在合同期内定期支付各期款项（合同价格的 50%），并在建造完成且设备已通过既定的性能测试时支付最后一笔付款（合同价格的40%）。除非主体未能按承诺履约，否则上述款项不可返还。如果客户终止合同，主体仅有权保留已从客户收取的进度款。主体不具有向客户索取补偿的任何进一步权利。

（2）准则概要。

满足下列条件之一的，属于在某一时段内履行履约义务；否则，属于在某一时点履行履约义务："……（三）企业履约过程中所产出的商品具有不可替代用途，且该企业在整个合同期间内有权就累计至今已完成的履约部分收取款项。"

（3）简要分析。

尽管合同并未阻止主体将建造完成的卫星提供给另一客户，但若将该资产提供给另一客户，主体会就重新设计及修订卫星功能等发生重大返工成本。因此，鉴于卫星特定于客户的设计限制了主体轻易地将该资产用于另一客户的实际能力，该资产具有不可替代用途。

虽然合同约定客户支付的款项不可返还，但客户累计支付的金额并非在合同存续期内的任何时点均代表已完成的履约部分的成本和合理利润（可能低于当时部分完工的卫星售价）。如果客户终止合同，主体仅有权保留已从客户收取的进度款，主体并不具有就累计至今已完成的履约部分收取款项的权利。

（4）示例概括。

合同并未阻止主体将商品提供给其他客户，但如果主体会为此发生重大返工成本，则商品具有不可替代用途；对于约定了付款进度的合同，如果客户终止合同，主体仅有权保留已收取的进度款，且该款项有可能低于已完工部分的成本和合理利润，则企业无权就累计至今已完成的履约部分收取款项。

（三）存在未安装的物料时如何计量履约进度

当企业已发生的成本与履约进度不成比例，企业在采用成本法确定履约进度时需要进行适当调整，通常仅以其已发生的成本为限确认收入。对于施工中尚未安装、使用或耗用的商品（本段的商品不包括服务）或材料成本等，当企业在合同开始日就预期将能够满足下列所有条件时，应在采用成本法确定履约进度时不包括这些成本：

（1）该商品或材料不可明确区分，即不构成单项履约义务；

（2）客户先取得该商品或材料的控制权，之后才接受与之相关的服务；

（3）该商品或材料的成本相对于预计总成本而言是重大的；

（4）企业自第三方采购该商品或材料，且未深入参与其设计和制造，对于包含该商品的履约义务而言，企业是主要责任人。

示例2－23：未安装的物料（摘自IFRS 15示例19）

（1）背景概述。

20×2年11月，主体与客户订立一份装修一幢3层建筑并安装新电梯的合同，合同总对价为CU5 000 000。已承诺的装修服务（包括安装电梯）是一项在一段时间内履行的履约义务。预计总成本为CU4 000 000（包括电梯成本CU1 500 000）。主体在电梯转移给客户之前获得对电梯的控制权，为该项交易的主要责任人。

交易价格和预计成本汇总如下：

	CU
交易价格	5 000 000
预计成本：	
电梯	1 500 000
其他成本	2 500 000
预计总成本	4 000 000

主体使用投入法基于已发生的成本来计量其履约义务的履约进度。客户在20×2年12月电梯运抵该建筑时获得对电梯的控制，尽管电梯直至20×3年6月才进行安装。购买电梯的成本（CU1 500 000）相对于履行履约义务的预计总成本（CU4 000 000）而言是重大的。主体并未参与电梯的设计或制造。

（2）准则概要。

已发生的成本与主体履行履约义务的进度不成比例。在这种情况下，对主体履约的最佳反映可能是调整投入法，仅以已发生的成本为限确认收入。例如，如果主体在合同开始时预计将满足下列条件，则如实反映主体履约情况的方式可能是按履行履约义务所使用的商品成本的金额确认收入：①该商品不可明确区分；②预计客户在取得与该商品相关的服务之前很早既已获得对该商品的控制；③已转移的该商品的成本相对于完全履行履约义务的预计总成本而言是重大的；④主体自第三方采购了商品，并未深入参与该商品的设计和制造（主体作为主要责任人）。

（3）简要分析。

主体得出结论认为，将购买电梯的成本纳入履约进度的计量将导致高估主体的履约程度。因此，主体对履约进度的计量作出调整，将购买电梯的成本排除在已发生成本的计量及交易价格之外。主体按电梯购买成本的金额确认转让电梯所产生的收入（即零毛利）。

在20×2年12月31日，主体观察到：

①已发生的其他成本（不包括电梯）为CU500 000；

②履约进度为20%（即CU500 000÷CU2 500 000）。

据此，在20×2年12月31日，主体确认下列各项：

	CU
收入	2 200 000
销售成本	2 000 000
利润	200 000

③确认的收入计算如下：（20%×CU3 500 000）+CU 1 500 000（CU3 500 000＝交易价格CU5 000 000－电梯成本CU1 500 000）；

④已售商品成本＝已发生成本CU500 000＋电梯成本CU1 500 000。

（4）示例概括。

如果已发生的成本与主体履约进度不成比例，企业在采用成本法计算履约进度时，不应包括该商品的成本，而是应当按照其成本金额确认收入。

第三章
特定交易的会计处理

新收入准则对附有销售退回条款的销售、附有质量保证条款的销售、主要责任人和代理人、附有客户额外购买选择权的销售、向客户授予知识产权许可、售后回购、预收客户款项、无须退回的初始费等特定交易进行了明确规定。

第一节 附有销售退回条款的销售

在某些合同中，企业销售商品的同时赋予客户退货权，这种权利通常使客户可退回商品并有权：（1）取得全部或部分退款；（2）抵减其他采购款；及（3）换取另一产品。

一、准则概要

对于附有销售退回条款的销售，企业应当在客户取得相关商品控制权时，按照因向客户转让商品而预期有权收取的对价金额（不包含预期因销售退回将退还的金额）确认收入，按照预期因销售退回将退还的金额确认负债；同时，按照预期将退回商品转让时的账面价值，扣除收回该商品预计发生的成本（包括退回商品的价值减损）后的余额，确认为一项资产，按照所转让商品转让时的账面价值，扣除上述资产成本的净额结转成本。

每个资产负债表日，企业应当重新估计未来销售退回情况，如有变化，应当作为会计估计变更进行会计处理。

实务中账务处理参考如表 3－1 所示。

表 3－1　　　　　　　　　　账务处理方法

1. 确认销售收入		
借	应收账款（或合同资产）	有权收取的款项金额
贷	营业收入	因向客户转让商品而预期有权收取的对价金额（不包含预期因销售退回将退还的金额）
贷	预计负债——应付退货款	预期因销售退回将退还的金额
贷	应交税费	计提税费，如增值税
2. 结转销售成本		
借	营业成本	所转让商品转让时的账面价值，扣除“应收退货成本”
借	应收退货成本	预期将退回商品转让时的账面价值，扣除收回该商品预计发生的成本（包括退回商品的价值减损）后的余额
贷	存货	让商品转让时的账面价值
3. 资产负债表日，重新估计		
借/贷	营业收入	重新估计销售退回需要退回的金额，并调整确认的退货负债
借/贷	预计负债——应付退货款	
借/贷	营业成本	重新估计销售退回收回的商品价值（账面价值—减损及其他成本），并调整确认的退货资产
借/贷	应收退货成本	

需要说明的是，企业在允许客户退货的期间内随时准备接受退货的承诺，并不构成单项履约义务，但可能会影响收入确认的金额。企业应当遵循可变对价（包括将可变对价计入交易价格的限制要求）的处理原则来确定其预期有权收取的对价金额，即交易价格不应包含预期将会被退回的商品的对价金额。

二、与原准则的差异及财务影响

表 3－2　　　　　　　新旧准则的差异及财务影响（6）

事项	新准则	原准则	新旧差异
附有销售退回条款的销售	第三十二条 对于附有销售退回条款的销售，企业应当在客户取得相关商品控制权时，按照因向客户转让商品而预期有权收取的对价金额（即，不包含预期因销售退回将退还的金额）确认收入，按照预期因销售退回将退还的金额确认负债；同时，按照预期将退回商品转让时的账面价值，扣除收回该商品预计发生的成本（包括退	第九条 企业已经确认销售商品收入的售出商品发生销售退回的，应当在发生时冲减当期销售商品收入。销售退回属于资产负债表日后事项的，适用《企业会计准则第 29 号——资产负债表日后事项》。销售退回，是指企业售出的商品由于质量、品种不符合要求等原因而发生的退货。	新收入准则要求在销售时即确认一项预期收回的资产，同时确认预期退还的负债。对于企业不能合理估计退货的

续表

事项	新准则	原准则	新旧差异
附有销售退回条款的销售	回商品的价值减损）后的余额，确认为一项资产，按照所转让商品转让时的账面价值，扣除上述资产成本的净额结转成本。 每一资产负债表日，企业应当重新估计未来销售退回情况，如有变化，应当作为会计估计变更进行会计处理。	《企业会计准则讲解（2010）》“第十五章 收入”： （三）收入的金额能够可靠地计量。有时，由于销售商品过程中某些不确定因素的影响，也有可能存在商品销售价格发生变动的情况，如附有销售退回条件的商品销售。如果企业不能合理估计退货的可能性，则无法确定销售商品的价格，也就不能够合理地估计收入的金额，不应在发出商品时确定收入，而应当在售出商品退货期满、商品销售价格能够可靠计量时确定收入。 （五）销售退回及附有销售退回条件的销售的处理 1. 销售退回 销售退回，是指企业售出的商品由于质量、品种不符合要求等原因而发生的退货。对于销售退回，企业应分别不同情况进行会计处理： 对于未确认收入的售出商品发生销售退回的，企业应按已记入“发出商品”科目的商品成本金额，借记“库存商品”科目，贷记“发出商品”科目。 对于已确认收入的售出商品发生退回的，企业一般应在发生时冲减当期销售商品收入，同时冲减当期销售商品成本。如该项销售退回已发生现金折扣的，应同时调整相关财务费用的金额；如该项销售退回允许扣减增值税额的，应同时调整“应交税金——应交增值税（销项税额）”科目的相应金额。 已确认收入的售出商品发生的销售退回属于资产负债表日后事项的，应当按照有关资产负债表日后事项的相关规定进行会计处理。 2. 附有销售退回条件的商品销售 附有销售退回条件的商品销售，是指购买方依照有关协议有权退货的销售方式。在这种销售方式下，企业根据以往经验能够合理估计退货可能性且确认与退货相关负债的，通常应在发出商品时确认收入；企业不能合理估计退货可能性的，通常应在售出商品退货期满时确认收入。	可能性的情形，在新收入准则下，需要分析评估是否满足第五条规定的合同条件“企业因向客户转让商品而有权取得的对价很可能收回。”，对于已收取的对价作为负债进行会计处理，并对合同进行持续评估。

三、难点和示例

如何区分退货、换货和质保？

客户因不同的原因、不同的合同条款退回商品可能涉及不同的会计处理，企业应首先分析其交易实质（退货、换货、质保）进行相应的会计处理。

退货：在退货期内随时准备接受所退回产品的承诺，应作为“附有销售退回条款的销售”进行会计处理，不应作为一项单独的履约义务进行会计处理。

换货：客户以一种产品换取同一类型、质量、状况及价格的另一种产品（例如，另一种颜色或尺寸的产品）应视为换货，而非退货。

质保：客户因产品质量问题而退换货，属于产品质量保证，应按照“附有质量保证条款的销售”的要求，区分标准质保和额外质保分别进行会计处理。

示例3－1：附有销售退回条款的销售的会计处理

（1）背景概述。

甲公司以50元/台的价格向经销商出售1 000台电子设备，经销商在180天内可以无理由退货并获得全额退款。每台设备的成本为10元。甲公司采用期望值法，估计6%的销售将会退回。甲公司在转移电子设备的控制权之后没有其他义务，不考虑因退货而导致的额外支出或损失。

（2）准则概要。

对于附有销售退回条款的销售，企业应当在客户取得相关商品控制权时，按照因向客户转让商品而预期有权收取的对价金额（即不包含预期因销售退回将退还的金额）确认收入，按照预期因销售退回将退还的金额确认负债；同时，按照预期将退回商品转让时的账面价值，扣除收回该商品预计发生的成本（包括退回商品的价值减损）后的余额，确认为一项资产，按照所转让商品转让时的账面价值，扣除上述资产成本的净额结转成本。

（3）简要分析。

表3－3

借	应收账款	50 000（50×1 000）按合同数量已取得收款权
贷	主营业务收入	47 000［50×（1－6%）×1 000］企业预计有权获得的对价金额
贷	预计负债——应付退货款	3 000（50×6%×1 000）预计退回的部分不确认收入

续表

借	主营业务成本	9 400［10×1 000×（1－6%）］预计不会退回的数量结转成本
借	应收退货成本	600（10×1 000×6%）预计退货收回产品的权利确认为资产
贷	库存商品	10 000（10×1 000）发出商品 1 000 台

如按照原收入准则，对于以上退货权交易，企业根据以往经验能够合理估计退货可能性且确认与退货相关负债的，通常应在发出商品时确认收入；企业不能合理估计退货可能性的，通常应在售出商品退货期满时确认收入。具体会计处理如下：

①发出商品时：

借：应收账款　　50 000（50×1 000）

　　贷：主营业务收入　　50 000

借：主营业务成本　　10 000（10×1 000）

　　贷：库存商品　　10 000

②确认估计的销售退回：

借：主营业务收入　　3 000（50×6%×1 000）

　　贷：主营业务成本　　600（10×1 000×6%）

　　　　预计负债　　2 400

（4）示例概括。

新收入准则要求在销售时分别列报预期退还的退货负债和预期收回的资产。

第二节　附有质量保证条款的销售

企业（根据合同、法律或企业的商业惯例）经常为销售的商品或服务提供质保。不同行业及合同的质保性质可能差别很大。某些质保向客户提供相关商品符合既定标准，因而能按各方预期正常使用的保证；其他质保则向客户提供商品符合既定标准之外的服务。

一、准则概要

对于附有质量保证条款的销售，企业应当评估该质量保证是否在向客户保证所销售商品符合既定标准之外提供了一项单独的服务。企业提供额外服务的，应当作为单项履约义务进行会计处理；否则，质量保证责任应当按照《企业会计准则第 13

号——或有事项》规定进行会计处理。在评估质量保证是否在向客户保证所销售商品符合既定标准之外提供了一项单独的服务时，企业应当考虑该质量保证是否为法定要求、质量保证期限以及企业承诺履行任务的性质等因素。客户能够选择单独购买质量保证的，该质量保证构成单项履约义务。

如果企业同时承诺了符合既定标准的质保和提供额外服务的质保，但无法合理地对这两类质保分别进行会计处理，企业应当将这两类质保合并为单一的履约义务进行会计处理。

判断质保是否向顾客提供额外服务如图 3－1 所示：

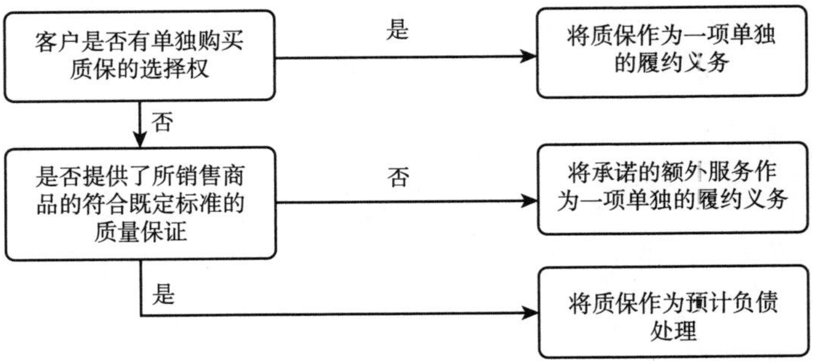

图 3－1　质保是否向顾客提供额外服务的判断

需要注意的是，公司提供质量保证服务的同时，可能承诺对由于客户使用不当而导致的产品故障提供免费维修服务，这部分服务通常属于在向客户保证所销售商品符合既定标准之外提供的单独服务，应该作为单项履约义务。

二、与原准则的差异及财务影响

表 3－4　新旧准则的差异及财务影响（7）

事项	新准则	原准则	新旧差异
附有质量保证条款的销售	第三十三条 对于附有质量保证条款的销售，企业应当评估该质量保证是否在向客户保证所销售商品符合既定标准之外提供了一项单独的服务。企业提供额外服务的，应当作为单项履约义务，按照本准则规定进行会计处理；否则，质量保证责任应当按照《企业会计准则第 13 号——或有事项》规定进行会计处理。在评估质量保证是否在向客户保证所销售商品符合既定标准之外提供了一项单独的服务时，企业应当考虑该质量保证是否为法定要求、质量保证期限以及企业承诺履行任务的性质等因素。客户能够选择单独购买质量保证的，该质量保证构成单项履约义务。	—	新收入准则明确了质保的会计处理，可减少目前实务中处理的多样性。 新收入准则要求企业区分保证类质保和服务类质保分别采用不同的会计处理方式。

三、难点和示例

如何判断是否提供符合既定标准质量保证之外的额外服务?

在评估质保是否提供销售商品符合既定标准之外的服务时,企业应当考虑以下因素:

1. 质保是否为法律要求——如果法律要求企业提供质保,这一法律的存在即表明所承诺的质保不是一项履约义务,因为这些要求的存在通常是为了保护客户免于承担购买不合格产品的风险。

2. 质保涵盖期间的长度——质保期越长,企业越有可能提供销售商品符合既定标准之外的服务,相应越可能是一项单独的履约义务。

3. 企业承诺履行的任务的性质——如果企业有必要履行特定的任务以提供产品符合既定标准的保证(例如,有瑕疵产品退回的运输服务),则这些任务可能不会形成单独的履约义务。

示例 3-2:维修服务

(1) 背景概述。

甲公司与客户签订合同,销售一部智能手机,并就产品质量问题或者由于客户某些使用不当造成的损失(如手机意外浸水)提供一年内的维修服务,且该维修服务不能单独购买。甲公司应如何对上述承诺进行会计处理?

(2) 准则概要。

对于附有质量保证条款的销售,企业应当评估该质量保证是否在向客户保证所销售商品符合既定标准之外提供了一项单独的服务。企业提供额外服务的,应当作为单项履约义务。

(3) 简要分析。

就产品质量问题提供的维修服务是为了保护客户免于承担购买不合格产品的风险,表明所承诺的质量保证不是一项履约义务,因此,智能手机和就产品质量问题提供的维修服务构成一项履约义务。就客户使用不当提供的维修服务在向客户保证所销售商品符合既定标准之外提供了一项单独的服务,应当作为单项履约义务。

(4) 示例概括。

如果质量保证或部分质量保证向客户提供产品符合约定规格的保证之外的服务,则所承诺的服务是一项履约义务。因此,企业应当将交易价格分摊至产品和这项服务。

第三节 主要责任人与代理人

如果第三方参与企业向客户销售商品或提供服务，企业应当分析交易实质是企业自身还是企业安排第三方向客户销售商品或提供服务（即主要责任人还是代理人）。如果企业是主要责任人，应采用总额法确认收入；若企业是代理人，应采用净额法确认收入。

一、准则概要

（一）在向客户转让商品前是否拥有对该商品的控制权的判断

新收入准则分别明确了判断的基本原则、判断步骤，以及3种转让前能控制的情形和3项转让前能控制的迹象。强调拥有或控制提供商品或服务的权利，而非商品或服务本身。主要责任人的履约义务是向客户转让商品或服务；代理人的履约义务是安排另一方向客户提供商品或服务（代理人仅协助在主要责任人与客户之间出售商品或服务）。

1. 取得控制权的3种情形

企业向客户转让商品前能够控制该商品的情形包括：

（1）企业自第三方取得商品或其他资产控制权后，再转让给客户。在进行上述评估时，企业应当考虑该权利是仅在转让给客户时才产生，还是在转让给客户之前就已经存在，且企业一直能够主导其使用，如果该权利在转让给客户之前不存在，则企业实质上并不能在该权利转让给客户之前控制该权利。

（2）企业能够主导第三方代表本企业向客户提供服务。

（3）企业自第三方取得商品控制权后，通过提供重大的服务将该商品与其他商品整合成某组合产出转让给客户。

此时，企业承诺提供的特定商品就是合同约定的组合产出。企业只有获得为生产该特定商品所需要的投入（包括从第三方取得的商品）的控制权，才能够将这些投入加工整合为合同约定的组合产出。

2. 相关事实和情况

在具体判断向客户转让商品前是否拥有对该商品的控制权时，企业不应仅局限于合同的法律形式，而应当综合考虑所有相关事实和情况，这些事实和情况包括：

（1）企业承担向客户转让商品的主要责任。

（2）企业在转让商品之前或之后承担了该商品的存货风险。

（3）企业有权自主决定所交易商品的价格。

（4）其他相关事实和情况。

（二）主要责任人和代理人的会计处理

企业在向客户转让商品前能够控制该商品的，该企业为主要责任人，应当按照已收或应收对价总额确认收入；否则，该企业为代理人，应当按照预期有权收取的佣金或手续费的金额确认收入，该金额应当按照已收或应收对价总额扣除应支付给其他相关方的价款后的净额，或者按照既定的佣金金额或比例等确定。

（三）判断主要责任人还是代理人的基础

企业需要针对向客户提供每一项可明确区分的商品或服务，确定是主要责任人还是代理人，如果合同中包括一项以上的特定商品或服务，那么企业可能是一些商品或服务的主要责任人，是其他商品或服务的代理人。这里的特定商品，是指向客户提供的可明确区分的商品或可明确区分的一揽子商品，根据前述可明确区分的商品的内容，该特定的商品也包括享有由其他方提供的商品的权利。

为了确定承诺的履约义务的性质，企业应当：

1. 确定提供给客户的特定商品或服务（例如，可能是第三方提供商品或服务的权利）；

2. 评估企业在将商品或服务转移给客户之前是否控制每一项特定的商品或服务。

例如，企业与客户订立合同，向客户销售其生产的产品并且负责将该产品运送至客户指定的地点，假定销售产品和提供运输服务是两项履约义务，企业需要分别判断其在这两项履约义务中的身份是主要责任人还是代理人。

二、与原准则的差异及财务影响（见表3－5）

表3－5　新旧准则的差异及财务影响（8）

事项	新准则	原准则	新旧差异
识别主要责任人还是代理人	第三十四条 企业应当根据其在向客户转让商品前是否拥有对该商品的控制权，来判断其从事交易时的身份是主要责任人还是代理人。企业在向客户转让商品前能够控制该商品的，该企业为主要责任人，应当按照已收或应收对价总额确认收入；否则，	CAS 14 第二条 收入，是指企业在日常活动中形成的、会导致所有者权益增加的、与所有者投入资本无关的经济利益的总流入。本准则所涉及的收入，包括销售商品收入、提供劳务收入和让渡资产使用权收入。企业代第	新收入准则给出在具体判断主要责任人还是代理人时应考虑的事实和情况；同时，

续表

事项	新准则	原准则	新旧差异
识别主要责任人还是代理人	该企业为代理人，应当按照预期有权收取的佣金或手续费的金额确认收入，该金额应当按照已收或应收对价总额扣除应支付给其他相关方的价款后的净额，或者按照既定的佣金金额或比例等确定。 企业向客户转让商品前能够控制该商品的情形包括： （一）企业自第三方取得商品或其他资产控制权后，再转让给客户。 （二）企业能够主导第三方代表本企业向客户提供服务。 （三）企业自第三方取得商品控制权后，通过提供重大的服务将该商品与其他商品整合成某组合产出转让给客户。 在具体判断向客户转让商品前是否拥有对该商品的控制权时，企业不应仅局限于合同的法律形式，而应当综合考虑所有相关事实和情况，这些事实和情况包括： （一）企业承担向客户转让商品的主要责任。 （二）企业在转让商品之前或之后承担了该商品的存货风险。 （三）企业有权自主决定所交易商品的价格。 （四）其他相关事实和情况。	三方收取的款项，应当作为负债处理，不应当确认为收入。	给出了企业向客户转让商品前能够控制该商品的三种情形，以便于实务运用。

三、难点和示例

如何判断主要责任人与代理人？

新收入准则要求以控制为基础区分主要责任人还是代理人，而不是仅考虑合同的法律形式，即企业需要分析判断在向客户转让商品前是否拥有对该商品的控制权。同时，给出了3种取得了商品控制权的情形，以及具体判断中应考虑的4项事实和情况。但是，目前实务中由于交易模式的多样化、复杂化，判断主要责任人还是代理人仍然面临重大的会计判断，是会计处理难点。

对于准则给出的“控制权转移情形”及“事实和情况”具体如何理解，详见表3－6。

表 3-6　　　　主要责任人与代理人的判断

主要责任人与代理人		说明	注意事项
识别拟向客户提供的特定商品或服务		企业需要针对向客户提供每一项可明确区分的商品或服务，确定是主要责任人还是代理人	例如，是销售商品还是销售企业所购买的对商品或服务的权利（如提货权），影响转让前能否控制该特定商品或服务的判断
转让前能够控制的情形	（1）企业自第三方取得商品或其他资产控制权后，再转让给客户	企业应当考虑权利是仅在转让给客户时才产生，还是再转让给客户之前就已经存在，且企业一直能够主导其使用，如果该权利在转让给客户之前并不存在，表明企业实质上并不能在该权利转让给客户之前控制该权利	如果企业在特定商品的法定所有权转移给客户之前只是暂时性地取得该商品的法定所有权，则企业不一定控制该商品
	（2）企业能够主导第三方代表本企业向客户提供服务	可以是对由另一方提供服务享有的权利	企业本身不提供服务这一事实并非决定性因素
	（3）企业自第三方取得商品控制权后，通过提供重大的服务将该商品与其他商品整合成某组合产出转让给客户	企业首先取得了该特定商品或服务投入的控制权（包括从另一方取得的商品或服务），并且能够主导投入的使用来创造组合产出，即该特定的商品或服务	例如，如果企业提供一项重要服务并将由第三方提供的商品或服务整合为客户订立合同所要求的特定商品或服务。企业在该特定商品或服务转让给客户前控制该商品或服务
须综合考虑的事实和情况	（1）企业承担向客户转让商品的主要责任	通常包括对该商品或服务是否能够通过客户验收承担责任（例如，对该商品或服务满足客户具体要求的主要责任）。如果企业对于履行提供特定商品或服务的承诺承担主要责任，这可能表明另一方代表企业参与提供该商品或服务	从客户的角度进行评估，即客户认为哪一方承担了主要责任（对商品的质量或性能负责、负责提供售后服务、负责解决客户投诉等）
	（2）企业在转让商品之前或之后承担了该商品的存货风险	如果企业在与客户订立合同之前引进购买或者承诺将自行购买特定商品，这可能表明企业在将该特定商品转让给客户之前，承担了该特定商品的存货风险，企业有能力主导特定商品的使用并从中取得几乎全部的经济利益；在附有销售退回条款的销售中，企业将商品销售给客户之后，客户有权要求向该企业退货，这可能表明企业在转让商品之后仍然承担了该商品的存货风险	存货风险主要是指存货可能发生减值、毁损或灭失等形成的损失
	（3）企业有权自主决定所交易商品的价格	定价权可能表明企业有能力主导商品的使用并从中获得几乎全部的经济利益	在某些情况下，代理人可能拥有一定的定价权（例如，在主要责任人限定的价格范围内决定价格），以便吸引客户赚取更多的收入。此时，并不表明其是主要责任人，代理人只是放弃了一部分应当赚取的佣金
	（4）其他相关事实和情况	—	—

判断是否为主要责任人仍应基于企业给客户转让商品之前能否控制该商品这一核心原则，而对于判断主要责任人的3种迹象可作为判断控制的佐证信息。具体的判断应基于不同合同安排的相关事实与情况，3种迹象本身并无重要性程度的差异，应当根据商品的性质、合同条款等因素进行综合分析。

示例3-3：关于主要责任人与代理人的考虑因素（摘自IFRS 15示例45）

（1）背景概述。

企业经营一家电商平台以使客户能向系列供应商购买商品，这些供应商直接向客户交付产品。当通过该电商平台购买商品时，企业有权获得相当于售价10%的佣金。企业的电商平台协助供应商与客户之间按供应商所设定的价格进行支付。企业在处理订单之前要求客户付款，且所有订单均不可退款。企业在安排向客户提供产品之后没有其他义务。

（2）准则概要。

企业应当根据其在向客户转让商品前是否拥有对该商品的控制权，来判断其从事交易时的身份是主要责任人还是代理人。企业向客户转让商品前能够控制该商品的情形包括：

①企业自第三方取得商品或其他资产控制权后，再转让给客户；

②企业能够主导第三方代表本企业向客户提供服务；

③企业自第三方取得商品控制权后，通过提供重大的服务将该商品与其他商品整合成某组合产出转让给客户。

在具体判断向客户转让商品前是否拥有对该商品的控制权时，企业不应仅局限于合同的法律形式，而应当综合考虑所有相关事实和情况，这些事实和情况包括：

①企业承担向客户转让商品的主要责任；

②企业在转让商品之前或之后承担了该商品的存货风险；

③企业有权自主决定所交易商品的价格；

④其他相关事实和情况。

（3）简要分析。

在此示例中，商品供应商直接向客户提供其商品，企业仅协助双方之间达成交易，并获取佣金，企业并未在向客户转让商品前取得商品的控制权，企业在任何时候都不能主导将商品转让给客户，不能主导或者阻止供应商向客户转让商品（例如，企业不能将这些商品提供给购买该商品的客户之外的其他方，也不能阻止供应商向该客户转移这些商品），企业不能控制供应商与客户在电商平台上确定的订单所涉及的存货，应当作为代理人进行会计处理。

①供应商承担向客户转让商品的主要责任。在供应商不能向客户转让商品时，企业既不用提供商品，也没有责任验收商品。

②供应商在转让商品之前或之后承担了该商品的存货风险。企业并未承诺在客户购买商品前从供应商处获取存货，也未承诺对商品的任何损坏或返修承担责任。

③企业没有对供应商商品的定价权。销售价格由供应商决定。

企业是该交易中的代理人，企业在其履行安排供应商向客户提供商品的承诺时，按其有权获得的佣金金额确认收入。

（4）示例概括。

如果电商平台仅协助双方之间达成交易，并未在向客户转让商品前取得该商品的控制权，电商平台为代理人。

第四节　附有客户额外购买选择权的销售

附有客户额外购买选择权的销售情形包括：企业在销售商品的同时，授予客户可免费或按更多折扣取得额外商品或服务的选择权有多种形式，包括销售激励措施、客户奖励积分、续约选择权，以及针对未来商品或服务的其他折扣。企业应当评估该选择权是否向客户提供了一项重大权利。企业提供重大权利的，应当作为单项履约义务进行会计处理。

一、准则概要

（一）判断是否构成重大权利

对于附有客户额外购买选择权的销售，企业应当分析判断该选择权是否向客户提供了一项重大权利。如果客户只有在订立了一项合同的前提下才取得了额外购买选择权，并且客户行使该选择权购买额外商品或服务时，能够享受到超过该地区或该市场中其他同类客户所能够享有的折扣，则通常认为该选择权向客户提供了一项重大权利。

客户行使该选择权购买商品时的价格反映了这些商品单独售价的，不应被视为企业向该客户提供了一项重大权利。在这种情况下，企业提出了一项销售要约，仅在客户行使该选择权来购买额外商品或服务时，企业才应按照新准则对该要约进行会计处理。

（二）收入确认时点

企业提供重大权利的，应当作为单项履约义务，按照向履约义务分摊交易价格的规定将交易价格分摊至该履约义务，于客户未来行使购买选择权取得相关商品（或服务）控制权时或该选择权失效时确认相应的收入。

企业应按照新收入准则的5步法模型中第4步的要求，基于单独售价的相对比例将交易价格分摊至履约义务。客户额外购买选择权的单独售价无法直接观察的，企业应当综合考虑客户行使和不行使该选择权所能获得的折扣的差异、客户行使该选择权的可能性等全部相关信息后，予以合理估计。

客户额外购买选择权会计处理流程如图3－2所示。

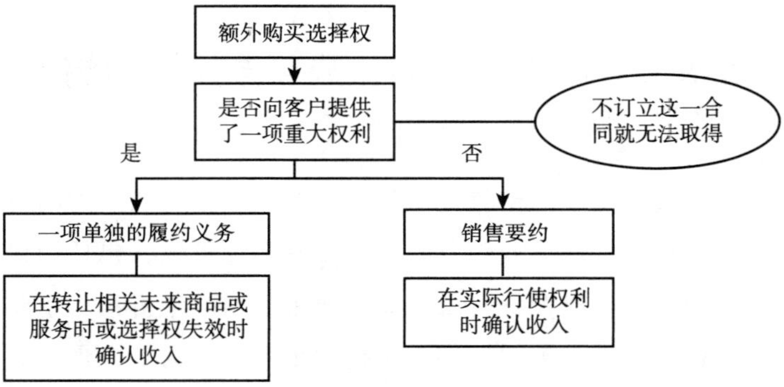

图3－2　客户额外购买选择权的会计处理流程

（三）续约选择权的简易处理方法

在客户享有的选择权是一项重大权利的情况下，如果其有权购买的额外商品或服务与其原本购买的商品或服务类似，且企业将按照初始合同条款提供额外的商品或服务（常见于续约选择权），则作为一个实务操作的简化，企业可以无须估计该选择权的单独售价，而是直接估计其将提供的额外商品或服务的数量，并将相应预计收取的对价纳入初始合同的交易价格。通常，此类选择权是以续约为目的。例如，甲公司与客户签订了1年期合同，以3 000元每件的价格销售商品，数量不限。客户可以选择是否在合同到期时续约1年，即对同等商品保持原价不变。甲公司的这款产品通常每年提价15%。若不适用简化规定，交易价格须分摊给续约选择权，当期实际确认销售单价小于3 000元；若适用简化规定，当期实际确认销售单价等于3 000元。

二、与原准则的差异及财务影响（见表3－7）

表3－7 新旧准则的差异及财务影响（9）

事项	新准则	原准则	新旧差异
附有客户额外购买选择权的销售	第三十五条 对于附有客户额外购买选择权的销售，企业应当评估该选择权是否向客户提供了一项重大权利。企业提供重大权利的，应当作为单项履约义务，按照本准则第二十条至第二十四条规定将交易价格分摊至该履约义务，在客户未来行使购买选择权取得相关商品控制权时，或者该选择权失效时，确认相应的收入。客户额外购买选择权的单独售价无法直接观察的，企业应当综合考虑客户行使和不行使该选择权所能获得的折扣的差异、客户行使该选择权的可能性等全部相关信息后，予以合理估计。 客户虽然有额外购买商品选择权，但客户行使该选择权购买商品时的价格反映了这些商品单独售价的，不应被视为企业向该客户提供了一项重大权利。	《企业会计准则讲解（2010）》指出，某些情况下企业在销售产品或提供劳务的同时会授予客户奖励积分，如航空公司给予客户的里程累计等，客户在满足一定条件后将奖励积分兑换为企业或第三方提供的免费或折扣的商品或服务。企业对该交易事项应当分别以下情况进行处理： （1）在销售产品或提供劳务的同时，应当将销售取得的货款或应收货款在本次商品销售或劳务提供产生的收入与奖励积分的公允价值之间进行分配，将取得的货款或应收货款扣除奖励积分公允价值的部分确认为收入，奖励积分的公允价值确认为递延收益。奖励积分的公允价值为单独销售可取得的金额。如果奖励积分的公允价值不能够直接观察到，授予企业可以参考被兑换奖励的公允价值或其他估值技术估计奖励积分的公允价值。在下列情况下，授予企业可能减少奖励积分的公允价值：①向未从初始销售中获得奖励积分的客户提供奖励积分的公允价值；②奖励积分中预期不会被客户兑换的部分。 （2）获得奖励积分的客户满足条件时有权取得授予企业的商品或服务，在客户兑换奖励积分时，授予企业应将原计入递延收益的与所兑换积分相关的部分确认为收入，确认为收入的金额应当以被兑换用于换取奖励的积分数额占预期将兑换用于换取奖励的积分总数比例为基础计算确定。获得奖励积分的客户满足条件时有权取得第三方提供的商品或劳务的，如果授予企业代表第三方归集对价，授予企业应在第三方有义务提供奖励且有权接受因提供奖励的计价时，将原计入递延收益的金额与应支付给第三方的价款之间的差额确认为收入；如果授予企业自身归集对价，应在履行奖励义务是按分配至奖励积分的对价确认收入。企业因提供奖励积分而发生的不可避免成本超过已收和应收对价时，应按《企业会计准则第13号——或有事项》有关部门亏损合同的规定处理。	新收入准则的“客户额外购买选择权”不局限于“奖励积分”，还包括销售激励、未来购买商品的折扣券以及合同续约选择权等，可能导致企业确认更多的“客户额外购买选择权”。 《企业会计准则讲解（2010）》规定，奖励积分相关的收入确认采用余值法，在新收入准则下应按照五步法中的第四步的要求确认单独售价，并按照其相应比例对交易价格进行分摊。

三、难点和示例

如何判断额外购买选择权是否为“重大权利”

IFRS 15 通过示例列举说明了“重大权利”。例如，超过通常在这一地域或市场中针对这些商品或服务向此类客户提供的折扣幅度的折扣；并强调如果客户拥有按反映商品或服务单独售价的价格购买额外的商品或服务的选择权，即使这一选择权仅可通过订立之前的合同才能行使，也不是一项“重大权利”。

实务中，对于“重大权利”可以通过定量与定性两方面进行考虑：

（1）定量：免费或按折扣取得额外商品或服务所优惠的金额等；

（2）定性：单个项目优惠金额很小，但是如果发生的频率或者数量较多，也可能构成“重大权利”。

示例 3－4：额外购买选择权构成重大权利（摘自 IFRS 15 示例 45）

（1）背景概述。

甲公司是一家零售企业，实施了一项客户奖励积分计划，客户每消费 10 元就获得 1 个积分。计划参与人员可使用累计积分免费换取零售企业销售的产品。基于历史数据，客户通常会累计足够的积分来免费获取产品。

假设某客户以 50 元的价格购买了一个商品，获得 5 个积分。根据兑换比例，估计每个积分的单独售价为 0.20 元，即客户获得的 5 个积分共计 1 元。

（2）准则概要。

对于附有客户额外购买选择权的销售，企业应当评估该选择权是否向客户提供了一项重大权利。

（3）简要分析。

尽管根据估计金额，5 个积分共计 1 元，但是，鉴于甲公司奖励积分计划发生频率高（对每次交易产生影响）、影响广泛（对所有购物活动均有影响），因此，该积分提供了一项重大权利应确认为单独的履约义务。

（4）示例概括。

单个项目优惠金额很小，但是如果发生的频率或者数量较多，也可能构成“重大权利”。

示例 3－5：向客户提供重大权利的选择权（折扣券）（摘自 IFRS 15 示例 49）

（1）背景概述。

商场以 100 元销售了服装 A，并向客户提供一张 40% 的折扣券，可以用于未来

30天内购买任何不超过100元的服装。同时，企业计划开展季节性促销活动，在未来30天内针对所有服装均提供10%的折扣。但该10%的折扣不得与40%的折扣券同时使用。

（2）准则概要。

对于附有客户额外购买选择权的销售，企业应当评估该选择权是否向客户提供了一项重大权利。企业提供重大权利的，应当作为单项履约义务，按照本准则的规定将交易价格分摊至该履约义务。客户额外购买选择权的单独售价无法直接观察的，企业应当综合考虑客户行使和不行使该选择权所能获得的折扣的差异、客户行使该选择权的可能性等全部相关信息后，予以合理估计。

（3）简要分析。

由于所有客户在未来30日内购买时将享有10%的折扣，唯一向客户提供重大权利的折扣是10%之外的增量折扣（即额外30%的折扣）。商场将提供的增量折扣承诺作为销售服装A的一项履约义务进行会计处理。

企业估计客户兑现折扣券的可能性为80%且每位客户将平均购买50元的额外产品。因此，企业估计折扣券的单独售价为12元（额外产品的平均购买价格50×增量折扣30%×行使选择权的可能性80%）。服装A和折扣券的单独售价及交易价格100元相应的分摊结果如表3－8所示：

表3－8　　分摊结果　　单位：元

履约义务	单独售价
产品A	100
折扣券	12
合计	112
	分摊后的交易价格
产品A	89（100÷112×100）
折扣券	11（12÷112×100）
合计	100

商场应将89元分摊至服装A并在控制权转移时确认服装A的收入，将11元分摊至折扣券并在客户将折扣券兑现为服装时或在折扣券到期时确认相应的收入。

（4）示例概括。

因销售取得的优惠券的单独售价通常无法直接观察，企业应当综合考虑客户使用该优惠券能获得的增量折扣、客户使用该优惠券的可能性，预计客户未来消费金额等相关信息后，予以合理估计。

示例3-6：未向客户提供重大权利的选择权（额外商品或服务）（摘自IFRS 15示例50）

（1）背景概述。

某电信公司与客户签订合同，以套餐的方式销售一部手机和两年的通信合约，包括1 000分钟通话时间、200条短信和1G的上网流量，按月收取固定费用。

同时，客户如果需要，可以约定的价格在任何月份购买额外的通话时间或短信或上网流量。

（2）准则概要。

客户虽然有额外购买商品选择权，但客户行使该选择权购买商品时的价格反映了这些商品单独售价的，不应被视为企业向该客户提供了一项重大权利。

（3）简要分析。

电信公司确定购买额外通话时间和短信的选择权，并未向客户提供在不订立合同的情况下无法获得重大权利，原因在于，额外通话时间和短信的价格反映了这些服务的单独售价。因此，电信公司不应将任何交易价格分摊至额外通话时间或短信的选择权，而仅当其提供这些服务的情况下才确认额外通话时间或短信的收入。

（4）示例概括。

电信公司销售手机，客户可以购买额外的通话时间或短信或上网流量，如果额外服务的价格体现了单独售价，不构成重大权利。

第五节　授予知识产权许可

授予知识产权许可，是指企业授予客户对企业拥有的知识产权享有相应权利。常见的知识产权包括软件和技术、影视和音乐等的版权、特许权以及专利权、商标权和其他版权等。

一、准则概要

（一）授予知识产权许可的会计处理原则

企业向客户授予知识产权许可的，应当分析判断该知识产权许可是否构成单项履约义务，构成单项履约义务的，应当进一步判断其是在某一时段内履行，还是在某一时点履行。

（二）判断授予的知识产权许可是否构成单独的履约义务

如果授予知识产权许可的承诺无法与合同中其他已承诺的商品或服务明确区分，则企业应将授予知识产权许可的承诺与此类其他已承诺的商品或服务合并为一项单一的履约义务进行会计处理。无法与合同中其他已承诺的商品或服务明确区分的知识产权许可示例包括：

1. 构成有形商品的组成部分并且是该商品正常使用所不可缺少的许可证（例如，企业向客户销售设备和相关软件，该软件内嵌于设备之中，该设备必须安装了该软件之后才能正常使用）；

2. 客户仅在同时使用相关服务（例如，由企业提供的在线服务，通过授予许可证使客户能够访问相关内容）时才能获益的许可证。

（三）在某一时段内履行，还是在某一时点履行

企业向客户授予知识产权许可，同时满足下列条件时，应当作为在某一时段内履行的履约义务确认相关收入；否则，应当作为在某一时点履行的履约义务确认相关收入：

1. 合同要求或客户能够合理预期企业将从事对该项知识产权有重大影响的活动；

2. 该活动对客户将产生有利或不利的影响；

3. 该活动不会导致向客户转让某项商品。

（四）按客户实际销售或使用情况收取特许权使用费的收入确认

企业向客户授予知识产权许可，并约定按客户实际销售或使用情况收取特许权使用费的，应当在下列两项孰晚的时点确认收入：

（1）客户后续销售或使用行为实际发生；

（2）企业履行相关履约义务。

该例外规定只适用于下述两种情况之一：①特许权使用费仅与知识产权许可相关，或②知识产权许可是与特许权使用费相关的主要项目。

例如，影片的发行方将影片的版权授予院线播放，收取固定的转让费用5 000万元，根据播放票房收入进行60%的分成，播放带已交付院线。60%的分成收入对于发行方而言属于基于销售或使用的知识产权授权费，应该在之后的播放完成时陆续确认为各期收入。

二、与原准则的差异及财务影响（见表3-9）

表3-9　　新旧准则的差异及财务影响（10）

事项	新准则	原准则	新旧差异
向客户授予知识产权许可作为在某一时段内履行的履约义务的条件	第三十六条 企业向客户授予知识产权许可的，应当按照本准则第九条和第十条规定评估该知识产权许可是否构成单项履约义务，构成单项履约义务的，应当进一步确定其是在某一时段内履行还是在某一时点履行。 企业向客户授予知识产权许可，同时满足下列条件时，应当作为在某一时段内履行的履约义务确认相关收入；否则，应当作为在某一时点履行的履约义务确认相关收入： （一）合同要求或客户能够合理预期企业将从事对该项知识产权有重大影响的活动； （二）该活动对客户将产生有利或不利影响； （三）该活动不会导致向客户转让某项商品。	CAS 14 第十八条 企业应当分别下列情况确定让渡资产使用权收入金额： （二）使用费收入金额，按照有关合同或协议约定的收费时间和方法计算确定。 CAS 14 应用指南："属于提供设备和其他有形资产的特许权费，在交付资产或转移资产所有权时确认收入；属于提供初始及后续服务的特许权费，在提供服务时确认收入。" 《企业会计准则讲解（2010）》：如果合同或协议规定一次性收取使用费，且不提供后续服务的，应当视同销售该项资产一次性确认收入；提供后续服务的，应在合同或协议规定的有效期内分期确认收入。如果合同或协议规定分期收取使用费的，通常应按合同或协议规定的收款时间和金额或规定的收费方法计算确定的金额分期确认收入。	新收入准则要求首先应按照识别履约义务的规定评估知识产权许可是否构成单项履约义务，在此基础上进一步确定其是在某一时段内履行还是在某一时点履行。 新收入准则对于授予知识产权应在某一时段内确认收入给出了具体的判断标准。
授予知识产权许可按客户实际销售或使用情况收费的收入确认时点	第三十七条 企业向客户授予知识产权许可，并约定按客户实际销售或使用情况收取特许权使用费的，应当在下列两项孰晚的时点确认收入： （一）客户后续销售或使用行为实际发生； （二）企业履行相关履约义务。	CAS 14 第十七条 让渡资产使用权收入同时满足下列条件的，才能予以确认： （一）相关的经济利益很可能流入企业； （二）收入的金额能够可靠地计量。	明确了企业向客户授予知识产权许可，并约定按客户实际销售或使用情况收取特许权使用费的，不允许按照新收入准则可变对价的规定估计确认，直到其金额不再可变时才能计入交易价格。

三、难点和示例

（一）如何确定授予知识产权许可的承诺的性质？

为了确定授予知识产权许可的收入应当在某一时段内确认，还是在某一时点确认，企业必须确定授予知识产权许可的承诺的性质。IFRS 15 给出两种不同类型的授予知识产权许可：获取主体知识产权的权利（A right to access，即接触权）和使用主体知识产权的权利（A right to use，即使用权）。获取主体知识产权的权利，其存在于整个许可证有效期内；使用主体知识产权的权利，其存在于授予知识产权许可的时点。企业在进行相关评估时需要运用大量的判断，其结果很可能对企业的财务业绩影响重大。

企业向客户授予知识产权许可，同时满足下列条件时，相关承诺的性质是提供客户获取知识产权的权利，应当作为在某一时段内履行的履约义务确认相关收入；否则，相关承诺的性质是提供客户使用知识产权的权利，应当作为在某一时点履行的履约义务确认相关收入：

1. 合同要求或客户能够合理预期企业将从事对该项知识产权有重大影响的活动（例如，市场推广、知识产权的继续开发或者能够影响知识产权价值的日常活动等）。若满足下列条件，则企业开展的活动将对知识产权产生重大影响：

（1）这些活动预期将显著改变该项知识产权的形式（如知识产权的设计、内容）或者功能（如执行某任务的能力）；

（2）客户从该项知识产权中获益的能力在很大程度上来源于或者取决于这些活动，即这些活动会改变该项知识产权的价值，例如，企业授权客户使用其品牌，客户从该品牌获得的利益价值取决于企业为维护或提升其品牌价值而持续从事的活动。

当该项知识产权具有重大的独立功能，且该项知识产权绝大部分的经济利益来源于该项功能时，客户从该项知识产权中获得的利益可能不受企业从事的相关活动的重大影响，除非这些活动显著改变了该项知识产权的形式或者功能。具有重大独立功能的知识产权主要包括软件、生物合成物或药物配方以及已完成的媒体内容（如电影、电视节目以及音乐录音）版权等。

2. 该活动对客户将产生有利或不利影响；

3. 该活动不会导致向客户转让某项商品。当企业从事的后续活动本身构成单项履约义务时，企业在评估授予知识产权许可是否属于在某一时段履行履约义务时，应不予考虑。

如果企业和客户之间约定共享该知识产权的经济利益（例如，企业收取的特许权使用费基于客户的销售情况确定），虽然并非决定性因素，但是这可能表明客户能够合理预期企业将从事对该项知识产权有重大影响的活动。

企业在确定许可证是提供获取企业知识产权的权利还是使用企业知识产权的权利时，不应考虑下列因素：

1. 时间、地域或使用方面的限制——这些限制界定了已承诺的许可的属性，而非界定企业是在某一时点还是一段时间内履行其履约义务。

2. 企业就其拥有知识产权的有效专利及将防止专利的未经授权使用所提供的保证——保护专利权的承诺并非履约义务，因为保护专利的行动保护了企业知识产权资产的价值，并就所转让的许可符合合同中承诺的许可规格向客户提供保证。

另外，对于收入确认时点需要注意的是，与提供企业知识产权的使用权的许可相关的收入不得在客户能够使用许可并从中获益的期间开始之前确认。例如，如果软件许可证期间在企业向客户提供（或使客户能够获得）使客户能够立即使用该软件的密码之前开始，则企业不应在向客户提供（或使客户能够获得）密码之前确认收入（见表 3－10）。

表 3－10　　提供权利的类型及收入确认方式

提供权利的类型	可能的示例	收入确认	收入确认模式的基础
获取知识产权的许可	商标使用权、特许经营权、品牌使用权、标识使用权	在某一时段内	预期企业将实施对知识产权产生重大影响的活动，且该活动并不会导致向客户转让某项商品或服务。客户在企业履约的同时取得并消耗通过企业提供获取其知识产权的权利提供的利益
使用知识产权的许可	软件使用权、药品专利权或配方、影视版权、音乐版权	在某一时点	相关知识产权具有重大单独功能，企业不承诺后续提供支持或维护知识产权。不满足在某一时段内确认收入的条件，因此企业在将相关知识产权的使用权转移给客户的时点确认收入

示例 3－7：特许经营权（摘自 IFRS 15 示例 57）

（1）背景概述。

企业与客户订立了一份合同，许可客户使用其商标名称并销售相关产品，许可期限为 10 年。主体还承诺提供经营专卖店的必要设备。

同时，按照商业惯例，在许可期间企业需要开展一系列的活动，包括：分析消费者不断改变的偏好，及实施产品改良、定价策略、市场营销活动和提高经营效率以支持特许经营品牌。

（2）准则概要。

企业向客户授予知识产权许可的，应当按照本准则相关规定评估该知识产权许可是否构成单项履约义务；构成单项履约义务的，应当进一步确定其是在某一时段内履行还是在某一时点履行。

企业向客户授予知识产权许可，同时满足下列条件时，应当作为在某一时段内履行的履约义务确认相关收入；否则，应当作为在某一时点履行的履约义务确认相关收入：①合同要求或客户能够合理预期企业将从事对该项知识产权有重大影响的活动；②该活动对客户将产生有利或不利的影响；③该活动不会导致向客户转让某项商品。

（3）简要分析。

①许可与设备是否为两项单独的履约义务。

客户能够授予的许可权利与设备一起使用获益，同时，设备可为特许经营权而使用或以非报废价值的金额出售，从而获利。

由于企业未提供重大的服务将许可和设备进行整合，许可与设备并非为形成一项组合产出而进行的投入；同时，许可和设备也不存在高度的关联性。

因此，许可和设备是两项单独的履约义务。

②许可应在某一时段内，还是某一时点确认收入。

鉴于以下原因，企业提供客户一项获得知识产权的权利：

- 分析消费者不断改变的偏好，及实施产品改良、定价策略、市场营销活动和提高经营效率，以支持特许经营品牌的活动将对知识产权产生重大影响；
- 企业开展的上述活动均有可能对客户产生正面或负面影响；
- 这些活动并未转让商品或服务。

因此，企业应在10年期限内确认收入。

（4）示例概括。

企业许可客户开加盟店等合同，如果按照合同约定或者商业惯例，企业需要开展一些活动，且预期这些活动将对相关许可产生重大影响，从而直接对企业的经营产生正面或负面的影响，应当在许可期间确认收入。

（二）知识产权许可的可变对价（基于销售或使用情况的特许权使用费）例外规定适用于哪些情形

知识产权许可的可变对价（基于销售或使用情况的特许权使用费）例外规定仅适用于以下两项情形：

（1）特许权使用费仅与知识产权许可相关；

（2）特许权使用费可能与知识产权许可和其他商品均相关，但是知识产权许可占主导地位［例如，企业可合理预期客户基于知识产权（而非其他商品）获取更大的价值］。

需要注意的是，企业使用上述例外规定时，应当对特许权使用费整体采用该规定，而不应当将特许权使用费进行分拆，即部分采用该例外规定进行处理，而其他部分按照估计可变对价的一般原则进行处理。

与使用知识产权许可有关的基于销售或使用情况的特许权使用费，如果在合同中规定了最低特许使用权费的，则应当在知识产权许可的控制转移时点确认最低特许使用权费，在销售或使用情况发生时确认基于销售或使用情况的特许权使用费。

第六节 售后回购

售后回购，是指企业销售商品的同时承诺或有权选择日后再将该商品（包括相同或几乎相同的商品，或以该商品作为组成部分的商品）购回的销售方式。

回购形式包括：（1）企业存在回购该资产的义务（远期合同）；（2）企业拥有回购该资产的权利（看涨期权）；（3）企业存在应客户要求回购该资产的义务（看跌期权）。对不同的回购形式，可能采用不同的会计处理方式。

一、准则概要

新收入准则对于售后回购交易，要求企业区分以下两种情形分别进行会计处理：

1. 远期合同或看涨期权（企业有权）

企业负有回购义务或享有回购权利的，表明销售时点客户并未取得相关商品控制权，企业应当作为租赁交易或融资交易进行相应的会计处理。

回购价格＜原售价，应视为租赁交易，企业应当按照《企业会计准则第 21 号——租赁》相关规定进行会计处理；

回购价格≥原售价，应视为融资交易，企业应当在收到客户款项时确认金融负债，并在回购期间按期计提利息费用。企业到期未行使回购权利的，应在回购权到期时终止确认金融负债，同时确认收入。

将回购价格与售价进行比较时，企业应当考虑货币的时间价值。

例如，2016 年 5 月 1 日，甲公司向乙公司销售一批汽车，销售价格为 200 万元，同时约定，甲公司将在 2018 年 5 月 1 日以 120 万元的价格回购，则该交易实质是乙公司支付了 80 万元的对价取得了汽车 2 年的使用权，甲公司作为租赁交易进行会计处理。如果该交易约定，甲公司将在 2016 年 11 月 1 日以 210 万元的价格回购该设备，则该交易实质是甲公司以这台设备作为质押取得了 200 万元的借款，6 个月后归还本息合计是210万元。

2. 看跌期权（客户有权）

企业负有应客户要求回购商品义务的，应当在合同开始时分析判断客户是否具有行使该要求权的重大经济动因。

客户具有行使该要求权重大经济动因的，企业应当将售后回购作为租赁交易或融资交易按照上述1的规定进行相应的会计处理。

客户不具有行使该要求权重大经济动因的，企业应当将其作为附有销售退回条件的销售交易，按照对于附有销售退回条款的销售进行会计处理。

上述售后回购交易的会计处理流程如图3-3所示。

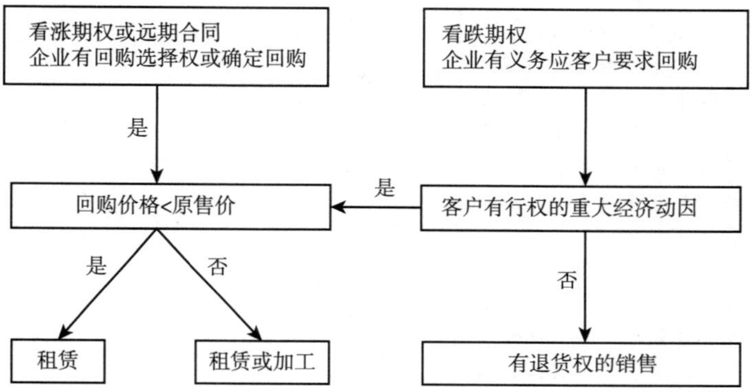

图3-3 售后回购交易的会计处理流程

二、与原准则的差异及财务影响（见表3-11）

表3-11 新旧准则的差异及财务影响（11）

事项	新准则	原准则	新旧差异
售后回购交易	第三十八条 对于售后回购交易，企业应当区分下列两种情形分别进行会计处理： （一）企业因存在与客户的远期安排而负有回购义务或企业享有回购权利的，表明客户在销售时点并未取得相关商品控制权，企业应当作为租赁交易或融资交易进行相应的会计处理。其中，回购价格低于原售价的，应当视为租赁交易，按照《企业会计准则第21号——租赁》的相关规定进行会计处理；回购价格不低于原售价	CAS 14应用指南：（二）采用售后回购方式销售商品的，收到的款项应确认为负债；回购价格大于原售价的，差额应在回购期间按期计提利息，计入财务费用。有确凿证据表明售后回购交易满足销售商品收入确认条件的，销售的商品按售价确认收入，回购的商品作为购进商品处理。 《企业会计准则讲解（2010）》（四）售后回购的处理 售后回购，是指销售商品的同时，销售方同意日后将同样或类似的商品购回的销售方式。在这种方式下，销售方	区分不同的回购情形，规定了相应的会计处理。 原收入准则对于“确凿证据表明售后回购交易满足销售商品收入确认条件”缺乏具体的指引，企业需要按照新收入准则给出的情形重新进行评估，从而判断售后回购是否能够确认销售收入。

续表

事项	新准则	原准则	新旧差异
售后回购交易	的，应当视为融资交易，在收到客户款项时确认金融负债，并将该款项和回购价格的差额在回购期间内确认为利息费用等。企业到期未行使回购权利的，应当在该回购权利到期时终止确认金融负债，同时确认收入。 （二）企业负有应客户要求回购商品义务的，应当在合同开始日评估客户是否具有行使该要求权的重大经济动因。客户具有行使该要求权重大经济动因的，企业应当将售后回购作为租赁交易或融资交易，按照本条（一）规定进行会计处理；否则，企业应当将其作为附有销售退回条款的销售交易，按照本准则第三十二条规定进行会计处理。 售后回购，是指企业销售商品的同时承诺或有权选择日后再将该商品（包括相同或几乎相同的商品，或以该商品作为组成部分的商品）购回的销售方式。	应根据合同或协议的条款判断企业是否已将商品所有权上的主要风险和报酬转移给购货方，以确定是否确认销售商品收入。在大多数情况下，回购价格固定或原销价加合理回报，售后回购交易属于融资交易，商品所有权上的主要风险和报酬没有转移，企业不应确认销售商品收入；回购价格大于原售价的差额，企业应在回购期间按期计提利息，计入财务费用。	

三、难点和示例

确定客户是否具有行使回购权的重大经济动因需要考虑哪些因素

为确定客户是否具有行使这项权利的重大经济动因，企业应当考虑各类因素，包括：

1. 回购价格与该资产在回购日的预计市场价值之间的关系。例如，如果预计回购价格显著超过资产的市场价值，这可能表明客户具有行使该看跌期权的重大经济动因。

2. 至权利过期前剩余的时间。

如果售后回购交易中，回购价格是否高于预计资产市场价值构成了客户是否选择执行回购权的重大经济动因，那么在判断交易性质时，需要对“回购价格”“预计市场价值”“原售价”3 个价格进行比较分析（见图 3－4）：

例如，甲企业销售一批产品给客户，销售价格 2 000 万元，并约定在 5 年后，客

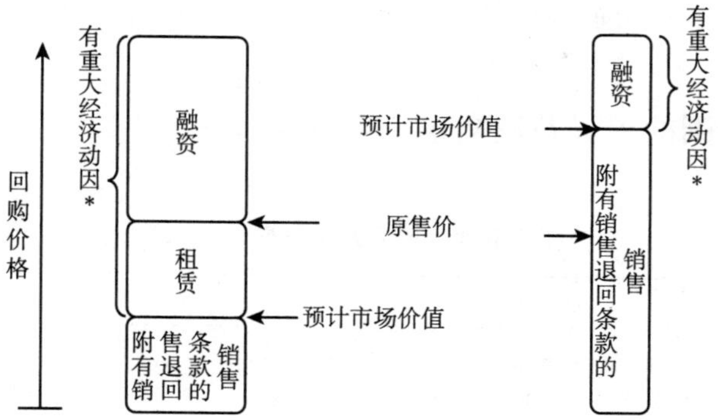

图3－4　售后回购（企业负有应客户要求回购商品义务）会计处理判断

注：＊假设当回购价格 > 预计市场价值，会发生在＊的区域，但是也需要考虑其他的因素，包括权利到期时的时间价值进行综合判断。

户有权要求甲企业以1 500万元的价格回购这批产品。假定甲企业预期这批产品的市场价值在回购日远低于1 500万元，假设货币的时间价值不影响交易性质的判断。由于回购价格低于原售价，但显著高于市场回购日这些产品的市场价值，因此可以判断客户具有重大的经济动机去行使售出选择权，因此，该交易实质上是一项租赁安排。

第七节　客户未行使的权利

企业向客户预收销售商品款项的示例包括：企业向客户销售的购买企业商品的储值卡或礼品卡、网络游戏等互联网平台储值、销售的虚拟货币等。

一、准则概要

企业向客户预收销售商品款项，赋予客户一项在未来取得商品或服务的权利，但是客户可能不会行使其所有的合同权利。例如，客户购买了一张可以兑换电影票的储值卡，但是由于丢失、长时间没有使用忘记、卡内有较小的余额不再使用了等原因，形成一项未使用的合同权利，对企业来说则获得一笔沉淀金额。礼品卡、预付款、积分等销售激励都可能产生客户未行使的合同权利。

企业向客户预收销售商品款项的，应当首先将该款项确认为负债，待履行了相关履约义务时再转为收入。当企业预收款项无须退回，且客户可能会放弃其全部或部分合同权利时，企业预期将有权获得与客户所放弃的合同权利相关的金额的，应当按照客户行使合同权利的模式按比例将上述金额确认为收入；否则，企业只有在客户要求其履行剩余履约义务的可能性极低时，才能将上述负债的相关余额转为收入。

二、与原准则的差异及财务影响（见表 3－12）

表 3－12　　新旧准则的差异及财务影响（12）

事项	新准则	原准则	新旧差异
向客户预收销售商品款项	第三十九条 企业向客户预收销售商品款项的，应当首先将该款项确认为负债，待履行了相关履约义务时再转为收入。当企业预收款项无须退回，且客户可能会放弃其全部或部分合同权利时，企业预期将有权获得与客户所放弃的合同权利相关的金额的，应当按照客户行使合同权利的模式按比例将上述金额确认为收入；否则，企业只有在客户要求其履行剩余履约义务的可能性极低时，才能将上述负债的相关余额转为收入。	—	新收入准则规范了向客户预收销售商品款项（如储值卡）的会计处理，可减少目前实务处理的多样性；新收入准则下，可能导致部分企业更早地确认向客户预收销售商品款项收入。

三、难点和示例

客户未行使的权利应该在何时结转确认收入

新收入准则明确了不同情况下，客户未行使的权利的收入确认时点以及收入确认方式；与原收入准则比较，存在一定的准则差异，从而对企业的收入确认产生一定的影响。客户未行使的权利的会计处理详见图 3－5。

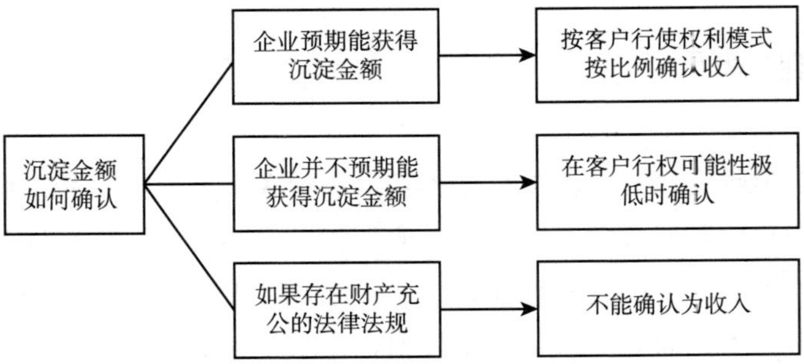

图 3－5　沉淀资金的会计处理

示例 3－8：礼品卡的会计处理

（1）背景概述。

甲公司 2017 年出售 1 000 张礼品卡，每张面值 100 元，可在其所有经营点兑换。

甲公司基于类似礼品卡的相关历史经验，预计此次未行使礼品卡权利的金额为总额的10%，即10 000元，当地没有财产充公的法律规定。2018年，客户兑换了价值60 000元的礼品卡，2018年，甲公司应当如何对已兑换的礼品卡进行会计处理（不考虑税金的影响）?

（2）准则概要。

新收入准则第三十八条规定，企业向客户预收销售商品（或提供服务）款项的，应当首先确认为负债，待履行了相关履约义务时再确认为收入。在某些情况下，客户可能会放弃其全部或部分合同权利，企业只有在能够合理预计客户要求其履行剩余履约义务的可能性极低时，才能将相关负债余额转为收入，其金额应以相关不确定性消除时极可能不会发生累计已确认收入的重大转回为限。

（3）简要分析。

甲公司预期将有权获得与客户未行使的合同权利相关的金额为10 000元，该金额应当按照客户行使合同权利的模式按比例确认为收入。因此，甲公司在2017年销售的礼品卡应当在2018年确认的收入金额为66 667元（$60\,000+10\,000\times60\,000\div90\,000$）。

（4）示例概括。

企业预期将有权获得与客户所放弃的合同权利相关的金额的，应当按照客户行使合同权利的模式按比例将上述金额确认为收入。

第八节　无须退回的初始费

无须退回的初始费的示例包括：健康俱乐部成员合同中的入会费、电信合同中的开通费或初装费、某些服务合同中的准备费及某些供货合同中的先期费用等。

一、准则概要

企业在合同开始（或接近合同开始）日向客户收取的无须退回的初始费应当计入交易价格。

企业应当评估该初始费是否与向客户转让已承诺的商品相关。该初始费与向客户转让已承诺的商品相关，并且该商品构成单项履约义务的，企业应当在转让该商品时，按照分摊至该商品的交易价格确认收入；该初始费与向客户转让已承诺的商品相关，但该商品不构成单项履约义务的，企业应当在包含该商品的单项履约义务履行时，按照分摊至该单项履约义务的交易价格确认收入；该初始费与向客户转让已承诺的商品不相关的，该初始费应当作为未来将转让商品的预收款，在未来转让该商品时确认为收入。

企业收取了无须退回的初始费且为履行合同开展初始活动，但这些活动本身并没有向客户转让已承诺的商品的，该初始费与未来将转让的已承诺商品相关，应当在未来转让该商品时确认为收入。企业在确定履约进度时不应考虑这些初始活动，企业为该初始活动发生的支出应当按照准则合同成本的规定确认为一项资产或计入当期损益。

二、与原准则的差异及财务影响（见表3－13）

表3－13　　新旧准则的差异及财务影响（13）

事项	新准则	原准则	新旧差异
无须退回的初始费	第四十条 企业在合同开始（或接近合同开始）日向客户收取的无须退回的初始费（如俱乐部的入会费等）应当计入交易价格。企业应当评估该初始费是否与向客户转让已承诺的商品相关。该初始费与向客户转让已承诺的商品相关，并且该商品构成单项履约义务的，企业应当在转让该商品时，按照分摊至该商品的交易价格确认收入；该初始费与向客户转让已承诺的商品相关，但该商品不构成单项履约义务的，企业应当在包含该商品的单项履约义务履行时，按照分摊至该单项履约义务的交易价格确认收入；该初始费与向客户转让已承诺的商品不相关的，该初始费应当作为未来将转让商品的预收款，在未来转让该商品时确认为收入。 企业收取了无须退回的初始费且为履行合同应开展初始活动，但这些活动本身并没有向客户转让已承诺的商品的，该初始费与未来将转让的已承诺商品相关，应当在未来转让该商品时确认为收入，企业在确定履约进度时不应考虑这些初始活动；企业为该初始活动发生的支出应当按照本准则第二十六条和第二十七条规定确认为一项资产或计入当期损益。	CAS 14 应用指南：（六）申请入会费和会员费只允许取得会籍，所有其他服务或商品都要另行收费的，在款项收回不存在重大不确定性时确认收入。申请入会费和会员费能使会员在会员期内得到各种服务或商品，或者以低于非会员的价格销售商品或提供服务的，在整个受益期内分期确认收入。	新收入准则规范的“无须退回的初始费”不仅包括原收入准则下的入会费和会员费，还包括接驳费、初装费等。 新收入准则要求初始费与向客户转让已承诺的商品不相关的递延确认收入，可能导致目前实务中部分交易收入确认时间延后。

三、难点和示例

新收入准则明确了不同情况下，无须退回的初始费的收入确认时点以及收入确认方式；与原收入准则比较，存在一定的准则差异，从而对企业的收入确认产生一定的影响。无须退回的初始费的会计处理详见图3－6。

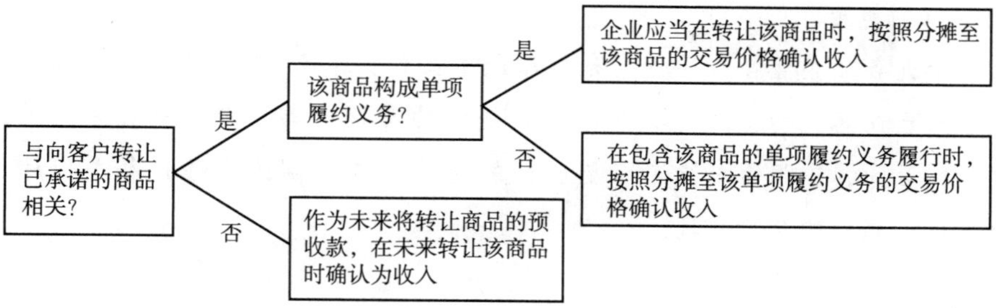

图 3-6　无须退回的初始费的会计处理

不同情形下的无须退回的初始费应该如何进行会计处理

示例 3-9：会员卡的会计处理

（1）背景概述。

某餐饮企业的客户可以花 20 元购买会员卡，持有该会员卡之后，在餐饮企业消费时，某些商品将享受会员价格，比非会员价格优惠。餐饮企业收到 20 元的入会费，是否应该一次确认收入？

（2）准则概要。

新收入准则第三十九条规定，企业在合同开始时向客户收取不予退回的初始费的，应当分析该初始费是否与已向客户转让的某项商品（或提供的某项服务）相关：如果相关，应确认为收入；否则，应视为与未来将要转让的商品（或提供的服务）相关，计入合同交易价格进行相应的会计处理。

（3）简要分析。

20 元入会费没有对应的履约义务，它和后续提供优惠价格的餐饮商品与服务对应，因而应该在客户后续接受服务的期间进行分配。

（4）示例概括。

会员费与向客户转让已承诺的商品不相关的，应当作为未来将转让商品的预收款，在未来转让该商品时确认为收入。

示例 3-10：入会费的会计处理

（1）背景概述。

甲公司经营健身俱乐部，与客户签订了为期两年的合同，客户可在甲公司经营的所有俱乐部健身。甲公司向客户一次性收取 200 元的入会费，用于补偿俱乐部为客户进行登记注册的初始活动，俱乐部的年费为 1 000 元/年。

（2）准则概要。

第三十九条 企业在合同开始时向客户收取不予退回的初始费的，应当分析该初始费是否与已向客户转让的某项商品（或提供的某项服务）相关：如果相关，应确认为收入；否则，应视为与未来将要转让的商品（或提供的服务）相关，计入合同交易价格进行相应的会计处理。

（3）简要分析。

该入会费实质上是客户为健身服务支付的款项的一部分，应作为健身服务收入的预收款，在两年内分摊确认。

（4）示例概括。

企业应根据交易实质判断入会费是否与向客户转让已承诺的商品相关；如果不相关，作为未来将转让商品的预收款，在未来转让该商品时确认为收入。

第四章
合同成本的会计处理

第一节 准则概要

合同成本包括合同取得成本和合同履约成本。

一、合同取得成本

1. 资本化的情形

企业为取得合同发生的增量成本预期能够收回的，应当作为合同取得成本确认为一项资产。增量成本，是指企业不取得合同就不会发生的成本（如销售佣金等）。企业因现有合同续约或发生合同变更续约支付的额外佣金，也属于企业发生的增量成本。企业因现有合同续约或发生合同变更需要支付的额外佣金，也属于为取得合同发生的增量成本。

同时，准则给出简化处理方法，即：该资产摊销期限不超过一年的，可以在发生时计入当期损益。企业采用该简化处理方法的，应当对所有类似合同一致采用。

例如，某从事在线教育的企业，采用预售卡方式进行销售。客户购买了预售卡后，登录在线教育平台激活预售卡后，可以在一年内选择课程进行学习。企业按照预售卡的金额给业务员提成，例如，每销售面值 100 元的预售卡，业务员可以获得 10 元的业务提成。10 元的业务提成属于取得合同的增量成本，应当确认为一项资产。

2. 费用化的情形

无论是否取得合同均会发生的取得合同的成本应在发生时确认为费用。也就是说，这类成本不属于增量成本，因此不能确认为资产。例如，在未取得合同的情况下原本将发生的成本，如员工工资、设备成本，不应资本化。

除此之外，企业为取得合同发生的增量成本，但是无法预期能够收回的；以及采用简化处理方式的情形，同样应予以费用化。

二、合同履约成本

企业为履行合同发生的成本，应首先考虑是否应适用存货、固定资产、无形资产等准则。不属于其他准则规范范围的，在满足一定条件时允许资本化；否则，应予以费用化。

1. 资本化

适用其他准则（如存货、固定资产、无形资产准则）的为履行合同发生的成本，应按照其他准则处理。不属于其他准则规范范围的，如果同时满足下列条件，应当确认为一项资产：

（1）该成本与一份当前或预期取得的合同直接相关，包括直接人工、直接材料、制造费用（或类似费用）、明确由客户承担的成本以及仅因该合同而发生的其他成本（见表4－1）。

表4－1　相关概念示例

项目	示例
直接人工	直接人工的工资和奖金等
直接材料	直接耗用的原材料、辅料、周转材料的摊销及租赁费用等
制造费用（或类似费用）	组织和管理生产、施工、服务等活动发生的费用，包括相关管理人员的薪酬、固定资产折旧费和修理费、水电费、燃气费等
明确由客户承担的成本	合同中约定的由客户承担的各项成本
仅因该合同而发生的其他成本	支付给分包商的成本、机械使用费、设计费、检验试验费等

（2）该成本增加了企业未来用于履行履约义务的资源。

（3）该成本预期能够收回。

2. 费用化

企业应当在下列支出发生时，将其计入当期损益：

（1）管理费用；

（2）非正常消耗的直接材料、直接人工和制造费用（或类似费用），这些支出为履行合同发生，但未反映在合同价格中；

（3）与履约义务中已履行部分相关的支出；

（4）无法在尚未履行的与已履行的履约义务之间区分的相关支出。

三、合同成本的后续计量（摊销和减值）

1. 摊销

已确认为资产的合同取得成本和合同履约成本，应当采用与该资产相关的商品收入确认相同的基础进行摊销，计入当期损益。通常合同取得成本摊销计入费用；合同履约成本摊销计入营业成本。摊销发生变更的（转让商品或服务的预计时间发生重大变动的），应作为会计估计变更处理。

2. 减值

在确定与合同成本有关的资产的减值损失时，区分下列两种情况确定减值损失：

（1）有相关准则确认规范的适用相关准则确定减值损失；

（2）不属于其他相关准则规范的资产减值的：与合同成本有关的资产，其账面价值高于下列两项的差额的，超出部分应当计提减值准备，并确认为资产减值损失：

①企业因转让与该资产相关的商品预期能够取得的剩余对价；

②为转让该相关商品估计将要发生的成本。

以前期间减值的因素之后发生变化，使得前款①减②的差额高于该资产账面价值的，应当转回原已计提的资产减值准备，并计入当期损益，但转回后的资产账面价值不应超过假定不计提减值准备情况下该资产在转回日的账面价值。减值损失可以予以转回并计入当期损益，但资产账面金额的增加额不应超过假定不计提减值准备情况下该资产在转回日的账面价值。

企业按照《企业会计准则第8号——资产减值》测试相关资产组的减值情况时，应当将按照前款规定确定与合同成本有关的资产减值后的新账面价值计入相关资产组的账面价值。

四、合同成本的列报项目

在资产负债表中，合同成本作为一项资产列报，且合并成本与合同资产应当分别列示。

财政部《关于修订印发2018年度一般企业财务报表格式的通知》（财会〔2018〕15号）规定，按照新收入准则的相关规定确认为资产的合同取得成本，应当根据“合同取得成本”科目的明细科目初始确认时摊销期限是否超过一年或一个正常营业周期，在“其他流动资产”或“其他非流动资产”项目中填列，已计提减值准备的，还应减去“合同取得成本减值准备”科目中相关的期末余额后的金额填列。

按照新收入准则的相关规定确认为资产的合同履约成本，应当根据“合同履约成本”科目的明细科目初始确认时摊销期限是否超过一年或一个正常营业周期，在“存货”或“其他非流动资产”项目中填列，已计提减值准备的，还应减去“合同履约成本减值准备”科目中相关的期末余额后的金额填列。

第二节　与原准则的差异及财务影响

表 4－2　　新旧准则的差异及财务影响（14）

事项	新准则	原准则	新旧差异
为履行合同发生的成本确认为一项资产的条件，以及计入当期损益的履行成本	第二十六条 企业为履行合同发生的成本，不属于其他企业会计准则规范范围且同时满足下列条件的，应当作为合同履约成本确认为一项资产： （一）该成本与一份当前或预期取得的合同直接相关，包括直接人工、直接材料、制造费用（或类似费用）、明确由客户承担的成本以及仅因该合同而发生的其他成本； （二）该成本增加了企业未来用于履行履约义务的资源； （三）该成本预期能够收回。 第二十七条 企业应当在下列支出发生时，将其计入当期损益： （一）管理费用。 （二）非正常消耗的直接材料、直接人工和制造费用（或类似费用），这些支出为履行合同发生，但未反映在合同价格中。 （三）与履约义务中已履行部分相关的支出。 （四）无法在尚未履行的与已履行的履约义务之间区分的相关支出。	CAS 15 第十二条 合同成本应当包括从合同签订开始至合同完成止所发生的、与执行合同有关的直接费用和间接费用。 CAS 15 第十三条 合同的直接费用应当包括下列内容：（一）耗用的材料费用；（二）耗用的人工费用；（三）耗用的机械使用费；（四）其他直接费用，指其他可以直接计入合同成本的费用。 CAS 15 第十四条 间接费用是企业下属的施工单位或生产单位为组织和管理施工生产活动所发生的费用。 CAS 15 第十五条 直接费用在发生时直接计入合同成本，间接费用在资产负债表日按照系统、合理的方法分摊计入合同成本。 CAS 15 第十七条 合同成本不包括应当计入当期损益的管理费用、销售费用和财务费用。 CAS 15 第二十三条 在资产负债表日，应当按照合同总收入乘以完工进度扣除以前会计期间累计已确认收入后的金额，确认为当期合同收入；同时，按照合同预计总成本乘以完工进度扣除以前会计期间累计已确认费用后的金额，确认为当期合同费用。 CAS 15 第二十四条 当期完成的建造合同，应当按照实际合同总收入扣除以前会计期间累计已确认收入后的金额，确认为当期合同收入；同时，按照累计实际发生的合同成本扣除以前会计期间累计已确认费用后的金额，确认为当期合同费用。 CAS 15 第十六条 合同完成后处置残余物资取得的收益等与合同有关的零星收益，应当冲减合同成本。 《企业会计准则讲解（2010）》例如，完成合同后处置残余物资（指在施工过程中产生的一些材料物资的下脚料等）取得的收益。由于工程领用材料时已将领用材料的价值直接计入了工程成本，材料物资的下脚料已包括在合同成本中，因此，处置这些残余物资取得的收益应冲减合同成本。	新收入准则下，合同履约成本不仅包括直接人工、直接材料、制造费用（或类似费用），还包括明确由客户承担的成本以及仅因该合同而发生的其他成本。 新收入准则明确了合同履约成本确认为一项资产的条件。

续表

事项	新准则	原准则	新旧差异
为取得合同发生的增量成本	第二十八条 企业为取得合同发生的增量成本预期能够收回的，应当作为合同取得成本确认为一项资产；但是，该资产摊销期限不超过一年的，可以在发生时计入当期损益。 增量成本，是指企业不取得合同就不会发生的成本（如销售佣金等）。 企业为取得合同发生的、除预期能够收回的增量成本之外的其他支出（如无论是否取得合同均会发生的差旅费等），应当在发生时计入当期损益，但是，明确由客户承担的除外。	《企业会计准则讲解（2010）》（三）因订立合同而发生的费用 建造承包商为订立合同而发生的差旅费、投标费等，能够单独区分和可靠计量且合同很可能订立的，应当予以归集，待取得合同时计入合同成本；未满足上述条件的，应当计入当期损益。	新收入准则允许合同取得成本确认为一项资产，可能导致部分按合同计算的销售佣金改为确认为一项资产。 为订立合同而发生的差旅费、投标费，新收入准则下应确认为费用。
合同成本摊销方式	第二十九条 按照本准则第二十六条和第二十八条规定确认的资产（以下简称“与合同成本有关的资产”），应当采用与该资产相关的商品收入确认相同的基础进行摊销，计入当期损益。	CAS 14 第十三条 企业应当按照从接受劳务方已收或应收的合同或协议价款确定提供劳务收入总额，但已收或应收的合同或协议价款不公允的除外。企业应当在资产负债表日按照提供劳务收入总额乘以完工进度扣除以前会计期间累计已确认提供劳务收入后的金额，确认当期提供劳务收入；同时，按照提供劳务估计总成本乘以完工进度扣除以前会计期间累计已确认劳务成本后的金额，结转当期劳务成本。	合同成本采用相关商品收入确认相同的基础摊销计入当期损益。
合同成本计提资产减值损失	第三十条 与合同成本有关的资产，其账面价值高于下列两项的差额的，超出部分应当计提减值准备，并确认为资产减值损失： （一）企业因转让与该资产相关的商品预期能够取得的剩余对价； （二）为转让该相关商品估计将要发生的成本。 以前期间减值的因素之后发生变化，使得前款（一）减（二）的差额高于该资产账面价值的，应当转回原已计提的资产减值准备，并计入当期损益，但转回后的资产账面价值不应超过假定不计	CAS 15 第二十七条 合同预计总成本超过合同总收入的，应当将预计损失确认为当期费用。	明确了与合同成本有关的资产计提减值准备的原则。

续表

事项	新准则	原准则	新旧差异
合同成本计提资产减值损失	提减值准备情况下该资产在转回日的账面价值。 第三十一条 在确定与合同成本有关的资产的减值损失时，企业应当首先对按照其他相关企业会计准则确认的、与合同有关的其他资产确定减值损失；然后，按照本准则第三十条规定确定与合同成本有关的资产的减值损失。 企业按照《企业会计准则第8号——资产减值》测试相关资产组的减值情况时，应当将按照前款规定确定与合同成本有关的资产减值后的新账面价值计入相关资产组的账面价值。		

第三节 难点与示例

一、合同成本资本化的判断标准

对于取得合同的增量成本，当企业预计能够收回这些成本时，应当资本化。

对于履行合同成本，首先判断是否适用其他准则，例如存货、固定资产或无形资产准则等；除此之外的履行合同成本，同时满足以下3个条件时应当资本化：

（1）该成本与一份当前或预期取得的合同直接相关，包括直接人工、直接材料、制造费用（或类似费用）、明确由客户承担的成本以及仅因该合同而发生的其他成本；

（2）该成本增加了企业未来用于履行履约义务的资源；

（3）该成本预期能够收回。

示例4-1：形成一项资产的成本（摘自IFRS 15示例37）

（1）背景概述。

主体订立了一项为期5年的管理客户信息技术数据中心的服务合同。合同可随后每次续约 1 年。客户的平均服务期限为 7 年。主体在客户签署合同时向员工支付 10 000 元的销售佣金。在提供服务之前，主体设计和构建了一个供主体内部使用的与客户系统相连接的技术平台。这一平台并不会转让给客户，但将用于向客户交付服务。

（2）准则概要。

企业为履行合同发生的成本，不属于其他企业会计准则规范范围且同时满足上述 3 个条件的，应当作为合同履约成本确认为一项资产。

（3）简要分析。

主体将取得合同的增量成本（即销售佣金）10 000 元确认为一项资产，因为主体预期将通过未来提供服务收取的费用收回这一成本。主体将该资产在 7 年内摊销，因为该资产涉及 5 年合同期内向客户转让的服务，且主体预期该合同随后将续约 2 次（每次续约 1 年）。

构建技术平台发生的初始成本及会计处理方法见表 4－3。

表 4－3　构建技术平台发生的初始成本及会计处理　单位：元

	发生的成本	会计处理
设计服务	40 000	满足条件时确认为资产
硬件	120 000	按照固定资产准则进行处理
软件	90 000	按照固定资产准则进行处理
数据中心的迁移和测试	100 000	满足条件时确认为资产
成本合计	350 000	

（4）示例概括。

新收入准则允许与合同直接相关的成本在满足准则要求的条件时允许确认为一项资产，这可能使得实务中没有相应资产准则规范的支出如何进行会计处理更为明确；但是，对于是否属于与合同直接相关的成本，企业仍然需要作出重大的会计判断。

二、对于取得合同的增量成本，企业能否选择费用化

根据 IFRS 15 结论基础——BC302，IASB 和 FASB 指出某些主体可能难以确定支付的佣金是否属于取得新合同的增量成本（例如，是否支付佣金可能取决于主体能否成功地取得若干合同）。IASB 和 FASB 曾考虑是否应允许选择针对合同成本的会计政策，从而主体能够选择对取得成本确认一项资产还是将这些成本确认为费用（同时披露该会计政策选择）。IASB 和 FASB 指出，这一做法符合此前美国公认会计原则中针对公共主体的收入确认要求。但是，IASB 和 FASB 认为，在 IFRS 15 中引入会计

政策选择将削弱可比性，因而无法实现收入确认项目旨在改进各类主体和各行业之间的可比性的关键目标。因此，IASB 和 FASB 决定不允许主体针对合同取得成本作出会计政策选择。

因此，如果属于取得合同的增量成本且企业预计将收回，则企业应当将增量成本确认为一项资产，而不能选择将其费用化。除非本应确认的资产的摊销期为一年或更短期间，可以选择采用简化的处理方法，从而费用化。

第五章 收入的列报与披露

第一节 财务报表列报

一、准则规定

企业应当根据本企业履行履约义务与客户付款之间的关系在资产负债表中列示合同资产或合同负债。

1. 合同资产

合同资产，是指企业已向客户转让商品而有权收取对价的权利，且该权利取决于时间流逝之外的其他因素。如企业向客户销售两项可明确区分的商品，企业因已交付其中一项商品而有权收取款项，但收取该款项还取决于企业交付另一项商品的，企业应当将该收款权利作为合同资产。例如，建筑承包商按照履约进度确认收入的同时并没有获得无条件向客户收款的权利，因此，不应确认为应收款，而应当确认为合同资产。合同资产的减值按照金融工具准则进行会计处理。

企业拥有的、无条件（仅取决于时间流逝）向客户收取对价的权利应当作为应收款项单独列示。

2. 合同负债

合同负债，是指企业已收或应收客户对价而应向客户转让商品的义务。如企业在转让承诺的商品之前已收取的款项。

企业在向客户转让商品之前，如果客户已经支付了合同对价或企业已经取得了无条件收取合同对价的权利，则企业应当在客户实际支付款项与到期应支付款项孰早时点，将该已收或应收的款项列示为合同负债。由于合同负债义务的消除是通过向客户转让商品或服务来完成的，因此合同负债不属于金融负债。需要注意的是，企业在向客户转让商品前取得的客户款项并不都是合同负债，如客户支付的保证金等应作为金融负债进行会计处理和列报。

二、财政部关于企业财务报表格式的规定

财政部《关于修订印发2019年度一般企业财务报表格式的通知》（财会〔2019〕6号）规定了“合同资产”和“合同负债”项目。企业应按照新收入准则的相关规定，根据本企业履行履约义务与客户付款之间的关系在资产负债表中列示合同资产或合同负债。“合同资产”项目、“合同负债”项目，应分别根据“合同资产”科目、“合同负债”科目的相关明细科目的期末余额分析填列，同一合同下的合同资产和合同负债应当以净额列示，其中净额为借方余额的，应当根据其流动性在“合同资产”或“其他非流动资产”项目中填列，已计提减值准备的，还应减去“合同资产减值准备”科目中相关的期末余额后的金额填列；其中净额为贷方余额的，应当根据其流动性在“合同负债”或“其他非流动负债”项目中填列。

由于同一合同下的合同资产和合同负债应当以净额列示，企业也可以设置“合同结算”科目（或其他类似科目），以核算同一合同下属于在某一时段内履行履约义务涉及与客户结算对价的合同资产或合同负债，并在此科目下设置“合同结算——价款结算”科目反映定期与客户进行结算的金额，设置“合同结算——收入结转”科目反映按履约进度结转的收入金额。在资产负债表日，“合同结算”科目的期末余额在借方的，根据其流动性在“合同资产”或“其他非流动资产”项目中填列；期末余额在贷方的，根据其流动性在“合同负债”或“其他非流动负债”项目中填列。

按照新收入准则的相关规定确认为资产的合同取得成本，应当根据“合同取得成本”科目的明细科目初始确认时摊销期限是否超过一年或一个正常营业周期，在“其他流动资产”或“其他非流动资产”项目中填列，已计提减值准备的，还应减去“合同取得成本减值准备”科目中相关的期末余额后的金额填列。

按照新收入准则的相关规定确认为资产的合同履约成本，应当根据“合同履约成本”科目的明细科目初始确认时摊销期限是否超过一年或一个正常营业周期，在“存货”或“其他非流动资产”项目中填列，已计提减值准备的，还应减去“合同履约成本减值准备”科目中相关的期末余额后的金额填列。

按照新收入准则的相关规定确认为资产的应收退货成本，应当根据“应收退货成本”科目是否在一年或一个正常营业周期内出售，在“其他流动资产”或“其他非流动资产”项目中填列。

按照新收入准则的相关规定确认为预计负债的应付退货款，应当根据“预计负债”科目下的“应付退货款”明细科目是否在一年或一个正常营业周期内清偿，在“其他流动负债”或“预计负债”项目中填列。

相关科目设置、报表列报及后续会计处理汇总如表 5 – 1 所示。

表 5 – 1　　合同资产、合同负债的列报

<table>
<tr><th rowspan="2">会计科目</th><th colspan="2">报表项目</th><th colspan="2">后续会计处理</th></tr>
<tr><th>流动</th><th>非流动</th><th>减值</th><th>终止确认</th></tr>
<tr><td>应收账款</td><td>应收账款、应收票据</td><td>NA</td><td rowspan="4">适用 CAS 22，按照预期信用损失模型计提减值损失</td><td rowspan="2">收款等</td></tr>
<tr><td>长期应收款</td><td>NA</td><td>长期应收款</td></tr>
<tr><td>合同资产</td><td rowspan="2">合同资产</td><td rowspan="2">其他非流动资产</td><td rowspan="2">1. 转入应收款项
2. 转入无形资产</td></tr>
<tr><td>减：合同资产减值准备</td></tr>
<tr><td>合同负债</td><td>合同负债</td><td>其他非流动负债</td><td>NA</td><td>转为收入</td></tr>
</table>

注：

1. 同一合同下的合同资产和合同负债应当以净额列示，其中净额为借方余额的，应当根据其流动性在“合同资产”或“其他非流动资产”项目中填列，已计提减值准备的，还应减去“合同资产减值准备”科目中相关的期末余额后的金额填列；

2. 对于适用《企业会计准则解释第 14 号》的 PPP 项目，两种对价类型（金融资产或无形资产）在建造或改良服务阶段都被分类为合同资产；

3. 在原收入准则中，建造合同、劳务合同中形成的“已完工未结算”，属于新收入准则下的合同资产，应根据流动性列报为合同资产和其他非流动资产；

4. 在原收入准则中，建造合同、劳务合同中形成的因转让商品或服务而产生的预收账款（如“已结算未完工”）、递延收益，属于新收入准则下的合同负债，应根据流动性列报为合同负债和其他非流动负债（见表 5 – 2、表 5 – 3）。

表 5 – 2　　销售退货的列报

<table>
<tr><th rowspan="2">会计科目</th><th colspan="2">报表项目</th><th rowspan="2">后续会计处理</th></tr>
<tr><th>流动</th><th>非流动</th></tr>
<tr><td>应收退货成本</td><td>其他流动资产</td><td>其他非流动资产</td><td rowspan="2">资产负债表日，重新估计未来退回情况，如有变化作为会计估计变更</td></tr>
<tr><td>预计负债——应付退货款</td><td>其他流动负债</td><td>预计负债</td></tr>
</table>

表 5－3　　　　　　　　　　　　　合同成本的列报

<table>
<tr><th rowspan="2">会计科目</th><th colspan="2">报表项目</th><th colspan="2">后续会计处理</th></tr>
<tr><th>流动</th><th>非流动</th><th>减值</th><th>终止确认</th></tr>
<tr><td>合同履约成本</td><td rowspan="2">存货</td><td rowspan="2">其他非流动资产</td><td rowspan="4">根据确认的资产适用相应的准则，然后适用收入准则合同成本相关减值规定</td><td rowspan="2">转入损益（主营业务成本）</td></tr>
<tr><td>减：合同履约成本减值准备</td></tr>
<tr><td>合同取得成本</td><td rowspan="2">其他流动资产</td><td rowspan="2">其他非流动资产</td><td rowspan="2">转入损益（销售费用等）</td></tr>
<tr><td>减：合同取得成本减值准备</td></tr>
</table>

注：合同履约成本可以按合同，分别“服务成本”“工程施工”等进行明细核算。

第二节　信息披露

新收入准则要求披露更多的与收入有关的信息，包括收入的确认和计量、合同信息、合同成本（资产）信息、重大融资成分和合同成本的简化处理。具体信息披露内容如下：

一、收入的确认和计量

1. 收入确认和计量所采用的会计政策；

2. 对于确定收入确认的时点和金额具有重大影响的判断以及这些判断的变更，包括确定履约进度的方法及采用该方法的原因；

3. 评估客户取得所转让商品控制权时点的相关判断；

4. 在确定交易价格、估计计入交易价格的可变对价、分摊交易价格以及计量预期将退还给客户的款项等类似义务时所采用的方法、输入值和假设等。

二、与合同相关的信息

1. 与本期确认收入相关的信息，包括与客户之间的合同产生的收入、该收入按主要类别（如商品类型、经营地区、市场或客户类型、合同类型、商品转让的时间、合同期限、销售渠道等）分解的信息以及该分解信息与每一报告分部的收入之间的关系等。

2. 与应收款项、合同资产和合同负债的账面价值相关的信息，包括与客户之间的合同产生的应收款项、合同资产和合同负债的期初和期末账面价值、对上述应收款项和合同资产确认的减值损失、在本期确认的包括在合同负债期初账面价值中的收入、前期已经履行（或部分履行）的履约义务在本期调整的收入、履行履约义务的时间与通常的付款时间之间的关系以及此类因素对合同资产和合同负债账面价值的影响的定量或定性信息、合同资产和合同负债的账面价值在本期内发生的重大变动情况等。

3. 与履约义务相关的信息，包括履约义务通常的履行时间、重要的支付条款、企业承诺转让的商品的性质（包括说明企业是否作为代理人）、企业承担的预期将退还给客户的款项等类似义务、质量保证的类型及相关义务等。

4. 与分摊至剩余履约义务的交易价格相关的信息，包括分摊至本期末尚未履行（或部分未履行）履约义务的交易价格总额、上述金额确认为收入的预计时间的定量或定性信息、未包括在交易价格的对价金额（如可变对价）等。

三、与合同成本有关的资产相关的信息

1. 确定该资产金额所做的判断；

2. 该资产的摊销方法；

3. 按该资产主要类别（如为取得合同发生的成本、为履行合同开展的初始活动发生的成本等）披露的期末账面价值以及本期确认的摊销及减值损失金额等。

四、披露重大融资成分和合同成本的简化处理事实

1. 因预计客户取得商品控制权与客户支付价款间隔未超过一年而未考虑合同中存在的重大融资成分，应当披露该事实。

2. 因合同取得成本的摊销期限未超过一年而将其在发生时计入当期损益的，应当披露该事实。

第六章
衔接规定

第一节　准则施行日期

在境内外同时上市的企业以及在境外上市并采用国际财务报告准则或企业会计准则编制财务报表的企业，自2018年1月1日起施行；其他境内上市企业，自2020年1月1日起施行；执行《企业会计准则》的非上市企业，自2021年1月1日起施行。同时，允许企业提前执行。执行《企业会计准则》的企业，不再执行财政部于2006年2月15日印发的《财政部关于印发〈企业会计准则第1号——存货〉等38项具体准则的通知》（财会〔2006〕3号）中的《企业会计准则第14号——收入》和《企业会计准则第15号——建造合同》，以及财政部于2006年10月30日印发的《财政部关于印发〈企业会计准则——应用指南〉的通知》（财会〔2006〕18号）中的《〈企业会计准则第14号——收入〉应用指南》。

新收入准则采用企业分类实施，具体施行日期安排见表6－1。

表6－1　　新收入准则按企业分类的实施日期

企业性质	施行日期
在境内外同时上市的企业以及境外上市企业（采用国际财务报告准则或企业会计准则编制财务报表）	2018年1月1日
其他境内上市企业	2020年1月1日
执行企业会计准则的非上市企业	2021年1月1日

对于上市公司是否可以提前适用新收入准则，证监会发文要求金融工具、收入准

则执行时间规定如下：

1. 子公司在境内上市但其母公司在境外上市且执行国际财务报告准则或企业会计准则的，境内上市子公司可提前适用新金融工具准则和新收入准则；子公司在境外上市且执行国际财务报告准则或企业会计准则，其母公司在境内上市的，境内上市母公司可提前适用新金融工具和新收入准则。

母公司和子公司均为上市公司，其中一家在境外上市且执行新金融工具准则和新收入准则（以下简称“新准则”），另一家可提前适用新准则。需要注意的是，提前适用新准则的前提是母公司和子公司均为上市公司。如果子公司是境外公司，但不是境外上市公司，境内上市母公司仍应按照原准则（原收入准则、原金融工具准则）编制财务报表，不能提前适用新准则。

2. 境内上市公司于 2018 年 1 月 1 日后，拟在境外上市并采用国际财务报告准则或企业会计准则编制财务报告的，可提前适用新金融工具和新收入准则。

拟在境外同时上市且采用新 IFRS 或企业会计准则的上市公司，可提前适用新准则。例如，先 A 股上市，后 H 股上市。

3. 已在境外上市且执行国际财务报告准则或企业会计准则的公司，于 2018 年 1 月 1 日后在境内上市的，可提前适用新金融工具和新收入准则。

采用新 IFRS 或企业会计准则的境外上市公司，在境内同时上市的，可提前适用新准则。例如，先 H 股上市，后 A 股上市。

4. 除上述情形外的其他上市公司，原则上均不得提前适用新金融工具和新收入准则，即应自 2019 年 1 月 1 日起执行新金融工具准则、自 2020 年 1 月 1 日起执行新收入准则。

第二节 合并财务报表的处理

母公司执行新准则但子公司尚未执行新准则的，母公司在编制合并财务报表时，应当按照新准则规定调整子公司的财务报表。

母公司尚未执行新准则而子公司已执行新准则的，母公司在编制合并财务报表时，可以将子公司的财务报表按照母公司的会计政策进行调整后合并，也可以将子公司按照新准则编制的财务报表直接合并，母公司将子公司按照新准则编制的财务报表直接合并的，应当在合并财务报表中披露该事实，并且对母公司和子公司的会计政策及其他相关信息分别进行披露（见表 6 - 2）。

表 6-2　　合并财务报表的处理方式

母公司是否已执行新准则	子公司是否已执行新准则	合并报表	说明
是	否	调整子公司财务报表	合并财务报表层面一致采用新收入准则
否	是	子公司可以调整，也可以不调整	合并财务报表层面一致采用原收入准则，或者在母公司采用原收入准则，子公司在采用新收入准则的基础上编制合并财务报表

企业对合营企业和联营企业的长期股权投资采用权益法核算的，比照上述原则进行处理，但不切实可行的除外。

第三节　衔接规定

一、调整年初留存收益

首次执行新准则的企业，应当根据首次执行新准则的累积影响数，调整首次执行新准则当年年初留存收益及财务报表其他相关项目金额，对可比期间信息不予调整。企业可以仅对在首次执行日尚未完成的合同的累积影响数进行调整。同时，企业应当在附注中披露，与收入相关会计准则制度的原规定相比，执行新准则对当期财务报表相关项目的影响金额，如有重大影响的，还须披露其原因。

已完成的合同，是指企业按照与收入相关会计准则制度的原规定已完成合同中全部商品的转让的合同。尚未完成的合同，是指除已完成的合同之外的其他合同。

二、已发生的合同变更予以简化处理

对于最早可比期间期初之前或首次执行新准则当年年初之前发生的合同变更，企业可予以简化处理，即无须按照新准则合同变更的规定进行追溯调整，而是根据合同变更的最终安排，识别已履行的和尚未履行的履约义务、确定交易价格以及在已履行的和尚未履行的履约义务之间分摊交易价格。

企业采用该简化处理方法的，应当对所有合同一致采用，并且在附注中披露该事实以及在合理范围内对采用该简化处理方法的影响所作的定性分析。

三、与 IFRS 15 的差异

IFRS 15 自 2018 年 1 月 1 日开始适用，允许提前采用。

IFRS 15 给出了两种过渡办法：追溯应用到每一个以前的报告期间和在首次采用日确认采用新收入准则的追溯累计影响；要求主体多会计政策的选择进行相应的信息披露。

在应用任何一种方法时，企业都被要求评估发生在最早列报期间开始前的合同修订。但是，对于合同修订 IFRS 15 同样提供了一种实务操作的方法，当识别完成的和未完成的履约义务、确定交易价格、分配交易价格到完成的履约义务和未完成的履约义务时，允许企业反映最早列报期间开始前的所有合同修订的汇总影响。

第七章

新收入准则应用示例：制造业

第一节　行业概述

一、行业简介

根据证监会发布的《上市公司行业分类指引》（2012 年修订），经物理变化或化学变化后成为新的产品，不论是动力机械制造，还是手工制作，也不论产品是批发销售，还是零售，均视为制造。制造业是一个门类最多的行业，包括 31 个大类，从农副食品加工业，酒、饮料和精制茶制造业到纺织业，文教、工美、体育和娱乐用品制造业以及石油加工、炼焦和核燃料加工业，医药制造业，有色金属冶炼和压延加工业，通用设备制造业，专用设备制造业，汽车制造业，铁路、船舶、航空航天和其他运输设备制造业，甚至废弃资源综合利用业。

典型制造业的盈利模式可以概括为制造并交付产品从而获取利润。但是由于制造业覆盖范围广，产品的性质差别大，以及企业实行多元化经营，实际上制造业的盈利模式包括销售商品、提供和销售产品相关的服务，或者将生产的产品进行组合安装，向客户提供一个进行了重大组合的产品，因而会受到新收入准则方方面面的影响。

二、业务模式

（一）生产模式

制造业的生产模式主要包括自主生产、订单生产、定制生产和委托加工 4 种。

1. 自主生产

对于市场销量较大、市场稳定性较高、通用性较强、产品跌价风险低的常用标准产品，企业一般会结合市场情况设定安全库存水平，即设定该产品的库存量区间上下限：一旦库存量接近或低于设定的区间下限，生产部门可以自行安排预排产计划，组织生产，补充库存；一旦库存量达到设定的区间上限，生产部门即可暂停生产。

2. 订单生产

企业根据已获得的客户订单，按照订单要求的产品类型、规格、数量等安排生产。

3. 定制生产

定制生产是按照客户特定的要求进行生产，且只能销售给定制生产的客户。

4. 委托加工

（1）部分委托加工模式。在部分委托加工模式下，委托方与受托方签署部分委托加工协议，委托方负责从产品设计、研发到原材料采购的环节，受托方负责根据委托方的要求完成指定产品的加工生产。委托方向受托方提供设计图、制作方法、工艺要求及原材料，指导监督其按要求完成加工，支付其委托加工费。

（2）完全委托加工模式。在完全委托加工模式下，委托方与受托方签署完全委托加工协议，委托方负责产品设计、研发环节，向受托方提供设计图、制作方法和工艺要求。该模式与部分委托加工模式不同的是，完全委托加工模式中受托方根据委托方的指示采购特定的原材料，从而按照委托方的要求组织生产。

（二）销售模式

1. 根据销售是否通过中间环节销售，可以分为直销模式和经销模式：

（1）直销模式。直销模式是指企业将产品直接销售到终端用户，无须通过任何中间商的销售方式，其优势在于企业减少中间成本，及时了解并满足客户需求，更充分、有效地获得市场信息，为企业的经营和研发提供决策依据。

（2）经销模式。经销模式是指制造业企业先向经销商出售其产品，经销商面向终端客户销售的方式。

根据商品出售给经销商后，企业能否再要求商品退回或者调运给其他经销商等，经销包括控制权已转移和控制权未转移两种情形。

2. 根据是否通过互联网销售，可以分为线上销售模式和线下销售模式：

（1）线上销售模式。目前大多数企业线上销售模式主要包括 B2B 模式、B2C 模式，具体如下：

B2B 模式：企业将产品运送至第三方合作平台商的指定地点，终端客户则直接向合作平台发出商品购买需求，平台通过其自有物流或第三方物流向终端客户出售商品。

B2C 模式：企业借助于 Internet 在线销售产品给消费者，多数企业的配送选择物流外包方式以节约运营成本。可以通过与天猫、京东等第三方销售签订服务协议，在网络平台开设在线网店，为消费者提供适合的产品和优质的服务，同时根据销售流水向平台支付一定比例的平台服务费；平台则负责提供商城基础设施运营、整体推广和数据分析等服务。也可以通过自身建设销售平台或者手机 APP 等多种形式向终端客户销售产品。

（2）线下销售模式。线下销售模式是和线上销售相对应的各行业的传统销售模式。

（三）其他模式

此外，制造业还涉及寄售、合同能源管理、卖方信贷等特殊安排。

三、收入会计事项汇总

执行新收入准则之后，制造业企业与收入相关的会计事项如表 7 – 1 所示。

表 7 – 1　　制造业企业与收入相关的会计事项

业务类型	业务内容	会计事项
直销模式	企业将产品直接销售到终端用户，有的交付即可，有的需要安装；安装有简单安装，也有复杂安装	识别履约义务的数量 销售收入的确认时点是发货还是客户验收 安装是否可以识别为单项履约义务 对于出口贸易，FOB、CIF 等不同的定价方式是否对收入的确认时点形成影响
经销模式	在经销模式下商品先出售给经销商，经销商可能获得商品控制权，也可能没有获得控制权	在经销模式下收入确认时点
寄售模式	生产商将商品存放在客户指定的仓库中，客户根据生产情况取用，按照客户使用情况进行结算	将商品存放于客户指定的仓库时控制权是否转移，是否可以确认收入
售后代管商品	根据企业与客户签订的合同，已经就销售的商品向客户收款或取得了收款权利，但是直到未来某一时点将商品交付给客户前，仍然持有该商品	收入的确认时点如何确定
定制生产	定制生产是按照客户特定的产品要求进行生产，且只能销售给定制生产的客户	商品具有特定用途，能否满足按照时段确认收入

续表

业务类型	业务内容	会计事项
委托加工	委托方将原料等加工对象出售给加工方，加工成特定商品后再以加工费买回来	向加工方出售原料是否构成销售，应该确认收入是否按照委托加工处理
合同能源管理	在合同能源管理项目下，节能服务公司为客户提供用能状况诊断、节能项目设计、融资、改造（施工、设备安装、调试）、运行管理等服务，并从客户进行节能改造后获得的节能效益中收回投资并取得利润	是否适用收入准则 包含哪些履约义务 收入确认的方式与时点
卖方信贷销售方式	卖方信贷销售方式包括委托贷款和销售担保贷款两种方式，即企业与金融机构合作，以自有资金向客户发放委托贷款购买企业生产的产品或金融机构为客户提供贷款以支付货款，但由生产企业提供担保	是否满足收入确认的条件 如满足收入确认条件，提供资金或担保是否识别为单独的履约义务

第二节　主要会计事项与应用示例

针对新收入准则中各行业涉及的主要会计事项与应用示例，本书第七章至第十八章按照五步法及特殊事项进行阐述，相应的对照关系如表 7－2 所示。

表 7－2　　五步法及特殊事项在本书中的简称

五步法及特殊事项	本书中的简称
识别合同	第一步
识别合同中的单项履约义务	第二步
确定交易价格	第三步
将交易价格分摊至单项履约义务	第四步
履行每一单项履约义务时确认收入	第五步
附有销售退回条款的销售	特定交易一
附有质量保证条款的销售	特定交易二
主要责任人和代理人	特定交易三
附有客户额外购买选择权的销售	特定交易四
授予知识产权许可	特定交易五
售后回购	特定交易六
客户未行使的权利	特定交易七
无须退回的初始费	特定交易八

一、销售仪器及配套产品（第二步）

（一）会计事项分析

新收入准则对于履约义务的识别作出了更明确的指引，对于销售商品同时提供安装、维护服务的合同，需要识别合同中的单项履约义务。新收入准则要求在履行履约义务时确认收入，因此对履约义务的识别不合理，会导致收入确认的时间以及交易价格的分摊出现问题。制造业企业都应该对照新准则的规定，具体分析其合同条款，识别合同中的履约义务。下面以配套销售的易耗品是否作为单项履约义务为例进行分析。

（二）新收入准则应用案例

案例 7－1

销售仪器与配套产品是否作为两项履约义务

1. 背景资料

甲公司与乙公司签署一份仪器销售合同。合同约定了仪器的销售价款在合同生效之日一次性付清，仪器所有权归乙公司所有。但对乙公司有考核任务，约定在 10 年的考核期内，乙公司购买甲公司生产的该仪器配套产品总金额不少于 125 万元，进度为每年不低于 12.5 万元。未经甲公司书面同意，不得在该仪器上使用甲公司以外的公司提供的配套试剂或耗材。若有特殊情况，乙公司须经甲公司书面同意后方可使用其他公司的试剂或耗材，否则甲公司不承担仪器的保修责任。6 个月为一个考核期，在一个考核周期内，乙公司采购的甲公司配套产品若高于合同进度，高出部分计入下一个考核周期；若低于合同进度，按差额部分收取乙公司浮动保证金（浮动保证金计算办法：合同进度额（P）与实际采购额的差额的 20% 为浮动保证金）。在合作期间，乙公司累计完成进货额（P1 + P2 + P3 + … + Pn）或者完成总进货额，甲公司将退还浮动保证金。

问题：在新收入准则下，销售仪器与销售配套产品是否作为两项单项履约义务。

2. 案例分析

新收入准则第九条规定，合同开始日，企业应当对合同进行评估，识别该合同所包含的各单项履约义务，并确定各单项履约义务是在某一时段内履行，还是在某一时点履行，然后在履行各单项履约义务时分别确认收入。

履约义务，是指合同中企业向客户转让可明确区分商品的承诺。

新收入准则第十条规定，企业向客户承诺的商品同时满足下列条件的，应当作为可明确区分商品：

（1）客户能够从该商品本身或从该商品与其他易于获得资源一起使用中受益；

（2）企业向客户转让该商品的承诺与合同中其他承诺可单独区分。

下列情形通常表明企业向客户转让该商品的承诺与合同中其他承诺不可单独区分：

（1）企业须提供重大的服务以将该商品与合同中承诺的其他商品整合成合同约定的组合产出转让给客户。

（2）该商品将对合同中承诺的其他商品进行重大修改或定制。

（3）该商品与合同中承诺的其他商品具有高度关联。

首先，该配套的易耗品对于企业而言，是单独销售的，且其他厂商也销售该配套的产品，客户是能够从仪器与易于获得的易耗品一起使用中获益，只是企业为了实现利益最大化捆绑销售，限制客户使用其他厂商的易耗品。

其次，在合同中，向客户转让仪器与配套产品是可以明确区分的。因为企业没有提供重大服务将二者整合成约定的组合产出；设备和易耗品相互之间并未作出重大定制和修改；设备和易耗品之间并未产生重大影响，因此它们之间并非高度依赖或高度关联。尽管合同规定客户仅在完成对设备的控制后才可以从易耗品的使用中获益，并且设备需要易耗品才能正常运作，但设备和易耗品在功能上的互补并不构成高度关联。这是因为合同中的每项承诺能够与合同中的其他承诺分开履行。换言之，即使客户不采购任何易耗品，企业仍能履行转让仪器的承诺；即使客户单独购买易耗品，企业仍能履行提供仪器的承诺。

基于上述评估，企业应该识别出合同中有两项单项履约义务：出售仪器和出售配套产品。

（三）新收入准则披露示例

示例 7－1：000063. SZ 中兴通讯

本集团在履行了合同中的履约义务，即在客户取得相关商品或服务控制权时确认收入。取得相关商品或服务的控制权，是指能够主导该商品的使用或该服务的提供并从中获得几乎全部的经济利益。

1. 销售商品合同

本集团与客户之间的销售商品合同通常仅包含转让商品的履约义务。本集团通常在综合考虑了下列因素的基础上，以到货验收完成时点确认收入：取得商品的现时收款权利、商品所有权上的主要风险和报酬的转移、商品的法定所有权的转移、商品实物资产的转移、客户接受该商品。

2. 提供服务合同

本集团与客户之间的提供服务合同通常包含维护保障服务、运维服务、工程服务等履约义务，由于本集团履约的同时客户即取得并消耗本集团履约所带来的经济利益，本集团将其作为在某一时段内履行的履约义务，按照履约进度确认收入。对于有明确的产出指标的服务合同，如维护保障服务、运维服务等，本集团按照产出法确定提供服务的履约进度；对于少量产出指标无法明确计量的合同，采用投入法确定提供服务的履约进度。

3. 网络建设

本集团与客户之间的网络建设合同通常包含设备销售、安装服务、设备销售和安装服务的组合等多项承诺。对于其中可单独区分的设备销售和安装服务，本集团将其分别作为单项履约义务。对于由不可单独区分的设备销售和安装服务组成的组合，由于客户能够从每一个组合或每一个组合与其他易于获得的资源一起使用中受益，且这些组合之间可明确区分，故本集团将上述每一个组合分别构成单项履约义务。由于上述可单独区分的设备销售和安装服务以及由不可单独区分的设备销售和安装服务的组合的控制权均在客户验收时转移至客户，本集团在相应的单项履约义务履行后，客户验收完成时点确认该单项履约义务的收入。

示例 7－2：002202. SZ 金风科技

本集团在履行了合同中的履约义务，即在客户取得相关商品或服务控制权时确认收入。取得相关商品或服务的控制权，是指能够主导该商品的使用或该服务的提供并从中获得几乎全部的经济利益。

1. 销售商品合同

本集团与客户之间的销售商品合同通常仅包含转让风机整机、子件及配件的履约义务。本集团通常在综合考虑下列因素的基础上，以商品控制权转移时点确认收入：取得商品的现时收款权利、商品所有权上的主要风险和报酬的转移、商品的法定所有权的转移、商品实物资产的转移、客户接受该商品。

2. 提供服务合同

本集团与客户之间的提供服务合同通常包含风电场运行维护的履约义务，由于本集团履约的同时客户即取得并消耗本集团履约所带来的经济利益、本集团履约过程中所提供的服务具有不可替代用途，且本集团在整个合同期间内有权就累计至今已完成的履约部分收入款项，本集团将其作为在某一时段内履行的履约义务，在服务提供期间平均分摊确认。

3. 建造合同

本集团与客户之间的建造合同通常包含风电场建设和污水处理厂建设的履约义务，由于客户能够控制本集团履约过程中在建的商品，本集团将其作为在某一时段内履行的履约义务，按照履约进度确认收入，履约进度不能合理确定的除外。本集团按照投入法确定提供服务的履约进度。对于履约进度不能合理确定时，本集团已经发生的成本预计能够得到补偿的，按照已经发生的成本金额确认收入，直到履约进度能够合理确定为止。

有关集团的履约义务总结如下：

1. 销售商品

本集团与客户之间销售商品的合同包含一项履约义务，该项履约义务在控制权发生转移时完成。

2. 风力发电

该履约义务通常在电力传输时确认，并根据传输的风电量和适用的固定资费率进行衡量。

3. 风电服务

风电服务包括服务型质保和建造服务。服务型质保的收入是在一段时间内在服务提供时确认。本集团与客户之间的建造合同通常包含风电场建设的履约义务，该履约义务是在一段时间内根据完工进度来确认的。

4. 其他

其他业务收入为特许经营权下运行水处理厂取得的收入，该履约义务是在一段时间内根据服务提供的进度确认。

二、销售商品同时提供运输服务（第二步）

（一）会计事项分析

新收入准则应用指南指出，在企业向客户销售商品的同时，约定企业需要将商品运送至客户指定的地点的情况下，企业需要根据相关商品的控制权转移时点判断该运输活动是否构成单项履约义务。通常情况下，控制权转移给客户之前发生的运输活动不构成单项履约义务，而只是企业为了履行合同而从事的活动，相关成本应当作为合同履约成本；相反，控制权转移给客户之后发生的运输活动则可能表明企业向客户提供了一项运输服务，企业应当考虑该项服务是否构成单项履约义务。

（二）新收入准则应用案例

案例 7－2

销售商品同时提供的运输服务是否作为单项履约义务

（本案例来自财政部 2018 年 12 月发布的《收入准则应用案例——运输服务》）

1. 商品控制权转移之后的运输服务

甲公司与乙公司签订合同，向其销售一批产品，并负责将该批产品运送至乙公司指定的地点，甲公司承担相关的运输费用。假定销售该产品属于在某一时点履行的履约义务，且控制权在出库时转移给乙公司。

在本案例中，甲公司向乙公司销售产品，并负责运输。该批产品在出库时，控制权转移给乙公司。在此之后，甲公司为将产品运送至乙公司指定的地点而发生的运输活动，属于为乙公司提供了一项运输服务。如果该运输服务构成单项履约义务，且甲公司是运输服务的主要责任人。甲公司应当按照分摊至该运输服务的交易价格确认收入。

2. 商品控制权转移之前的运输服务

甲公司与乙公司签订合同，向其销售一批产品，并负责将该批产品运送至乙公司指定的地点，甲公司承担相关的运输费用。假定销售该产品属于在某一时点履行的履约义务，且控制权在送达乙公司指定地点时转移给乙公司。

在本案例中，甲公司向乙公司销售产品，并负责运输。该批产品在送达乙公司指定地点时，控制权转移给乙公司。由于甲公司的运输活动是在产品的控制权转移给客户之前发生的，因此不构成单项履约义务，而是甲公司为履行合同发生的必要活动。

（三）新收入准则披露示例

示例 7－3：2238. HK 广汽集团

广汽集团在其 H 股 2018 年年报中披露："原确认于销售及分销成本的某些产品运输成本于销售成本中列示。该运输成本属于本集团向客户提供产品运输服务时发生的服务成本，在香港财务报告准则第 15 号下被识别为单项履约义务。本集团被视为运输服务的主要责任人。"

广汽集团在其 H 股 2019 年年报的会计政策部分中披露："由于客户在本集团履

约的同时即取得并消耗本集团履约所带来的经济利益，本集团提供服务的收入（主要包括运输服务、维修及保养服务和可选保修等）于提供服务的会计期间确认。若合同包含多项履约义务，本集团将根据它们的单独售价将交易价款分摊至各项履约义务。如果没有直接可观察的单独售价，本集团根据它们的预计成本加上适当利润或市场调节法来估计每项履约义务的单独售价。”

示例 7－4：002594. SZ 比亚迪

根据和客户的销售合同，合同约定由本集团承担运输的，本集团负责将产品运送至客户指定的地点并承担相关的运输费用。该产品销售属于在某一时点履行的履约义务且控制权在送达客户指定地点时转移给客户。2018 年 1 月 1 日之前，本集团将承担的运输费用记录为销售费用，2018 年 1 月 1 日起，该运输为本集团履行合同发生的必要活动，其费用计入履约成本。控制权转移给客户之后发生的运输活动为本集团向客户提供了一项运输服务，该项服务构成单项履约义务，2018 年 1 月 1 日起，本集团将提供的运输服务对应的收入，成本计入其他业务收入与其他业务成本。

三、应付客户对价（第三步）

（一）会计事项分析

新收入准则规定企业应付客户（或向客户购买本企业商品的第三方，下同）对价的，应当将该应付对价冲减交易价格，并在确认相关收入与支付（或承诺支付）客户对价二者孰晚的时点冲减当期收入，但应付客户对价是为了向客户取得其他可明确区分商品的除外。

企业应付客户对价是为了向客户取得其他可明确区分商品的，应当采用与本企业其他采购相一致的方式确认所购买的商品。企业应付客户对价超过向客户取得可明确区分商品公允价值的，超过金额应当冲减交易价格。向客户取得的可明确区分商品公允价值不能合理估计的，企业应当将应付客户对价全额冲减交易价格。

第三方通常指向企业的客户购买本企业商品的一方，即处于企业分销链上的“客户的客户”，例如，企业将其生产的产品销售给经销商，经销商再将这些产品销售给最终用户，最终用户即是第三方。有时，企业需要向其支付款项的第三方是本企业客户的客户，但处于企业分销链之外，如果企业认为该第三方也是本企业的客户，或者根据企业与其客户的合同约定，企业有义务向该第三方支付款项，则企业向该第三方支付的款项也应被视为应付客户对价进行会计处理。

制造业常见的应付客户对价的例子包括：支付供应商的提名费、支付的超市上架费等。该规定可能会导致原收入准则下计入销售费用的一些事项，本质上是新收入准则下的应付客户对价，应该冲减收入。应付客户对价强调的是该支付不计入费用，而是应该冲减收入。

（二）新收入准则披露示例

示例7－5：601766.SH 中国中车

本集团与客户之间的合同产生的收入主要来源于如下业务类型：

(1) 销售商品收入；

(2) 提供劳务收入。

本集团在履行了合同中的履约义务，即在客户取得相关商品或服务控制权时，按照分摊至该项履约义务的交易价格确认收入。履约义务，是指合同中本集团向客户转让可明确区分商品或服务的承诺。交易价格，是指本集团因向客户转让商品或服务而预期有权收取的对价金额，但不包含代第三方收取的款项以及本集团预期将退还给客户的款项。

满足下列条件之一的，属于在某一时间段内履行的履约义务，本集团按照履约进度，在一段时间内确认收入：(1) 客户在本集团履约的同时即取得并消耗本集团履约所带来的经济利益；(2) 客户能够控制本集团履约过程中在建的商品；(3) 本集团履约过程中所产出的商品具有不可替代用途，且本集团在整个合同期间内有权就累计至今已完成的履约部分收取款项。否则，本集团在客户取得相关商品或服务控制权的时点确认收入。

对于在某一时间段内履行的履约义务，本集团主要采用投入法确定履约进度，即根据本集团为履行履约义务的投入确定履约进度。当履约进度不能合理确定时，已经发生的成本预计能够得到补偿的，本集团按照已经发生的成本金额确认收入，直到履约进度能够合理确定为止。

合同中包含两项或多项履约义务的，本集团在合同开始日，按照各单项履约义务所承诺商品或服务的单独售价的相对比例，将交易价格分摊至各单项履约义务。但在有确凿证据表明合同折扣或可变对价仅与合同中一项或多项（而非全部）履约义务相关的，本集团将该合同折扣或可变对价分摊至相关一项或多项履约义务。单独售价，是指本集团向客户单独销售商品或服务的价格。单独售价无法直接观察的，本集团综合考虑能够合理取得的全部相关信息，并最大限度地采用可观察的输入值估计单独售价。

合同中存在应付客户对价（如供应商提名费等）的，除非该对价是为了向客户取得其他可明确区分商品或服务的，本集团将该应付对价冲减交易价格，并在确认相关收入与支付（或承诺支付）客户对价二者孰晚的时点冲减当期收入。

重要会计政策及会计估计变更

本集团根据新收入准则将已收客户对价而应向客户转让商品或服务的义务确认为合同负债，将已向客户转让商品而有权收取对价的权利且该权利取决于时间流逝之外的其他因素的资产确认为合同资产。

在新收入准则下，模具销售收入及技术开发收入在客户取得相关商品及技术开发交付物控制权的时点予以确认，支付给客户的供应商提名费作为应付客户对价在零部件生产项目期限内摊销冲减收入。

示例 7-6：600600. SH 青岛啤酒

1. 销售商品

本集团生产啤酒产品并销售予各地经销商。本集团将啤酒产品按照合同约定交付经销商，经其验收并签署货物交接单后，按扣除应付客户对价后的净额确认收入。

2. 提供劳务

本集团对外提供工程劳务，根据已完成劳务的进度在一段时间内确认收入，其中，已完成劳务的进度按照已发生的成本占预计总成本的比例确定。于资产负债表日，本集团对已完成劳务的进度进行重新估计，以使其能够反映履约情况的变化。

四、按时点或时段确认收入（第五步）

（一）会计事项分析

新收入准则不再区分销售商品、提供劳务或者建造合同从而按照不同的准则来确认收入，而是对所有交易均采用基于控制的单一五步法模型确定何时确认收入。因此在执行新收入准则时，制造业企业需要重新评估其收入确认的时点。

制造业企业之前作为销售商品在某个时点确认的，在新收入准则下可能会在一段时间内确认收入，如按照合同进行定制的商品满足不可替代性且满足合格收款权的要求。同样，之前作为提供劳务按照完工百分比分期确认收入的某些业务以及某些建造合同，在新收入准则下可能在某一时点确认收入。因而在执行新收入准则时，企业不应假定其仍旧能够采用原先的收入确认时点，应当在合同开始时评估其识别的单项履约义务是否满足新收入准则关于按时段确认收入的三个条件之一，如果三个条件都不满足，则企业应该在某一时点确认收入。

如果企业生产定制产品的义务符合在一段时间内确认收入的三个条件之一，则与该产品相关的收入应该随着生产制造过程分期确认，而非在交付客户时一次确认。提供建造服务的企业也应该重新评估其是否仍然能够按时段确认收入。

从执行新收入准则的企业，可以看到企业对于其履约义务性质的评估。

（二）新收入准则披露示例

示例7-7：600685. SH 中船防务

本集团的营业收入主要包括船舶建造及海工产品、船舶维修、机电产品和钢结构等。收入确认的具体政策和方法如下：

1. 船舶建造及海工产品

本集团提供的船舶建造及海工产品业务，在合同生效日对合同进行评估，判断合同履约义务是否满足"某一时段内履行"条件。

满足"某一时段内履行"条件的，本集团在该段时间内按照履约进度确认收入。本集团采用投入法确定恰当的履约进度，按累计实际发生的合同成本占合同预计总成本的比例确定。当履约进度不能合理确定时，已经发生的成本预计能够得到补偿的，按照已经发生的成本金额确认收入，直到履约进度能够合理确定为止；如果已经发生的成本预计不可能收回的，在发生时立即确认为费用，不确认收入。

本集团在合同总收入能够可靠计量、与合同相关的经济利益很可能流入本集团、实际发生的合同成本能够清楚区分和可靠计量、合同完工进度和为完成合同尚需发生的成本能够可靠确定时，视为可以合理预见合同结果，履约进度能够合理确定。长期船舶建造及海工产品合同如属首制船，则在履约进度达到50%时，视为可以合理预见合同结果；而对于批量建造的非首制船舶则在履约进度达到30%时，视为可以合理预见合同结果。

不满足"某一时段内履行"条件的，本集团在船舶及海工产品完工交付时根据合同或交船文件确定的交易价格确认收入。

本集团确认外币合同收入的基础为合同签约币种。本集团折算外币合同收入时，对于应确认的已收款外币收入，按收款时确认的人民币金额确认；对于应确认的未收款外币收入，按应收账款确认E的即期汇率折算，二者之和作为累计应确认的人民币收入。累计应确认的人民币收入减去以前期间累计已确认的人民币收入作为当期应确认的人民币收入。

2. 船舶维修

本集团提供一般船舶维修业务，由于维修周期短，本集团在完成船舶修理并办理完结算手续后，确认收入并结转相应成本。

3. 钢结构和机电产品

本集团提供的大型钢结构制作安装合同，满足“某一时段内履行”条件的，本集团在该段时间内按照履约进度确认收入，履约进度采用投入法，按累计实际发生的合同成本占合同预计总成本的比例确定；不满足“某一时段内履行”条件的钢结构制作交付合同，本集团在钢结构完工发送到客户指定场地并验收合格后根据工程量确认单确认收入。本集团提供的机电产品，在完工交付时确认收入。

示例 7-8：000338. SZ 潍柴动力

1. 提供服务合同

本集团与客户之间的提供服务合同收入，由于本集团履约的同时客户即取得并消耗本集团履约所带来的经济利益，且本集团在整个合同期间内有权就累计至今已完成的履约部分收入款项，本集团将其作为在某一时段内履行的履约义务，按照履约进度确认收入，履约进度不能合理确定的除外。本集团按照投入法或产出法确定提供服务的履约进度。对于履约进度不能合理确定时，本集团已经发生的成本预计能够得到补偿的，按照已经发生的成本金额确认收入，直到履约进度能够合理确定为止。

2. 建造合同——项目业务合同

本集团对与客户之间的项目业务合同在某一时段内履行的履约义务，按照项目的履约进度确认收入。履约进度是指资产负债表日累计实际发生的合同成本占合同预计总成本的比例（投入法）。按照项目的履约进度，本集团以实际发生的合同成本加上合同毛利确认为项目业务合同收入。若合同总成本很可能超过合同总收入，本集团将预期损失立即确认为当期费用。若实际发生的成本与已确认的合同毛利之和超过合同结算价款，则超过部分计入合同资产。若合同结算价款超过实际发生的成本与已确认的合同毛利之和，则超过部分计入合同负债。当对于项目业务合同的履约进度不能合理确定时，本集团已经发生的成本预计能够得到补偿的，按照已经发生的成本金额确认收入，直到履约进度能够合理确定为止。若已经发生的成本预计不可能收回的，本集团在合同成本发生时立即确认为当期费用。对于合同变更、索赔、奖励等，本集团只有在其可能发生且金额能够可靠估计时才确认为收入。

示例 7-9：601992. SH 金隅集团

1. 建造合同

本集团与客户之间的建造合同通常包含土建安装、维修等履约义务，由于客户能够控制本集团履约过程中在建的商品，本集团将其作为在某一时段内履行的履约义务，按照履约进度确认收入，履约进度不能合理确定的除外。本集团按照投入法确定提供服务的履约进度。对于履约进度不能合理确定时，本集团已经发生的成本预计能够得到补偿的，按照已经发生的成本金额确认收入，直到履约进度能够合理确定为止。

2. 提供服务合同

本集团与客户之间的提供服务合同通常包含装修设计、物业管理等履约义务，由于本集团履约的同时客户即取得并消耗本集团履约所带来的经济利益，且本集团在整个合同期间内有权就累计至今已完成的履约部分收入款项，本集团将其作为在某一时段内履行的履约义务，按照履约进度确认收入，履约进度不能合理确定的除外。本集团按照投入法确定提供服务的履约进度。对于履约进度不能合理确定时，本集团已经发生的成本预计能够得到补偿的，按照已经发生的成本金额确认收入，直到履约进度能够合理确定为止。

示例 7－10：600196. SH 复星医药

1. 提供医疗服务合同

本集团与客户之间的提供医疗服务合同通常包含提供医疗服务的履约义务。本集团通常在综合考虑了下列因素的基础上，以客户接受该服务的时点确认收入：取得服务收入的现时收款权利以及客户接受该服务。

2. 提供技术服务合同

本集团与客户之间的提供技术服务合同通常还包含提供技术服务履约义务，由于本集团履约过程中所提供的服务具有不可替代用途，且本集团在整个合同期间内有权就累计至今已完成的履约部分收入款项，本集团将其作为在某一时段内履行的履约义务，按照履约进度确认收入，履约进度不能合理确定的除外。本集团按照投入法确定提供服务的履约进度。对于履约进度不能合理确定时，本集团已经发生的成本预计能够得到补偿的，按照已经发生的成本金额确认收入，直到履约进度能够合理确定为止。

示例 7－11：000063. SZ 中兴通讯

本集团在履行了合同中的履约义务，即在客户取得相关商品或服务控制权时确认收入。取得相关商品或服务的控制权，是指能够主导该商品的使用或该服务的提供并从中获得几乎全部的经济利益。

1. 销售商品合同

本集团与客户之间的销售商品合同通常仅包含转让商品的履约义务。本集团通常在综合考虑了下列因素的基础上，以到货验收完成时点确认收入：取得商品的现时收款权利、商品所有权上的主要风险和报酬的转移、商品的法定所有权的转移、商品实物资产的转移、客户接受该商品。

2. 提供服务合同

本集团与客户之间的提供服务合同通常包含维护保障服务、运维服务、工程服务等履约义务，由于本集团履约的同时客户即取得并消耗本集团履约所带来的经济利益，本集团将其作为在某一时段内履行的履约义务，按照履约进度确认收入。对于有明确的产出指标的服务合同，比如维护保障服务、运维服务等，本集团按照产出法确定提供服务的履约进度；对于少量产出指标无法明确计量的合同，采用投入法确定提供服务的履约进度。

3. 网络建设

本集团与客户之间的网络建设合同通常包含设备销售、安装服务、设备销售和安装服务的组合等多项承诺。对于其中可单独区分的设备销售和安装服务，本集团将其分别作为单项履约义务。对于由不可单独区分的设备销售和安装服务组成的组合，由于客户能够从每一个组合或每一个组合与其他易于获得的资源一起使用中受益，且这些组合彼此之间可明确区分，故本集团将上述每一个组合分别构成单项履约义务。由于上述可单独区分的设备销售和安装服务以及由不可单独区分的设备销售和安装服务的组合的控制权均在客户验收时转移至客户，本集团在相应的单项履约义务履行后，客户验收完成时点确认该单项履约义务的收入。

示例7－12：002202.SZ金风科技

本集团在履行了合同中的履约义务，即在客户取得相关商品或服务控制权时确认收入。取得相关商品或服务的控制权，是指能够主导该商品的使用或该服务的提供并从中获得几乎全部的经济利益。

1. 销售商品合同

本集团与客户之间的销售商品合同通常仅包含转让风机整机、子件及配件的履约义务。本集团通常在综合考虑下列因素的基础上，以商品控制权转移时点确认收入。取得商品的现时收款权利、商品所有权上的主要风险和报酬的转移、商品的法定所有权的转移、商品实物资产的转移、客户接受该商品。

2. 提供服务合同

本集团与客户之间的提供服务合同通常包含风电场运行维护的履约义务，由于本集团履约的同时客户即取得并消耗本集团履约所带来的经济利益、本集团履约过程中所提供的服务具有不可替代用途，且本集团在整个合同期间内有权就累计至今已完成的履约部分收入款项，本集团将其作为在某一时段内履行的履约义务，在服务提供期间平均分摊确认。

3. 建造合同

本集团与客户之间的建造合同通常包含风电场建设和污水处理厂建设的履约义务，由于客户能够控制本集团履约过程中在建的商品，本集团将其作为在某一时段内履行的履约义务，按照履约进度确认收入，履约进度不能合理确定的除外。本集团按照投入法确定提供服务的履约进度。对于履约进度不能合理确定时，本集团已经发生的成本预计能够得到补偿的，按照已经发生的成本金额确认收入，直到履约进度能够合理确定为止。

示例 7－13：600775. SH 南京熊猫

1. 按时点确认的收入

公司销售工业机器人、电子制造产品、信息网络设备和电子产品等，属于在某一时点履行的履约义务。内销产品收入确认须满足以下条件：公司已根据合同约定将产品交付给客户且客户已接受该商品，已经收回货款或取得了收款凭证且相关的经济利益很可能流入，商品所有权上的主要风险和报酬已转移，商品的法定所有权已转移。外销产品收入确认须满足以下条件：公司已根据合同约定将产品报关，取得提单，已经收回货款或取得了收款凭证且相关的经济利益很可能流入，商品所有权上的主要风险和报酬已转移，商品的法定所有权已转移。

2. 按履约进度确认的收入

公司提供智能工厂系统集成、智能交通和建筑安装等服务，由于公司履约的同时客户能够控制公司履约过程中在建商品或服务，且公司在整个合同期间内有权就累计至今已完成的履约部分收取款项，公司将其作为在某一时段内履行的履约义务，按照履约进度确认收入，履约进度不能合理确定的除外。公司按照产出法确定提供服务的履约进度。对于履约进度不能合理确定时，公司已经发生的成本预计能够得到补偿的，按照已经发生的成本金额确认收入，直到履约进度能够合理确定为止。

示例 7－14：601766. SH 中国中车

1. 销售商品收入（在某一时点确认收入）

本集团销售的商品主要为轨道交通装备及其延伸产品等。本集团在客户取得商品控制权的时点即商品验收移交时确认收入。

2. 提供劳务收入（在一段时间内确认收入）

本集团提供劳务收入主要为轨道交通装备延伸服务等。由于客户在本集团履约的同时即取得并消耗本集团履约所带来的经济利益，本集团将其作为在某一时段内履行的履约义务，按照履约进度确认收入。

五、合同成本

（一）会计事项分析

制造业企业应该关注取得合同前发生的成本以及为执行合同所发生的成本。新收入准则规定了与客户合同相关的成本不属于其他准则的规范范围时如何进行会计处理。与合同相关的成本包括合同取得成本和合同履约成本。

1. 合同取得成本

企业为取得合同发生的增量成本预期能够收回的，应当作为合同取得成本确认为一项资产。增量成本，是指企业不取得合同就不会发生的成本，如销售佣金等。为简化实务操作，该资产摊销期限不超过一年的，可以在发生时计入当期损益。企业采用该简化处理方法的，应当对所有类似合同一致采用。企业为取得合同发生的、除预期能够收回的增量成本之外的其他支出，例如，无论是否取得合同均会发生的差旅费、投标费、为准备投标资料发生的相关费用等，应当在发生时计入当期损益，除非这些支出明确由客户承担。

企业因现有合同续约或发生合同变更需要支付的额外佣金，也属于为取得合同发生的增量成本。在实务中，当涉及合同取得成本的安排比较复杂时，企业需要运用判断，对发生的合同取得成本进行恰当的会计处理，例如，合同续约或合同变更时需要支付额外的佣金，企业支付的佣金金额取决于客户未来的履约情况或者取决于累计取得的合同数量或金额等。

如果属于取得合同的增量成本且主体预计将收回，则主体应当将增量成本确认为一项资产，而不能选择将其费用化。除非本应确认的资产的摊销期为一年或更短期间，可以将其选择费用化。

2. 合同履约成本

企业为履行合同可能会发生各种成本，企业应当对这些成本进行分析，不属于其他企业会计准则规范范围的，应当按照相关企业会计准则进行会计处理；不属于其他企业会计准则规范范围且同时满足该成本与一份当前或预期取得的合同直接相关，该成本增加了企业未来用于履行（包括持续履行）履约义务的资源且该成本预期能够收回，应当作为合同履约成本确认为一项资产。

（二）新收入准则披露示例

示例 7－15：002672. SZ 东江环保

本公司提供的工业废物及市政公用工程设施项目的设计、采购、施工及调试等服务，根据已完工或已完成劳务的进度在一段时间内确认收入。

工程设施建设以及劳务合同的完工进度主要根据项目的性质，按已完成的合同工作量占合同预计总工作量的比例或已完工合同的测量进度确定。于资产负债表日，本公司对已完工或已完成劳务的进度进行重新估计，以使其能够反映履约情况的变化。

本公司为提供工程设施项目的设计、采购、施工及调试服务而发生的工程实施、安装和其他劳务成本，确认为合同履约成本。本公司在确认收入时，按照已完工或已完成劳务的进度将合同履约成本结转计入主营业务成本。

示例 7－16：603157. SH 拉夏贝尔

合同成本包括合同履约成本和合同取得成本。本集团为提供线上店铺运营劳务而发生的成本，确认为合同履约成本，并在确认收入时，按照已完成劳务的进度结转计入主营业务成本。本集团将为获取线上店铺运营劳务合同而发生的增量成本，确认为合同取得成本，对于摊销期限不超过一年的合同取得成本，在其发生时计入当期损益；对于摊销期限在一年以上的合同取得成本，本集团按照相关合同下与确认线上店铺运营劳务收入相同的基础摊销计入损益。如果合同成本的账面价值高于因提供该劳务预期能够取得的剩余对价减去估计将要发生的成本，本集团对超出的部分计提减值准备，并确认为资产减值损失。于资产负债表日，本集团对于合同履约成本根据其初始确认时摊销期限是否超过一年，以减去相关资产减值准备后的净额，分别列示为存货和其他非流动资产；对于初始确认时摊销期限超过一年的合同取得成本，以减去相关资产减值准备后的净额，列示为其他非流动资产。

示例 7－17：601992. SH 金隅集团

本集团与合同成本有关的资产包括合同取得成本和合同履约成本。根据其流动性，分别列报在存货、其他流动资产和其他非流动资产中，如表 7－3 所示。

本集团为取得合同发生的增量成本预期能够收回的，作为合同取得成本确认为一项资产，除非该资产摊销期限不超过一年。

表 7－3　其他流动资产（2019 年年报）　单位：元　币种：人民币

项目	期末余额	期初余额
合同取得成本	119 704 979. 53	71 454 731. 13
应收退货成本	—	
预付企业所得税	764 288 817. 63	804 009 937. 68
预付增值税	750 836 243. 03	645 876 093. 44
预付营业税及其他税金	493 923 753. 32	567 283 553. 53
待抵扣进项税	3 318 194 495. 46	1 060 730 742. 71
待认证进项税	121 281 074. 41	146 775 350. 18
其他	715 817 334. 73	414 595 014. 15
合计	6 284 046 698. 11	3 710 725 422. 82

示例 7－18：600874. SH 创业环保

本集团对外提供中水管道接驳工程，根据已完成工程的进度在一段时间内确认收入，其中，已完成工程的进度按照实际完工进度。于资产负债表日，本集团对已完成工程的进度进行重新估计，以使其能够反映履约情况的变化。

本集团按照已完成工程的进度确认收入时，对于本集团已经取得无条件收款权的部分，确认为应收账款，其余部分确认为合同资产，并对应收账款和合同资产以预期信用损失为基础确认损失准备；如果本集团已收或应收的合同价款超过已完成的工程，则将超过部分确认为合同负债。本集团对于同一合同下的合同资产和合同负债以净额列示。

合同成本包括合同履约成本和合同取得成本。本集团为提供中水管道接驳工程而发生的成本，确认为合同履约成本，并在确认收入时，按照已完成劳务的进度结转计入主营业务成本。本集团将为获取中水管道接驳工程合同而发生的增量成本，确认为合同取得成本，对于摊销期限不超过一年的合同取得成本，在其发生时计入当期损益；对于摊销期限在一年以上的合同取得成本，本集团按照相关合同下确认与中水管道接驳工程收入相同的基础摊销计入损益。如果合同成本的账面价值高于因提供该工程预期能够取得的剩余对价减去估计将要发生的成本，本集团对超出的部分计提减值准备，并确认为资产减值损失。于资产负债表日，本集团对于合同履约成本根据其初始确认时摊销期限是否超过一年，以减去相关资产减值准备后的净额，分别列示为存货和其他非流动资产；对于初始确认时摊销期限超过一年的合同取得成本，以减去相关资产减值准备后的净额，列示为其他非流动资产。

示例 7－19：601727. SH 上海电气

合同成本包括合同履约成本和合同取得成本。本集团为提供工程建造劳务而发生的成本，确认为合同履约成本，并在确认收入时，按照已完成劳务的进度结转计入主营业务成本。本集团将为获取工程劳务合同而发生的增量成本，确认为合同取得成本，对于摊销期限不超过一年的合同取得成本，在其发生时计入当期损益；对于摊销期限在一年以上的合同取得成本，本集团按照相关合同下与确认工程劳务收入相同的基础摊销计入损益。如果合同成本的账面价值高于因提供该劳务预期能够取得的剩余对价减去估计将要发生的成本，本集团对超出的部分计提减值准备，确认为资产减值损失，并进一步考虑是否应计提亏损合同有关的预计负债。于资产负债表日，本集团对于合同履约成本根据其初始确认时摊销期限是否超过一年，以减去相关资产减值准备后的净额，分别列示为存货和其他非流动资产；对于初始确认时摊销期限超过一年的合同取得成本，以减去相关资产减值准备后的净额，列示为其他非流动资产。

六、委托代销和售后代管商品的收入确认（第五步）

会计事项分析

对于不属于在某一时段内履行的履约义务，应当属于在某一时点履行的履约义务，企业应当在客户取得相关商品控制权时点确认收入。在判断客户是否已取得商品控制权（即客户是否能够主导该商品的使用并从中获得几乎全部的经济利益）时，企业应当考虑下列五个迹象：（1）企业就该商品享有现时收款权利，即客户就该商品负有现时付款义务；（2）企业已将该商品的法定所有权转移给客户，即客户已拥有该商品的法定所有权；（3）企业已将该商品实物转移给客户，即客户已占有该商品实物；（4）企业已将该商品所有权上的主要风险和报酬转移给客户，即客户已取得该商品所有权上的主要风险和报酬；（5）客户已接受该商品。

客户如果已经占有商品实物，则可能表明其有能力主导该商品的使用并从中获得其几乎全部的经济利益或者使其他企业无法获得这些利益。需要说明的是，客户占有了某项商品实物并不意味着其就一定取得了该商品的控制权，反之亦然。这一点在委托代销和售后代管商品安排中都有体现。

1. 委托代销安排

委托代销安排是指委托方和受托方签订代销合同或协议，委托受托方向终端客户销售商品。在这种安排下，企业应当评估受托方在企业向其转让商品时是否已获得对该商品的控制权，如果没有，企业不应在此时确认收入，通常应当在受托方售出商品时确认销售商品收入；受托方应当在商品销售后，按合同或协议约定的方法计算手续费金额从而确认收入。

表明一项安排是委托代销安排的迹象包括但不限于：①在特定事件发生之前（例如，向最终客户出售商品或指定期间到期之前），企业拥有对商品的控制权；②企业能够要求将委托代销的商品退回或者将其销售给其他方（如其他经销商）；③尽管受托方可能被要求向企业支付一定金额的押金，但是其并没有承担对这些商品无条件付款的义务。

2. 售后代管商品安排

售后代管商品安排是指根据企业与客户签订的合同，已经就销售的商品向客户收款或取得了收款权利，但是直到在未来某一时点将该商品交付给客户之前，仍然继续持有该商品实物的安排。在实务中，客户可能会因为缺乏足够的仓储空间或生产进度延迟而要求与销售方订立此类合同。在这种情况下，尽管企业仍然持有商品的实物，但是，当客户已经取得了对该商品的控制权时，即使客户决定暂不行使实物占有的权利，其依然有能力主导该商品的使用并从中获得几乎全部的经济利益。因此，企业不再控制该商品，而只是向客户提供了代管服务。

在售后代管商品安排下，除了应当考虑客户是否取得商品控制权的迹象之外，还应当同时满足下列四项条件，才表明客户取得了该商品的控制权：①该安排必须具有商业实质，例如，该安排是应客户的要求而订立的；②属于客户的商品必须能够单独识别，例如，将属于客户的商品单独存放在指定地点；③该商品可以随时交付给客户；④企业不能自行使用该商品或将该商品提供给其他客户。在实务中，越是通用的、可以和其他商品互相替换的商品，越有可能难以满足上述条件。

需要注意的是，如果在满足上述条件的情况下，企业对尚未发货的商品确认了收入，则企业应当考虑是否还承担了其他的履约义务，例如，向客户提供保管服务等，从而应当将部分交易价格分摊至该履约义务。

七、卖方信贷（第五步）

（一）会计事项分析

为了销售商品，大型设备制造的公司会接受经选择的、信誉良好的客户采用卖方信贷结算的付款方式支付货款。卖方信贷具体包括委托贷款和销售担保贷款两种方式，即公司与银行合作，以自有资金向客户发放委托贷款购买公司产品或银行为客户提供贷款以支付货款但由公司提供担保。

根据新收入准则，企业与客户之间的合同同时满足下列五项条件的，企业应当在履行了合同中的履约义务，即在客户取得相关商品控制权时确认收入：一是合同各方已批准该合同并承诺将履行各自义务；二是该合同明确了合同各方与所转让商品相关的权利和义务；三是该合同有明确的与所转让商品相关的支付条款；四是该合同具有商业实质，即履行该合同将改变企业未来现金流量的风险、时间分布或金额；五是企业因向客户转让商品而有权取得的对价很可能收回。

在卖方信贷模式下，涉及对客户信用风险、回购商品可能性以及回购价格等的分析和判断，收入的确认时点需要结合实际情况进行分析。

（二）新收入准则应用案例

案例7－3

卖方信贷下的销售

（本案例摘自证监会《上市公司执行企业会计准则案例解析（2020）》）

1. 背景资料

A公司与其客户B公司签订EPC总承包合同，即A公司受B公司委托，按照合同约定对光伏太阳能电站进行设计、采购、施工、试运行进行承包，电站经验收合格后转让给B公司。

由于光伏电站的资金需求较大，B公司于电站移交时支付全部款项存在困难。A公司为减少应收款项、加速资金回笼，决定改为通过融资租赁销售模式实施该项目。由A公司、B公司以及融资租赁公司签署补充协议，约定A公司将光伏太阳能电站建成后销售给融资租赁公司，再由融资租赁公司向B公司提供融资租赁服务。同时，A公司和融资租赁公司签订回购担保协议，如果B公司不能按期支付融资租赁款，A公司需要按约定条件回购该电站项目。在这种卖方信贷模式下，附有回购义务情形下资产销售方的收入如何确认？

2. 案例分析

近年来，资本市场出现了较多创新型的经营模式和盈利模式，较传统模式而言，创新模式下的经营活动更为特殊和复杂，在相关收入确认方面需要充分了解业务模式进而判断收入确认条件是否得到满足。

根据新收入准则，首先判断合同是否成立，其中包括向客户转让商品而有权取得的对价很可能收回。其次对于某一时点履行的履约义务，应在客户取得产品或服务的控制权时确认收入，而客户取得控制权的主要迹象之一是将商品所有权上的主要风险和报酬转移给购货方。在卖方信贷销售模式下，公司在销售时面临未来代偿、无法追偿的风险，能否确认收入，在实务中应当根据客户（资产使用方）信用风险、承担回购担保责任的程度等情况予以判断。

（1）如果基于历史交易信息，企业对资产使用方的信用状况存在一定的了解和判断，则应根据客户（资产使用方）历史和当前信用状况判断与商品相关的主要风险和报酬对外转移的程度，综合考虑首付比例、贷款年限与机械使用寿命、产品市场价格走势、客户信用、购买目的等因素，从而判断是否能够确认收入。

（2）如果面临的都是新客户且并无历史信息或其他充分信用证据的情况下，则须进行较为谨慎的专业判断。在此模式下，如果买卖双方向融资租赁公司提供担保，但担保物仅为标的资产本身，在未来客户（资产使用方）无法及时付款时出售方还须回购标的资产，从收入确认的角度考虑，标的资产的风险报酬是否转移值得怀疑；如果在标的资产抵押的基础上增加了其他担保，如对后续期间回款存在其他支持或担保物，则有可能一定程度上已转移标的资产相应的风险和报酬。

（3）如果企业认为可以确认收入，应提供相应支持性证据并予以充分披露，如客户（资产使用方）现金流量、信用状况如何、是否存在措施保证及时问款、是否存在标的资产之外的担保物能在一定的基础上覆盖标的资产的风险等。

此外，在确认收入的同时，根据同业经验及与租赁公司签订的回购条款对回购情况下公司可能承担的回购损失进行合理估计，计提回购担保预计负债。

八、合同能源管理（第一步、第二步）

（一）会计事项分析

合同能源管理（Energy Management Contract，EMC），是一种基于市场运作的全新的节能新机制。从事合同能源管理的节能服务公司与用能单位以契约形式约定节能项目的节能目标，节能服务公司为实现节能目标，向用能单位提供必要的服务，用能单位以节能效益支付节能服务公司的投入及其合理利润。在合同能源管理项目下，节能服务公司能够为客户提供用能状况诊断、节能项目设计、融资、改造（施工、设备安装、调试）、运行管理等服务，并从客户进行节能改造后获得的节能效益中收回投资并取得利润。

在合同能源管理项目中，节能服务企业为客户提供的服务可能是多种多样的，既包括为客户提供节能项目设计、融资、改造（施工、设备安装、调试）、运行管理等服务，也可能包括向客户销售其生产的节能设备或产品。在实务中，节能服务企业需要考虑其与客户签订的合同，对合同所涵盖的各项业务的实质进行综合判断，考虑其适用于固定资产准则、租赁准则还是收入准则的问题，在实务中存在不同的做法。

（二）新收入准则应用案例

案例7－4

合同能源管理

（本案例摘自证监会《上市公司执行企业会计准则案例解析（2020）》）

1. 背景资料

A公司主营业务为新能源工程的设计、技术开发和咨询、技术服务、技术转让、工程安装及工程总承包；机械、电气、自动化控制设备及其零部件的研发、组装、销售。A公司与客户签订能源服务合同，在客户所在地设立一家项目公司，该项目公司利用客户工厂产生的余热或蒸汽进行综合利用，为其配套建设余热发电装置。

余热发电项目所在地的土地使用权归客户所有，项目的立项审批、竣工经验收及并网发电等政府相关的审批手续均以客户的名义进行。项目公司负责余热发电项目的投资建设，具体内容包括对整个工程的设计、设备选型、设备采购、工程安装和调试。余热发电项目的资产所有权归项目公司所有，自建成投产之日起，项目公司运营8年后无偿转让给客户。

余热发电项目建成后由项目公司负责运营，项目公司向客户提供电力，电价参考当地同类型上网电价确定。为保证项目公司投资的收回，台机组月发电收入如低于200万元，按200万元结算；如高于200万元，则按实际情况结算。

2. 案例分析

对于不同业务活动产生的收入，企业应当按照相应的准则规定进行会计处理。

在本案例中，根据A公司与客户签订的能源服务合同，其业务模式主要具有以下特点：

（1）项目公司负责余热发电装置的建造；

（2）余热发电装置的所有权将在8年后移交给客户；

（3）项目公司负责余热发电装置的运营并且参照市场定价按实际发电收取电费；

（4）运营期间项目公司实际收取的电费收入不确定，但能够保证最低收入。

这是一种特殊的业务模式：企业向另一企业提供建设、运营等多种服务且在一定期间后进行产权移交，企业会计准则并未对此作出明确规定。实务中各企业根据其业务特点，分别借鉴不同的会计处理思路进行会计处理，其中比较有代表性的做法和观点有两种：一种观点认为建造活动是建造自用的固定资产，应该按照实际发生的支出计入在建工程的成本；另一种观点认为是为客户提供建造服务，应该确认建造服务的收入。两种观点的争议在于为谁建造，合同能源管理项下的资产是为客户建造还是企业自建固定资产。

观点一：自建固定资产并为客户提供服务。

按照建造成本确认在建工程成本，并在项目达到预定可使用状态时转为固定资产并开始计提折旧，在运营期间确认电费收入，最后移交的时候作为固定资产处置进行会计处理。在此类情况下，关于收入的会计处理首先需要判断将该资产提供给客户使用的安排是否构成租赁。在本案例中，合同的履行取决于特定资产的使用，但根据合同约定，余热发电装置都由A公司的项目公司负责运营，参照市场定价按实际发电收取电费，固定资产的使用权没有转移给客户，不符合租赁的条件。因此，A公司应在实际运营期间根据实际发电情况确认电费收入。

观点二：为客户提供建造服务并提供运营服务。在分析项目公司应该如何确认收入的时候，应该考虑项目公司实质上从事什么业务、提供了什么样的商品和服务。根据上述对业务模式的描述，项目公司的主要经营活动包括了建造服务和发电运营服务。

根据新收入准则，企业应按五个步骤分析其与客户签订合同所产生的收入：①识别客户合同；②识别合同中的履约义务；③确定交易价格；④将交易价格分摊至合同中的履约义务；⑤在主体履行履约义务时（或履约过程中）确认收入。本案例的关键在于识别履约义务、确定交易价格、将交易价格分摊至合同中的履约义务以及在主体履行履约义务时（或履约过程中）确认收入的判断，以下就这些关键点进行分析：

（1）识别履约义务。项目公司的主要经营活动包括建造活动和运营服务。建造活动又包括工程设计、采购、建设和安装等内容。对于建造活动，项目公司提供了大整合服务，设计、采购、建设和安装等内容无法明确区分，整体建造活动属于一项履约义务。根据合同的约定对项目进行运营，将在一定年限后无偿转让给客户，由客户自行运营使用，因此，客户能够从单独使用建造活动和运营服务或与其他易于获得的资源一起使用中获益，这两项活动可明确区分，属于两项单独的履约义务。

（2）确定交易价格。本案例中关于合同价格的约定为，在8年的运营期内“台机组月发电收入如低于200万元，按200万元结算；如高于200万元则按实际情况结算”，该合同对价为一部分固定价格加一部分可变对价。

公司未来收取的对价具有较多的可能结果，按照期望值确定可变对价的最佳估计数可能是较为合适的方法，并且对合同对价的估计应当以相关的不确定性消除时极可能不会发生重大转回的金额为上限。以后的每一资产负债表日，公司应当重新估计应计入交易价格的可变对价金额，并按在履约义务间进行分摊。

此外，还需要注意的是，由于合同存续时间较长（建设期 + 运营期8年），因此合同对价中可能存在重大融资成分，公司对于存在重大融资成分的合同应当按照准则的规定，以假定客户在取得商品控制权时即以现金支付的应付金额确定交易价格。该交易价格与合同对价之间的差额，应当在合同期间内采用实际利率法摊销。

（3）将交易价格分摊至合同中的履约义务。公司应将确定的交易价格在建造活动和运营服务中进行分摊。

如果公司对两项履约义务均存在单独售价的，将确定的交易价格按照各履约义务单独售价的相对比例进行分摊。各项履约义务的单独售价无法直接观察的，公司可以采用市场调整法、成本加成法估计单独售价。由于公司主要业务为“新能源工程的设计、技术开发和咨询、技术服务、技术转让、工程安装及工程总承包；机械、电气、自动化控制设备及其零部件的研发、组装、销售”，合同中的运营服务如果未曾单独销售且未单独定价，在这种情况下，公司也可以在使用适当方法估计建造活动的售价后，采用余值法估计运营服务的单独售价。如果有确凿证据表明固定对价或可变对价仅与合同中一项履约义务相关的，公司应当将该对价分摊至该义务。

（4）在主体履行履约义务时（或履约过程中）确认收入。如果本案例中的余热发电项目在客户的现有场地上进行建造，如果客户能够控制在建的厂房和设备，或者厂房、设备等进行专门定制的程度较高，不能轻易用于其他用途，满足“企业履约过程中所产出的商品（或服务）不具有可替代用途”的条件，并且在由于客户或其他方原因终止合同的情况下，企业有权就累计至今已完成的履约部分收取能够补偿其已发生成本和合理利润的款项，该权利具有法律约束力，建造服务满足“企业在整个合同期间内有权就累计至今已完成的履约部分收取款项”的条件。例如，合同中明确约定因客户或他方原因导致项目终止的，客户应按照已发生的成本的合理利润进行结算；或者在客户终止合同的情况下保留（且不返还）客户的预付款的权利是可执行的，且在整个合同期任何时点，该预付款均能补偿企业已发生的成本和合理利润等。

满足上述条件的建造活动属于在一段时间内履行履约义务。如果不能满足则属于按时点确认收入。

公司提供的运营服务满足“客户在企业履约的同时即取得并消耗企业履约所带来的经济利益”的条件，属于在一段时间内履行的履约义务。

在合同期间内，公司按照各履约义务的履约情况确认收入。

九、委托加工与销售购买的判断（第二步、第五步、特定交易三）

（一）会计事项分析

在实务中，不少制造业企业有委托加工业务，并且是以向加工企业销售原料，然后再从加工方购买成品或半成品的形式存在的，过程中签有销售和购买合同。这就涉及判断销售是否满足收入确认的条件、其本质是否销售的问题。

根据新收入准则，销售成立的条件是控制权转移，控制权是指能够主导该商品使用并从中获得几乎全部经济利益，也包括有能力阻止其他方主导该商品的使用并从中获得经济利益。企业需要根据该原则判断相关业务中的商品的控制权是否转移。

证监会发行监管部于2020年6月发布的《首发业务若干问题解答》对该问题的判断给出了具体指引。文中提到，部分首发企业由客户提供或指定原材料供应，生产加工后向客户销售；部分首发企业向加工商提供原材料，加工后再予以购回。在实务中，前述业务是按照受托加工或委托加工业务，还是按照独立购销业务处理，如何区分？通常来讲，委托加工是指由委托方提供原材料和主要材料，受托方按照委托方的要求制造货物并收取加工费和代垫部分辅助材料加工的业务。从形式上看，双方一般签订委托加工合同，合同价款表现为加工费，且加工费与受托方持有的主要材料价格变动无关。在实务中，发行人由客户提供或指定原材料供应，或向加工商提供原材料，加工后予以购回，应根据其交易业务实质区别于受托、委托加工业务进行会计处理。二者区别主要体现在以下方面：（1）双方签订合同的属性类别，合同中主要条款，如价款确定基础和定价方式、物料转移风险归属的具体规定；（2）生产加工方是否完全或主要承担了原材料生产加工中的保管和灭失、价格波动等风险；（3）生产加工方是否具备对最终产品的完整销售定价权；（4）生产加工方是否承担了最终产品销售对应账款的信用风险；（5）生产加工方对原材料加工的复杂程度，加工物料在形态、功能等方面的变化程度等。对于由发行人将原材料提供给加工商之后，加工商仅进行简单的加工工序，物料的形态和功用方面并没有发生本质性的变化，并且发行人向加工商提供的原材料的销售价格由发行人确定，加工商不承担原材料价格波动的风险。对于此类交易，通常按照委托加工业务处理，发行人按照原材料销售和回购的差额确认加工费，对于提供给加工商的原材料不应确认销售收入。由客户提供或指定供应商的原材料采购价格由双方协商确定且与市场价格基本一致，购买和销售业务相对独立，双方约定所有权转移条款，公司对存货进行后续管理和核算，该客户没有保留原材料的继续管理权，在产品销售时，公司与客户签订销售合同，销售价格包括主要材料、辅料、加工费、利润在内的全额销售价格，对于此类交易，通常应当按照实质重于形式的原则认定是否为购销业务处理，从而确定是以全额法确认加工后成品的销售收入，还是仅将加工费确认为销售收入。

（二）新收入准则应用案例

案例7－5

委托加工与销售购买的判断

（本案例摘自证监会《上市公司执行企业会计准则案例解析（2020）》）

1. 背景资料

A公司是主要从事工业专用装备及大型特殊钢精锻件的研发、生产、销售和服务的大型锻件生产企业。最近两年，A公司与无关联第三方公司通过签订销售合同的形式将材料销售给第三方公司并委托第三方公司进行加工；同时，与第三方公司签订商品采购合同将加工后的商品购回。具体交易安排如下：

A公司向无关联第三方销售商品，与无关联第三方签订了销售合同，同日，A公司与该无关联第三方也签订了采购合同。同日签订的销售合同内容和采购合同内容交易标的、数量是一样的，但交易价格略有差异，一般是采购价格大于销售价格。

A公司与无关联第三方签订的采购或销售合同的合同要素，类似于加工承揽合同。有的合同标题直接为：A公司采购（加工）合同或销售（加工）合同，或A公司加工合同。合同内容显示：委托方为A公司，加工方为无关联的第三方；质量技术标准为：按委托方图纸尺寸及技术要求加工；运输费无论是采购合同还是销售合同，一般由无关联的加工方承担。

A公司与无关联第三方同日签订的外协加工合同（分为采购合同和销售合同）在管理上可一一对应。如A公司与无关联第三方客户签订的“A公司采购合同”中，如果销售合同编号为：XS－A－2012－12－2A（其中，“XS”意为销售），对应的采购合同编号为：CG－A－2012－12－2B（其中，“CG”意为采购）。

A公司销售凭证后面有提货单、销售通知单；采购合同后面附有采购入库单。

A公司对采购合同不具有撤销的权利。

加工方收到待加工的材料后，必须严格按照与A公司签订的销售（加工）合同要求进行加工后再销售给A公司，除此之外，加工方无权按照自身意愿使用或处置该等材料。

在加工期间，加工方应妥善保管所加工材料。由于加工方保管不善致使A公司之供料毁损、灭失的，由加工方承担责任。但非加工方保管不善导致的A公司之供料毁损、灭失，A公司承担相应风险。

A公司提供原材料和主要材料，占比非常小的辅助材料由加工方自行采购。

根据销售（加工）合同和相应的采购合同，A公司分别向加工方开具增减增值税销售发票，并从加工方取得进项增值税发票。

A公司将材料交给加工方时及加工方将加工完成后的商品交货给A公司时，双方均记往来款，随后，A公司将采购价款高于销售价款的差额支付给加工方。

A公司的上述经济业务作为销售与采购进行会计处理是否适当？

2. 案例分析

在本案例中，A公司与无关联第三方公司通过签订销售合同的形式将原材料“销售”给第三方公司并委托第三方公司进行加工，同时，与第三方公司签订商品采购合同将加工后的商品购回。在这种情况下，应根据合同或协议条款判断加工方是否已取得对商品的控制权，以确定是否确认销售商品收入。

根据新收入准则中对控制转移的考虑，尽管A公司分别与加工方签订购销合同，且在“购销”环节，A公司分别开具增值税销售发票并取得进项增值税发票，然而根据合同约定，由于“A公司对采购合同不具有撤销的权利，且在交易一开始，A公司即与加工方同时签订销售（加工）和采购（加工）合同，锁定材料销售价格和加工后产品的采购价格”，因此在该交易中，加工方的收益是固定的，在交易一开始即被锁定，加工方并不会承担与加工材料有关的价格变动风险，也不存在加工后的产品销售不出去的风险。其次，待加工材料发送给加工方后，非加工方保管不善导致的A公司之供料毁损、灭失，A公司承担相应风险。此外，因“加工方无权按照自身意愿使用或处置该等材料”，因此加工方无法享有与所加工材料所有权有关的报酬，即通过处置或使用等形成的经济利益，加工方未能对该等材料实施有效控制。

根据A公司与加工方签署的销售和采购合同，A公司与加工方的交易实质上属于由委托方提供原料和主要材料，受托方只垫付少数辅助材料，按照委托方的要求加工货物并收取加工费的经营活动，在此交易中，A公司仍然保留与所加工材料所有权有关的主要风险和报酬，继续对材料实施有效控制，所加工的材料仍然属于A公司的存货。

综上所述，所加工材料的控制权并未从A公司转移给加工方，而是仍然保留在A公司，故A公司不应确认销售商品收入，而应当将整个业务作为委托加工进行处理。

本案例主要针对通过购销合同形式进行委托加工的委托方如何进行会计处理予以分析。而事实上，如果站在受托方的角度，也应当充分考虑在此交易中是否取得了所交易的商品或服务的控制权，恰当判断其应按照总额法还是净额法进行收入确认。

第八章
新收入准则应用示例：医药行业

第一节 行业概述

一、行业简介

医药行业的产业链主要由三部分组成：医药原料、医药研发与制造、医药流通及服务。产业链上游的医药原料是用作生产化学药、中药和生物药的原料，包括化学原料药、中药材及动植物原料药；中游的医药研发与制造主要包含化学药研发与制造、中药研发与制造、生物药研发与制造、医疗器械制造等；下游医药流通则是通过流通渠道到达经销商和终端客户平台，最终面向用药群体，以及提供医疗服务。根据证监会颁布的《上市公司行业分类指引（2012 年修订）》，医药行业涉及多个类别，如：（1）制造业——医药制造业；（2）制造业——专用设备制造业；（3）批发和零售业——零售业；（4）科学研究和技术服务业——研究和试验发展。根据《申银万国行业分类》，医药生物作为一级分类，下属具体有 6 个子分类，分别是：（1）化学制药；（2）中药；（3）生物制品；（4）医药商业；（5）医疗器械；（6）医疗服务。

总体来看，医药行业产业链可以分为医药制造、医药流通和医疗服务三个模块：

（1）医药制造包括中西成药、化学原料药、天然药物、生物医药、化学原料药中间体、医疗器械的研究开发和制造；

（2）医药流通包括医药产品、医疗器械等的批发、零售与进出口业务；

（3）医疗服务主要包括医院、诊所、体检中心、医学诊断等服务。

具体细分领域如图 8 - 1 所示。

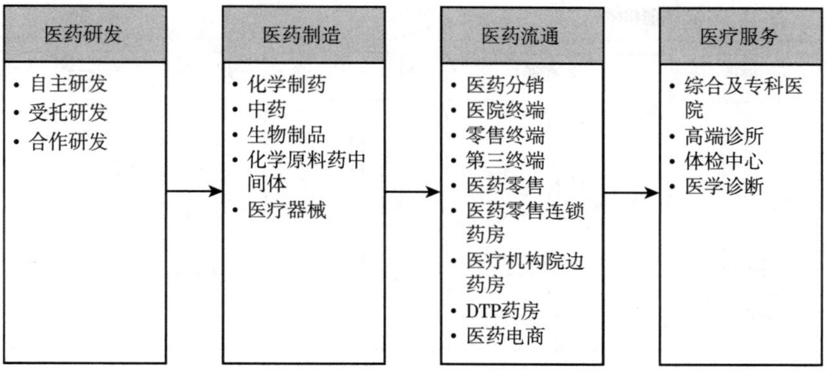

图 8－1　医药行业的产业链

二、业务模式

（一）医药研发

产品研发是成就医药企业高市值的重要核心，是深刻反映企业管理、运营、主要产品和销售特点的核心竞争力。医药研发企业的主要业务模式即为制造企业进行产品研发服务。其主要业务包括以下 3 类：

1. CRO：Contract Research Organization，合同研发服务，是通过合同形式为制药企业和研发机构在药物研发过程中提供专业化服务。

2. CMO：Contract Manufacture Organization，合同生产业务组织，主要是接受制药公司的委托，提供产品生产所需要的工艺开发、配方开发、临床试验用药、化学或生物合成的原料药生产、中间体制造、制剂生产（如粉剂、针剂）以及包装等业务。

3. CDMO：Contract Development And Manufacturing Organization，合同研发与生产业务。即在 CMO 的基础上增加相关产品的定制化研发业务，主要为客户提供医药研发服务（CRO）。

从提供服务的阶段来划分，目前市场主流 CRO 企业主要提供临床前 CRO 和临床研究 CRO 两类服务：

第一，临床前 CRO 服务，主要从事化合物研究服务和临床前研究服务，主要包括新药发现、先导化合物和活性药物中间体的合成及工艺开发、安全性评价研究服务、药代动力学、药理毒理学、动物模型的构建等。

第二，临床 CRO 服务，主要针对临床试验阶段的研究提供服务，涵盖临床 I－IV 期技术服务、临床数据管理和统计分析、新药注册申报等。

CRO 开发流程与各模块内容如图 8－2 所示：

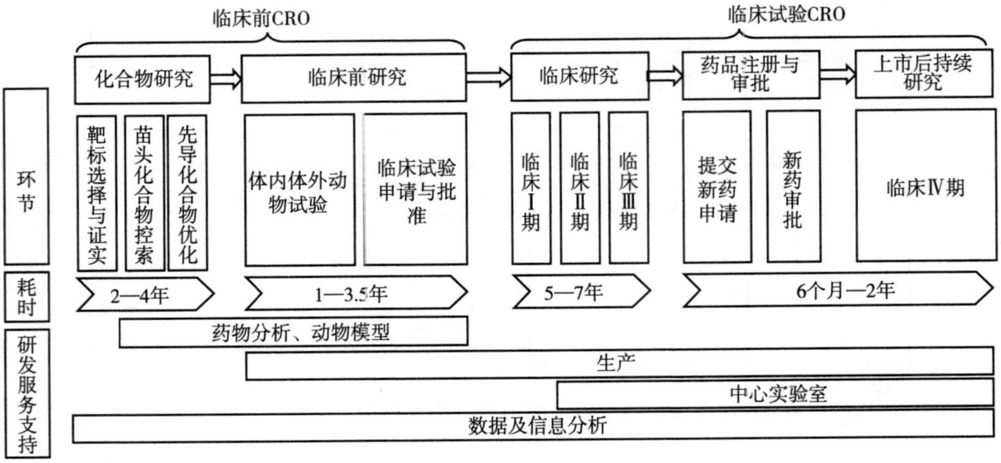

图 8 - 2　CRO 开发流程与各模块内容

（二）医药制造

医药制造业是指将原料经物理变化或化学变化后成为新的医药类产品的行业，包括化学制药工业（含化学原料药和化学制剂药）、中药工业（含中成药制造和中药饮片加工）、生物制药工业和医疗设备及器械制造工业等子行业。

医药从研发到生产需要经历 5 个阶段：药物发现——临床前研究——临床/生物等效研究——取得生产批件（一致性评价）——商业化生产。

药品制造和制造行业其他子行业的业务流程一致，药品的制造通常由若干道工序构成，生产过程中依次产出中间产品和终端产品，其中部分中间产品既可用于下道工序继续生产，也可直接对外销售。

（三）医药流通

医药流通是指医药产业中连接上游医药生产厂家和下游经销商或零售终端客户的一项经营活动，主要是从上游厂家采购医药产品，直接出售给医院、诊所、药店等终端客户，或批发给下游经销商的流通过程。

根据下游客户的性质，医药流通行业可分为经销、代理以及零售模式。

1. 经销模式

经销模式是指医药流通企业直接向医院、卫生院等医疗机构以及零售药店提供药品销售及配送服务（见图 8 - 3）。

向医疗机构销售是经销业务最主要的形式，其特点为：市场需求明确且增长未定、对终端的掌控能力较强，客户（主要是公立医疗机构）资信较好，但对服务要

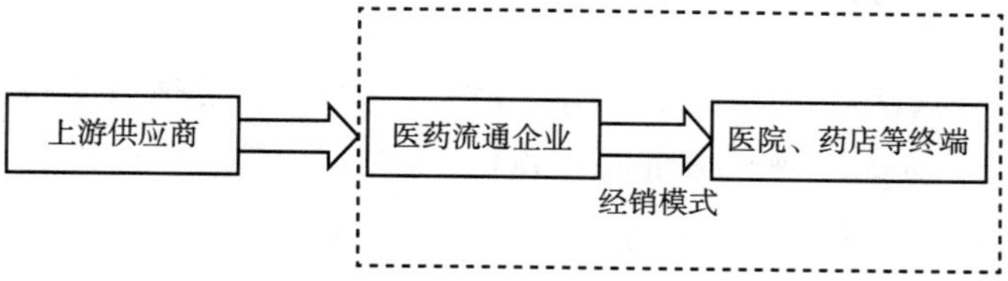

图 8－3　经销业务模式示意图

求较高，同时应收账款金额较高且账期较长。

对零售药店的终端销售目前为经销业务的补充形式，其主要特点为：市场化程度较高、竞争激烈、销售形式灵活、资金周转较快。

2. 代理模式

代理模式的主要形式为买断代理，即经营企业通过买断生产企业某一药品，获得全国或相应区域的总代理资格或独家经销权，并负责客户开发、订单处理、物流配送、推广促销、售后服务等基本环节的销售活动（见图 8－4）。

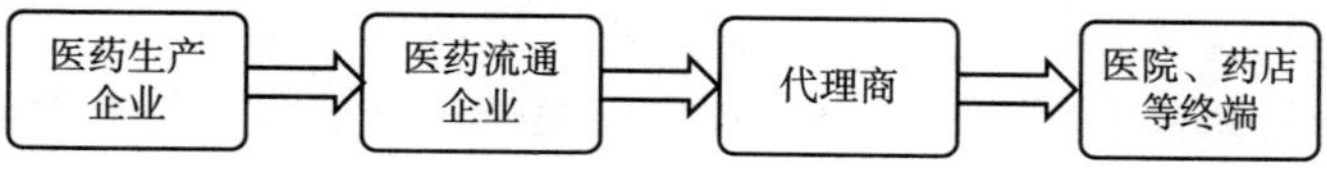

图 8－4　代理业务模式示意图

代理模式的特点是地缘优势突出，资金占用较大，终端掌控能力较强。

3. 零售业务

医药零售业务是指以药店形式为终端消费者提供药事服务。

（四）医疗服务

从营利性来看，中国医疗机构可分为三大类：公立非营利医疗机构、私立非营利医疗机构及私立营利医疗机构。不同的分类有不同的注册业务性质，采用不同的财务、税收、定价及会计政策。公立非营利医疗机构有资格享受政府财政补贴，而私立非营利医疗机构和私立营利医疗机构则无此资格。公立非营利医疗机构和私立非营利医疗机构均须在有关政府物价管理部门规定的定价范围内收取医疗服务费，根据政府机关公布的标准执行财务与会计制度，并为其持续发展保留利润。营利医疗机构可根据市场惯例收取医疗服务费、实施财务与会计制度以及向股东分配利润。

私立医疗服务包括专科和综合医院、高端诊所、体检中心、第三方诊断以及新型的互联网医疗新业态。

1. 综合或专科医院及高端诊所

根据对医院的管理模式可分类为：单独设立的营利性医院和 IOT 医院（托管

模式)。

营利性医院的收益主要来自提供的综合性医疗服务，包括门诊和住院服务。

IOT 医院（Investment – Operation – Transfer）指由投资方承诺作出固定投资，改善医院医疗设施和服务水平，以换取管理和营运相关的医院权利，在某一约定期限内收取基于协议的管理费，并提供药品、医疗器械及医用耗材，并在协议约定结束后将管理、运营转还给医院所有人。企业通过与公立医院签订 IOT 协议进行医院管理。根据 IOT 协议，企业有权在一定期限内管理此类公立医院、进行投资、提供服务，并向此类公立医院销售药品、医疗器械及医用耗材。企业通过收取管理费和药品、医疗器械及耗材的差价实现盈利。根据 IOT 协议，管理费参考 IOT 医院的经营业绩指标计量。

2. 体检中心

体检中心提供体检服务，即通过医学手段和方法对客户进行健康检查、健康咨询、健康评估、健康维护等以预防疾病、促进健康、管理健康为目的的综合服务产业。体检属于预防医学的范畴，是医疗服务产业中的重要一环。

目前市场上的体检中心主要通过连锁店的模式进行运营，其上游行业主要为医疗设备行业及医用消耗品行业，下游行业主要为团体客户和个人客户。

3. 第三方医学诊断

第三方医学诊断是指独立于医疗机构，为医院、社区卫生服务中心、乡镇卫生院、体检中心、疾控中心等提供的医学诊断检测服务。我国体外诊断市场份额中，生化诊断试剂和免疫诊断试剂目前占比较大，其中用于免疫诊断的化学发光类产品、POCT 类产品、分子诊断类产品增长较快。中国已进入老龄化社会，健康体检需求也在增长，随着医生多点执业、远程医疗、分级诊疗等医疗相关政策的实施，医学诊断市场将持续发展。

三、“两票制”的影响

“两票制”是指药品生产企业到流通企业开一次发票，流通企业到医疗机构开一次发票。

“两票制”对医药行业的影响主要体现在对企业商业模式的影响，以及商业模式变化对财务数据趋势产生的影响。

近年来，我国药品生产企业采用的主要销售模式包括高开自营、高开代理、底价代理三种方式，或同时采用两种以上的混合销售模式。三种销售模式下的药品生产企业特点总结见表 8 – 1。

表 8－1　　药品生产企业销售模式对比表

销售模式	高开自营	高开代理	底价代理
流通链条	生产企业——配送商——终端	生产企业——配送商——终端	生产企业——代理商——配送商——终端
销售执行方式	自营的销售队伍进行推广	委托外包的销售队伍进行推广	招商代理，将渠道、推广等职能让渡于代理商
药品出厂价格	高开（接近中标价）	高开（接近中标价）	底价（远低于中标价，因品种而异）
毛利率	高	高	低
销售费用率	高	高	低
销售费用的处理方式	市场部、销售部员工提供发生的费用发票，公司进行报销，计入销售费用	外部人员向公司报销；外部公司向公司提供咨询推广服务，收取公司佣金，向公司开具服务类发票	生产企业销售费用较少，由代理商实际承担推广、销售的责任和费用
承担真实销售职能的员工数量	多	少	少
典型企业	多数外资药企及部分品牌国内药企	实行“两票制”后普药厂家的发展方向	大量普药生产厂家

从表 8－1 可以看出，采用高开自营和高开代理销售模式的企业承担了对终端客户的推广职能和销售费用，仅需要下游药品流通企业完成物流配送这一功能便可实现药品的最终销售，因此适应两票制的要求较为容易，部分企业甚至早已仅需两票便可到达终端。

实行“两票制”之前，高开及底价两种模式下药品流通链条示意图见图 8－5。

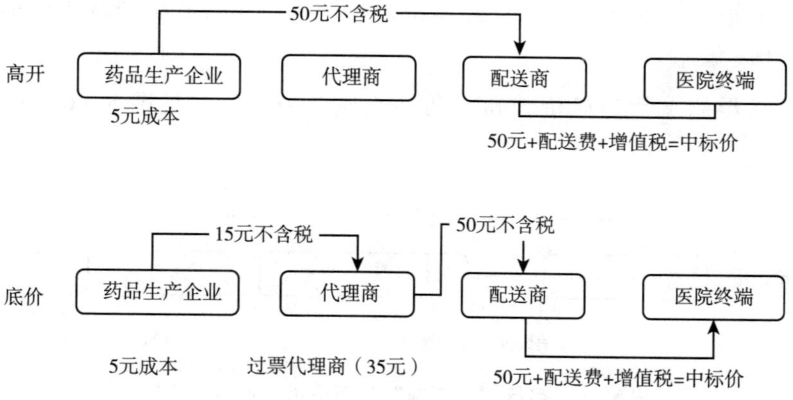

图 8－5　实行“两票制”前药品流通链条示意图

对于采用“高开”模式的药品生产企业而言，“两票制”对其影响较小，其原本可以接近中标价的价格高开给配送型药品流通企业，通过自主营销或外包委托的方式形成较高的销售费用，对我国目前医疗卫生体制的现状而言，销售费用通常用于终端的各类推广活动。

目前我国80%以上的药品生产企业都采取底价代理的销售模式，除了生产及物流之外，销售推广的功能需要借助代理商才能完成。在我国，有能力向医疗机构或药店等终端配送的药品流通企业，通常被称为“配送商”，配送商往往不具备药品学术推广的能力或者意愿，仅仅以一定比例的药品差价（实为物流配送费）赚取利润。因此，过去采取底价代理的生产企业，必须通过代理商才能实现药品的推广及销售，药品流通环节上至少包含了三张发票（生产企业——代理商，代理商——配送商，配送商——终端），其中代理商环节可能会有多票，对于“两票制”的适应也尤为困难。

对于采用“底价代理”模式的生产企业而言，其药品的最终销售的实现同样需要代理商在各个环节上推动、促进。“两票制”推行之前，该类生产企业通过底价打包的方式将推广工作交于代理商完成，主要有两方面的好处：一方面，自身形成较低的销售费用率（当然毛利率也较低），免去了处理销售费用的烦恼；另一方面，底价代理模式要求代理商预付货款，同时降低了资金回收的风险。在“两票制”施行后，底价代理型生产企业只能逐步转为高开，并根据自身产品特点及公司资源能力选择具体转变为高开自营或是高开代理。转为高开指的是药品出厂价将接近中标价或零售价，自营指的是生产企业自建药品销售团队（外资药企的常规模式），代理则指选择转型为CSO的医药代理企业进行单纯的推广服务（不涉及药品购销）。

CSO，即合同销售组织（Contract Sales Organization），其业务是根据与药品生产企业（或药品销售权所有人）签订药品销售合同取得销售权，并基于药品销售获得报酬的一种销售模式。

实行“两票制”后，底价转高开药品流通链条示意图见图8-6（以高开代理为例）。

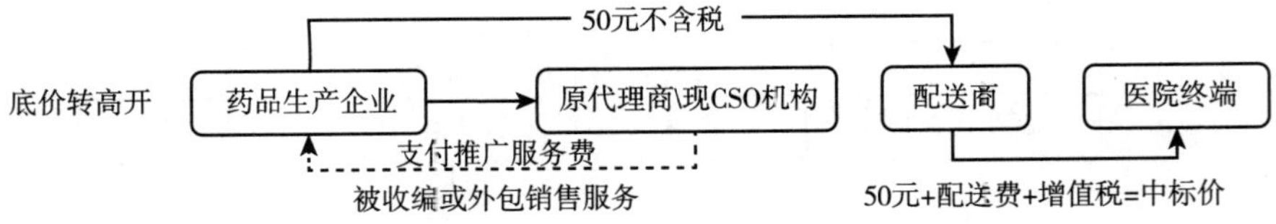

图8-6 实行“两票制”后药品流通链条示意图

对药品生产企业的财务主要影响如表8-2所示。

表 8－2　“两票制”对药品生产企业的财务影响

项目	实行“两票制”前	实行“两票制”后
销售模式	底价代理	高开代理或高开自营
营业收入	低	大幅增加
销售费用率	低	上升
净利润	“两票制”前后基本一致	
应收账款	低，现款现货或预收款	很可能变高，受制于给配送商品的配送费率
资金压力	低	未必会增高，由于营业收入增加带来大量资金沉淀，即便给客户账期变长，但综合资金成本可能不会增加

“两票制”的实施给医药行业带来诸多推动作用：药品流通批发行业集中度提升速率加快、幅度加大；通过精简药品流通环节，在一定程度上缓解了药价虚高现象，给患者带来了切身利益；医药流通企业下游直面终端客户，可以直接得到病患用药效果的反馈，便于医药产品策略的调整，确保患者用药的安全。

同时，“两票制”在目前还有一些挑战，比如，在偏远地区，由于地理环境的限制，“两票制”的实施难以执行。因此，政府对“两票制”的执行也制定了一些豁免政策，主要包括：

一是顺应现代药品企业发展趋势，对药品生产企业或科工贸一体化的集团型企业所设立的仅销售本企业（集团）药品的全资或控股商业公司（全国仅限一家商业公司），境外药品国内总代理（全国仅限一家国内总代理）可视同生产企业。对药品流通集团型企业内部向全资（控股）子公司或全资（控股）子公司之间调拨药品可不视为一票，但最多允许开一次发票。

二是为保障基层药品的有效供应，规定药品流通企业为特别边远、交通不便的乡（镇）和村级医疗卫生机构配送药品时，允许在“两票制”的基础上再开一次药品购销发票。

三是为应对自然灾害、重大疫情、重大突发事件和病人急（抢）救等特殊情况，紧急采购药品或国家医药储备药品，可实行特殊处理。

四是对麻醉药品和第一类精神药品流通经营，仍按国家现行规定执行。

四、“带量采购”的影响

2018 年 11 月 15 日，经中央全面深化改革委员会同意，国家组织药品集中采购试点，试点范围为北京、天津、上海、重庆、沈阳、大连、厦门、广州、深圳、成都、西安 11 个城市（以下简称“4＋7 城市”）。集中采购制度最重要的一个特点是带量采购，就是招标公告中会公示所需的采购量，在投标过程中，除了要考虑价格，还要考虑投标企业能否承担起相应的生产能量。各地医疗机构根据年度药品总用量的60%—70%估算采购量，采购机构汇总采购量与生产企业进行议价或集合竞价，以量换价，形成药品集中采购价格。

"带量采购"政策的目标在于降低药价、反商业贿赂、规范用药及完善招采流程。政策规定只有通过了一致性评价的产品才能进行集采试点，因而进一步突出了"一致性评价"的重要性，其本质是提升国产仿制药物的竞争力，推动国产药物替代外资品牌药，同时减少中小型的医药生产厂家，促进资源向大中型企业聚拢。

一致性评价叠加带量采购政策，整个医药行业高定价、高毛利、高费用、高回扣，大量医药代表密集覆盖的推广模式即将被重塑。搭建有效的低成本营销模式将是未来医药企业所要探索的道路。

五、收入会计事项汇总

执行新收入准则之后，医药行业企业与收入相关的会计事项如表 8 -3 所示。

表 8 -3　　医药行业收入相关会计事项汇总表

业务类型	业务内容	会计事项
医疗机构托管	企业通过 IOT 模式参与非营利性机构医院的管理并收取管理服务费	合并范围的确定 管理服务收入按照时点确认还是在一段时期内确认 可变对价的估计
医药研发	具体分为自主研发、受托研发和合作研发	判断是否属于合营安排 知识产权许可
医药销售	具体分为分销业务、零售业务以及增值服务业务 销售返利在医药行业较为普遍，例如，根据销售量的一定比例向经销商返利	医药销售的收入确认时点 总额法还是净额法确认收入 销售返利需作为"可变对价"调整销售收入
"两票制"	"两票制"指药品生产企业到流通企业开一次发票，流通企业到医疗机构开一次发票	收入确认的时点 "两票制"下配送商应当按总额法还是净额法确认收入
医院医疗服务	医院医疗服务主要包括为患者提供门诊服务和住院服务	医疗服务收入按照时点确认还是在一段时期内确认

第二节　主要会计事项与应用示例

执行新收入准则后，对医药行业可能产生影响的事项包括：销售返利、合作研发、医药流通企业收入确认的总额法与净额法、CRO 研发服务收入按照时点确认还是在一段时期内确认、知识产权许可等。

一、IOT 模式（第一、第四、第五步）

（一）会计事项分析

在实务中，医疗机构托管模式存在已久，成为一种典型的参与非营利性机构医院的模式。

在这种模式下，企业通过 IOT（Investment - Operation - Transfer）模式参与非营利性机构医院的管理并收取管理服务费收入。企业承诺作出固定投资，派驻管理团队，改善医院的医疗设施和诊疗服务水平。同时，在管理期限内，一般有权任命医院的主要高级管理人员（如营运总监及财务总监），并有权推荐或任命院长。IOT 协议期限届满后，管理权将转回给医院所有者。

对于 IOT 模式，首先需要判断，企业是否通过 IOT 协议获得了受托经营的医院的控制权，是否需要纳入企业的合并范围。如果在托管期间内，企业能够代表医院所有者行使权利，有能力主导医院的相关活动，以及获取可变回报，并且有能力运用对医院实施权利影响其回报金额，那么企业具有实质控制权，需要将医院纳入合并范围。如果协议中规定，受托经营的医院的相关活动的最终决策权还是归医院所有者所有，企业没有实质控制权，不能将医院纳入合并范围，企业为医院提供管理服务，以获得托管收入，适用新收入准则的规定。

对于企业获取托管收入的安排，在收入确认上，主要有以下两个问题：

第一，根据新收入准则第十一条的规定，判断医院管理服务是否满足“在某一时段内履行履约义务”；否则，属于“在某一时点履行履约义务”。

第二，管理服务费的收取按医院的收支情况以及表现等级评估，故构成可变对价安排，应当对可变对价进行估计。

（二）新收入准则披露示例

示例 8－1：01515. HK 华润医疗

本集团向 IOT 医院、举办医院及一间 OT 医院提供综合管理服务并向每间 IOT 医院、举办医院及该 OT 医院收取管理费。本集团亦通过建立第三方供应商的供应链管理体系收取供应链管理服务费。

就有关上述医院日常营运各方面的医院管理服务而言，合约包括多项应交付的成果。考虑到向客户转让的有关服务的模式相同，故被视为单一履约义务。

经参考完成该履约义务的进度，相关收益于合约期间内确认。完成履约义务的进度乃以本集团迄今为止向客户转让服务所直接计量的价值计量。相关收益乃按安排所载列的预订公式确认及受限于主要有关IOT医院及举办医院收支结余及/或本集团之表现等级评估。

在提供有关服务后，本集团于每季度或每年收取付款。倘若本集团就交换本集团已向客户转让的服务收取代价的权利尚未为无条件，则确认合约资产。

对包含可变代价收益的估计随着医院已完成履约义务之代价计量的因素的变动而更新。

二、销售返利（第三步）

（一）会计事项分析

销售返利在医药行业较为普遍，例如，根据销售量的一定比例向经销商返利，现行准则下销售返利应当冲减收入。销售返利需要一系列的文件加以印证，比如企业和经销商签订的返利政策文件。

在满足销售返利的支持性流程和文件的条件时，在新收入准则下，销售返利作为“可变对价”调整销售收入。因此，在现行准则和新收入准则下，对销售返利的处理原则是一致的，即调整收入。

如前所述，在“两票制”下，众多流通环节中的经销商不再出现在销售链条中，而是以“向药品生产企业提供销售服务”的方式出现。具体又分为不同的合同形式：

情形1：签订服务合同，明确提供具体的销售服务等内容，销售服务提供商（之前的“经销商”，“两票制”后有可能是单独的服务提供企业，也可能是医药生产企业自行进行销售推广）收取固定金额的服务费。

情形2：签订长期合作合同，明确销售服务提供商负责所有的商务及招采流程。销售服务提供商需在每年年底前完成一定数量的销售任务，药品生产企业从最终客户收取的款项中的一定比例须支付给销售服务提供商作为服务费，即销售服务提供商收取的服务费与销售数量挂钩。

情形3：签订长期合作合同，销售服务提供商只负责介绍客户以及客户资源的对接工作，后续的工作（如招采流程、合同签署等）由医药生产企业自行负责。药品生产企业与客户签订的每一份合同，销售服务提供商都有权按照一定比例收取服务费，即销售服务提供商收取的服务费与销售数量挂钩，但支付比例较情形2要少。

上述情形2、情形3，在实务中被简称为“渠道费”。针对上述3种情形，企业支付给销售服务提供商的服务费可能有三种不同的考虑：

第一，从销售服务提供商处采购了“促销服务”，不论药品生产企业与最终客户是否签订采购合同，由于销售服务提供商已经提供了服务，药品生产企业均有义务向销售服务提供商支付服务费，药品生产企业作为“采购服务”处理，计入销售费用。

第二，只有在药品生产企业与最终客户签订采购合同之后，才有义务向销售服务提供商支付服务费，符合“合同取得成本”的定义，按照确认收入的方式将合同取得成本结转计入损益（销售费用）。

第三，“两票制”的实施并未从本质上改变业务的实质，销售服务提供商仍然是销售链条中的一个组成部分，即仍然将“销售服务提供商”视为药品生产企业的“客户（或向客户购买本企业商品的第三方）”。因此，药品生产企业向销售服务提供商的支付按照“应付客户对价”处理。如果“应付客户对价”是为了向销售服务提供商取得其他可明确区分商品（例如，销售服务提供商提供了促销服务），应当采用与其他采购相一致的方式确认所购买的商品。应付客户对价超过向销售服务提供商取得可明确区分商品公允价值的，超过金额应当冲减交易价格。向销售服务提供商取得的可明确区分商品公允价值不能合理估计的，企业应当将应付客户对价全额冲减交易价格。

《企业会计准则第14号——收入（2017）》应用指南规定：企业在向客户转让商品的同时，需要向客户或第三方支付对价的，应当将该应付对价冲减交易价格，但应付客户对价是为了自客户取得其他可明确区分商品的除外。这里的应付客户对价还包括可以抵减应付企业金额的相关项目金额，如优惠券、兑换券等。这里的第三方通常指向企业的客户购买本企业商品的一方，即处于企业分销链上的“客户的客户”，例如，企业将其生产的产品销售给销售服务提供商，销售服务提供商再将这些产品销售给最终用户，最终用户即第三方。有时，企业需要向其支付款项的第三方是本企业客户的客户，但处于企业分销链之外，如果企业认为该第三方也是本企业的客户，或者根据企业与其客户的合同约定，企业有义务向该第三方支付款项，则企业向该第三方支付的款项也应被视为应付客户对价进行会计处理。应付客户对价中包含可变金额的，企业应当根据本准则有关可变对价的相关规定对其进行估计。

在“代理销售模式（非‘买断式’）”下，存在供应商（药品生产企业）、销售服务提供商或经销商和最终客户的“三角关系”。此时，经销商是代理人，代理人为供应商提供的履约义务是“代理服务”或者“销售服务”，而不是“采购供应商的商品”，因此，经销商应就其向供应商提供履约义务所收取的对价确认为收入，相应地，供应商将支付给经销商的款项作为费用处理。

在“买断式代理模式”下，经销商是主要责任人；经销商向供应商采购商品，属于供应商的客户。而最终客户是经销商的客户，也是供应商的客户，符合上述第三种方式，应按照应付客户对价进行处理。

（二）新收入准则披露示例

示例 8-2：688366. SH 昊海生科

22. 收入（自 2018 年 1 月 1 日起适用）

本集团在履行了合同中的履约义务，即在客户取得相关商品或服务控制权时确认收入。取得相关商品或服务的控制权，是指能够主导该商品的使用或该服务的提供并从中获得几乎全部的经济利益。

销售商品合同

本集团与客户之间的销售商品合同通常仅包含转让商品的履约义务。本集团通常在综合考虑了下列因素的基础上，除对医院的人工晶体产品销售收入确认的时点是医院实际使用货物之时以外，其余均以经销商验收时点确认收入：取得商品的现时收款权利、商品所有权上的主要风险和报酬的转移、商品的法定所有权的转移、商品实物的转移、客户接受该商品。

可变对价

本集团部分与客户之间的合同存在销售返利的安排，形成可变对价。本集团按照期望值或最有可能发生金额确定可变对价的最佳估计数，但包含可变对价的交易价格不超过在相关不确定性消除时累计已确认收入极可能不会发生重大转回的金额。

示例 8-3：601607. SH 上海医药

（23）收入确认

本集团在客户取得相关商品或服务的控制权时，按预期有权收取的对价金额确认收入。

（a）销售商品。

本集团将产品按照合同规定运至约定交货地点，在客户验收且双方签署货物交接单后确认收入。本集团给予客户的信用期根据客户的信用风险特征来确定，与行业惯例一致，不存在重大融资成分。本集团已收或应收客户对价而应向客户转让商品的义务列示为合同负债。

本集团在向客户转让商品的同时，需要向客户或第三方支付对价的，将支付的对价冲减销售收入。

三、医药流通企业收入确认的总额法与净额法（特定交易三）

（一）会计事项分析

医药流通环节包括经销商和配送商。在“两票制”下，流通环节只剩下经销商或配送商（或者合二为一）。由经销商或配送商与药品生产企业签订购销合同。

配送商是主要责任人还是代理人，要判断配送商在向终端客户（医疗机构）转让商品前是否拥有对该商品的控制权，需要结合不同的合同条款进行判断。

（二）新收入准则披露示例

示例 8－4：601607. SH 上海医药

(29) 重要会计估计和判断

(b) 采用会计政策的关键判断

(iii) 收入确认的时点

本集团向客户分销商品时，按照合同规定将产品运至约定交货地点，由经销商对产品进行验收后，双方签署货物交接单。此后，客户拥有销售产品并且有自主定价的权利，并且承担该产品价格波动或毁损的风险。本集团认为，客户在验收并接收货物后取得了产品的控制权。因此，本集团在双方签署货物交接单的时点确认产品的销售收入。

四、研发服务的收入确认（第五步）

（一）会计事项分析

在实务中，研发有不同的形式，如自行研发、委托研发、受托研发、合作研发等。对于自行研发，遵循的是无形资产准则，区分研究阶段还是开发阶段确定资本化时点，进而确认资本化为无形资产的金额以及费用化的金额。对于合作研发，如果是双方共享收益、共担风险，共同对药品的研发和销售作出决定，则可能需要按照合营安排进行会计处理，不属于收入准则的规范范围；因此，对于合作研发，需要根据合同条款，判断双方在合同中的权利和义务，进而确定适用收入准则还是适用合营安排等其他准则。对于委托研发，应当根据研发过程中相关风险和报酬的承担情况、研发完成后研发成果所有权上的主要风险和报酬归属、合同价款的确定等，区分交易的实质是委托方自主研发还是委托方购买无形资产。

对于受托研发中的受托方，其提供研发服务在新、旧收入准则下的差异如下：

在原收入准则下，对于受托方提供的研发服务按照“提供劳务”确认收入。提供劳务的交易结果能够可靠估计时，应当采用完工百分比法确认收入；提供劳务交易结果不能够可靠估计的，企业应正确预计已经发生的劳务成本能够得到补偿和不能得到补偿，分别进行会计处理：（1）已经发生的劳务成本预计能够得到补偿的，应按已经发生的能够得到补偿的劳务成本金额确认提供劳务收入，并结转已经发生的劳务成本。（2）已经发生的劳务成本预计全部不能得到补偿的，应将已经发生的劳务成本计入当期损益，不确认提供劳务收入。

在新收入准则下，首先应当识别委托方和受托方签订的研发合同中包含几项单项履约义务（例如，可能包含药物研发服务和生产服务）。之后，判断单项履约义务（例如，药物研发服务）是否满足在某一时段内履行履约义务，不满足的则属于在某一时点履行履约义务，需要根据不同的情形以及合同条款进行分析。

（二）新收入准则应用案例

案例8－1

药品实验服务的收入确认

（本案例摘自财政部于2020年7月发布的《收入准则应用案例——药品实验服务的收入确认》）

1. 背景资料

甲公司与乙公司签订合同，为其进行某新药的药理药效实验。合同约定，甲公司按照乙公司预先确定的实验测试的材料、方式和次数进行实验并记录实验结果，且须向乙公司实时汇报和提交实验过程中所获取的数据资料，实验完成后应向乙公司提交一份药理药效实验报告，用于乙公司后续的临床医药实验。假定该合同仅包含一项履约义务。该项实验工作的流程和所使用的技术相对标准化，如果甲公司中途被更换，乙公司聘请另一家实验类企业（以下简称“新聘企业”）可以在甲公司已完成工作的基础上继续进行药理药效实验并提交实验报告，新聘企业在继续履行剩余履约义务时将不会享有甲公司目前已控制的且在将剩余履约义务转移给该企业后仍然控制的任何资产的利益。

2. 案例分析

在本例中，甲公司在判断其他企业是否实质上无须重新执行甲公司累计至今已经完成的工作时，应当基于下列两个前提：一是不考虑可能会使甲公司无法将剩余履约义务转移给其他企业的合同限制或实际可行性限制；二是假设新聘企业将不享有甲公司目前已控制的且在将剩余履约义务转移给该新聘企业后仍然控制的任何资产的利益（见表8－4）。

表8－4

在某一时段内履行履约义务的条件（满足之一）	研发服务具体分析
1. 客户在企业履约的同时即取得并消耗企业履约所带来的经济利益	满足。 由于甲公司实验过程中的资料和数据已实时提交给乙公司，且如果在甲公司履约的过程中更换其他企业继续进行药理药效实验，其他企业可以在甲公司已完成的工作基础上继续进行药理药效实验并提交实验报告，实质上无须重复执行甲公司累计已经完成的工作，因此，乙公司在甲公司履约的同时即取得并消耗了甲公司履约所带来的经济利益，甲公司提供的实验服务属于在某一时段内履行的履约义务
2. 客户能够控制企业履约过程中在建的商品	无须进一步分析
3. 企业履约过程中所产出的商品具有不可替代用途，且该企业在整个合同期间内有权就累计至今已完成的履约部分收取款项	无须进一步分析

在本例中，如果不满足条件1，则需要进一步分析是否满足条件2和条件3。如果三个条件均不满足，则属于在某一时点履行的履约义务。

（三）新收入准则披露示例

示例8－5：603295. SH药明康德

本集团在运用会计政策过程中作出了以下重要判断，并对财务报表中确认的金额产生了重大影响：

本集团与不同的客户签订各类合同，为确认履约义务完成的时间，集团管理层对合同条款进行分析与评估。新收入准则要求管理层对合同中包含的履约义务进行分析，判断FFS［客户定制服务（Fee－For－Service）］类收入何时应在一段时间内确认及何时应在某一时点确认。

对部分FFS业务模式下的合同，集团管理层判断该类合同相关履约义务应在某一时间段内确认。管理层需要判断集团在整个合同期间中有权就累计至今已完成的履约部分收取款项。集团管理层的判断和分析考虑了相关合同的适用法律法规并参考外部法律律师的意见（如适用）。

对于在某一时段内履行的履约义务，集团应当在该段时间内按照履约进度确认收入，根据商品或者服务的性质，集团管理层需要判断采用投入法或者产出法确定恰当的履约进度。

对部分 FFS 业务模式下的合同，集团管理层判断集团在向客户交付递交物并且被客户验收后拥有现时收款权力，因此集团管理层认为相关履约义务在该时点被完成。

五、知识产权许可（特定交易五）

（一）会计事项分析

在原收入准则下，知识产权许可属于“让渡资产使用权”，如果合同或协议约定一次性收取使用费，且不提供后续服务的，应当视同销售该项资产一次性确认收入；提供后续服务的，应当在合同或协议规定的有效期内分期确认收入。如果合同或协议规定分期收取使用费的，通常应按照合同或协议规定的收款时间和金额或规定的收费方法计算确定的金额分期确认收入。

在新收入准则下，授予知识产权许可的收入是一次性确认还是分期确认的认定标准有差异。在新收入准则下，核心的原则是在授予知识产权许可后，企业是否还会从事一些对客户使用知识产权产生影响的活动。因此，新、旧准则下授权知识产权的收入确认时点可能会不一样。

此外，如果授予知识产权许可是按客户实际销售或使用情况（例如按销售额提成）收取特许权使用费的，新准则要求应当在客户后续销售或使用行为实际发生与企业履行相关履约义务二者孰晚的时点确认收入。

（二）新收入准则披露示例

示例 8 -6：01349. HK 复旦张江

技术转让的合约收益于合约固定期内或（如适用）有关成本产生时确认。有关研究及开发或商业协议的阶段性付款，会根据适用的表现规定和合约条款于赚取时确认为收益。有关未来表现的已收取款项，会予以递延并在指定的未来表现期间列作收益。在技术转让协议所述条款的规限下，及待买家成功将获转让的技术商业化后，本集团或可在未来收取额外的特许权收入或摊分溢利收入。在收取有关收入的权利确立时，特许权收入或摊分溢利会确认入账。

第九章

新收入准则应用示例：汽车行业

第一节　行业概述

一、行业简介

汽车产业是规模最大、最重要的产业之一，整体产业链较长。根据证监会颁布的《上市公司行业分类指引（2012年修订）》，汽车行业主要涉及两个类别：（1）制造业——汽车制造业；（2）批发和零售业——零售业。汽车整车制造和汽车零部件制造均归类为汽车制造业。根据《申银万国行业分类》，汽车作为一级分类，下属具体有三个子分类，分别是：（1）汽车整车；（2）汽车零部件；（3）汽车服务。

总体来看，汽车产业链可以分为上游零部件、中游整车和下游销售及服务三个模块，具体细分领域如图9-1所示。

二、业务模式

（一）整车厂

汽车制造企业（也称“整车厂”）作为汽车行业价值链的驱动者，是当前汽车行业的主要业态，其业务模式是提供乘用车和商用车的整车生产和销售，以及备件的销售。整车开发历经产品设计研发、工程设计及制造，最后转化为成熟商品并实现销售的过程。

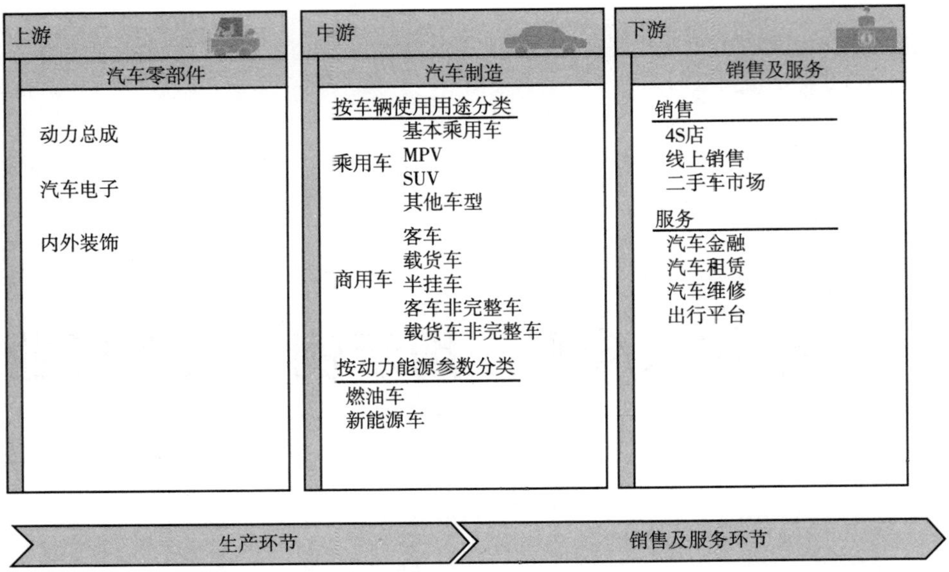

图 9－1　汽车行业的产业链示意图

产品设计研发是整个开发流程中的重中之重，在这个阶段，企业将完成零部件设计、整车开发及新技术的研发。产品设计研发经历型谱设计开发、整车开发、生产制造和销售四个环节。

型谱设计开发作为设计研发的起始阶段，旨在制定企业的研发战略，为技术设计提供目标、参数上的指导，并提前启动生产线改进、渠道和营销规划，保证研发完成后直接投产。在型谱设计开发阶段，企业将确立自己型谱的商业目标、市场地位、品牌定位以及与其他竞争对手的关系。

整车开发阶段进入工程的设计和模型的制造阶段，其目的是按照前期设计制造无精细结构的 1∶1 整车模型，并为后期生产制作模具。整车开发阶段包括 8 个环节（见图 9－2），涵盖到整车所需零部件的所有部分。

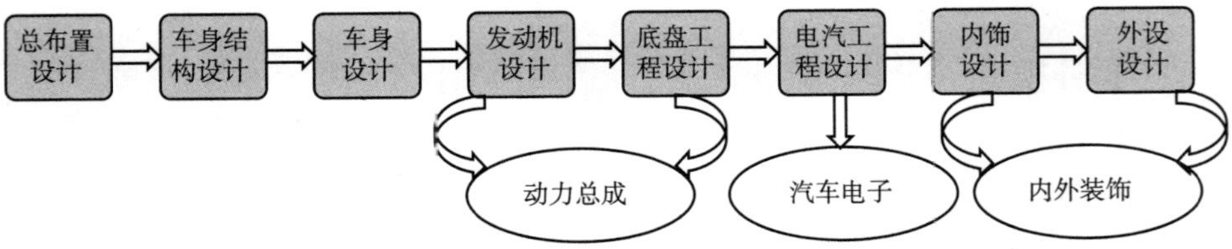

图 9－2　整车开发阶段

生产制造阶段为既定车型的投产阶段，涉及零部件采购和车辆的组装。整车厂和汽车零部件企业的配合非常紧密，汽车零部件企业需要在整车厂研发设计阶段就开始参与合作，以便在生产制造阶段能够按照整车厂要求生产符合设计的零部件。整车厂采购零部件，完成车辆的组装、测试后，进入产品的待售阶段。

整车厂主要通过直销和经销两种模式实现销售。除直销模式、经销模式外，近几年，市场出现更多、更灵活多样的销售模式，如 To B（面向企业客户）、To C（面向普通消费者）等。

直销模式通过“线上销售 + 线下体验和服务”来实现，主要操作流程是：车型了解、意向购买→门店体验、预约试驾→官网预订、支付定金→工厂接单、定制生产→支付尾款、车辆交付。在直销模式下，整车厂决定销售给最终用户的价格。

经销模式是指由制造商授权经销商销售单一品牌汽车。目前主要的模式是 4S 店。4S 店需要获得特许经营权才可开展业务。通常情况下，整车厂决定卖给 4S 店的销售价格，4S 店决定最终销售价格，并赚取差价。但是有些情况下整车厂会给出指导价，并会间接影响经销商的最终销售价格。

（二）汽车零部件企业

自 20 世纪 90 年代起，全球汽车产业出现了整车企业逐渐剥离零部件生产业务的现象，整车厂向着以开发整车项目为主的专业化生产模式转变，行业内形成了整车厂、一级零部件供应商、二级零部件供应商、三级零部件供应商等多层次分工的金字塔结构。整车厂主要负责整车的设计研发和组装，零部件企业负责为整车厂供应零部件。汽车零部件的供应采用分级供应商的模式，二、三级供应商为一级供应商提供组件和其他零部件。一级供应商为整车厂提供发动机、变速箱等模块化产品。一级供应商可能是整车厂的子公司或参股公司，也可能是独立的供应商。

零部件类别主要有动力总成（包括传统能源和新能源）、车身底盘、车辆机电、外观部件、内饰部件、智能设备等。随着整车厂产品结构和产品需求的改变，汽车零部件企业通过加大研发投入、开展并购活动、开拓市场等积极完善自身产业链，实现与整车厂的紧密协同。比如，整车厂生产的新能源汽车要求配置混合动力或纯电力的动力总成；而随着雷达、摄像头等技术的不断整合，汽车零部件企业需要适时提供智能化的零部件。

汽车零部件企业具有传统的采购、生产和销售的制造业流程。其业务模式的主要特点是，产品的生产由整车厂的需求而决定，汽车零部件企业会直接参与整车厂的设计研发阶段，配合整车厂完成零部件的产品设计、模具制作和试产、验证等流程。

1. 原材料的采购环节

汽车零部件企业的上游企业主要为原材料铝材、钢材、塑胶的供应商。部分整车厂在发出订单时，会针对自身产品的需求，对原材料的类别、品质、规格、型号等作出标准限定；也存在整车厂指定原材料供应商的情况，则汽车零部件企业会按照整车厂的需求进行采购；同时，也存在整车厂提供原材料，汽车零部件企业按要求进行加工的情形。因此，汽车零部件企业在原材料采购上有自主采购和来料加工两种模式。

2. 生产环节

在生产环节，汽车零部件企业的技术能力主要体现在模具设计和制造技术两个方面。

模具的设计是汽车零部件生产的重要前端工序，制造环节中的压铸、冲压、注塑等工艺，均依赖模具的设计。模具设计需要与整车厂配合开展，共同开发符合要求的产品，这也对汽车零部件企业提出了较高的要求。具有技术和经营实力的零部件企业，能够自行设计模具，而实力较弱的企业，往往需要整车厂提供模具。

汽车零部件企业的制造技术主要包括压铸技术、冲压技术、机加工技术、注塑技术、热处理技术、冷锻技术等，这些技术能力的高低决定了零部件产品的质量和企业的竞争优势。

3. 销售环节

汽车零部件企业的主要客户为整车厂。如前所述，汽车零部件量产之前需要经过产品设计、模具制作、检验以及零部件的试产、验证等多项工作，耗时较长，量产前的产品同步设计和模具开发决定了最终的生产和销售，因此整车厂一旦选定供应商，合作关系往往也将保持长期稳定。根据整车厂对原材料、生产工艺、模具以及最终产品的限定要求，在销售时会出现如下模式：

（1）原材料来料加工；

（2）整车厂提供具体的生产要求和模具，汽车零部件企业按照整车厂的要求进行生产，最终产品和模具在销售阶段转给整车厂；

（3）自行或与整车厂合作设计、研发、生产模具，模具随同最终产品销售给整车厂；

（4）自行研发并生产模具，将最终产品销售给整车厂。

在前三种模式下，汽车零部件企业按照整车厂的要求进行生产，因此在一般情况下，汽车零部件企业生产的零部件不允许自行销售。即使是备件销售，也只能销售给整车厂，并由整车厂销售给下游客户或代理商。

（三）汽车销售企业

1. 4S 店

整车厂通过直销和经销两种模式实现销售。直销模式比较少见，主要是特斯拉的销售模式。经销模式下的4S店是汽车终端销售的主要参与者。4S店为最终消费者提供整车销售、零部件供应、售后服务、信息反馈等一系列的服务。整车厂通过举办活动、返利政策实现对4S店的零售支持。4S店的盈利来源于进销差及从整车厂获取的返利。

另外，4S店还提供售后服务业务，在整车厂授权范围内从事汽车零部件供应、维修、车辆养护等活动。通过向消费者提供保养维修服务，收取相应的人工服务费用和零件费用，通过赚取相应的工时费和保养维修所使用的零配件的差价来获得利润。

2. 线上销售

随着移动互联网的迅猛发展，销售领域出现了汽车线上销售模式，线上销售模式为汽车行业提供了更为高效、快速的新渠道，有助于提升汽车行业的交易销量和实现销售的增长。

（四）汽车金融

汽车金融是汽车产业链中重要的一环，通过为消费者提供金融产品服务，扩大汽车消费规模。汽车金融主要包括三类产品：汽车保险、汽车贷款和汽车融资租赁。

汽车销售企业为保险公司代理向消费者推荐机动车保险服务成为销售机动车的自然延伸。汽车销售企业根据客户实际需求定制保险服务的能力是机动车保险市场立足的根本。众多4S店会根据服务客户历史花费、维修及事故记录等方面积累的充足资料，为客户提供个性化保险解决方案，从而为保险公司代理销售保险，收取代理费收入。

汽车销售企业还会联合金融机构为消费者提供汽车消费信贷产品，汽车销售企业向金融机构收取相应的代理佣金。

汽车融资租赁公司通过与汽车销售企业合作，在消费者支付一定比例的首付款后，通过每月支付租金，即可在租赁期内拥有车辆的使用权；租赁期结束后，根据合同约定将车辆所有权转移给客户或者退还给融资租赁公司。汽车融资租赁业务的盈利来源于融资租赁业务向消费者收取的利息。

上述汽车贷款和汽车融资租赁业务为汽车销售提供信贷服务，消费者无须支付全款，购买需求即可得到满足。随着年轻一代成为汽车的主要消费群体，通过贷款或租赁购买汽车的接受程度不断提高，进一步促进了汽车销售规模的扩大。

三、收入会计事项汇总

执行新收入准则之后，汽车行业企业与收入相关的主要会计事项如表9-1所示。

表 9－1　汽车行业收入相关会计事项汇总表

业务类型	业务内容	会计事项
汽车零部件销售		
自主研发、生产	新产品经开发验证后，根据客户订单、滚动预测组织生产	按时点或时段确认收入
受托加工	根据整车厂产品生产要求，使用整车厂提供的主要原材料，按照其生产计划安排生产和交付，向整车厂销售商品或者收取加工费	收入按总额法还是净额法确认
委外加工	委托其他企业代为加工生产，向其支付加工费	委托加工所使用的原材料如何核算
生产前准备活动产生的资产——模具	汽车零部件企业需要大量的模具生产批量化的产品，模具的运营模式有： 1. 模具开发完成后将所有权转给整车厂，按照整车厂的要求使用模具 2. 模具开发完成后自留，零部件卖给整车厂	不同模具的运营模式会产生不同的会计处理
寄售模式	寄售模式是指卖家把商品运送到第三方仓库（或客户仓库），客户随提随用，根据客户的提货量进行结算	寄售模式下收入确认的时点
整车制造销售		
经销模式	整车厂通过经销商销售乘用车和商用车	收入确认的时点
	整车厂向其授权的经销商提供现金或实物形式的返利以及建店支持	须作为可变对价或者应付客户对价以及单项履约义务调整销售收入
	整车厂也会通过4S店为最终消费者提供促销服务，如免费维修服务	维修及保养服务是否为单项履约义务
	政府通过提供财政补贴的方式促进新能源汽车的销售	企业收到的新能源财政补贴的会计处理
	新能源汽车厂商采用车电分离的模式（电池租赁）进行销售	电池租赁业务是否为一项单独的履约义务 电池租赁业务适用新收入准则还是租赁准则
卖方信贷	金融机构和经销商合作为消费者提供贷款服务	卖方信贷模式下的收入确认时点
销售及服务		
经销模式	销售价格由4S店参考制造商的建议，并结合市场情况确定	4S店是主要责任人还是代理人
促销服务	汽车销售商会为顾客提供免费维修及保养赠送等促销服务	维修及保养服务是否为单项履约义务

第二节　主要会计事项与应用示例

一、新能源汽车电池租赁模式（第一、第二步）

（一）会计事项分析

新能源汽车厂商为了降低品牌门槛，扩大市场份额，从金融政策的角度刺激消费，使消费者感觉购车总价下降，消费者可以选择只买车，每月缴纳租赁费的方式“租用”电池。比如，某纯电动汽车整车售价37万元，也可以不含电池27万元销售，并按每月1 280元租用专用电池，电池不能更换。整车质保是6年或15万公里，而电池的质保是10年或25万公里。在上述案例中，电池租赁和不含电池的汽车销售是否为可明确区分的商品和服务？汽车销售商如何确认收入？（这里的前提是电池的出租构成融资租赁，本质是分期收款销售）

新收入准则第九条和第十条阐述了履约义务的定义、可明确区分商品或服务应该满足的条件以及表明不可单独区分的情形，主要要求如图9－3所示。

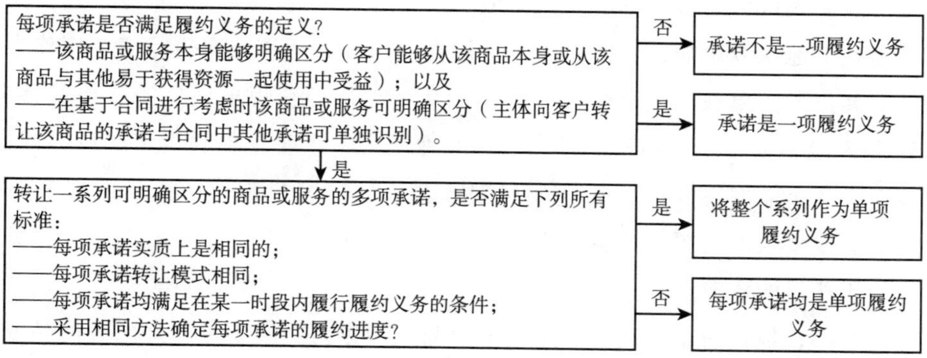

图9－3　可明确区分商品或服务的判断

分析的核心在于不含电池的汽车与电池是否构成一项单项履约义务。新收入准则第十条明确下列情形通常表明企业向客户转让该商品的承诺与合同中其他承诺不可单独区分：(1) 企业须提供重大的服务以将该商品与合同中承诺的其他商品整合成合同约定的组合产出转让给客户；(2) 该商品将对合同中承诺的其他商品予以重大修改或定制；(3) 该商品与合同中承诺的其他商品具有高度关联性。

针对该案例，新能源汽车与其专用电池是否可明确区分的分析如表9－2所示。

表 9-2　新能源汽车与其专用电池是否可明确区分的两项履约义务分析表

可明确区分应满足的条件	客户能够从该商品本身或从该商品与其他易于获得的资源一起使用中受益	企业向客户转让该商品的承诺与合同中其他承诺可单独区分	结论
观点 1	单买汽车的用户可以另外购买电池后使用。企业经常单独出售汽车这一事实可能表明客户能够从单独使用该商品或将其与易于获得的其他资源一起使用中获益	电池与车具有高度关联性，表明企业向客户转让电池的承诺与合同中其他承诺不可单独区分 电池与车不能分开运行。对客户而言，其“购买”的是组合产出	不含电池的汽车与电池构成一项单项履约义务，整体作为销售处理
观点 2	同上	在分析电池与车是否具有高度关联性时，应当评价在履行合同过程中两个项目之间是否存在转化关系，而不是考虑某个项目从其本身性质来看是否依赖另一项目（即两个项目之间是否存在功能关系）。电池与车之间并未产生重大影响——提供车的承诺能够与提供电池的承诺分开履行，因此并非高度依赖或高度关联	在电池租赁本质上是企业分期收款销售的前提下，不含电池的汽车与电池构成两项单项履约义务 另外在新租赁准则下，如果电池租赁部分适用租赁准则，生产商或经销商的融资租赁本质上也是按照销售处理

也可能有人认为，客户不能从汽车或从汽车与其他易于获得的资源一起使用中受益，理由是电池系专用的，不能用于其他厂商的汽车，而该汽车也只能使用该专用电池，从而客户不能单独从汽车受益，也不能从其他厂商获得电池资源。但是参考 IFRS 15 第 28 段，易于获得的资源是指（由企业或另一企业）单独出售的商品或服务，或是客户已从企业取得的（包括企业根据该合同已向客户转让的商品或服务）或来自其他交易或事项的资源。也就是说，企业根据合同已向客户转让的商品或服务也属于客户易于获得的资源。

可以看出，根据对企业向客户承诺的商品或服务是否属于可明确区分商品或服务的判断，将得出不同的结论，并可能适用不同的准则。

从另一个角度看，上述观点的不同并不会导致汽车销售商会计处理结果的不同。

对于观点 1，应在控制权转移时点确认收入。在买车租电池模式下，确认的销售收入为 37 万元，随后每月确认应收租金及采用实际利率法计算的利息收入。

对于观点 2，汽车销售适用收入准则；电池因不可更换，适用《企业会计准则第 21 号——租赁》。根据租赁准则，生产商或经销商作为出租人的融资租赁，无论其是否符合新收入准则有关资产转让的规定，在租赁期开始日，该出租人均应当按照租赁资产公允价值与租赁收款额按市场利率折现的现值二者孰低确认收入，并按照租赁资产账面价值扣除未担保余值的现值后的余额结转销售成本。即确认的售车和售电池合计的销售收入同样为37万元，随后同样采用实际利率法计算并确认租赁期内各个期间的利息收入。

（二）新收入准则披露示例

示例9－1：NIO蔚来汽车

蔚来汽车于2018年9月在美国纽交所挂牌上市，收入按照ASC 606（会计准则汇编606－客户合同收入）执行。在识别履约义务方面，美国公认会计原则（ASC 606－10－25－14及ASC 606－10－25－17）与国际财务报告准则基本一致。

为了缓解新能源汽车用户的痛点，蔚来汽车给出的针对性解决方案是换电，同时提出了全新的电池使用方案，即租用电池。对于车主在2019年1月15日之前购买ES8车型的，可以在购买汽车时不购买电池，价格在原价基础上减10万元，电池的月租金为1 280元，电池租金付满78个月后，电池归车主享有。对于车主在2019年1月15日之后购买ES8和ES6车型的，可以在购买汽车时不购买电池，价格在原价基础上减10万元，电池的月租金为1 660元，电池租金付满60个月后，电池归车主享有。

根据蔚来汽车收入政策的披露，公司将不含电池的汽车与电池作为一项单项履约义务，整体作为销售处理，租用电池的付款为一项包含重大融资成分的安排，相应地调整交易价格。初始确认时，将每期付款折现后金额作为长期应收款，和实际收款的差异确认为利息收入。

原文摘录如下（供参考）：

We currently provide our users with the option of a battery payment arrangement, where users can make battery payments in installments. For the ES8 ordered before January 15, 2019, there is an RMB 100 000 reduction in the purchase price and users adopting this arrangement pay RMB1 280 per month, payable over 78 months. For the ES8 and ES6 ordered after January 16, 2019, there is an RMB 100 000 reduction in the purchase price and users adopting this arrangement pay RMB1 660 per month, payable over 60 months.

In the instance that some eligible customer installment payment for battery, we believe such arrangement contains a significant financing component and as a result adjust the amount considering the impact of time value on the transaction price using an appropriate discount rate (i. e., the interest rates of the loan reflecting the credit risk of the borrower). The long－term receivable of installment payment for battery was recognized as non－current assets. The difference between the gross receivable and the present value is recorded as unrealized finance income. Interest income resulting from a significant financing component will be presented separately from revenue from contracts with customers as this is not considered to be our ordinary business.

二、模具的会计处理（第一至五步）

（一）会计事项分析

在汽车零部件制造行业中，零部件企业需要使用模具来生产批量的标准化产品，业务运营模式不同所产生的模具管理方式往往有所差异。

实务中，存在这样一种情形，企业生产模具并将模具交付客户后，客户委托其他方利用模具进行生产或者自行生产，企业按照销售商品（模具）、在商品控制权转移时确认收入。该情形不做进一步讨论。

本段内容讨论的是：企业不仅为客户生产模具而且后续将利用该模具为客户生产产品的情形。零部件企业根据整车厂的参数制造模具，模具完工后，整车厂对该模具进行合规性验收和测试，当完成所有验收流程后，可以开始零部件的生产。一般约定整车厂支付全部模具款之后拥有该模具的所有权，模具后续存放在零部件企业，只能用于为该整车厂生产产品，零部件企业根据整车厂的订单生产指定品种、数量的产品，零部件企业对模具无处置权。

整车厂通常会采取以下三种方式来给予零部件企业模具补偿款：

（1）一次支付给零部件企业模具补偿款；

（2）采用分期支付的方式给零部件企业模具补偿款；

（3）按订购零部件的数量分摊的方法给予模具补偿款。

当模具是合同中的一项承诺时，需要分析模具和产品是否构成两项单独的履约义务，如表 9－3 所示。

表 9－3　　模具是否为单项履约义务的分析

应同时满足以下条件	分　析	结　论
客户能够从该商品本身或从该商品与其他易于获得资源一起使用中受益	客户能够分别从模具和产品单独获益吗？重点关注客户获得模具能否单独获益？能够使用、消耗或以高于残值的价格出售，或者以能够产生经济利益的其他方式持有商品，例如可以使用该模具由其他生产商生产产品吗？	如果可以，证明模具能使客户单独获益；如果不能，则证明模具不能使客户单独获益。

续表

应同时满足以下条件	分　析	结　论
企业向客户转让该商品的承诺与合同中其他承诺可单独区分	根据合同约定，企业承诺转让的究竟是每一单项商品还是由这些商品组成的一个或多个组合产出？ 是否存在下列表明不可单独区分的情形：模具和产品之间是否存在重大整合？模具和产品之间是否存在重大修改和定制？模具和产品是否具有高度关联性？	通常，模具和产品不具有重大整合、重大修改和定制以及高度关联。

1. 模具能够识别为单项履约义务

如果模具能够识别为单项履约义务，在整车厂验收合格、控制权转移的时点确认模具销售收入。

合同中明确约定了模具价款，一次性付款或分期付款，若约定价款足以涵盖模具成本并获取合理的利润，约定价款可视作模具的合理价格，按此价格确认模具销售收入。如约定的模具价款不合理或合同中并未明确约定模具价款，则需要将零部件产品的价格和模具的价款（如有）合并、并以合理的方式将总的交易价格在模具和零部件之间进行分摊，根据分摊后的价格确认模具销售收入。

2. 模具不能识别为单项履约义务

如果模具不符合单项履约义务的定义，则模具属于零部件企业为向客户销售零部件而发生的初始准备活动。根据准则规定，如果模具适用其他相关准则（例如，固定资产准则），则按照其他准则的规定进行会计处理；如果不适用其他准则，则按照收入准则的“合同履约成本”进行会计处理。即在产品（零部件）生命周期内模具成本逐步结转至存货。此时，预收的模具款项将作为合同负债，在零部件产品销售时逐步结转至产品销售收入。

综上，识别合同中的模具与产品是否为两个单项履约义务是一个关键判断，影响到收入确认的时点。如果模具是单项履约义务，模具的控制权先转移给客户，先确认模具销售收入。

另外，在实务中，模具经常是单独签订合同的，需要注意，单独签订合同不代表模具是单项履约义务。需要根据准则对于合同合并的相关规定，判断是否应将模具合同和零部件采购合同合并。即企业与同一客户（或该客户的关联方）同时订立或在相近时间内先后订立的两份或多份合同，在满足下列条件之一时，应当合并为一份合同进行会计处理：（1）该两份或多份合同基于同一商业目的而订立并构成一揽子交易，如一份合同在不考虑另一份合同的对价的情况下将会发生亏损；（2）该两份或多份合同中的一份合同的对价金额取决于其他合同的定价或履行情况，如一份合同如果发生违约，将会影响另一份合同的对价金额；（3）该两份或多份合同中所承诺的商品（或每份合同中所承诺的部分商品）构成单项履约义务。当将两份或多份合同合并为一份合同后，仍然需要判断该合并后的合同中包含的各单项履约义务。

（二）新收入准则披露示例

示例9-2：600660. SH福耀玻璃

因执行新收入准则，本集团将模具销售认定为非单项履约义务，在本集团已经收取了合同对价或已经取得了无条件收取合同对价权利时确认为合同负债，并随着商品销售的同时确认收入。

示例9-3：01316. HK耐世特

本集团一般与汽车制造商及汽车整车制造商客户订立合约，以销售转向及动力传动系统以及零部件。就该等合约而言，本集团提供工具及原型样件。

本集团为客户开发及销售工具乃根据有关向其客户生产及销售产品的准备工作而实行。客户收到工具后通常会一次付清有关款项。本集团会于履约责任获履行后确认工具收入。收入按迄今为止客户可报销工具所产生的成本确认。

合约资产主要与本集团就生产部件、工具以及工程设计及开发/样件已完工但于报告日期尚未结算的工程收取代价的权利有关。收取权利成为无条件时，合约资产重新分类为应收款项结余。

示例9-4：0425. HK敏实集团

本集团根据与客户所订相关合约订明的要求为客户开发模具，营业额于模具开发已完成且客户接纳时确认。当模具经客户验收确认后即为接纳。对于个别支付的模具开发的代价，正常信用期为接纳后60—90日。当客户就订单预付款时，本集团收取的交易价确认为合约负债，直至模具相关营业额已确认为止。

倘合约包括模具开发及相关汽车车身零部件销售，则模具开发视为除交付汽车车身零部件以外的单独履约义务。营业额于模具开发已完成且客户接纳时确认。交易价在汽车车身零部件及模具开发之间按独立售价基准分配。分配至模具开发的交易价于确认营业额时确认为合约资产，直至收取代价的权利成为无条件（及交付相关汽车车身零部件的期间）为止。

三、汽车免费保养服务是否单项履约义务（第二步）

（一）会计事项分析

新收入准则对于履约义务的识别作出了更明确的指引，对于提供商品同时提供安装、维护的合同，需要识别合同中的单项履约义务，在完成履约义务时确认收入。对履约义务的识别不合理，会导致收入确认的时间以及交易价格的分摊出现问题。因此，企业需要对照新准则的规定，具体分析其合同条款，识别合同中的履约义务。

某公司是一家汽车厂商，对国五及以上发动机，除提供“三包”服务外，承诺提供首次保养免费服务政策。客户自购车之日起一个月或车辆行驶 3 000 公里内，到公司或指定服务站内按照公司的保养规范进行首次保养（含机油、机滤、工时）并报公司系统进行结算。首次保养开支占合同金额约 1.5%。

在新收入准则下，汽车免费保养服务是否作为单项履约义务，免费首次保养应如何进行会计处理？

汽车厂商销售汽车同时提供了免费的首次保养服务。按照新收入准则，对销售汽车和免费的保养服务是否作为两项单项履约义务分析如下：

首先，客户可以从销售的汽车本身获益，也便于找到一家收费的保养服务提供商，为其购买的汽车提供保养，所以汽车和保养服务本身是能够明确区分的。

其次，销售汽车的承诺和保养服务的承诺在合同层面也是可以单独区分的。因为企业不需要提供重大服务将汽车与保养服务进行整合，二者不存在重大修改或定制关系，二者也不具有高度关联性。

再次，考虑免费保养是否属于保证汽车符合既定标准的质量保证，如果属于符合既定标准的法定质保，不作为单项履约义务。可以从以下三方面进行分析：

（1）是否为法定要求：免费保养并非法定要求，并非法律所强制的质保，不属于汽车“三包”的范围，汽车厂商除提供首次保养外，还有单独的质量保证约定。

（2）保证服务的期限：尽管几乎所有汽车厂商都是仅提供一次免费保养服务，但保养在 4S 店是一项独立的服务，有单独售价，符合准则所提到的可明确区分的服务。

（3）承诺履行任务的性质：保养的主要功能是对汽车相关部分进行检查、清洁、补给、润滑、调整或更换某些零件的预防性工作，目的是保持车容整洁，技术状况正常，消除隐患，预防故障发生，减缓劣化过程，延长使用周期。总体而言，保养是为了保护客户免遭产品向其转移后发生的故障，符合对服务型质保的描述。即使认为首次保养有保护客户免遭汽车向其转让时存在瑕疵的作用，但其仍是保证型质保和服务型质保的一个综合体。按照收入准则，企业提供的质量保证同时包含保证类质量保证和服务类质量保证的，应当分别对其进行会计处理；无法合理区分的，应当将这两类质量保证一起作为单项履约义务进行会计处理。

基于以上原因，应该将其作为一项单项履约义务。

（二）新收入准则披露示例

示例 9－4：601633. SH 长城汽车

本集团根据合同从客户预收的货款按照新收入准则由预收账款重分类至合同负债及其他应付款。本集团为客户提供的保养服务识别为一项单项履约义务，在履行相应履约义务时确认收入。

四、广告中承诺的汽车免费维修服务是否为单项履约义务（第二步）

（一）会计事项分析

汽车制造商 N 一直以来都向通过经销商购买汽车的最终用户提供两年免费维修服务。

该为期两年的免费维修服务并未在与经销商的合同中明确说明，而是一般在汽车制造商 N 的汽车广告中说明。

该免费维修服务是否属于单项履约义务？

企业的商业惯例可能隐含了提供商品或服务的承诺。如果此类惯例导致客户形成企业将向其转让商品或服务的有效预期，则企业应在确定履约义务时考虑此类隐含的承诺。

汽车制造商 N 向通过经销商购买汽车的最终用户提供两年免费维修服务虽未在合同中列示，但导致客户形成了企业将向其转让商品或服务的有效预期，因此该维修服务应当作为合同中已承诺的商品或服务的一项，即免费维修服务属于单项履约义务。无论是否在合同中明确，如果企业的商业惯例导致客户形成企业将向其转让商品或服务的有效预期，则企业应在确定履约义务时考虑此类隐含的承诺。

（二）新收入准则披露示例

示例 9－5：601633. SH 长城汽车

附有质量保证条款的销售

对于附有质量保证条款的销售，如果该质量保证在向客户保证所销售商品或服务符合既定标准之外提供了一项单独的服务，该质量保证构成单项履约义务。否则，本集团按照《企业会计准则第 13 号——或有事项》规定对质量保证责任进行会计处理。

五、新能源汽车财政补贴政策对交易价格的影响（第三步）

（一）会计事项分析

为了推动新能源汽车的发展，中央及各地政府均通过提供财政补贴的方式促进新能源汽车的销售。

根据财政部、工信部、科技部、发展改革委四部委发布的《关于调整完善新能源汽车推广应用财政补贴政策的通知》，对新能源汽车（纯电动汽车、燃料电池汽车）由中央与地方按一定比例安排补助。对私人购买新能源小客车不作运营里程要求，对其他类型的新能源汽车，在车辆运营满 2 万公里后，给予市级补助。财政补助的对象是消费者，消费者按车辆销售价格（车辆销售价格是汽车销售发票上价税合计金额与中央、市级补助资金的总额）扣减补助后支付车价款，汽车生产企业按扣减补助后的价格销售新能源小客车。汽车生产企业申请本市财政补助资金，补助资金直接兑付到汽车生产企业和汽车销售机构。

对于企业收到的新能源汽车财政补贴如何进行会计处理，面临两个问题：一是适用的会计准则是什么；二是入账时间和入账金额的确定。

1. 适用的会计准则

对于企业收到的新能源汽车财政补贴，首先需要判断适用《企业会计准则第 16 号——政府补助》（以下简称“政府补助准则”）还是新收入准则。

政府补助准则中明确规定，企业从政府取得的经济资源，如果与企业销售商品或提供服务等活动密切相关，且是企业商品或服务的对价或者是对价的组成部分，适用新收入准则。新能源汽车补贴属于与企业销售商品活动密切相关的情况，应当视为企业的销售收入，按照新收入准则进行确认。

2. 入账时间和入账金额的确定

新能源汽车财政补贴的流程为，消费者在购置车辆时，按照扣除财政补贴后的金额支付给汽车销售企业，汽车销售企业后续向政府部门申请补助资金，经审核对达到补贴标准的企业，由财政将补贴资金拨付到汽车销售企业。具体的补贴标准主要有以下两条：

（1）补贴政策对新能源汽车本身的技术类关键指标设置了一定的标准。新能源汽车的相关技术已经比较成熟，比较容易达到关键指标。

（2）补贴政策规定，除私人购买新能源小客车外，对其他类型新能源汽车，在车辆运营满2万公里后，给予市级补助。因此，行驶里程如不足2万公里，企业就拿不到相应的补贴。

根据工信部发布的《关于2017年度新能源汽车推广应用补助资金清算审核情况的公示》显示，未能通过审核原因主要是行驶里程不足2万公里。

新收入准则规定在确定交易价格时，应当考虑可变对价的影响，按照期望值或最可能发生金额确定应当计入交易价格的可变对价金额。

综上，汽车销售企业按照可变对价的规定确定交易价格（含新能源补贴款项），在转移汽车控制权的时点按照交易价格确认收入。

（二）新收入准则应用案例

案例9－1

新能源汽车财政补贴的会计处理

（本案例摘自证监会《上市公司执行企业会计准则案例解析（2020）》）

根据新能源汽车补贴的相关规定，补助对象是消费者，新能源汽车生产企业在销售新能源汽车产品时按照扣减补助后的价格与消费者进行结算，中央财政按程序将企业垫付的补助资金再拨付给生产企业。对新能源汽车厂商而言，如果没有政府的新能源汽车财政补贴，企业不会以低于成本的价格进行销售，政府补贴实际上是新能源汽车销售对价的组成部分。

因此，新能源汽车厂商从政府取得的补贴，与其销售新能源车密切相关，且是新能源车对价的组成部分，企业应当按照《企业会计准则第14号——收入》（2017年修订）的规定进行会计处理。中央和地方财政补贴实质上是为消费者购买新能源汽车承担和支付了部分销售价款，其拨付的补贴金额应属于整车生产企业销售商品的资金流入，确认为收入可以更完整地反映整车生产企业新能源汽车的销售收入。因此，该款项在满足收入确认条件时应该将其确认为汽车企业的收入。

在实际确认收入的过程中，由于新能源汽车补贴在汽车销售给最终消费者后由新能源汽车生产厂商根据实际销售情况向财政部门申请，但是实际的销售过程是新能源汽车生产厂商将新能源汽车销售给4S店之后，再由4S店销售给最终消费者，而根据国家目前的新能源汽车的补贴政策和标准，新能源汽车的补贴标准自2017年起执行逐步退坡政策，即2017－2020年除燃料电池汽车外其他车型补助标准适当退坡，其中：2017－2018年补助标准在2016年基础上下降20%，2019－2020

年补助标准在2016年基础上下降40%。整车生产企业将新能源轿车销售给4S店并到达产品销售收入确认时点时，并不能准确判断4S店何时可实现新能源轿车的对外销售，可能无法准确计算可申报新能源汽车补贴的时间和金额。针对此情形，汽车生产企业应当根据中央和地方的相关补贴政策合理估计未来可收取补贴款的金额。在政策可能出现变化的情况下（如补贴比例逐年退坡），还须合理预计相关车辆最终出售给消费者的时间，根据相应年度的补贴标准确定补贴款的最佳估计数，计入销售价款。

（三）新收入准则披露示例

示例9－6：002594.SZ比亚迪

3. 应收账款

对于传统燃油车的整车销售，本集团通常要求客户以应收票据的形式提前支付款项。对于新能源车的整车销售，本集团提供给主要客户的信用期通常为30－360天，或为客户提供1－2年的分期付款方式。

对于除上述产品以外的销售，本集团的应收账款信用期通常为30天，主要客户可以延长至90天。应收账款并不计息。

（1）应收账款分类披露（见表9－4）。

表9－4　　按组合计提坏账准备：新能源　　单位：千元

名称	期末余额		
	账面余额	坏账准备	计提比例（%）
1年以内（含1年）	17 254 068	135 575	0.79
1－2年（含2年）	9 256 734	102 520	1.11
2－3年（含3年）	1 731 002	53 142	3.07
3－4年（含4年）	688 214	64 830	9.42
4－5年（含5年）	13 676	4 610	33.71
5年以上	10 692	10 692	100.00
合计	28 954 386	371 369	—

注：新能源业务含新能源补贴款。

（2）本期计提、收回或转回的坏账准备情况。

2019年计提坏账准备人民币602 714千元（2018年：人民币535 541千元），收回或转回坏账准备人民币233 379千元（2018年：人民币128 380千元）。

应收账款坏账准备变动如表9-5所示：

表9-5　应收账款坏账准备变动表　单位：千元

类别	期初余额	会计政策变更	本期变动金额				期末余额
			计提	收回或转回	核销	外币报表折算差额	
2019年12月31日（经审计）	1 133 677	—	602 714	-233 379	-41 208	-930	1 460 874
2018年12月31日（经审计）	497 077	259 278	535 541	-128 380	-30 455	616	1 133 677

本年影响损失准备变动的应收账款账面余额重大变动为：单项评估预期信用损失计提坏账准备的应收账款增多导致整个存续期预期信用损失的增加。（2018年：①销售增长导致应收客户款项增加8%，导致整个存续期预期信用损失的增加；②本年账面余额减少为依会计准则要求，部分新能源业务款项列示于合同资产。）

8. 合同资产

表9-6　合同资产　单位：千元

项目	期末余额			期初余额		
	账面余额	减值准备	账面价值	账面余额	减值准备	账面价值
新能源业务	7 061 365	74 746	6 986 619	6 394 856	94 570	6 300 286
合计	7 061 365	74 746	6 986 619	6 394 856	94 570	6 300 286

本年合同资产账面价值发生重大变动的原因：对合同对价的权利成为无条件权利的时间安排发生变化。

六、折扣与返利（第三步）

（一）会计事项分析

整车厂通过汽车经销商将产品销售给最终客户。整车厂会根据自己的营销策略、销售计划、业绩目标、市场情况等因素，制定相应的激励政策。在一般情况下，整车厂按月度、季度或年度，设定具体目标，根据各汽车经销商的情况进行返利。返利政策可能会参考以下数据：①采购量；②销量；③经销商的服务质量。

对于整车厂来讲，提供的返利政策，属于可变对价的范畴。新收入准则要求主体使用概率加权计算的期望值或者最有可能金额估计可变收款额。对于可变对价计入交易价格存在一项限制：确认金额应不超过与可变对价相关的不确定性消除时累计已确认的收入极可能不会发生重大转回的金额。

对于汽车经销商来讲，获得的返利未来会抵减存货和销售成本的金额。适用于《企业会计准则第 1 号——存货》，在能够合理确定收到的返利金额时予以确认。

（二）新收入准则披露示例

示例 9 -7：002594. SZ 比亚迪

本集团部分与客户之间的合同存在销售返利以及其他导致约定的对价金额发生变化形成可变对价。本集团按照期望值或最有可能发生金额确定可变对价的最佳估计数，但包含可变对价的交易价格不超过在相关不确定性消除时累计已确认收入极可能不会发生重大转回的金额。

示例 9 -8：000338. SZ 潍柴动力

本集团部分与客户之间的合同存在销售返利、数量折扣、商业折扣、业绩奖金和索赔等的安排，形成可变对价。本集团按照期望值或最有可能发生金额确定可变对价的最佳估计数，但包含可变对价的交易价格不超过在相关不确定性消除时累计已确认收入极可能不会发生重大转回的金额。

示例 9 -9：001959. HK 世纪联合控股

汽车制造商提供的卖家返利乃根据各相关供货商合约就预期截至报告日期所赚取的权益按累计基准确认。

与已购买及销售汽车有关的卖家返利从销售成本中扣除，而与已购买但于报告日期仍持有作为存货的汽车有关的卖家返利则从有关汽车的账面值中扣除，致使存货成本在扣除适用回扣后入账。

截至 2019 年 12 月 31 日，本集团于销售成本中就买卖汽车确认卖家返利约人民币 364. 7 百万元。

2019 年 12 月 31 日，本集团就已购买但仍持有作为存货的汽车确认卖家返利约人民币 10. 8 百万元。

七、应付客户对价——提名费（第三步）

（一）会计事项分析

新收入准则规定企业应付客户（或向客户购买本企业商品的第三方，下同）对价的，应当将该应付对价冲减交易价格，并在确认相关收入与支付（或承诺支付）客户对价二者孰晚的时点冲减当期收入，但应付客户对价是为了向客户取得其他可明确区分商品的除外。

企业应付客户对价是为了向客户取得其他可明确区分商品的，应当采用与本企业其他采购相一致的方式确认所购买的商品。企业应付客户对价超过向客户取得可明确区分商品公允价值的，超过金额应当冲减交易价格。向客户取得的可明确区分商品公允价值不能合理估计的，企业应当将应付客户对价全额冲减交易价格。

第三方通常指向企业的客户购买本企业商品的一方，即处于企业分销链上的“客户的客户”，例如，企业将其生产的产品销售给经销商，经销商再将这些产品销售给最终用户，最终用户即第三方。有时，企业需要向其支付款项的第三方是本企业客户的客户，但处于企业分销链之外，如果企业认为该第三方也是本企业的客户，或者根据企业与其客户的合同约定，企业有义务向该第三方支付款项，则企业向该第三方支付的款项也应被视为应付客户对价进行会计处理。

该规定可能会导致原收入准则下计入销售费用的一些事项，本质上是新收入准则下的应付客户对价，应该冲减收入。应付客户对价强调的是该支付不计入费用，而是应该冲减收入。

汽车零部件企业可能需要向整车厂支付一定的款项以参与特定项目的投标程序。该等款项通常称为“参与费”或“提名费”。汽车零部件企业需要运用判断，以确定该等款项是初始确认为费用，还是冲减收入，或是资本化为一项资产。

提名费在与整车厂签订合同前就已经支付，且不可返还。如果提名费不是为可明确区分的商品或服务进行支付，则其应冲减交易价格。但是，如果汽车零部件企业在支付该等款项时并未与客户签订可强制执行的合同，或者合同的期限非常短，则汽车零部件企业可能需要运用判断来确定该等款项：

——能否进行资本化并在预计购买期限内作为收入的冲减进行摊销；

——是否在现有合同的期限内作为收入的冲减进行确认；

——立即计入损益。

在对初始付款额确定合适的会计处理方法时，需要考虑以下因素：

——作出付款的根本原因；

——该笔款项能否收回，例如，如果可以确保是独家合作关系，而且客户很可能会采购足够的数量使企业可以收回该笔款项；

——续约及项目平均寿命的历史数据，这通常表明企业能否获得预期的初始合同，以及能否通过初始合同或预期续约来收回该笔款项。

（二）新收入准则应用案例

案例9－2

汽车零部件企业支付给整车厂的提名费

1. 背景资料

某汽车零部件企业向一家从未合作过的整车厂支付一笔金额为5万元，为其正在开发的新产品提供专用部件。只有开发流程取得成功时，汽车零部件企业才能获得新产品销售订单。

另外，该汽车零部件企业还向目前正在合作的另一家整车厂支付了20万元的提名费，向其提供新款车型的专用零件。同时，双方签订了一项长期框架协议，约定未来购买零部件的数量和价格。

问题：这两笔提名费如何进行会计处理？

2. 案例分析

汽车零部件企业支付给整车厂提名费5万元，为其正在开发的新产品提供专用部件。只有开发流程取得成功时，汽车零部件企业才能获得新产品销售订单。在这种情况下，开发流程取得成功具有很大的不确定性，整车厂也未就该零件的最低采购量订立合同。因此，提名费5万元应当在支付时一次性计入费用。

汽车零部件企业向另外一家正在合作的整车厂支付20万元的提名费，向其提供新款车型的专用零件。同时，双方签订了一项长期框架协议，约定未来购买零部件的数量和价格。由于双方多年来一直存在合作关系，汽车零部件企业对项目的结果能作出可靠的预测。该笔提名费的主要目的是确保与整车厂建立独家关系，且该等交易是行业内常见的做法。根据对上述因素的整体评估，汽车零部件企业认为应对该笔款项进行资本化，并在预计的未来采购发生时作为收入的冲减予以摊销。

（三）新收入准则披露示例

示例 9－10：601766. SH 中国中车

本集团与客户之间的合同产生的收入主要来源于如下两种业务类型：

（1）销售商品收入；（2）提供劳务收入。

本集团在履行了合同中的履约义务，即在客户取得相关商品或服务控制权时，按照分摊至该项履约义务的交易价格确认收入。履约义务，是指合同中本集团向客户转让可明确区分商品或服务的承诺。交易价格，是指本集团因向客户转让商品或服务而预期有权收取的对价金额，但不包含代第三方收取的款项以及本集团预期将退还给客户的款项。

满足下列条件之一的，属于在某一时间段内履行的履约义务，本集团按照履约进度，在一段时间内确认收入：（1）客户在本集团履约的同时即取得并消耗本集团履约所带来的经济利益；（2）客户能够控制本集团履约过程中在建的商品；（3）本集团履约过程中所产出的商品具有不可替代用途，且本集团在整个合同期间内有权就累计至今已完成的履约部分收取款项。否则，本集团在客户取得相关商品或服务控制权的时点确认收入。

对于在某一时间段内履行的履约义务，本集团主要采用投入法确定履约进度，即根据本集团为履行履约义务的投入确定履约进度。当履约进度不能合理确定时，已经发生的成本预计能够得到补偿的，本集团按照已经发生的成本金额确认收入，直到履约进度能够合理确定为止。

合同中包含两项或多项履约义务的，本集团在合同开始日，按照各单项履约义务所承诺商品或服务的单独售价的相对比例，将交易价格分摊至各单项履约义务。但在有确凿证据表明合同折扣或可变对价仅与合同中一项或多项（而非全部）履约义务相关的，本集团将该合同折扣或可变对价分摊至相关一项或多项履约义务。单独售价，是指本集团向客户单独销售商品或服务的价格。单独售价无法直接观察的，本集团综合考虑能够合理取得的全部相关信息，并最大限度地采用可观察的输入值估计单独售价。

合同中存在应付客户对价（如供应商提名费等）的，除非该对价是为了向客户取得其他可明确区分商品或服务的，本集团将该应付对价冲减交易价格，并在确认相关收入与支付（或承诺支付）客户对价二者孰晚的时点冲减当期收入。

重要会计政策及会计估计变更

注：本集团根据新收入准则将已收客户对价而应向客户转让商品或服务的义务确认为合同负债，将已向客户转让商品而有权收取对价的权利且该权利取决于时间流逝之外的其他因素的资产确认为合同资产。

在新收入准则下，模具销售收入及技术开发收入在客户取得相关商品及技术开发交付物控制权的时点予以确认，支付给客户的供应商提名费作为应付客户对价在零部件生产项目期限内摊销冲减收入。

八、按时点或时段确认收入的判断（第五步）

（一）会计事项分析

新收入准则不再按照销售商品、提供劳务或者建造合同来确定收入，而是对所有交易采用基于控制的单一模型确定何时确认收入。制造型的企业之前作为商品销售在某一时点确认收入的，如须按照合同要求进行定制的，在新收入准则下可能会在一段时间内确认收入；同样，之前作为提供劳务按照完工百分比分期确认收入的某些业务以及某些建造合同，在新收入准则下可能在某一时点确认收入。

因而，执行新收入准则，企业不应假定其仍旧能够采用原先的收入确认时点，而应该在合同开始时进行评估，看其识别的单项履约义务是否满足新收入准则关于按时段确认收入的 3 个条件之一，如果不满足任一条件，则企业应该在某一时点确认收入。这 3 个条件是：

（1）客户在企业履约的同时即取得并消耗企业履约所带来的经济利益；

（2）客户能够控制企业履约过程中在建的商品；

（3）企业履约过程中所产出的商品具有不可替代用途，且该企业在整个合同期间内有权就累计至今已完成的履约部分收取款项。

如果企业生产定制品的义务符合在一段时间内确认收入的三个条件之一，则与该产品相关的收入应该随着制造的过程分期确认，而非在交付客户时一次确认。提供建造服务的企业也应该重新评估其是否满足按时段确认收入的条件。

从执行新收入准则的企业，可以看到企业对于其履约义务性质的评估。

（二）新收入准则披露示例

示例 9－11：000338. SZ 潍柴动力

1. 提供服务合同

本集团与客户之间的提供服务合同收入，由于本集团履约的同时，客户即取得并消耗本集团履约所带来的经济利益，且本集团在整个合同期间内有权就至今累计已完成的履约部分收取款项，本集团将其作为在某一时段内履行的履约义务，按照履约进度确认收入，履约进度不能合理确定的除外。本集团按照投入法或产出法确定提供服务的履约进度。对于履约进度不能合理确定时，本集团已经发生的成本预计能够得到补偿的，按照已经发生的成本金额确认收入，直到履约进度能够合理确定为止。

2. 建造合同——项目业务合同

本集团对与客户之间的项目业务合同在某一时段内履行的履约义务，按照项目的履约进度确认收入。履约进度是指资产负债表日累计实际发生的合同成本占合同预计总成本的比例（投入法）。按照项目的履约进度，本集团以实际发生的合同成本加上合同毛利确认为项目业务合同收入。若合同总成本很可能超过合同总收入，本集团将预期损失立即确认为当期费用。若实际发生的成本与已确认的合同毛利之和超过合同结算价款，则超过部分计入合同资产。若合同结算价款超过实际发生的成本与已确认的合同毛利之和，则超过部分计入合同负债。当对于项目业务合同的履约进度不能合理确定时，本集团已经发生的成本预计能够得到补偿的，按照已经发生的成本金额确认收入，直到履约进度能够合理确定为止。若已经发生的成本预计不可能收回的，本集团在合同成本发生时立即确认为当期费用。对于合同变更、索赔、奖励等，本集团只有在其可能发生且金额能够可靠估计时才确认为收入。

示例 9－12：601766. SH 中国中车

履约义务的说明

(1) 销售商品收入（在某一时点确认收入）。

本集团销售的商品主要为轨道交通装备及其延伸产品等。本集团在客户取得商品控制权的时点即商品验收移交时确认收入。

(2) 提供劳务收入（在一段时间内确认收入）。

本集团提供劳务收入主要为轨道交通装备延伸服务等。由于客户在本集团履约的同时即取得并消耗本集团履约所带来的经济利益，本集团将其作为在某一时段内履行的履约义务，按照履约进度确认收入。

九、寄售模式（第五步）

（一）会计事项分析

汽车零部件行业中采用寄售模式（也称寄售仓模式）为整理车厂提供零部件的情况较为普遍。寄售模式是客户在不占用资金的情况下获得一个安全库存供应。汽车零部件企业将产品送到整车厂指定的仓库中，由整车厂或第三方物流按生产所需进行配送，零部件企业根据生产消耗及时补充库存。在生产领用前，货物的所有权归零部件企业，生产耗用后发生所有权转移，整车厂根据生产耗用与零部件企业进行结算。

（二）新收入准则应用案例

案例9－3

寄售仓方式下销售收入的确认时点

1. 背景资料

甲公司对部分客户的销售采用“寄售仓方式”。在该方式下，甲公司将商品存放在客户的仓库或第三方物流仓库（距离客户比较近，这类仓库一般由客户指定或由公司选定）。甲公司与客户签订协议，约定供货的产品、产品技术参数、供货频率、结算方式、安全库存水平、领用频率、付款方式等条款。甲公司根据与客户签订的协议与客户近期下达的订单，安排生产计划发送至寄售仓，同时甲公司按照与客户签订协议保持一定水平的安全库存，以便客户随时按需按量提货，寄售仓中的商品所有权人为甲公司，客户每月按期将实际领用情况形成报告，通过信函或者电子邮件的方式通知甲公司，甲公司确认后与客户结算。

主要合同条款如下：

（1）双方最终的交易数量以客户实际投入生产的产品数量为准，对于已通过客户验收入库但未由客户实际投入生产的产品，客户不承担购买的责任。

（2）甲公司发到客户的产品，自到达客户指定的接收地点或库房，客户收货后起，客户负责产品的保管；客户签字或盖章确认的送货清单只作为产品到货凭证，客户未上线使用的产品，所有权归甲公司所有，产品经客户上线使用后，所有权转移至客户。

（3）甲公司可以调用寄售仓中的产品。

问题：企业采用寄售仓式方销售的，是在商品送达寄售仓的时点确认收入？还是客户实际领用商品的时点确认收入？

2. 案例分析

根据新收入准则第十三条，对于在某一时点履行的履约义务，企业应当在客户取得相关商品控制权时点确认收入。在判断客户是否已取得商品控制权时，企业应当考虑下列迹象：

（1）企业就该商品享有现时收款权利，即客户就该商品负有现时付款义务。

(2) 企业已将该商品的法定所有权转移给客户，即客户已拥有该商品的法定所有权。

(3) 企业已将该商品实物转移给客户，即客户已实际占有该商品。

(4) 企业已将该商品所有权上的主要风险和报酬转移给客户，即客户已取得该商品所有权上的主要风险和报酬。

(5) 客户已接受该商品。

(6) 其他表明客户已取得商品控制权的迹象。

对甲公司而言，判断客户是否取得商品控制权，应根据上述规定，进行综合判断。

首先，在甲公司将商品送达仓库的时点，甲公司并没有收款权。实物转移给客户时法定所有权未转移，当客户实际领用商品时才接受商品。对于寄售仓中的商品，甲公司具有收回或者向其他仓库调入存货的权利，同时承担商品价格波动、非保管原因形成的损毁等风险。上述情况表明，在甲公司将商品送达仓库的时点，商品的控制权并未转移给客户。

其次，商品送达仓库之后，客户承担对该部分商品的保管责任。

因此，本案例中可能存在两个交易事项。一是，甲公司向客户销售商品，控制权转移的时点为客户实际从仓库中领用商品的时点；二是，客户为甲公司提供了存货仓储保管服务。需要判断客户提供的仓储服务是否一项可明确区分的服务。如果是可明确区分的，且价格为公允的，甲公司应该采用与其他采购一致的方式进行处理。如果不是可明确区分的，甲公司向客户进行支付应该冲减收入。实务中一般未见明确约定客户为企业提供了仓储服务的收费，因为多数交易的本质不是客户单独为企业提供仓储服务，而是客户为了使用的方便，要求企业放在其仓库中，即仓储可能并不是客户向企业提供的一项可明确区分的服务；即使存在服务但由于服务的公允价值可能难以计量，企业向客户的支付也应按照应付客户对价的处理原则冲减收入。合同中，企业向客户销售商品的价格从理论上讲应当已经是正常售价减去仓储费后的金额，将其直接作为交易价格是合理的。

(三) 新收入准则披露示例

示例 9 - 13：精密科技

2020 年 12 月发布的招股书

收入确认的具体方法：

(1) 国内销售。

主要国内销售模式：公司根据客户订单要求将产品运送至客户，客户根据收货情况，与公司进行对账，双方核对无误后，控制权转移，公司根据对账结果确认收入。

寄售仓国内销售模式：公司将货物运至客户指定地点后，客户根据实际使用情况，与公司进行对账，控制权转移，公司根据对账结果确认收入。

（2）出口销售。

主要出口销售模式：公司出口销售结算价格按与客户签订的合同或订单确定，货物报关离岸，已取得出口报关相关单据，相关控制权已转移的，确认出口销售收入。

寄售仓出口销售模式：公司将货物运至客户指定地点后，以客户实际领用并取得相关凭证后，相关控制权已转移的，确认出口销售收入。

示例 9－14：杭州正强传动股份有限公司

2020 年 12 月招股书

2020 年 1－6 月收入确认的具体方法：

公司销售十字轴万向节总成、节叉和十字轴等产品，属于在某一时点履行履约义务。产品收入确认需满足以下条件：公司已经收回货款或取得了收款凭证且相关的经济利益很可能流入，商品所有权上的主要风险和报酬已转移，商品的法定所有权已转移。根据合同约定内销产品在以下时点确认收入：合同约定产品系以交付结算的，公司已根据合同约定将产品交付给购货方后确认收入；合同约定产品按购货方领用结算的，公司将产品运抵指定仓库，购货方实际领用产品后确认收入。外销产品在以下时点确认收入：公司已根据合同约定将产品报关，取得提单后确认收入。

第十章
新收入准则应用示例：建筑业

第一节 行业概述

一、行业简介

建筑业指国民经济中从事建筑安装工程的勘察、设计、施工以及对原有建筑物进行维修活动的物质生产部门，包括土木工程建筑，线路、管道和设备安装业，勘察设计等。

按照证监会发布的《上市公司行业分类指引》（2012 年修订），建筑业包括房屋建筑业、土木工程建筑业、建筑安装业、建筑装饰和其他建筑业等门类。土木工程建筑业指土木工程主体的施工活动，不包括施工前的工程准备活动。建筑安装业，指建筑物主体工程竣工后，建筑物内各种设备的安装活动，以及施工中的线路敷设和管道安装活动；不包括工程收尾的装饰，如对墙面、地板、天花板、门窗等处理活动。

建筑业的上游行业种类繁多，包括钢铁、水泥、砖瓦、建筑陶瓷、平板玻璃、铝材加工、家具、化工、纺织、五金、电梯等行业。建筑业的相关行业主要分为三类：房屋建筑业的相关行业为房地产行业；交通基础设施建设的相关行业为各种交通运输业；市政基础设施建设的相关行业为各地市政工程建设。

建筑业就是一个围绕建筑的设计、施工、装修、管理而展开的行业，包括建筑业本身及与之相关的装潢、装修等。其产品是各种工厂、矿井、铁路、桥梁、港口、道路、管线、住宅以及公共设施的建筑物、构筑物和设施。

二、业务模式

建筑业的业务模式具体包括工程总承包、施工总承包或专业承包等。

1. 工程总承包模式

工程总承包是指对工程的设计和施工进行总承包（设计 + 建造模式）或者对设计、设备采购、施工进行总承包（设计——采购——施工模式）。

2. 施工总承包模式

施工总承包模式是指对工程的施工进行总承包。

3. 专业承包模式

专业承包则是指对钢结构、幕墙、机电等专业工程进行承包。

在工程中标后，绝大多数项目自行组织成立项目经理部或项目公司，具体负责项目运营管理，也有少数项目采用和其他企业组成联合体的形式进行工程承包。成立项目经理部或项目公司后，项目经理部或项目公司根据承包企业的授权，并在企业管理框架的约束和指导下，全面负责项目履约过程中各项业务（合约、成本、进度、技术、质量、安全等）的策划、实施、管理与综合协调，并对项目运营绩效负责。承包企业对于项目或项目公司的具体运营进行监督控制和服务支持，以确保项目的顺利实施。

根据项目的具体情况，建筑业企业可能分别采用劳务分包、专业分包或切块分包的形式将专业工程分包给适合的分包单位。专业分包是指把弱电、防水等专业工程分包给合适的专业分包商；劳务分包是指把工程的劳务分包给合适的劳务分包商；切块分包是指把工程进行切块后将其中的部分分包给合适的分包商。

4. 特殊业务模式

PPP 业务模式是指政府和社会资本合作的业务模式。政府方与社会资本方就 PPP 项目合作订立的合同，社会资本方在合同约定的运营期间内代表政府方使用 PPP 项目资产提供公共产品和服务。PPP 项目资产，是指 PPP 项目合同中确定的用来提供公共产品和服务的资产。该资产有以下两方面的来源：由社会资本方投资建造或者从第三方购买，或者是社会资本方的现有资产；政府方现有资产，或者对政府方现有资产进行改建、扩建。在通常情况下，PPP 业务采用建设——运营——移交（BOT）、转让——运营——移交（TOT）、改建——运营——移交（ROT）方式运作。建筑业企业通常充当 PPP 项目的社会资本方。

三、收入会计事项汇总

执行新收入准则之后，建筑业企业与收入相关的主要会计事项如表 10 - 1 所示。

表 10－1　　建筑业收入相关会计事项汇总表

业务类型	业务内容	会计事项
设计加建造服务等	根据客户的需求提供建筑的设计与建造等服务	建造合同发生变更的处理 合同中包含的设计、建造等服务是否构成单项履约义务 设计服务与建造服务按时点或在一段时间内按履约进度确认收入 确定设计和建造服务的交易价格 设计和建造服务在一段时间内确认收入时履约进度的计量 合同中包含的工程质保金的处理
EPC 业务（设计——采购——施工）	在 EPC 模式中，企业提供具体的设计工作、整个建设工程内容的总体策划以及整个建设工程实施组织管理的策划和具体工作；采购专业设备和材料；还包括施工、安装、测试、技术培训等	EPC 合同中所包含的设计、采购、施工是否构成单项履约义务 EPC 合同中包含的单项履约义务应当按时点还是按履约进度确认收入 EPC 合同中包含的单项履约义务的履约进度的计量 亏损合同的处理
BOT 业务	即建设——经营——移交，由社会资本方承担新建项目设计、投融资、建造、运营、维护职责，合作期满后将项目资产及相关权利或项目公司股权移交给政府的运作方式	建造过程中工程款的列报问题 公司未提供实际建造服务，将基础设施建造发包给其他方能否确认收入

第二节　主要会计事项与应用示例

一、合同变更（第一步）

（一）会计事项分析

原《企业会计准则第 15 号——建造合同》（以下简称“原建造合同准则”）包含对合同变更的处理要求，具体包括合同变更、索赔、奖励等，并要求在可能取得（如客户能够认可变更、预计客户能够同意索赔、能够达到或超过规定的标准）且金额能够可靠地计量时计入合同收入。

新收入准则重新定义了合同变更（是指经合同各方批准对原合同范围或价格作出的变更），比原建造合同准则中的“合同变更”（客户为改变合同规定的作业内容而提出的调整）含义更广，包含了价格的变更。因此，原建造合同准则中的“索赔”

（因客户或第三方的原因造成的、向客户或第三方收取的、用以补偿不包括在合同造价中成本的款项）也属于新收入准则下的合同变更。

合同变更需要根据是否可明确区分及是否反映了单独售价等分为三种情形进行处理，详见第二章图2－4。对建筑业而言，变更与索赔可能三种情形均会涉及。

（二）新收入准则应用案例

案例10－1

导致收入累计追加调整的合同变更

1. 背景资料

一家建造业公司与客户订立一份在客户自有土地上建造一幢商业楼宇的合同，合同的已承诺对价为1 000 000元，并且如果楼宇的建造在24个月之内完成，公司将获得200 000元的奖金。由于客户在建造过程中控制该楼宇，因此公司将已承诺的一揽子商品和服务作为在一段时间内履行的单一履约义务进行会计处理。在合同开始时，公司作出如下估计：

交易价格	1 000 000
预计成本	700 000
预计利润（30%）	300 000

在合同开始时，公司将200 000元的奖金排除在交易价格之外，因为其无法得出已确认的累计收入金额极可能不会发生重大转回的结论。楼宇建造的完成情况很大程度上受到超出公司影响范围之外的因素（包括天气和监管部门的批准等）影响。此外，公司有关类似类型合同的经验有限。

公司确定，采用基于已发生成本的投入法将能够适当地计量履约义务的履约进度。截至第一年年末，基于迄今为止已发生的成本（420 000元）相对于预计总成本（700 000元）的比例，公司已履行60%的履约义务。

第一年确认的累计收入和成本如下：

收入	600 000（1 000 000×60%）
成本	420 000
毛利	180 000

在第二年第一季度，合同各方同意修订合同以更改该楼宇的平面图，固定对价和预计成本因此分别增加了150 000元和120 000元。

合同修订后可能产生的总对价为1 350 000元（固定对价1 150 000元及完工奖金

200 000 元）。此外，允许公司获得200 000元奖金的期限延长了6个月（即现为原合同开始日后的30个月）。

在合同修订日，根据公司的经验以及拟实施的剩余工作（此类工作主要在楼宇内部实施，因而不会受到天气状况影响），公司得出结论：若将上述奖金纳入交易价格，则已确认的累计收入金额极可能不会发生重大转回，因此将200 000元纳入交易价格。

2. 案例分析

根据新收入准则第八条，合同变更不属于增加了可明确区分的商品及合同价款，且新增合同价款反映了新增商品单独售价的，如果在合同变更日已转让的商品与未转让的商品之间不可明确区分的，应当将该合同变更部分作为原合同的组成部分进行会计处理，由此产生的对已确认收入的影响，应当在合同变更日调整当期收入。

在评估合同的修订时，公司确定拟按修订后合同提供的剩余商品和服务与在合同修订日或之前转让的商品和服务不可明确区分（即该合同仍为单一履约义务）。因此，公司将合同的修订作为原合同的一部分进行会计处理。

公司更新了对履约进度的计量，并估计其已履行51.2%的履约义务（实际已发生成本420 000元÷预计总成本820 000元）。

作为一项累计追加调整，公司在合同修订日确认了91 200元［(51.2%的已履行履约义务×修订后的交易价格1 350 000) －迄今为止已确认的收入600 000＝691 200－600 000］的额外收入。

若合同变更并未增加可明确区分的商品或合同价款，或者新增合同价款并未反映新增商品的单独售价，则视已转让的商品或服务与未转让的商品或服务之间是否可明确区分，分别作为原合同终止及新合同成立，或将变更部分作为原合同的组成部分进行累计追加调整。

二、可变对价——奖励或罚款（第三步）

（一）会计事项分析

原建造合同准则中的“奖励”（工程达到或超过规定的标准，客户同意支付的额外款项），或者因工程进度或工程质量不达标而须支付的罚款，属于新收入准则中的可变对价。

对价金额可能因折扣、回扣、退款、抵免、价格折让、激励措施、业绩奖金、罚款、索赔或其他类似项目而改变。此外，企业有权收取的对价金额，将根据一项或多项或有事项的发生有所不同的情况，也属于可变对价的情形。

合同中存在可变对价的，企业应当按照期望值或最可能发生金额确定可变对价的最佳估计数。取决于合同的特征和可能结果的分布，建筑业企业可能使用不同的方法确定可变对价，具体取决于预计哪一种方法能更好地预测企业有权获得的对价金额。

（二）新收入准则应用案例

案例 10－2

估计可变对价

1. 背景资料

某公司与客户订立一份建造定制资产的合同，该转让资产的承诺属于在一段时间内履行的履约义务。已承诺的对价为 260 万元，但视资产完工的时间，该金额有可能会减少或增加。具体而言，若资产于 20×9 年 3 月 31 日仍未完工，则每推后一天完成，已承诺的对价将减少 1 万元；若资产于 20×9 年 3 月 31 日前完工，则每提前一天完成，已承诺的对价将增加 1 万元。

此外，在资产完工后，将由第三方对资产实施检查并基于合同界定的标准给予评级。如果资产达到特定评级，公司将有权获得奖励性付款 15 万元。

问题：交易价格如何确定？

2. 案例分析

根据新收入准则第十六条，合同中存在可变对价的，企业应当按照期望值或最可能发生金额确定可变对价的最佳估计数，但包含可变对价的交易价格，应当不超过在相关不确定性消除时累计已确认收入极可能不会发生重大转回的金额。

公司决定采用期望值法来估计与按日计的罚金或奖励相关的可变对价（即 260 万元，加上或减去每天 1 万元）。这是因为公司预计该方法能更好地预测其有权获得的对价金额。

公司决定采用最可能的金额来估计与奖励性付款相关的可变对价。因为只存在两种可能发生的结果（15 万元或 0），并且公司预计该方法能更好地预测其有权获得的对价金额。

期望值是一系列可能发生的对价金额的概率加权金额的总和。如果企业拥有大量具有类似特征的合同，则期望值可能是可变对价金额的恰当估计。最可能的金额是一系列可能发生的对价金额中最可能发生的单一金额（即合同最可能产生的单一结果）。如果合同仅有两个可能结果（例如，企业能够实现或不能实现业绩奖金目标），则最可能的金额可能是可变对价金额的恰当估计。

虽然准则允许选择估计可变对价的方法，但这并非一项“自由选择”，具体取决于企业预计哪一种方法能更好地预测其有权获得的对价金额。企业应当考虑其可合理获取的所有信息（历史信息、当前信息和预测信息），并应当识别合理数量的可能发生的对价金额。企业用以估计可变对价金额的信息通常与企业管理层在投标及递交建议书过程中及确定已承诺商品或服务的价格时所使用的信息类似。

三、工程结算差（列报）

（一）会计事项分析

甲方验收结算滞后时，原建造合同准则下“工程施工”与“工程结算”的借方差额，即已完工未结算工程通常在“存货”项目反映；“工程施工”与“工程结算”的贷方差额，即已结算未完工工程通常在“预收账款”项目反映。

在新收入准则下，企业已向客户转让商品而有权收取对价的权利，且该权利取决于时间流逝之外的其他因素的，列示为“合同资产”；企业已收或应收客户对价而应向客户转让商品的义务，列示为“合同负债”。同一合同下的合同资产和合同负债应当以净额列示。上述已完工未结算的部分列示到合同资产中，已结算未完工的部分列示到合同负债中。

参考财政部发布的《收入准则应用案例——亏损合同案例》，建筑业企业在核算时可以设置“合同结算”一级科目，同时设置“收入结转”和“价款结算”两个二级明细科目。期末“合同结算”一级科目的贷方余额表明公司已经与客户结算但尚未履行履约义务的金额，应在资产负债表中作为合同负债列示；“合同结算”一级科目的借方余额表明公司已经履行完履约义务但尚未与客户结算的金额，应在资产负债表中作为合同资产列示。

合同资产减值的计量和列报应当按照《企业会计准则第 22 号——金融工具确认和计量》和《企业会计准则第 37 号——金融工具列报》的规定进行会计处理。

（二）新收入准则披露示例

示例 10－1：601186. SH 中国铁建

财务报表附注——合同资产（2019 年年报）

合同资产主要系本集团的工程承包业务产生。本集团根据与客户签订的工程承包施工合同提供工程施工服务，并根据履约进度在合同期内确认收入。本集团的客户根据合同规定与本集团就工程施工服务履约进度进行结算，并在结算后根据合同规定的信用期支付工程价款。本集团根据履约进度确认的收入金额超过已办理结算价款的部分确认为合同资产，根据其流动性，列示于合同资产/其他非流动资产。本集团已办理结算价款超过本集团根据履约进度确认的收入金额部分确认为合同负债。

表 10－2

单位：人民币千元

项目	2019 年 12 月 31 日		
	账面余额	信用损失准备	账面价值
合同资产	160 274 029.00	5 370 948.00	154 903 081.00

四、甲供材（特定事项三）

（一）会计事项分析

“甲供材”是指在施工合同中甲方与施工方约定，使用甲方提供的材料。

在原建造合同准则下，施工方（提供建造服务的一方）对“甲供材”的会计处理方式主要有两种：一种是不进行核算，而是由甲方直接计入项目成本；另一种是作为采购入账，同时抵减工程进度款。

在新收入准则下，企业在向客户（合同中的甲方）转让商品的同时，如果甲方向企业投入材料、设备或人工等商品，或者甲方指定材料、设备的供应商及具体规格条件由企业先行垫款，企业是使用甲供材料和自采材料共同完成建造工程项目，企业应当评估其是否取得了对甲供材料的控制权，取得这些材料控制权的，该材料的成本应该计入工程成本，收入应该按照包含材料价款的总额法确认，如果不能够控制，则工程成本以及收入中不包含该部分材料的部分，即采用净额法确认收入。

在企业能够控制甲方投入的材料、向客户转让商品采用总额法确认收入的情况下，企业从客户获得的材料是非现金对价。企业应当按照非现金对价的公允价值确定交易价格。

（二）新收入准则应用案例

见第七章第二节“九、委托加工与销售购买的判断”。

五、履约进度的计量（第五步）

（一）会计事项分析

对于在某一时段内履行的履约义务，企业应当在该段时间内按照履约进度确认收入（除非履约进度不能合理确定）。确定履约进度的方法包括投入法和产出法。投入法是根据企业为履行履约义务的投入确定履约进度；产出法是根据已转移给客户的商品对于客户的价值确定履约进度。

1. 未安装物料对履约进度的调整

当企业已发生的成本与履约进度不成比例，企业在采用成本法确定履约进度时需要进行适当调整，通常仅以其已发生的成本为限确认收入。对于施工中尚未安装、使用或耗用的商品（不包括服务）或材料成本等，当企业在合同开始日就预期将能够满足下列所有条件时，在采用成本法确定履约进度时不包括这些成本：第一，该商品或材料不可明确区分，即不构成单项履约义务；第二，客户先取得该商品或材料的控制权，之后才接受与之相关的服务；第三，该商品或材料的成本相对于预计总成本而言是重大的；第四，企业自第三方采购该商品或材料，且未深入参与其设计和制造，对于包含该商品的履约义务而言，企业是主要责任人。

对投入法进行调整的示例详见第二章“示例 2－23：未安装的物料”。

2. 里程碑法的应用

产出法是根据已转移给客户的商品对于客户的价值确定履约进度的方法，通常可采用实际测量的完工进度、评估已实现的结果、已达到的里程碑、时间进度、已完工或交付的产品等产出指标确定履约进度。企业在评估是否采用产出法确定履约进度时，应当考虑具体的事实和情况并选择能够如实反映企业履约进度和向客户转移商品控制权的产出指标。当选择的产出指标无法计量控制权已转移给客户的商品时，不应采用产出法。如果企业在合同约定的各个里程碑之间向客户转移了重大的商品的控制权，则很可能表明基于已达到的里程碑确定履约进度的方法是不恰当的。

（二）新收入准则披露示例

示例 10－2：601390. SH 中国中铁

基础设施建设业务的收入确认

管理层根据履约进度在一段时间内确认基础设施建设业务的收入。履约进度主要根据项目的性质，按已经完成的为履约合同实际发生的合同成本占合同预计总成本的比例确定。管理层需要在初始对基础设施建设业务的合同预计总收入和预计总成本作出合理估计，并于合同执行过程中持续评估，当初始估计发生变化时，如合同变更、索赔及奖励，对合同预计总收入和合同预计总成本进行修订，并根据修订后的预计总收入和预计总成本调整履约进度和确认收入的金额，这一修订将反映在本集团的当期财务报表中。

示例 10－3：601186. SH 中国铁建

本集团的工程承包业务主要属于在某一时段内履行的履约义务，按照履约进度，在合同期内确认收入，本集团采用投入法，即按照累计实际发生的成本占合同预计总成本的比例确定恰当的履约进度。当履约进度不能合理确定时，本集团根据已经发生的成本预计能够得到补偿的成本金额确认收入，直到履约进度能够合理确定为止。

六、工程质量保证金的会计处理（第三步、列报）

（一）会计事项分析

对于大型的施工工程，通常会约定工程质量保修期，并预留一定比例的质量保证金（如合同价款的2%、5%），在质量保修期满时返还企业。对于这部分质量保证金收款期限较长（2－5 年），目前实务中列报为“应收账款”“长期应收款”，部分公司按照金融工具准则进行折现。在新收入准则下，企业需要识别这部分质量保证金是否存在重大的融资成分以及如何进行列报。

1. 是否存在重大融资成分

新收入准则要求考虑交易价格中的重大融资成分。如果合同各方（以明示或隐含的方式）商定的付款时间为客户或企业提供涉及向客户转让商品或服务的重大融资利益，则在确定交易价格时，企业应当就货币的时间价值影响对已承诺的对价金额作出调整。在这种情况下，合同包含重大融资成分。就重大融资成分调整已承诺的对价金额旨在使企业所确认的收入金额能够反映若客户在已承诺的商品或服务转让时（或过程中）对该商品或服务支付现金的话，客户会支付的价格（即现金售价）——从概念上而言，具有融资成分的合同包括两项交易：一项销售交易与一项融资交易。

《企业会计准则第 14 号——收入》应用指南明确了在评估合同中是否存在融资

成分以及该融资成分对于该合同而言是否重大时，企业应当考虑的相关事实和情况，并列举了企业向客户转让商品与客户支付相关款项之间，虽然存在时间间隔，但二者之间的合同没有包含重大融资成分的情形。合同承诺的对价金额与现销价格之间的差额是由于向客户或企业提供融资利益以外的其他原因所导致的，且这一差额与产生该差额的原因是相称的，属于不包含重大融资成分的情形。

在通常情况下，甲方暂扣的质量保证金不包含重大融资成分，因为合同约定的此类支付条款是为了向客户提供保护，以防止企业未能依照合同充分履行其部分或全部义务。

2. 工程质量保证金的列报

在新收入准则下，企业拥有的无条件（即仅取决于时间流逝）向客户收取对价的权利应当作为应收款项单独列示。企业已向客户转让商品而有权收取对价的权利，且该权利取决于时间流逝之外的其他因素的，列示为“合同资产”。客户预留的工程质量保证金不符合新收入准则列示为应收款项的条件，应列报为合同资产。

（二）新收入准则披露示例

示例 10－4：601618. SH 中国中冶

合同资产列示（2019 年年报，见表 10－3）

表 10－3　　　　单位：千元

项目	2019 年 12 月 31 日			2018 年 12 月 31 日		
	账面余额	减值准备	账面价值	账面余额	减值准备	账面价值
工程承包服务相关的合同资产	71 573 380	3 388 866	68 184 514	64 706 417	2 545 766	62 160 651
工程质保金相关的合同资产	4 908 801	292 740	4 616 061	4 884 672	325 774	4 558 898
合计	76 482 181	3 681 606	72 800 575	69 591 089	2 871 540	66 719 549

本集团提供的工程承包类服务与客户结算后形成的工程质保金，本集团于质保期结束且未发生重大质量问题后拥有无条件向客户收取对价的权利。因此，该部分工程质保金形成合同资产，并于质保期结束且未发生重大质量问题后转入应收款项。

示例 10－5：601186. SH 中国铁建

33.1 新收入准则对本集团和本公司的影响

执行新收入准则对本年年初合并资产负债表相关项目的影响列示如下：

注 2：工程质量保证金

于 2018 年 1 月 1 日，本集团/本公司将尚未完成的合同中不满足无条件收款权的工程质量保证金根据其流动性列报为其他非流动资产。

七、合同履约成本

（一）会计事项分析

在原收入准则下，建筑业对于提供劳务和建造合同一般采用完工百分比法确认收入。当企业不是采用累计实际发生的合同成本占合同预计总成本的比例确定完工进度，而是采用已经完成的合同工作量占合同预计总工作量的比例确定完工进度或采用实际测定的完工进度时，可能会出现合同成本发生的比例与完工进度不匹配的情况，尚未结转的已发生的合同成本部分在期末时会体现在“存货”中。

在新收入准则下，对于在一段时间内履行的履约义务，由于企业履约过程中形成的商品或服务是随着履约过程不断转移给客户的。因此，建造过程中已经发生的成本是与合同中已部分履行的履约义务相关，即与主体过往履约相关的成本。因此，这些成本并不产生或改良主体将在未来用于持续履行履约义务的资源，应当在发生时全部确认为当期营业成本。

（二）新收入准则应用案例

案例 10－3

合同履约成本

1. 背景资料

2×18 年 1 月 1 日，甲公司与客户签订合同，为其建造一栋办公楼，建造期为 3 年。假定该合同仅包含一项履约义务，并属于在某一时段履行的履约义务。甲公司采用产出法确定履约进度，不考虑其他相关因素。该合同的其他有关资料如表 10－4 所示。

表 10－4　　单位：万元

时间	组成部分	按履约进度计量的收入(2)＝500＊(1)	采用产出法计量的履约进度（1）	按履约进度计量的成本(3)＝400＊(1)	实际成本(4)	毛利率(5)＝[(2)－(4)]/(2)
2×18 年 12 月 31 日	地基	210	42%	168	200	4.8%
2×19 年 12 月 31 日	墙体	120	24%	96	100	16.7%
2×20 年 12 月 31 日	门窗	80	16%	64	50	37.5%
2×20 年 12 月 31 日	房顶	90	18%	72	50	44.4%
合计		500	100%	400	400	20%

以地基部分为例，假定截至 2×18 年 12 月 31 日，甲公司按期完成了地基部分的建设。

2. 案例分析

在本例中，截至 2×18 年 12 月 31 日，地基部分的控制权已经转移给客户，对于地基部分实际发生的成本未增加企业未来用于履行履约义务的资源（发生的成本仅与地基相关），因此不满足新收入准则第二十六条作为合同履约成本确认为一项资产的条件。由于地基建设已完成，该部分实际发生的成本为与履约义务中已履行部分（即建设地基）相关的支出，即该支出与企业过去的履约活动相关，因此根据新收入准则第二十七条，地基部分实际发生的所有成本（200 万元）应计入当期损益。

八、借款费用资本化

（一）会计事项分析

建造承包商为客户建造资产，通常是由客户筹集资金，并根据合同约定，定期向建造承包商支付工程进度款。但是，建造承包商也可能在建造过程中因资金周转等原因向银行借入款项，发生借款费用。

在现行建造合同准则下，建造承包商在合同建造期间发生的借款费用，符合《企业会计准则第 17 号——借款费用》规定的资本化条件的，应当计入合同成本。合同完成后发生的借款费用，应计入当期损益，不再计入合同成本。

在新收入准则下，对于满足一段时间内确认收入条件的建造服务，其在建造过程中就向客户逐步转移了控制权。已发生的合同履约成本在发生时全部确认为当期营业成本，企业在合同期内按照履约进度确认收入并确认合同资产或应收账款。合同资产或应收账款代表企业向客户收取对价的权利，不属于需要经过相当长时间的购建或者生产活动才能达到预定可使用或者可销售状态的资产，即不属于《企业会计准则第17号——借款费用》所规定的符合资本化条件的资产。因此，该借款费用应当在发生时确认为费用，计入当期损益（财务费用）。

（二）新收入准则应用案例

案例10－4

借款费用资本化

1. 背景资料

2×18年1月1日，甲公司与客户签订合同，为其建造一栋办公楼，建造期为3年。假定该合同仅包含一项履约义务，并属于在某一时段履行的履约义务。甲公司在建造过程中，为建造该建筑物借入一笔专门借款，并产生借款费用。该借款费用是否满足资本化条件？

2. 案例分析

在本例中，已发生的合同履约成本在发生时全部确认为当期营业成本，甲公司在合同期内按照履约进度确认收入并确认合同资产或应收账款。合同资产或应收账款代表甲公司向客户收取对价的权利，不属于需要经过相当长时间的购建或者生产活动才能达到预定可使用或者可销售状态的资产，即不属于《企业会计准则第17号——借款费用》所规定的符合资本化条件的资产。因此，该借款费用应当在发生时确认为费用，计入当期损益（财务费用）。

九、亏损合同（列报）

（一）会计事项分析

2018年12月11日，财政部会计司在官网“会计准则实施”栏目下“收入准则应用专区”发布了收入准则应用案例，其中“亏损合同案例”以建筑企业为例明确了亏损合同的会计处理，即除已经通过收入、成本确认的部分外，剩余的、为完成工程将发生的预计损失确认为“主营业务成本”，同时贷记“预计负债”；转回预计损失作相反的会计分录。具体会计处理详见财政部发布的“收入准则应用案例——亏损合同案例”。

（二）新收入准则披露示例

示例 10－6：601390. SH 中国中铁

（b）收入

（i）根据新收入准则的相关规定，本集团及本公司对于首次执行该准则的累计影响数调整 2018 年年初留存收益以及财务报表其他相关项目金额，首次执行该准则对 2018 年年初留存收益无重大影响。2017 年度的比较财务报表未重列，其采用的会计政策与本集团编制 2017 年度财务报表所采用的会计政策一致。

表 10－5

会计政策变更的内容和原因	受影响的报表项目名称	影响金额 2018 年 1 月 1 日	
		合并	公司
因执行新收入准则，本集团及本公司将与基础设施建设、钢结构产品制造与安装业务及提供劳务相关、不满足无条件收款权的已完工未结算、长期应收款计入合同资产和其他非流动资产，将与基础设施建设、钢结构产品制造与安装业务相关的已结算未完工，提供劳务及与销售商品相关的预收款项重分类至合同负债，将与基础设施建设、钢结构产品制造与安装业务及提供劳务相关的合同预计损失准备重分类至预计负债	合同资产——原值	115 094 052	2 674 531
	其他非流动资产	25 664 122	1 982 401
	长期应收款	（25 651 013）	（1 982 401）
	存货	（114 724 593）	（2 674 531）
	合同负债	84 435 656	5 117 331
	预收款项	（84 389 034）	（5 117 331）
	预计负债	335 946	—

十、EPC 业务（第二步、第五步）

（一）会计事项分析

设计施工总承包（Engineering Procurement Construction，EPC）是指公司受业主委托，按照合同约定对工程建设项目的设计、采购、施工、试运行等实行全过程或若干阶段的承包。通常公司在总承包合同条件下，对其所承包工程的质量、安全、费用和进度负责。

在 EPC 模式中，Engineering 不仅包括具体的设计工作，而且可能包括整个建设工程内容的总体策划以及整个建设工程实施组织管理的策划和具体工作；Procurement 也不是一般意义上的建筑设备材料采购，而更多的是指专业设备、材料的采购；Construction 为“建设”，其内容包括施工、安装、试测、技术培训等。

在原收入准则下，EPC 是作为一个整体采用完工百分比法确认收入，还是设备采购、销售与施工分别适用原收入准则和原建造合同准则不明确，在实务中存在多种不同的做法。根据新收入准则，要求识别合同中的单项履约义务，判断 E、P、C 是三项单独的履约业务还是一或两项单独的履约业务成为收入确认方式的关键环节。新收入准则第十条明确了可明确区分商品或服务应该满足的条件，并列举了三类不可单独区分的情形。详见第二章图 2－1。

在实务中，通常 EPC 业务由集团不同的子公司共同完成，对于每家子公司而言，可能 E、P、C 是三项单独履约业务，但是在合并层面可能是一项履约义务，需要对收入的确认进行调整，因为集团层面对外交付的可能是一项高度关联的重大整合服务。

对 EPC 业务而言，由于项目通常具有设计非标准化、设备专用化、施工技术高要求等特征，因此设计与采购及施工通常不能单独销售。但是客户能够从设计本身获益。同时，由于通常认为“设计”“采购”“施工”之间存在重大整合，尤其是非标准化的项目，因此设计一般不可单独识别。此外，若设计包含尚未得到证实的功能，则在施工过程中需要持续对设计进行修正，此时设计与后续的采购施工之间存在高度关联性，此时设计也不可单独识别。

但是若项目有成熟的设计方案，则可能“设计”与“采购”“施工”不存在重大整合、重大修改、定制或高度关联性，则“设计”属于单项履约义务。

“采购”与“施工”通常存在重大整合，不可单独区分，除非采购的设备交付给客户时控制权即已转移。

具体分析如表 10－6 所示。

表 10－6　“设计”“采购”“施工”是否可明确区分

<table>
<tr><th colspan="2">是否可明确区分的条件</th><th>分析</th></tr>
<tr><td rowspan="2">需同时满足</td><td>（1）客户能够从该商品或服务本身或从该商品或服务与其他易于获得资源一起使用中受益</td><td>客户可以分别从“设计”“采购”“施工”本身受益</td></tr>
<tr><td>（2）企业向客户转让该商品或服务的承诺与合同中其他承诺可单独区分</td><td>满足任一条均表明企业向客户转让商品或服务的承诺与合同中其他承诺不可单独区分</td></tr>
<tr><td rowspan="3">表明不可单独区分的情形</td><td>（1）企业须提供重大的服务以将该商品或服务与合同中承诺的其他商品或服务整合成合同约定的组合产出转让给客户</td><td>通常认为“设计”“采购”“施工”存在重大整合，尤其是非标准化的项目；但是对于比较成熟的设计方案，可能“设计”可单独区分
“采购”与“施工”通常存在重大整合，一般不可单独区分，除非采购的设备交付客户时控制权即已转移</td></tr>
<tr><td>（2）该商品或服务将对合同中承诺的其他商品或服务予以重大修改或定制</td><td>不适用，除非是在标准产品的基础上进行个性化设计、施工</td></tr>
<tr><td>（3）该商品或服务与合同中承诺的其他商品或服务具有高度关联性</td><td>若设计包含尚未得到证实的功能，且在施工过程中需要持续对设计进行修正，则存在高度关联性</td></tr>
</table>

（二）新收入准则披露示例

示例 10－7：601186. SH 中国铁建

33.1 新收入准则对本集团和本公司的影响

执行新收入准则对本年年初合并资产负债表相关项目的影响列示如下：

注 3：收入重新计量的影响

2018 年 1 月 1 日，本集团依照新收入准则的要求，对于首次执行日尚未完成的合同进行评估，识别合同所包含的各项履约义务。对于部分合同中向客户转让商品或服务的承诺，经评估不满足新收入准则规定的单项履约义务条件，与合同中承诺的其他商品或服务不可单独区分，应作为一项履约义务，在客户取得相关商品控制权时确认收入。对于合同中存在的可变对价，按照期望值或最可能发生金额确认可变对价的最佳估计数。

示例 10－8：601618. SH 中国中冶

本集团在某些时候与客户分别签署设计、采购和施工等多份合同来提供工程总承包（EPC）服务，在新收入准则实施前，本集团以每份单独签署的合同为基础分别确认相关收入；在新收入准则实施后，本集团依据合同条款判断该等合同所承诺的商品或服务是否构成了一项单项履约义务，如构成一项单项履约义务，本集团将该等合同合并为一份合同并在履行单项履约义务时确认收入。

十一、BOT 业务的影响分析（列报、特定交易三）

（一）会计事项分析

BOT（Build－Operate－Transfer）即建设—经营—移交，由社会资本方承担新建项目设计、投融资、建造、运营、维护职责，合作期满后将项目资产及相关权利或项目公司股权移交给政府的运作方式。BOT 模式作为 PPP 项目的主要模式，在满足双特征和双控制的条件下，适用《解释 14 号》。

1. 建造过程中以及建造完成形成的资产

社会资本方提供建造服务（含建设和改扩建，下同）或发包给其他方等，应当按照《企业会计准则第 14 号——收入》确定其身份是主要责任人还是代理人，并进行会计处理，确认合同资产。

社会资本方根据 PPP 项目合同约定，在项目运营期间，有权向获取公共产品和服务的对象收取费用，但收费金额不确定的，该权利不构成一项无条件收取现金的权利，应当在 PPP 项目资产达到预定可使用状态时，将相关 PPP 项目资产的对价金额或确认的建造收入金额确认为无形资产，并按照《企业会计准则第 6 号——无形资产》的规定进行会计处理。

社会资本方根据 PPP 项目合同约定，在项目运营期间，满足有权收取可确定金额的现金（或其他金融资产）条件的，应当在社会资本方拥有收取该对价的权利（该权利仅取决于时间流逝的因素）时确认为应收款项，并按照《企业会计准则第 22 号——金融工具确认和计量》的规定进行会计处理。社会资本方应当在 PPP 项目资产达到预定可使用状态时，将相关 PPP 项目资产的对价金额或确认的建造收入金额，超过有权收取可确定金额的现金（或其他金融资产）的差额，确认为无形资产。

2. 项目公司未提供实际建造服务的收入确认

社会资本方提供建造服务（含建设和改扩建，下同）或发包给其他方等，应当按照《企业会计准则第 14 号——收入》确定其身份是主要责任人还是代理人，并进行会计处理，确认合同资产。

根据新收入准则第三十四条，企业应当根据其在向客户转让商品前是否拥有对该商品的控制权，来判断其从事交易时的身份是主要责任人还是代理人。企业在向客户转让商品前能够控制该商品的，该企业为主要责任人，应当按照已收或应收对价总额确认收入。企业向客户转让商品前能够控制该商品的情形包括：①企业自第三方取得商品或其他资产控制权后，再转让给客户；②企业能够主导第三方代表本企业向客户提供服务；③企业自第三方取得商品控制权后，通过提供重大的服务将该商品与其他商品整合成某组合产出转让给客户。

虽然项目公司自身可能不提供实际建造服务，但是可能能够主导第三方（如分包商）代表其提供建造服务，根据新收入准则，判断主要责任人与代理人时，企业本身不提供商品或服务这一事实并非决定性因素。当企业承诺向客户提供服务，并委托第三方（例如分包商、其他服务提供商等）代表企业向客户提供服务时，如果企业能够主导该第三方代表本企业向客户提供服务，则表明企业在相关服务提供给客户之前能够控制该相关服务。因此，新收入准则下，即使项目公司未提供实际建造服务，也可能确认建造服务收入。

（二）新收入准则披露示例

示例 10－9：601390. SH 中国中铁

（d）建设、运营及移交合同

建设、运营及移交合同项始于建设阶段，按照附注二（27）（a）所述的会计政策确认基础设施建设服务的收入和成本。基础设施建设服务收入按照收取或有权收取的对价计量，并在确认收入的同时，确认合同资产或无形资产，并对合同安排中的重大融资成分进行会计处理。

合同规定的基础设施建成后的一定期间内，本集团可以无条件地自合同授予方收取确定金额的货币资金或其他金融资产的，于项目建造完成时，将合同资产转入金融资产核算。

第十一章

新收入准则应用示例：零售业

第一节　行业概述

一、行业简介

根据证监会发布的《上市公司行业分类指引》（2012 年修订），零售业指百货商店、超级市场、专门零售商店、品牌专卖店、售货摊等主要面向最终消费者（如居民等）的销售活动，以互联网、邮政、电话、售货机等方式开展的销售活动，还包括在同一地点，后面加工生产、前面销售的店铺（如面包房）；谷物、种子、饲料、牲畜、矿产品、生产用原料、化工原料、农用化工产品、机械设备（乘用车、计算机及通信设备除外）等生产资料的销售不作为零售活动；多数零售商对其销售的货物拥有所有权，但有些则是充当委托人的代理人，进行委托销售或以收取佣金的方式进行销售。

零售业的产业链链条如图 11 －1 所示。

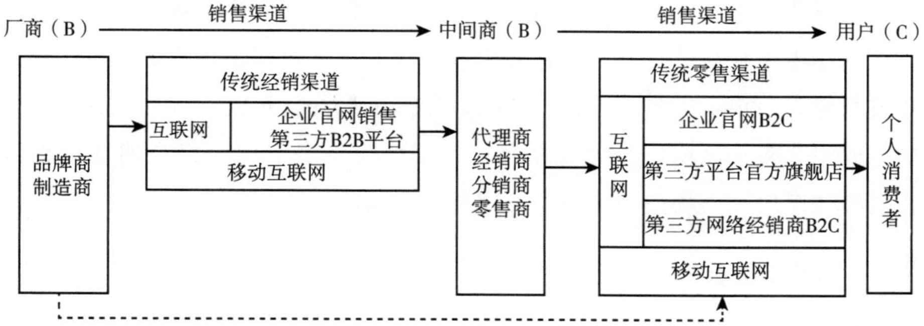

图 11 －1　零售业的产业链

零售业的业态主要包括：百货商场、超市、便利店、连锁专卖店、购物中心和电商。

百货商场是零售业的传统业态，电商则是零售业的新型业态。我们重点研究百货商场和电商这两种业态实施新收入准则的主要会计事项。

二、业务模式

（一）百货商场的业务模式

我国百货商场主要分为自营、联营和租赁三种业务模式。

自营模式是指百货商场向生产厂家或者经销商采购或者开发自有品牌，依靠购销差价盈利。自营模式虽然能获得较高的利润，但存在较大的收入弹性和价格弹性缺陷，风险较高；百货商场在20世纪90年代以前都是采取这种模式的。

联营模式是指百货商场与制造商或代理商之间，按照合同约定各自独立经营，其权利和义务由合同约定，各自承担民事责任。在销售前，百货商场一般不取得商品的所有权；当商品出售时，所有权以百货商场名义向顾客转移。百货商场为制造商或代理商提供经营场地以及相应的综合管理，监督进店的商品，负责导购、统一收银等服务，制造商或代理商向百货商场缴纳联营扣点。20世纪90年代中后期，随着零售市场竞争越来越激烈，利润空间越来越小，经营压力越来越大，迫使百货商场寻找新的盈利模式。在这种背景下，引厂进店的联营模式被广泛采用。由于联营模式只需要百货商场提供经营场地，不需要占压百货商场的自有资金，从而大大降低了百货商场的商品采购和经营风险，因而在国内百货业中被广泛采用，成为我国百货业态的主流盈利模式，联营收入的比率一般占到百货商场总销售额的80%—90%。

租赁模式是百货公司向商户提供经营场所和配套服务，通过向商户收取租金来获得收入。按租金的计算方式划分，租赁模式分为三种：一是固定租金，即双方在租赁合同中约定租赁面积、期限和单位租金；二是浮动租金，即约定入驻商户支付营业额的一定比例作为租金给公司；三是保底租金与分成租金孰高，其中保底租金按季度支付，分成租金为商户年度收入的一定比例，在每个租约年年底，双方计算年度分成租金，如分成租金多于该租约年保底租金的，则商户将多于保底租金的部分支付给公司。租赁模式应用于商场内的影院、餐饮等百货商品配套服务。

（二）电商的业务模式

互联网零售业简称“电商”，按照交易主体的不同，模式包括B2B（企业对企业）、

B2C（企业对消费者）、C2C（消费者对消费者）、C2B（消费者对企业）、C2G（消费者对企业）、O2O（线上对线下）等，目前国内较为主流的模式是 B2C 和 C2C 两种。

典型的 B2C 模式的业务流程如图 11－2 所示。

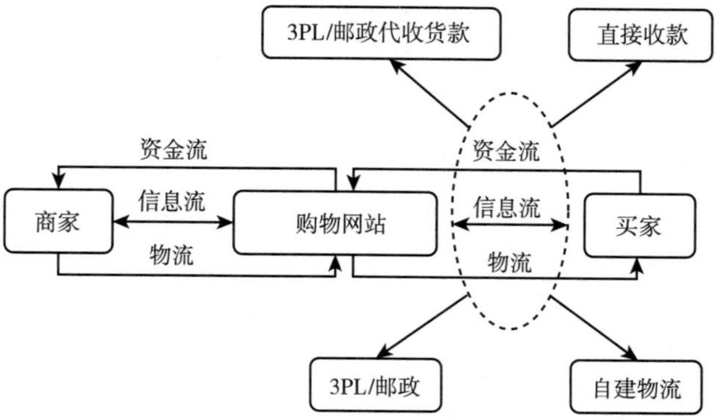

图 11－2　典型的 B2C 模式的业务流程图

按照电商在交易中发挥的作用不同，主要业务模式有三种：中间商、自营商和独立电商。

中间商即平台模式，典型的如淘宝平台，中间商为商家建立销售平台，顾客通过平台购买商家产品，平台根据商家的销售额获得一定比例抽成。对于平台电商而言，由于其不直接销售商品，只是为买卖双方提供交易的平台，所以其主要收入包括收取的交易佣金、提供增值服务的收入以及网络广告收入等。

自营商，指连接制造商和消费者之间的批发商、经销商或者零售商。对于自营电商而言，其主要收入来源为商品销售收入。

独立电商，顾名思义就是自己独立拥有一个网站，拥有自己的品牌，只经营平台自己的商品。

三、收入会计事项汇总

执行新收入准则后，零售行业与收入相关的主要会计事项见表 11－1。

表 11－1　　零售业收入相关会计事项汇总表

业务类型	业务内容	会计事项
自营模式	是指百货商场向生产厂家或者经销商采购或者开发自有品牌，依靠购销差价盈利	收入确认的时点问题 百货商场给予顾客的积分、奖励、代金券等各种形式应付客户对价的处理 退货权的处理 预付卡的会计处理

续表

业务类型	业务内容	会计事项
联营模式	是指百货商场与制造商或代理商之间，按照合同约定各自独立经营，其权利和义务由合同约定，各自承担民事责任。在销售前，百货商场一般不取得商品所有权；当商品出售时，所有权以百货商场名义向顾客转移	主要责任人和代理人的判断 预付卡的会计处理
电商自营	从制造商、批发商或者经销商处购买商品，再出售给客户。其主要收入来源即为商品销售收入	收入确认的时点问题 退货权的处理 各种形式激励的会计处理 预付卡的会计处理
电商平台	中间商为商家建立销售平台，客户通过平台购买商家产品，平台根据商家的销售额获得一定比例抽成。对于平台电商而言，由于其不直接销售商品，只是为买卖双方提供交易的平台，所以其主要收入包括收取的交易佣金、提供增值服务的收入以及网络广告收入等	主要责任人和代理人的判断 各种形式激励的会计处理 预付卡的会计处理

第二节　主要会计事项与应用示例

新收入准则基于单一的控制模型，对收入的确认和计量分为五个步骤进行分析和判断。传统的百货商场和目前普遍存在的电商零售业可能面临的主要会计事项包括：总额法与净额法的问题，各种形式的代金券、奖励积分、数量折扣等促销激励问题，应付客户对价与销售费用及其他成本费用的区分问题，附有退货权的销售问题以及预付卡的发售与兑换问题等。

一、零售业各种形式的激励（第二步、第三步、第四步）

在零售业中，有各种形式的代金券、优惠券和奖励积分以及捆绑销售、换购等激励形式。可能涉及新收入准则中客户的识别、可变对价、授予客户额外购买选择权、应付客户对价、识别履约义务、分摊交易价格等相关会计事项（见表 11－2）。

表 11－2　可变对价、授予客户额外购买选择权以及应付客户对价的区别

项目	可变对价	额外购买选择权	应付客户对价
准则相关规定	企业销售商品或者提供劳务有权利收取的对价，该对价将取决于一项或者多项或有事项的发生而有所不同 合同开始时已经明确约定或按商业惯例形成客户期望，而对交易价格形成的调整。不确定性解除时，极有可能不会导致收入重大转回时，才能计入交易价格	企业在销售商品的同时，会向客户授予选择权，允许客户可以据此免费或者以折扣价格购买额外的商品，且该购买选择权代表了一项重大权利 客户有购买额外的商品或服务的选择权，识别为一项单独履约义务，参与交易价格的分摊	企业向客户转让商品的同时，需要客户或者第三方支付对价的，应当将应付对价冲减交易价格 向客户支付对价未形成可变对价，也未形成可单独识别的商品或服务。取决于与过去、现在或未来的收入交易相关，抵减相关收入
常见的销售激励情形	折扣折让（如数量折扣）、退货权、价格保护、返利、退款、业绩奖金、索赔（延期履约或未履约的赔偿）	消费积分（客户忠诚计划）、折扣券、达量折扣、续约选择权	现金返利、现金抵用券、支付对价取得独家供货权、替客户付款、货位费等；支付的4S店建店补贴
涉及的五步法	第3步：确定交易价格	第2步：区分履约义务	第3步：确定交易价格 第5步：确认收入
相关特点	不确定事项影响交易价格，但是客户的行为并不导致企业有义务提供额外的商品或者劳务。与客户的合同中对该或有事项进行约定	客户有现时要求企业提供额外的商品或者劳务的权利；但是在客户要求行使该权利以前，企业并无义务提供额外的商品或者劳务	合同中可能约定对客户的支付，且支付与否一般不取决于或有事项的发生或者不发生；也可能合同中并无约定应付客户对价
会计处理时点	包含在交易价格的时点：只有在不确定性消除时，极有可能不会导致收入的重大转回时，才能包含在交易价格中	参与交易价格的分配的时点：构成一项重大权利的情况下，需要识别为一项单独的履约义务，参与交易价格的分配。 确认为收入的时点：在该履约义务履行时确认为收入，需要考虑兑换率	冲减交易价格的时点：确认相关收入与支付（或者承诺支付）客户对价二者孰晚。 应付客户对价，应当抵减收入，但具体抵减期间和金额，以及确认相关负债的时点，涉及重大的会计判断
三者如何区分：可变对价、额外购买选择权、应付客户对价	合同中对该或有事项进行约定。可变对价对应企业已经形成的现时的提供商品或劳务的义务	客户选择权是仅在客户行使该权利时，企业才负有提供商品或劳务的义务 如果是选择权，则在属于重大权利的情况下作为一项履约义务。将分配到该履约义务的价款递延，待实际行使该权利时确认收入	合同中可能约定对客户的支付，且支付与否一般不取决于或有事项的发生或者不发生；也可能合同中并无约定应付客户对价

（一）会计事项分析

1. 免费给予直接的价格优惠、抵减价款的代金券或者优惠券

电商等企业为了刺激消费给予消费者各种形式的优惠券或者代金券，消费者用该代金券直接抵减应支付的价款。在电商是主要责任人（即按电商自营模式直接销售商品）的情况下，可以看作直接打折或者应付客户对价，直接冲减收入。

这种优惠券的特点是免费给予消费者的，消费者在进行购买前即可获得。该优惠券的主要作用是在未来或即将发生的消费中，消费者达到一定购买金额或者仅仅高于优惠券的购买金额进行购买时进行价款抵减，该优惠券的作用主要是促进消费。在消费者进行购买前即给予或者购买时给予，当即就可以使用的优惠券，是一种打折购买的邀约。打折的程度是商家在商品合理价格范围内的优惠，不代表向消费者提供了重大的购买选择权。因而在消费者消费时，直接作为收入的抵减项目，在发出优惠券时不需要进行会计处理。

2. 消费同时给予的代金券、兑换券或者奖励积分

消费者购买一定金额的商品后给予消费者的代金券、兑换券或者奖励积分，这是一种额外购买选择权。准则规定，对于向客户提供的额外商品或服务的选择权，客户只在订立了合同的情况下才取得，并且客户行使该选择权购买额外商品时，能够享受到超过该地区或该市场中其他同类客户所能够享有的折扣，则认为该选择权向客户提供了一项重大权利。该选择权向客户提供了重大权利的，应当作为单项履约义务。客户在该合同下支付的价款实际上相当于购买了两项单独的商品：一是客户在该合同下原本购买的商品，二是客户可以免费或者以折扣价格购买额外商品的权利。商家应当将交易价格在两项商品之间分摊，其中分摊到后者的交易价格与未来的商品购买相关，因此商家应该在客户未来行使该选择权取得相关商品的控制权时，或者该选择权失效时将其确认为收入。

3. 应付客户对价与销售费用及其他成本费用的区分

当商场、购物中心或者电商平台不是商品销售的主要责任人，向购物的消费者支付了优惠券、兑换券，此时应该冲减营业收入还是计入销售费用及其他成本费用的问题需要具体分析，涉及多方关系中客户的识别问题，即商场、购物中心或者电商平台和消费者之间关系的认定，即消费者是否为上述企业的客户，该客户是指收入准则界定的客户。

新收入准则指南对于识别客户和应付客户对价给予下列指引：

客户，是指与企业订立合同以向该企业购买其日常活动产出的商品并支付对价的一方。如果合同对方与企业订立合同的目的是共同参与一项活动（如合作开发一项

资产），合同对方和企业一起分担（或分享）该活动产生的风险（或收益），而不是获取企业日常活动产出的商品，则该合同对方不是企业的客户，企业与其签订的该份合同也不属于收入准则规范的范围。

企业在向客户转让商品的同时，需要向客户或第三方支付对价的，应当将该应付对价冲减交易价格，但应付客户对价是为了自客户取得其他可明确区分商品的除外。这里的应付客户对价还包括可以抵减应付企业金额的相关项目金额，如优惠券、兑换券等。这里的第三方通常指向企业的客户购买本企业商品的一方，即处于企业分销链上的“客户的客户”，例如，企业将其生产的产品销售给经销商，经销商再将这些产品销售给最终用户，最终用户即第三方。有时，企业需要向其支付款项的第三方是本企业客户的客户，但处于企业分销链之外，如果企业认为该第三方也是本企业的客户，或者根据企业与其客户的合同约定，企业有义务向该第三方支付款项，则企业向该第三方支付的款项也应被视为应付客户对价进行会计处理。应付客户对价中包含可变金额的，企业应当根据收入准则有关可变对价的相关规定对其进行估计。

企业应付客户对价是为了自客户取得其他可明确区分商品的，应当采用与企业其他采购相一致的方式确认所购买的商品。企业应付客户对价超过自客户取得的可明确区分商品公允价值的，超过金额应当作为应付客户对价冲减交易价格。自客户取得的可明确区分商品公允价值不能合理估计的，企业应当将应付客户对价全额冲减交易价格。企业应付客户对价低于自客户取得的可明确区分商品公允价值的，可能是由于企业自客户处取得采购折扣，也可能是由于企业向客户销售商品的价格低于正常的公允价值等，应当区分不同的情况进行不同的处理。

电商平台向终端消费者支付优惠券或代金券，在电商平台、商家、消费者的多方关系中，首先识别电商平台的客户，如果是向客户支付的，再分析是否属于向客户购买商品以外的应付客户对价，如果是向客户支付且没有向客户购买商品或服务，则应该冲减营业收入，如果支付对象不是客户，那么可能是销售费用或者其他项目的成本费用。

4. 买一赠一等捆绑销售以及满额换购的问题

零售企业经常会采用买一赠一捆绑销售的方式，我们主要讨论当该企业是商品销售的主要责任人时的会计处理。

买一赠一时，在所赠的商品与客户所买商品完全相同的情况下，相当于以一件商品的价格购买了两件商品，此时企业销售了两件商品，每件商品的价格为正常售价的五折，这实质上是商业折扣，企业应该在控制权转移时，以收到一件商品的价款确认两件产品的收入，同时结转两件商品的成本。

买一赠一时，所赠商品不同于客户所购买商品，相当于以约定的价格向客户出售了两件不同的商品，合同中存在两项履约义务，需要将交易价格在两件商品之间按照其单独售价进行分摊，分别确认收入并结转两项商品的成本。

零售业经常还会发生购物满一定金额即可换购某一商品的情形。给予客户的换购权利其实是给予了客户一项额外购买选择权。由于该选择权和购买几乎同时发生，因而收入的入账时间不存在差异，无须考虑将给予客户的选择权作为合同负债，只须考虑交易价格的分摊问题。如果客户换购商品的价格反映了该商品的单独售价，无须将客户已经购买商品支付的价格分摊至换购商品。如果换购商品的价格不能反映该商品的单独售价，应该将所购买商品的价格与换购商品支付的额外对价在所有商品之间进行分摊，然后确认收入，结转成本。

（二）新收入准则应用案例

案例 11 －1

电商平台统一管理的积分

1. 背景资料

某电商平台中有若干入驻商家，商家为商品销售的主要责任人，电商平台向商家提供了销售的平台，提供第三方收款等一系列管理服务。电商平台发起了一份会员积分计划，强制要求商家参与会员积分计划，关于会员积分的政策、积分使用、积分兑换、积分有效期等规则均由电商平台制定。凡是在电商平台的商家购物的消费者，其账户中都会获得购物金额 0.1% 的返点，其可用于在平台任何商家以后消费金额的抵减。

商家的任何一笔销售，须向消费者支付 0.1% 的购物返点，该购物返点由电商平台负责管理，结算时从应支付给商家的款项中扣除，放入消费者的账户。同时，商家要接受消费者支付的其账户的返点，抵减购买价款。然后该返点在与电商平台结算时，将获得现金支付。电商平台并不要求消费积分的使用商家与给予返点积分的商家一致。各商家无法区分其支付的返点积分最终是否消耗，消耗的产品金额、失效情况，对商家支付给电商平台的积分，电商平台也不予以返还。

问题：商家该如何对会员积分进行会计处理？

2. 案例分析

平台的入驻商家每一笔销售均向客户提供奖励积分，同时还承担积分的兑换者。可以将这两部分分别讨论。作为积分的提供者，因为客户的购买而给予客户积分，既是给了客户一份重大的购买选择权，同时也属于应付客户对价，应该从收入中扣减。但是，该选择权形成的履约义务是通过与电商平台结算而实现的。

假如平台的商家现在销售 1 000 元商品给客户，应该作如下会计处理：

借：应收账款　　1 000
　　贷：商品销售收入　　999
　　　　应付账款——电商平台　　1

本来商家给予客户的奖励积分为商家的合同负债，但是该合同负债的款项由平台收取并履行履约义务，因而商家直接记录应付电商平台1元。

假如平台的商家现在销售1 000元商品给客户的同时，收到客户价值3元的积分返点抵扣价款，应该作如下会计处理：

借：应收账款——客户　　997
　　应收账款——电商平台　　3
　　贷：商品销售收入　　999
　　　　应付账款——电商平台　　1

最终每月与电商平台就平台服务费进行结算时，结合上述积分返点形成的应收账款和应付账款，以及应支付的平台服务费，统一计算应支付给平台的金额。

（三）新收入准则披露示例

示例11-1：1896.HK猫眼娱乐

猫眼娱乐在其2019年1月发布的招股书中披露了对于用户激励的措施：

"用户激励可作为终端客户于我们平台购物时的付款折扣。

当电影制作公司聘用我们作为电影发行方时，我们一般会收到以现金支付的宣传费用及发行费用。向我们支付宣传费用乃为换取我们提供的宣传服务，包括支付我们的电影宣发成本（如我们投入的用户激励），在收到有关款项后，我们作为发行方制订用户激励计划，包括时间、频率及每张票的折扣金额。折扣随后于终端客户在我们的在线电影票务平台进行购票交易时提供。当我们作为在线电影票务平台时，我们会收到由终端客户支付的票价，而折扣金额则由我们在其后与电影院结算时支付。该等金额其后将确认为内容宣发成本项下的收益成本。

当业务伙伴聘请我们利用我们的平台能力进行指定的宣传工作，而非委聘我们作为电影发行方时，我们亦一般会收到该业务伙伴的以现金支付的宣传费用。该费用一般包括用户激励的预算，我们会将之确认为业务伙伴投资的用户激励下的收益。在收到有关款项后，我们会确定用户激励计划，包括时间、频率及每张票的折扣金额。折扣随后于终端客户进行购票时提供。当我们收到终端客户支付的票价时，折扣金额会由我们在随后与电影院结算时支付。该等金额随后将确认为营销及宣传开支项下的销售及营销开支。

我们亦会使用自有资金提供用户激励推广我们的平台及服务（而非指定电影）。有关用户激励亦于终端客户进行购票交易时作为折扣提供。当我们收到由终端客户支付的票价时，我们会在随后与影院结算时支付折扣金额。该等金额随后将被确认为营销及宣传开支项下的销售及营销开支。”

上述示例中电商平台给与终端用户的折扣和激励没有作为应付客户对价冲减收入，而是计入销售费用及其他项目成本，出于以下原因：

（1）有的激励是作为某部电影宣发业务或者宣传活动的一部分，是宣发业务或宣传活动收益的成本。

（2）有的激励虽然是用自有资金做的，是为了推广平台服务，但是，因为电商平台辨认电影院线、剧院及其他场地为在线票务服务的客户，支付给终端用户的激励，不是支付给其客户的，因而不能作为应付客户对价或者打折冲减收入。

二、关于退货权的处理（特定交易一）

（一）会计事项分析

商业零售企业将商品转让给客户以后，可能会因为各种原因允许客户选择退货。例如，客户对所购商品的款式不满意以及一定时间内的无理由退货。

在现行的收入准则下，对于附有销售退回条件的销售，企业根据以往的经验能够合理估计退货可能性且确认与退货相关负债的，通常应该在发出商品时确认收入，即在发出商品时就预计发生的销售退货的部分冲减主营业务收入和主营业务成本，差额确认为预计负债；企业不能合理估计退货可能性的，通常应在售出商品退货期满时确认收入。

新收入准则相对原收入准则要求企业作出更多的判断，退货权的判断与会计处理则是其一，将对零售业的该项会计处理产生较大影响。

客户取得商品控制权之前退回该商品不属于销售退回。企业在允许客户退货的期间内随时准备接受退货的承诺，不构成单项履约义务，但会影响收入确认的金额。企业应当遵循可变对价（包括将可变对价计入交易价格的限制要求）的处理原则来确定其预期有权收取的对价金额，即交易价格不应包含预期将被退回的商品的对价金额。

在新收入准则下，企业应当在客户取得相关商品控制权时，按照因向客户转让商品而预期有权收取的对价金额（即不包含预期因销售退回将退还的金额）确认收入，按照预期因销售退回将退还的金额确认负债（预计负债）；同时，按照预期将退回商品转让时的账面价值，扣除收回该商品预计发生的成本（包括退回商品的价值减损）后的余额，确认一项资产（应收退货成本），按照所转让商品转让时的账面价值，扣除上述资产成本的净额结转成本。

在新收入准则下，设置新的会计科目“应收退货成本”核算销售商品时预期将退回商品的账面价值，扣除收回该商品预计发生的成本（包括退回商品的价值减损）后的余额。可按合同进行明细核算。

每一资产负债表日，企业应当重新估计未来销售退回情况，并对上述资产和负债进行重新计量。如有变化，应当作为会计估计变更处理。

应收退货成本科目期末借方余额，反映企业预期将退回商品转让时的账面价值，扣除收回该商品预计发生的成本（包括退回商品的价值减损）后的余额，在资产负债表中按其流动性计入“其他流动资产”或“其他非流动资产”项目。

（二）新收入准则应用案例

见第三章“案例 3 - 1：附有销售退回条款的销售的会计处理”。

三、百货商场主要责任人和代理人的判断（特定交易三）

（一）会计事项分析

1. 联营模式的背景及原收入准则下的会计处理

联营是百货商场与供应商之间的一种合作经营模式，即由商场负责提供营业场地，进行统一营销策划和顾客服务，供应商提供商品设立品牌专柜，由百货商场营业员或供应商的销售人员负责销售。在商品未售出前，商品仍属于供应商所有，商场不承担商品的跌价损失等风险。在商品售出后，商场和供应商按照约定的比例分配销售所得。商场通过与供应商签订“合作经营协议书”来约定双方的权利和义务，“合作经营协议书”一般根据商场标准格式订立，主要涉及内容如下：

（1）商场与供应商就经营场地、经营面积、经营期限、经营品牌进行约定，商场根据整体经营需要和供应商经营业绩，有权调整供应商经营面积、经营位置，届时供应商须无条件服从。

（2）供应商经营的商品品牌，品种范围原则上以初始引进确立的品牌为主。若供应商增加品牌，须提前出示资信材料，经商场审核符合商场经营定位要求，并根据经营管理部门核定销售计划及商场书面批准后，供应商方可经营。

（3）商场实行综合销售排名淘汰制。

（4）商场与供应商提前约定双方的保底结算比例，并约定供应商给予商场的保底毛利额。

(5) 供应商陈列销售的商品由供应商自行负责管理、自上保险，供应商负责商品的保存、管理和安全，若发生商品丢失、残损等情况，商场可协助调查，但不承担赔偿责任。

(6) 供应商在商场设立专柜的商品销售价格必须符合商场的价格承诺，不得高于其他商场或电商平台旗舰店。或者，价格的确定、变更经商场物价部门审定，不得随意变更、打折，相同商品的销售价格不得高于其他商场的销售价格；或者，供应商销售商品的价格由供应商提出建议，经商场审核确定，并实行明码标价，供应商不得对商场进行价格歧视，包括日常销售价、促销价等。

(7) 供应商的商品违反法律、法规等被有关部门查处，或因商品缺陷给消费者或其他第三人造成损害的，由供应商承担全部法律责任并赔偿商场为此受到的所有损失；或者，供应商售出的商品，存在质量问题引起顾客人身财产、安全损失的，由商场根据有关规定提出处理意见或者直接现行修理、调换、退货、赔偿。无论双方合作是否存续，供应商均应按商场的处理意见进行处理，或按商场的处理方式承担相应的费用及损失。或者，供应商销售的商品或提供的服务应符合《产品质量法》《消费者权益保护法》及相关法律法规的规定，因商品存在缺陷，致使顾客合法权益受到损害，顾客要求退、换商品的，供应商须接受商场按《消费者权益保护法》的规定及"先行负责制"的原则作出的处理决定；顾客提出相应赔偿要求的，供应商应予以赔偿，因此给商场造成商誉损害及经济损失，供应商亦应予以赔偿。

(8) 供应商管理人员、导购员在商场提供的经营场地上工作时，须服从商场管理，按照商场要求统一着装，遵守商场各项规章制度。供应商导购员应具备相应的专业知识和职业素养，商品上架前须核对检验报告，销售时注重服务水平的提高。出现商品或服务质量责任事故，供应商应承担由此造成的一切后果，并将导购员调离商场。

在原收入准则下，对于无奖励积分的商品销售，商场一般采用总额法，即商场在将商品销售给客户后，将扣除销项增值税后的销售额确认为商品销售收入。同时，商场按照与供应商签署的协议约定进行分成，将一定比例的销售额返还至供应商，供应商会按照其收到的款项开具增值税发票给商场结算，商场将与供应商结算的金额扣除进项增值税后确认相应的主营业务成本。

2. 新收入准则下百货商场联营模式的会计处理分析

在新收入准则下，百货商场需要考虑其在联营模式下是否为向客户提供商品的主要责任人。如果百货商场是主要责任人，可以继续采用总额法；如果是代理人，应该采用净额法确认收入。

对于主要责任人和代理人的判断，原收入准则并没有明确的规定，实务中主要参考国际财务报告准则中的相关规定。而新收入准则是与国际财务报告准则实质趋同的，提出了一个基本原则、三种控制情形、综合考虑的事实和情况。具体的准则规定参见第三章第三节“主要责任人与代理人”。

观点1：百货商场对于联营模式应该采用净额法。

根据上面提及的“合作经营协议书”有关合同条款，百货商场的联营专柜承担向客户转让商品的主要责任，百货商场的作用是进行形象管理、策划活动、提供统一收款和开具发票。在专柜向客户转让商品之前，百货商场并没有买下专柜的商品，并不承担存货风险，当商品存在质量问题等瑕疵，由专柜负责调换，如果双方发生争议，可由百货商场出面解决客户投诉；双方签订合同时可能对专柜参与百货商场的活动提出一定的要求，专柜经常选择性地参加百货商场的活动，专柜具有产品定价权，往往同一品牌专柜在不同商场具有相同的价格。百货商场和联营专柜的关系非常类似于京东开放平台与卖家的关系，本质上是一种合作关系，因而百货商场应该就其提供的服务确认收入。

还有一个重要的条款，证明百货商场赚取的不是商品销售收入，即“商场与供应商提前约定双方的保底结算比例，并约定供应商给予商场的保底毛利额”。因而百货商场需要重新评估其与品牌专柜之间的关系，考虑其收入确认的方式（见表11－3）。

表11－3　　　　百货商场联营模式主要责任人和代理人的判断

准则规定		百货商场联营模式的主要合同条款	影响分析
转让商品前能够控制该商品的情形	企业自第三方取得商品或其他资产控制权后，再转让给客户	供应商陈列销售的商品由供应商自行负责管理、自上保险，供应商负责商品的保存、管理和安全，若发生商品丢失、残损等情况，商场可协助调查，但不承担赔偿责任；另外，供应商可以对专柜商品自行决定调换货	百货商场并不能主导商品的使用，不能控制商品
	企业能够主导第三方代表本企业向客户提供服务	N/A	不适用
	企业自第三方取得商品控制权后，通过提供重大的服务将该商品与其他商品整合成某组合产出转让给客户	N/A	不适用

续表

准则规定		百货商场联营模式的主要合同条款	影响分析
须综合考虑的事实和情况	企业承担向客户转让商品的主要责任	供应商销售的商品或提供的服务应符合《产品质量法》《消费者权益保护法》及相关法律法规的规定，因商品存在缺陷，致使顾客合法权益受到损害，顾客要求退、换商品的，供应商须接受商场按《消费者权益保护法》的规定及“先行负责制”的原则作出的处理决定；顾客提出相应赔偿要求的，供应商应予以赔偿，因此给商场造成商誉损害及经济损失，供应商亦应予以赔偿	供应商在百货商场指定区域设立专门店，自行负责店铺的装修、进行商品上架和陈列，并派遣营业员负责商品的销售，给顾客提供商品咨询等。体现了供应商在主导商品的销售。如果顾客有任何投诉或者退换货的要求，百货商场先行赔付；但最终的赔偿责任由供应商承担，因此百货商场只是“代供应商”向消费者进行赔付，而不是赔付义务的主要责任人。因此，供应商承担了向消费者转让商品的主要责任
	企业在转让商品之前或之后承担了该商品的存货风险	商场与供应商提前约定双方的保底结算比例，并约定供应商给予商场的保底毛利额；供应商陈列销售的商品由供应商自行负责管理、自上保险，供应商负责商品的保存、管理和安全，若发生商品丢失、残损等情况，商场可协助调查，但不承担赔偿责任	供应商承担了商品转让给顾客之前和之后的存货风险，包括存货的毁损、灭失、价格下跌和退换货（通过百货商场索赔）风险。由于百货商场的收益是根据实际销售额的百分比计算的，如果存货的价格下跌，百货商场的收益也是会受影响的，因此，百货商场承担了部分存货价格下跌风险；但是，主要的存货风险还是由供应商承担。当存在保底结算条款时，主要存货价格波动风险由供应商承担
	企业有权自主决定所交易商品的价格	供应商销售商品的价格由供应商提出建议，经商场审核确定，并实行明码标价。供应商不得对商场进行价格歧视，包括日常销售价、促销价等	销售商品价格主要是由供应商确定。但百货商场在商品的定价权方面有一定的影响力。例如，供应商打折需要获得百货商场的同意，百货商场会要求其打折的幅度和范围符合百货商场的定位并且一般不允许品牌供应商作过度的打折。百货商场进行促销活动时，也要求供应商参加。准则明确规定，某些情况下代理人也可能有定价权，例如代理人在定价权上保持一定的灵活性，以便其在代表另一方向客户提供商品的服务过程中赚取额外收入。因此，百货商场对商品的部分定价权并不否定百货商场作为代理人的角色
	其他相关事实和情况	无	无

实务中，对于“谁承担向客户转让商品的主要责任”，有不同的理解。例如，有观点认为，如果出现产品问题，从法律上来说，百货商场承担首要责任，对顾客进行补偿或货品退换安排。由于顾客在百货商场购物所获得的销售凭证均是百货商场抬头，这在法律上代表是顾客与百货商场建立了商品买卖合同关系。根据我国的相关法律法规要求，百货商场作为商品的销售者，对顾客承担退换货甚至赔偿的首要法律责任。例如，《中华人民共和国产品质量法》（2009 年修正）规定：“第三十三条 销售者应当建立并执行进货检查验收制度，验明产品合格证明和其他标识。第四十条 售出的产品有下列情形之一的，销售者应当负责修理、更换、退货；给购买产品的消费者造成损失的，销售者应当赔偿损失……。销售者依照前款规定负责修理、更换、退货、赔偿损失后，属于生产者的责任或者属于向销售者提供产品的其他销售者（以下简称“供货者”）的责任的，销售者有权向生产者、供货者追偿。销售者未按照第一款规定给予修理、更换、退货或者赔偿损失的，由产品质量监督部门或者工商行政管理部门责令改正。”《中华人民共和国消费者权益保护法》（2013 年修订）第四十条规定：“消费者在购买、使用商品时，其合法权益受到损害的，可以向销售者要求赔偿。销售者赔偿后，属于生产者的责任或者属于向销售者提供商品的其他销售者的责任的，销售者有权向生产者或者其他销售者追偿。”在实务中，有出现百货商场和顾客之间发生纠纷的案例，最终法院判决百货商场应履行作为销售者的相关责任和义务，须对顾客承担首要法律责任。

企业在判断其是主要责任人还是代理人时，不能仅考虑法律形式而不考虑交易的实质。在百货商场联营模式下，由于百货商场与供应商在合同中明确“向消费者的赔偿责任由供应商承担”，百货商场只是履行“先行赔付责任”，就“赔付”这一事项而言，百货商场仍然是“代供应商向消费者赔付”。再结合其他事实和情况（例如，百货商场不承担存货风险等），在联营模式下，百货商场是代理人。

观点 2：百货商场对于联营模式应该采用总额法。

（1）根据主要责任人和代理人的判断原则，是商场在向客户提供商品。

企业在判断其是主要责任人还是代理人时，应当根据其承诺的性质，也就是履约义务的性质，确定企业在某项交易中的身份是主要责任人还是代理人。企业承诺自行向客户提供特定商品的，其身份是主要责任人；企业承诺安排他人提供特定商品的，即为他人提供协助的，其身份是代理人。自行向客户提供特定商品可能也包含委托另一方（包括分包商）代为提供特定商品。

消费者从商场买东西，商场统一收银、统一管理，有问题找商场，那么实际表明商场是向消费者卖商品，而不是商场承诺安排其他人在向消费者卖商品。

（2）国内百货零售业的联营与自营销售活动并无本质上的差别。

商场首先要对自身所处的商圈进行分析，考虑消费者对商品的需求和喜好，有选择地引进联销供应商。同时对供应商的资信情况和运营能力等进行评定，对其提供的商品质量进行把关。专柜的销售人员由供应商聘请，但须通过商场面试及接受商场的必要培训，遵守商场的服务规范。供应商在合约期内，商场会对其提供统一管理、统一服务、统一促销、统一收银、统一结算等服务。在提供空调及基本照明等基本设施的同时，亦提供收银、保安、维修、清洁及员工管理等服务。消费者购买商品的款项由商场统一收取。供应商定期按销售售价扣除与商场约定的分成比例后开具增值税票给商场，商场在商品售出后按企业会计准则的规定核算结转毛利。

上述对供应商的选择，即对供应商的商品的选择，表示百货商场将购进该供应商的商品，具体购进品种由最终消费者的购买行为确定，在如今商品品种极其丰富的情况下，不可能在合同中一一对商品类型、规格和型号作出规定；进行零库存管理也是百货业审时度势的管理方法，同时合同中折扣率的约定也是对商品进价的约定。

（3）商场具有商品定价权。

虽然与供应商的合同约定，商场获取一定比例的商品销售额；但是对于销售的商品，商场是具有定价权的。例如合同中约定销售商品必须实行明码标价，其销售价格的确定、变更由商场物价部门审定，不得擅自变价、打折，相同商品的销售价格不得高于其他商场的销售价格，若供应商违反上述约定，商场有权单方进行降价。同时，商场有权决定各种促销活动（而供应商无权决定），并要求供应商承担部分费用。促销活动就是定价权的一种表现形式。例如，合同中约定：未经商场书面批准，供应商不得在其经营场所内外散发广告宣传品，不得向客户强行推销其产品和服务；未经商场书面批准，供应商不得在商场门前广场、消防通道等地从事任何促销和经营活动。

（4）联销与自营销售本质上无差别，购销时点有区别。

一般的商品销售，是先购后销，购和销是有一定时间差的，即先取得商品所有权，取得与商品所有权有关的风险和报酬，然后经过一定时间周期再行出售。而在当下的互联网时代，这种销售模式正逐渐淡出。“联销”可以理解成是购销同步发生，在向消费者销售前，商品所有权的风险和报酬本身与商场关系不显著，但商品一经卖出，则商场的购销同时发生，联销是一种特殊的销售行为，即购销没有时间差，但有无时间差，对于商场实质上都发生了购销行为。

实际上只是商场/购物中心利用强势地位转移了部分存货风险，由供应商管理库存。因此，部分零售业态商场认为，不能参照一般的商品销售活动就认定联销模式不属于商场的购销活动，当前商业零售业普遍采取总额确认收入的做法也在一定程度上承担了销售交易的主要责任。

从控制的定义出发，在商品转让给消费者之前，供应商能够主导这些商品的使用，包括自行决定对自有品牌下的哪些商品进行销售，对在百货商场销售专柜进行销售的商品自行调换货，决定以何价格以及向哪些消费者销售等。因此，对于联营模式，观点1更合理，即供应商的身份是主要责任人，百货商场的身份是代理人，百货商场履约义务的性质是协助供应商向消费者提供相关商品，而非自行提供这些商品。

（二）新收入准则披露示例

示例11－2：0825.HK新世界百货

新世界百货宣称："在我们的自有店中，销售主要分为两类，分别为专柜销售与自营销售，而自有店中进行的销售大部分为专柜销售。我们与专柜商订立协议，据此，该等专柜店占用我们自有店中的指定范围或专柜位置，出售其品牌的商品，我们则向其收取佣金。专柜销售佣金一般按含税销售的协定百分比计算，唯设有协定的最低佣金额视乎专柜及相关百货店的市场影响力及该等专柜提供的产品而定。来自自有店专柜销售的佣金一直占收益的重要部分。就自营销售而言，我们出售直接向自营供应商采购的商品。除了经营自有的百货店，我们还与第三方签订了管理合同，且根据该等管理合同的条款，我们对他们拥有的百货店的经营拥有全权管理权，就管理服务代价而言，我们有权收取管理费。"

新世界百货2019年年报关于收入确认政策和专柜佣金收入的披露：

"收益乃按本集团日常业务过程中出售货品及服务已收或应收代价的公平值计量。所列的收益已扣除增值税、退货、回佣、折扣及代第三方收取金额，并已抵销本集团内的销售。本集团在收益金额可被可靠地计量；且可能有未来经济利益流至实体：及当下文所述的各项本集团财务的特定条件达成时确收益。本集团乃根据历史业绩回报估计，并经考虑客户类型、交易类型及各安排的特定事项。

专柜销售的佣金收入于相关百货店出售货品时确认。

自营销售货品的收益于本集团实体向顾客出售产品时确认。

管理及顾问费收益于提供管理及顾问服务时确认。

租金收入按租赁协议年期以直线计提基准确认。

利息收入采用实际利率法按时间比例基准确认。

股息收入于收取款项的权利确立时确认。

预先收取与尚未交付的销售品有关的款项于综合财务状况表内合约负债递延。收益于货品交付予客户时确认。

根据本集团过往收回顾客预付储值卡的经验，于预付储值卡到期后，相应的预收款项一般确认为收入。”

收益及分部资料如表 11 –4 所示：

表 11 –4

项目	2019 年 千港元	2018 年 千港元
专柜销售佣金收入	1 420 205	1 681 128
货品销售——自营销售	1 251 515	1 322 607
管理及顾问费		5 502
客户合约收益	2 671 720	3 009 237
租金收入	847 297	811 883
	3 519 017	3 821 120

专柜销售收入分析如表 11 –5 所示：

表 11 –5

项目	2019 年 千港元	2018 年 千港元
专柜销售总收益	8 648 209	10 300 440
专柜销售佣金收入	1 420 205	1 681 128

示例 11 –3：0312. HK 岁宝百货

岁宝百货宣称：“至于专营销售方面，我们会与若干专营商订立协议，容许该等专营商在我们商店占用指定地区并设立自家产品销售柜台。我们按有关专卖柜台每月赚取的相关收入某百分比收取专卖柜台每月佣金，亦不论销量均设最低月租。作为降低收款风险的措施，所有专营销售在我们本身员工当值的指定收银柜台进行交易，我们每月扣除专营销售佣金后把所得款项结余支付专营商。”

岁宝百货 2019 年年报中对收入的确认政策和专营销售佣金进行了如下披露：

(a) 直接销售

确认之时间：直接销售商品之收入于转让产品控制权时（即当买家获得指导商品使用的日后权利及获得绝大部分余下商品的利益，且很可能收回代价，而有关成本和退货的可能性能够可靠地估计，且并无涉及商品持续管理以及收入金额能够可靠地估计时）便会确认收入。

根据本集团顾客忠诚计划向客户提供奖赏积分而带来的商品销售相关代价，在首次销售交易时不确认为收入。奖赏积分的合约负债于销售时确认。收入于奖赏积分赎回时确认。合约负债于奖赏积分赎回时终止确认。

收入计量：直接销售商品之收入按已收或应收代价扣除退货和贸易折扣后的公平值计量。

根据本集团顾客忠诚计划向客户提供奖赏积分而带来的商品销售，按多元收入交易入账。而已收或应收代价的公平值在已售商品与奖励的奖赏积分之间进行分配。分配到奖赏积分的代价参考可换领现金券的积分的公平值计量。

(b) 专营销售佣金

确认之时间：专营销售佣金收益在有关商店售出货品时确认。

收入计量：佣金收益按已收或应收代价扣除折扣后的公平值计量。

(c) 经营租约的租金收入

确认之时间：租金收入乃于租约期内确认。

收入计量：由本公司拥有的出租物业及根据经营租约分租商铺的租金收入按租金涵盖的期间分同等期数于损益确认。所获授的租赁激励按应收净租金付款总额的组成部分在损益中确认。或然租金于其赚取的会计期间内确认为收入。

收益构成如表 11－6 所示：

表 11－6

项目	2019 年（千元）	2018 年（千元）
房地产发展顾问服务收入	493 843	
直接销售	116 638	708 690
专营销售佣金	14 584	83 068
租金收入	169 517	179 134
合计	794 582	970 892

示例 11－4：3368. HK 百盛集团

百盛集团宣称："本集团的百货店销售分为特许专柜销售和直接销售本集团与若干品牌货品供应商（特许专柜商）订立协议，特许专柜商可于本集团的百货店指定位置，设置为销售其本身产品的销售专柜。本集团从特许专柜收取收益的协定百分比作为佣金。在直接销售方面，本集团采购和销售其直接购入的货品。"

百盛集团在其 2019 年年报中披露：

主要会计政策概要——来自客户的合约收益：

(b) 提供特许专柜销售服务

提供特许专柜销售服务的收益经考虑及交付货物时确认的特许专柜销售总额佣金率后确认。

百盛集团在2019年年报中对专柜佣金收入的披露:

细分收益资料——截至2018年12月31日，如表11-7所示:

表11-7

地区	自营销售额（千元）	特许专柜销售佣金（千元）	咨询及管理服务费（千元）	总计（千元）
南部	1 348 861	625 594	2 811	1 977 266
北部	682 023	535 499	1 741	1 219 263
东部	681 235	267 930	7 711	956 876
来自客户合约的收益	2 712 119	1 429 023	12 263	4 153 405

特许专柜销售佣金分析如表11-8所示:

表11-8

项目	2019年（千元）	2018年（千元）
特许专柜销售总收益	8 963 992	9 961 302
特许专柜销售佣金	1 429 023	1 624 127

示例11-5：0984. HK 永旺

永旺在其2019年年报中披露:

直接销售

就销售予零售客户的商品而言，收益于货品控制权转移，即客户在零售店购品时确认。交易价格须于客户购买货品时实时支付。

特许专营销售收入

根据特许专营销售，本集团作为特许经销商代理人在本集团的零售店出售其货品。特许专营销售收入在特许经销货物出售时基于销售额的若干百分比确认。"

示例11-6：0602. HK 佳华百货控股

佳华百货控股在其2019年年报中披露:

(a) 收入确认:

(i) 销售商品

“本集团来自销售商品的若干客户合约向客户提供退货。该等退货权允许退回货品时获得现金退款。退货产生可变代价。可变代价乃于合约开始时估计并受限制至相关不确定性其后得到解决。对可变代价的限制应用增加将会递延的收益金额。此外，退款责任及收回被退回商品资产的权利予以确认。

专卖销售佣金

本集团有权收取佣金收入，并根据合约条款所规定专卖销售的若干百分比予以确认。当未能达致若干合约条款所规定的最低保证计收入时，最低保证收入确认为收入，因本集团有权收取最低保证收入，发票通常于30—90日内收取。

委托人和代理人

当另一方从事向客户提供货品或服务，本集团厘定其承诺之性质是否为提供指定货品或服务本身之履约义务（即本集团为当事人）或安排由另一方提供该等货品或服务（即本集团为代理人）。倘本集团在向客户转让货品或服务之前控制指定货品或服务，则本集团为当事人。倘本集团之履约义务为安排另一方提供指定之货品或服务，则本集团为代理人。在此情况下，在将货品或服务转让予客户之前，本集团不控制另一方提供之指定货品或服务。当本集团为代理人时，应就为换取另一方安排提供之指定货品或服务预期有权取得之任何收费或佣金之金额确认收益。

本集团为专卖销售的代理人，因商品转移至客户前本集团并不控制专柜所提供指定商品。”

示例11－7：2136.HK利福中国

利福中国在其2019年年报中披露：

“就特许专柜的销售收入而言，本集团根据与特许专柜订立之合约条款有权及按销售之若干百分比确认佣金收益。当特许专柜未能按照合同条款达到最低保证收入时，最低保证金额乃作为本集团有权收取之金额确认为收入。本集团以代价金额净额确认收入，本集团就此将有权交换服务，即特许专柜销售货品时有权收取之佣金。当及于处理各项交易时，特许专柜同时收取及消耗本集团处理各项销售交易之利益。

委托人和代理人

当另一方亦有参与提供货品或服务予客户时，本集团厘定其应允之性质是否一项提供特定货品或服务本身的履约责任（即本集团为委托人），或有关应允之性质为由其他方提供该等货品或服务的安排（即本集团为代理人）。

倘于特定货品或服务转让予客户前，本集团对有关货品或服务拥有控制权，本集团即为委托人。

倘履约责任为安排另一方提供特定货品或服务，本集团即为代理人。在此情况下，于该货品或服务转让予客户前，本集团并无对由另一方提供的特定货品或服务拥有控制权。当本集团为代理人时，本集团因为另一方提供的特定货品或服务作出安排，而预期有权收取的任何费用或佣金金额确认收益。

由于本集团于货品转让予客户前，并无由寄售商及特许专柜提供的特定货品拥有控制权，因此本集团就销售后订单及特许专柜销售充当代理人。"

示例 11－8：0848. HK 茂业国际

茂业国际在其 2019 年年报中披露：

（1）商品直销及物业销售。

商品直销及物业销售的收入于资产控制权转让予客户的时间点确认。

（2）特许专柜销售佣金。

特许专柜销售佣金于相关特许专柜经销商销售商品时资产控制权转让给客户的时间点确认。

（3）提供管理服务时确认来自经营百货店的管理费收入。

（4）提供服务时确认从供货商及专柜收取的行政与管理费收入、促销收入及信用卡手续费收入。

另外需要说明的是，在香港上市的各家公司对于总额法与净额法确认收入的问题，不存在新、旧准则转换的差异。

四、电商主要责任人与代理人的判断（特定交易三）

（一）会计事项分析

对于电商而言，也需要分析其业务的性质、电商和供应商的权利义务与风险，判断在将商品销售给客户之前，电商是否取得了商品控制权，判断其是否为主要责任人。是主要责任人的，则应该采用总额法；是代理人的，则应该采用净额法。

实务中，在自营模式下，电商与供应商签订采购合同。在合同中，电商具有无条件退货的权利，且无条件退货期比较长，有的约定了一年时间，很多合同约定了任意时长都可以无条件退货。同时，约定销售之后一定账期内再与供应商结算款项。对于这种形式的销售，电商仓库中的商品归谁控制的问题需要进一步确认。根据新收入准则的控制权模型，需要判断在商品销售给客户之前，电商是否控制该商品，例如放在电商仓库中的商品，供应商是否还有权调拨给其他商家；如果不能，则说明电商在向客户出售之前控制该商品，是商品销售的主要责任人，应该采用总额法。

对于电商的平台模式，电商平台与商家之间建立多种各司其职的合作关系。电商平台为商家提供交易平台（包括商品展示系统、网上支付系统、商品销售系统以及后台管理系统），运营支撑、物流配送、以自身名义为消费者开具发票等各种服务，商家利用平台资源完成配送、销售及货款收取等一系列流程，并向平台支付服务费。在这种经营模式下，电商平台提供的是服务，不是商品销售。平台是作为商家的代理人，协助其完成商品销售，因而不应该将代商家收取的商品销售款计入其销售收入，应该就其提供服务的金额确认收入，即采用净额法确认收入。

独立电商则是经营销售自身品牌商品的平台，其作为商品销售的主要责任人没有争议。

（二）新收入准则应用案例

案例 11 -2

电商自营的总额法与净额法

1. 背景资料

某电商（甲方）与某出版社（乙方）签订商品购销合同的框架协议，约定电商通过电子邮件方式或传真的方式向出版社发送具体订单，订单中明确规定商品名称、规格、单价、数量、交货日期、交货地点等具体内容。乙方接到甲方的订单后 3 个工作日内发货。

关于商品价格，供给甲方的商品价格不得高于乙方在相同结算条件下给予其他商家的最低供货价格。否则，在已经发生进货的条件下，尚未结算的，甲方有权按乙方给予其他商家的最低供货价结算，且有权终止本合同；已结算的，甲方有权从下一批货款中扣除差价或向乙方追偿差价，且有权终止合同。

关于验收，每次进货的商品名称、规格、单位、数量、单价、折扣、总金额等以甲方入库单为准。甲方有权拒收不合格商品。对于甲方入库商品，乙方不可以再调度，甲方可以无条件按进货价退换货。

关于结算条款，甲方依据乙方提供商品的实际销量结款或者甲方按照实际收货金额为乙方结款；在账期满后，甲方向乙方发出支付通知以后，乙方核对无误，开具合法有效发票交回甲方。

问题：电商在上述经营模式下应该采用总额法还是净额法确认收入？

2. 案例分析

新收入准则给出了判断委托人还是代理人的指引：企业在判断其是主要责任人还是代理人时，应当以该企业在特定商品转让给客户之前是否能够控制该商品为原则。

企业在判断其是主要责任人还是代理人时，应当根据其承诺的性质，也就是履约义务的性质，确定企业在某项交易中的身份是主要责任人还是代理人。企业承诺自行向客户提供特定商品的，其身份是主要责任人；企业承诺安排他人提供特定商品的，即为他人提供协助的，其身份是代理人。自行向客户提供特定商品可能也包含委托另一方（包括分包商）代为提供特定商品。

转让的商品是图书，在向消费者销售图书之前，如果电商已经控制这些图书，自主定价向消费者销售，接受消费者退换货要求，承担了销售前后的存货风险，电商是消费者销售的主要责任人，应该采用总额法确认收入。

至于结算条款是按照从乙方收货的全部金额结算还是按照甲方的销售金额与乙方结算，不影响是主要责任人还是代理人的判断。

（三）新收入准则披露示例

示例 11 - 9：1896. HK 猫眼娱乐

从香港上市的猫眼娱乐 2019 年年报观察其对于在线票务收入采用净额法的判断。

“本集团主要自电影服务、商品流通即会籍业务、广告业务及其他娱乐业务中取得收益。

在线娱乐票务服务主要包括在线电影票务以及现场娱乐票务服务。

(1) 在线电影票务服务。

本集团提供一个电商平台，使电影院透过该平台向用户销售电影票。用户可透过本集团的平台选择电影院及电影、选定座位及支付电影票。本集团将电影院识别为在线电影票务服务的客户。

来自在线电影票务服务的收益按净额基准确认，原因为本集团并不视为主要责任人，亦无须就所放映的电影负责，且并无能力厘定票价。本集团仅自电影院收取佣金。

用户的付款可于电影放映前取消或退回。本集团初步将来自用户的付款确认为其他应付款项并于电影放映时确认为佣金收益。

本集团于平台上为部分电影院提供戏票退换服务并自电影院收取额外服务费。退票及换票所产生的付款不可退回。收益于电影院为用户完成退票及换票时确认。

(2) 在线娱乐票务服务。

本集团于其平台提供娱乐票务服务，如演唱会、现场表演、展览及体育活动，视乎剧院及其他场地的能力。本集团为若干娱乐活动提供线上选座服务。

本集团与活动宣传方（包括剧院及其他场地）合作、门票以活动宣传方所厘定的面值于本集团的平台上出售。本集团为活动宣传方提供方便及稳定的票务系统，以及透过系统提供管理协助。

本集团将剧院及其他场地确认为在线娱乐票务服务的客户。

门票退款及换票及额外服务费均受活动宣传方制定的条款及条件所规限。倘活动取消或延期，则活动宣传方将透过本集团向用户退回票价的价值，而活动宣传方须负责取消活动所引致的任何开支、责任申索、纠纷及诉讼。

收益按净额基准确认，原因为本集团并不被视为主要责任人，且无须为活动负责，亦无须承担存货风险。本集团仅会向剧院及其他场地收取佣金。

本集团将用户的付款作为其他应付款项初步入账，并于活动开始时确认佣金收入。”

示例 11－10：京东（JD. O）

京东作为一家既有自营又有平台的互联网零售电商，在美国纳斯达克证券交易所上市，2018 年开始执行 ASC 606，在总额法与净额法的判断上与国际财务报表准则一致。

其对于线上直销的电子产品和一般商品，集团是作为主要责任人，履行向客户提供特定商品的责任，按照总额法确认收入。

对于第三方商家参与的在线市场，公司向第三方商家收取佣金，集团作为代理人，职责是为第三方商家销售商品和服务提供安排，不承担提供商品和服务的责任，不能控制第三方提供的商品。当第三方实现销售后，获取销售额一定比例的佣金，佣金按照净额确认收入。

其 2018 年报的原文摘录如下：

Consistent with the criteria of ASC 606, the Group recognizes revenues when the Group satisfies a performance obligation by transferring a promised good or service (that is, an asset) to a customer. An asset is transferred when the customer obtains control of that asset.

In accordance with ASC 606, the Group evaluates whether it is appropriate to record the gross amount of product sales and related costs or the net amount earned ascommissions. When the Group is a principal, that the Group obtains control of the specified goods or services before they are transferred to the customers, the revenues should berecognized in the gross amount of consideration to which it expects to be entitled in exchange for the specified goods or services transferred. When the Group is an agent and itsobligation is to facilitate third parties in fulfilling their performance obligation for specified goods or services, revenues should be recognized in the net amount for the amount ofcommission which the Group earns in exchange for arranging for the specified goods or services to be provided by other parties. Revenue is recorded net of value – added taxes.

Net Product Revenues (formerly known as Online Direct Sales)

The Group primarily sells electronics and home appliance products and general merchandise products through online direct sales. The Group recognizes the product revenues from the online direct sales on a gross basis as the Group is acting as a principal in these transactions and is responsible for fulfilling the promise to provide the specified goods. Revenues from the sales of electronics and home appliance products were RMB 179 821 655, RMB 236 268 621 and RMB 280 059 089, and revenues from the sales of generalmerchandise products were RMB 58 121 977, RMB 95 555 789 and RMB 136 049 657, for the years ended December 31, 2016, 2017 and 2018, respectively. The Groups net product revenues were mainly generated by the JD Retail (formerly known as JD Mall) segment.

Net Service Revenues (formerly known as Services and Others)

The service revenues primarily consist of commission fees charged to third – party sellers for participating in the Group's online marketplace, where the Group generally is acting as agent and its performance obligation is to arrange for the provision of the specified goods or services by those third – party sellers, is not responsible for fulfilling the promise to provide the specified goods or services, and does not have the ability to control the related shipping services when utilized by the third – party sellers. Upon successful sales, the Group will charge the third – party sellers a negotiated amount or a fixed rate commission fee based on the sales amount. Commission fee revenues are recognized on a netbasis at the point of delivery of products, net of return allowance.

五、预付卡的发售与兑换（特定交易七）

（一）会计事项分析

零售业经常出售各种预付卡。新收入准则下的主要影响包括两方面：核算和列报项目，以及沉淀收入的处理。

新收入准则下，设置新的会计科目“合同负债”核算企业已收或应收客户对价而应向客户转让商品的义务，需要考虑作为主要责任人和代理人发售预付卡会计处理存在的差异，还需要考虑增值税的影响。

对于预付卡中客户可能放弃的权利的会计处理与原准则不同。在新收入准则下，企业预期将有权获得客户放弃的合同权利相关金额的，应当按照客户行使合同权利的模式按比例将上述金额确认为收入；否则，企业只有在客户要求其履行履约义务的可能性极低时，才能将相关负债余额转为收入。企业在确定其是否有权获得与客户所放弃的合同权利相关的金额时，应当考虑将估计的可变对价计入交易价格的限制要求。这种处理与现行准则的要求不同，零售商应该对其存在的该业务进行评估，进行适当的会计处理。

我们在此借用财政部发布的两个案例，说明作为主要责任人或者代理人发售预付卡的处理以及如何考虑增值税。

（二）新收入准则应用案例

案例 11 - 3

电商平台预售购物卡

（本案例摘自财政部于 2018 年 12 月发布的《收入准则应用案例——合同负债（电商平台预售购物卡）》）

1. 背景资料

甲公司经营一家电商平台，平台商家自行负责商品的采购、定价、发货以及售后服务，甲公司仅提供平台供商家与消费者进行交易并负责协助商家和消费者结算货款，甲公司按照货款的 5% 向商家收取佣金，并判断自己在商品买卖交易中是代理人。2 × 18 年，甲公司向平台的消费者销售了 1 000 张不可退的电子购物卡，每张卡的面值为 200 元，总额 200 000 元。假设不考虑相关税费的影响。

2. 案例分析

在本例中，考虑到甲公司在商品买卖交易中为代理人，仅为商家和消费者提供平台及结算服务，并收取佣金，因此，甲公司销售电子购物卡收取的款项 200 000 元中，仅佣金部分 10 000 元（200 000 × 5%，不考虑相关税费）代表甲公司已收客户（商家）对价而应在未来消费者消费时作为代理人向商家提供代理服务的义务，应当确认合同负债。对于其余部分（即 190 000 元），为甲公司代商家收取的款项，作为其他应付款，待未来消费者消费时支付给相应的商家。

案例 11－4

涉及不同增值税率的储值卡

（本案例摘自财政部于 2018 年 12 月发布的《收入准则应用案例——合同负债（涉及不同增值税率的储值卡）》）

1. 背景资料

甲公司经营一家连锁超市，以主要责任人的身份销售商品给客户。甲公司销售的商品适用不同的增值税税率，如零食等适用税率为 16%，粮食等适用税率为 10% 等。2×18 年，甲公司向客户销售了 5 000 张不可退的储值卡，每张卡的面值为 200 元，总额为 1 000 000 元。客户可在甲公司经营的任意一家门店使用该等储值卡进行消费。根据历史经验，甲公司预期客户购买的储值卡金额将全部被消费。甲公司为增值税一般纳税人，在客户使用该等储值卡消费时发生增值税纳税义务。

2. 问题分析

在本例中，甲公司经营一家连锁超市，销售适用不同税率的各种商品，并收取商品价款及相应的增值税。因此甲公司销售储值卡收取的款项 1 000 000 元中，仅商品价款部分代表甲公司已收客户对价而应向客户转让商品的义务，应当确认合同负债，其中增值税部分，因不符合合同负债的定义，不应确认为合同负债。

甲公司应根据历史经验（例如公司以往年度类似业务的综合税率等）估计客户使用该类储值卡购买不同税率商品的情况，将估计的储值卡款项中的增值税部分确认为应交税费——待转销项税额，将剩余的商品价款部分确认为合同负债。实际消费情况与预计不同时，根据实际情况进行调整；后续在每个资产负债表日根据最新信息对合同负债和应交税费的金额进行重新估计。

（三）新收入准则披露示例

示例 11－11：京东（JD. O）

集团发售可以在公司网站和手机 APP 上兑换商品的预付卡，根据 ASC606，出售预付卡获得的资金在合并资产负债表中列作向客户预收的款项，当通过预付卡兑换相应的商品，销售实现后确认收入。对于预期客户不会兑换的部分在客户兑换期间确认为收入，而不是等到预付卡到期或者兑换可能性很小时确认。

原文摘录如下：

The Group also sells prepaid cards which can be redeemed to purchase products sold on the website www. jd. com and mobile apps. In accordance with ASC 606, the cashcollected from the sales of prepaid cards is initially recorded in advance from customers in the Consolidated Balance Sheets and subsequently recognized as revenues upon thesales of the respective products through redemption of prepaid cards are completed. While the portion estimated unredeemed is recognized as revenues over the expected customerredemption periods, rather than waiting until prepaid cards expire or when the likelihood of redemption becomes remote.

第十二章
新收入准则应用示例：交通运输行业

第一节　行业概述

一、行业简介

根据证监会颁布的《上市公司行业分类指引》（2012 年修订），交通运输行业属于一级分类“交通运输、仓储和邮政业”，其项下包括八项二级分类：（1）铁路运输；（2）道路运输；（3）水上运输；（4）航空运输；（5）管道运输；（6）装卸搬运和其他运输代理；（7）仓储；（8）邮政。

铁路运输、道路运输、水上运输、航空运输等共同组成了社会立体交通服务体系，成为现代物流的基础。在此基础上，逐步发展了一批专业化供应链服务企业，提供以货运代理、仓储和运输为核心的一站式综合物流服务。

依据企业不同的业务侧重、资产特征以及盈利模式，物流服务可以分为以下三种模式，不同模式决定着物流企业不同的盈利模式。基础物流服务商的发展依托于资源优势的综合拓展，发展空间较大；增值物流服务商的发展取决于能否横向拓展壮大；综合供应链服务商的发展取决于商业模式是否完善（见表 12－1）。

表 12－1　　交通运输业分类表

分类	提供服务	盈利模式
基础物流	运输服务	物流运输服务收入
	仓储服务	与货物运输相关的基础仓储、货物装卸收入

续表

分类	提供服务	盈利模式
增值物流	贸易服务	（1）代理采购与进口通关、保税仓储服务收入 （2）营销及相关客户管理与货品管理等收入
综合供应链服务	供应链管理服务	（1）供应链管理整合收入 （2）综合物流及增值服务收入

二、业务模式

（一）运输物流

运输物流行业是物流行业的中心环节。由于产品很少在同一地点生产和消费，运输物流可以实现产品的跨区配置，通过利用不同地域的价格和需求情况差异，帮助企业增加收入与利润，运输企业可以从增加的利润中获取一部分作为收入。

铁路运输的经营模式一般为在做大做强运输业的基础上，适度拓展到为主业提供服务的产业，如车站开发、车上服务、旅馆、餐饮、旅游、联营等业务，主业与辅业共同发展。

铁路运输收入分为客运收入、货运收入、车上餐食收入、路网清算及其他运输相关服务收入、提供维修及装卸等劳务收入。路网清算及其他运输相关服务收入主要包括路网清算收入（由于其他铁路公司使用了其列车牵引服务、铁路线路或电力供应等）、提供铁路运营服务收入及其他服务收入。

道路运输企业是指主要以车辆为运输工具，将客、货从出发地转移到目的地，提供运输服务的服务性经营企业，主要包括公路旅客运输企业和公路货物运输企业，即客运和货运。

道路运输企业从事各种运输业务，根据运输内容的不同，道路运输业务可以分为公路客运业务和公路货运业务；根据运输方式的不同，公路运输业务可以分为自运业务和联运业务；根据营运车辆性质的不同，公路运输业务可以分为公车公营业务和单车承包、挂靠等业务。在公车公营业务中，企业拥有运输车辆的所有权与经营权；而单车承包、挂靠业务按照车辆所有权、管理方式等方面的不同，又可以细分为单车承包车辆和挂靠车辆。

道路运输收入主要是客运收入、货运收入等。

水上运输行业的上游行业主要为船舶制造业和石油行业。船舶制造业景气程度以及船舶建造成本对船造价有重大影响，并通过后期的折旧费用影响企业的利润水平。

燃油的支出构成水上运输企业的主要采购成本，其价格变化也会对企业利润造成影响。水上运输行业直接面对旅客、车辆等有运输需求的终端客户，客户比较分散。随着经济增长和人民收入水平提高，出于娱乐等目的出游的旅客人数呈快速增加态势，车辆运输需求亦不断增加，水上运输市场需求将保持持续增长势头。

水上运输收入主要包括船舶运输收入、商品销售收入。

航空运输业的上游主要包括飞机制造商、航油供应商、机场、航材提供商等。国际两大飞机制造商波音公司和空客公司，基本垄断了世界窄体机以及大飞机市场；而支线客机市场则有包括巴航工业、庞巴迪、中国商飞、ATR 公司等超过 10 家制造商参与竞争。在航油供应方面，目前国内航班航油供应主要以中国航空油料集团公司及其下属企业为主要供应商，同时还有其他多家航油供应企业参与其中，航油价格采用以政府指导价格为基础的市场协商定价。各地机场主要为航空运输企业提供航空时刻资源及飞机起降服务、导航服务等。航材供应商主要为新购飞机机上辅助部件以及后续运维零部件提供支持，相关产品的供应商较多，市场供应充足。

航空运输业的下游客户主要分为客运客户和货运客户，其中客运客户可分为对价格不敏感的商务出行客户和对价格较敏感的个人自费客户；货运客户主要包括贸易公司和快递公司等。航空运输业下游需求与宏观经济具有正相关性，会受到经济周期的影响。

航空运输收入的来源包括：旅客运输服务、货物运输服务、航空餐食服务、航空娱乐服务和客舱人工服务。

（二）仓储物流

仓储物流的核心是仓储，仓储的作用在于两方面：一方面，可以使企业大批量地采购和生产，有利于供应链某个环节获得规模效应，进而降低成本；另一方面，对于产品可以实现跨期配置，从而增加收入。仓储物流企业通过提升物流周转效率，为客户节省库存带来的成本，从而创造价值。

（三）贸易物流

贸易物流行业盈利模式主要是通过采购及分销执行来获得差价或者佣金收入，一般都是轻固定资产公司，资产中主要是流动资产，其核心是渠道和资金优势，资产周转速度对于盈利十分关键，属于薄利行业，主要靠量来增加盈利水平。

（四）供应链管理服务

供应链管理服务行业，主要为客户提供一整套供应链管理解决方案，包括分销、采购、物流以及供应链系统设计、实施和运作服务。主要的盈利模式为两方面：一是供应链整合收入，即通过帮助企业整合供应链，从节约的成本中分取一部分作为收入和利润的来源；二是供应链增值服务收入，通过提供增值服务，如供应链结算服务，为下游客户创造价值，自身获取利润。

三、收入会计事项汇总

在执行新收入准则之后，交通运输业企业与收入相关的会计事项如表 12－2 所示。

表 12－2　　交通运输行业收入相关会计事项汇总表

业务类型	业务内容	会计事项
承运	承运服务是指通过飞机、铁路、水路、车辆为运输工具，将客、货从出发地转移到目的地，自身提供运输服务	合同中所包含的运输、装卸、包装及仓储服务作为一项履约义务，还是多项履约义务 运输、装卸、包装及仓储服务各自的收入确认时点 航空公司提供常旅客奖金计划在新、旧准则下会计处理的变化 航空公司超期票证的处理 航空公司收到旅客支付的改签手续费的会计处理 航空公司因航班延误或取消而向客户支付赔偿的会计处理
代理	物流代理专指本身没有固定资产但仍承接物流业务，借助外界力量，负责代替发货人完成整个物流过程的一种物流管理方式	物流公司提供的综合代理服务中各项服务是否为单项履约义务 物流公司将服务转包时按总额法还是净额法确认收入

第二节　主要会计事项与应用示例

交通运输行业在执行新收入准则的过程中，主要涉及的会计事项包括物流公司将运输服务转包给第三方时总额净额确认，运输合同中包含的装卸、包装、仓储等各服务的分拆，航空公司涉及的常旅客奖励计划、超期票证、改签手续费的确认，物流公司转包的收入确认等。

一、航空公司改签手续费（第一步）

（一）会计事项分析

航空公司对于乘客改签机票收取改签手续费。

执行新收入准则之前，修改乘客行程单的过程不会被认为增加了向乘客交付商品或服务的内容，通常在改签时点确认为其他收入。

但是在新收入准则下，收取改签手续费被认定为合同的修改。根据新收入准则，企业应当区分下列三种情形对合同变更分别进行会计处理：

（1）合同变更增加了可明确区分的商品及合同价款，且新增合同价款反映了新增商品单独售价的，应当将该合同变更作为一份单独的合同进行会计处理。

（2）合同变更不属于上述（1）中所规定的情形，且在合同变更日已转让的商品或已提供的服务与未转让的商品或未提供的服务之间可明确区分的，应当视为原合同终止；同时，将原合同未履约部分与合同变更部分合并为新合同进行会计处理。

（3）合同变更不属于上述（1）中所规定的情形，且在合同变更日已转让的商品与未转让的商品之间不可明确区分的，应当将该合同变更部分作为原合同的组成部分进行会计处理，由此产生的对已确认收入的影响，应当在合同变更日调整当期收入。

在新准则下，改签通常被认为是对原有合同的修改，其改签手续费在实际承运相关履约义务完成时确认为客运收入。

（二）新收入准则披露示例

示例 12－1：600115. SH 东方航空

重要会计政策变更

本集团对于乘客改签机票收取改签手续费。在执行新收入准则之前，修改乘客行程单的过程不会被认为增加了向乘客交付商品或服务的内容，在改签时点确认为其他收入，但是在新准则下被认定为合同的修改。在新准则下，改签手续费在实际承运相关履约义务完成时确认为客运收入。于 2018 年 1 月 1 日，新收入准则下改签手续费变更导致合同负债增加人民币 31 百万元，未分配利润减少人民币 31 百万元。

二、运输、装卸、包装及仓储服务的拆分（第二步）

会计事项分析

在一般情况下，运输企业在给客户提供运输服务的同时，也会提供装卸、包装、仓储等服务。例如，某运输公司在为某制造业公司提供将商品从天津运输到大连的运输服务时，还会同时为该制造业公司的商品提供包装、打包服务，以及港口的装卸服务等，合同约定所有提供的这些服务费用合计为 100 万元。

按照新收入准则，企业应识别运输合同中包含的单项履约义务，并将交易价格分摊至合同中的各单项履约义务。运输合同中包含的各项服务（装卸、包装、仓储、运输服务）之间不具有重大整合，不具有重大定制或修改，也不具有高度关联。因此，装卸、包装、仓储等服务应当拆分成不同的履约义务，将总体的交易价格按照各项单项履约义务的单独售价分摊，进而装卸、包装、仓储、运输服务应当分别在履行履约义务时确认收入。在通常情况下，装卸、包装、仓储、运输服务均满足在某一时段内履行履约义务的条件，应当分期确认收入。但是由于装卸和包装服务的提供时间通常较短且在总体合同中的金额占比较小，从核算方便的角度，在不存在跨期的情况下也可以在装卸和包装服务完成时一次确认收入。

三、航空公司常旅客奖励积分（特定交易四）

（一）会计事项分析

航空公司通常会设置常旅客奖励计划，根据累计飞行里程提供飞行或产品奖励给会员。同时，航空公司建立了较为复杂的信息技术系统，追踪每项销售的服务提供时点，并追踪派发的常旅客里程及后续的兑换及使用里程数的情况。

在执行新收入准则前，航空公司对常旅客奖励积分采用余值法处理，即将承运票款扣除奖励积分金额确认为收入。常旅客奖励积分计入递延收益的金额按照积分的公允价值和预期兑换率计算。待旅客兑换积分且承运后，商品及服务交付后或积分失效时确认为收入。

新收入准则要求航空公司按照提供承运服务和奖励积分的单独售价将收到的票款在常旅客奖励积分和当期承运服务之间进行分配，将奖励积分所分配的金额确认为合同负债，运输服务分配的金额确认为收入。合同负债在会员兑换里程并取得相关奖励商品或服务的控制权或里程失效时结转计入当期损益。

奖励里程单独售价的确定涉及对预期兑换率的估计。预计兑换率是根据历史数据并考虑未来年度预计兑换的情况确定的，因此不同的判断及估计可能会影响合同负债、其他非流动负债及当期损益的金额。

（二）新收入准则披露示例

示例 12－2：600115. SH 东方航空

重要会计政策变更

执行新收入准则前，本集团对常旅客奖励积分采用余值法处理，即将承运票款扣除奖励积分金额确认为收入。常旅客奖励积分计入递延收益的金额按照积分的公允价值和预期兑换率计算。待旅客兑换积分且承运后，商品及服务交付后或积分失效时确认为收入。新准则要求本集团采用相对单独售价的分配方法将票款在常旅客奖励积分和当期承运之间进行分配。于2018年1月1日，相对单独售价分配法的运用导致合同负债—常旅客奖励计划减少人民币33百万元，未分配利润增加人民币33百万元。

四、航空公司超期票证（特定交易七）

（一）会计事项分析

超期票证是旅客购票后并未按照票面所载的承运日期旅行且未改签为新的日期，但旅客仍有权利在未来一定时期内使用该客票并要求航空公司提供运输服务。

在原收入准则下，航空公司一般于票证期限过期时确认收入。

在新收入准则下，超期票证涉及客户未行使的权利的会计处理。新收入准则规定，企业预期将有权获取与客户所放弃的合同权利相关的金额的，应当按照客户行使合同权利的模式按比例将上述金额确认为收入；否则，企业只有在客户要求其履行剩余履约义务的可能性极低时，才能将相关负债余额转为收入。此外，如果有相关法律法规，企业所收取的、与客户未行使权利相关的款项须转交给其他方的，企业不应将其确认为收入。

因此，当出售的机票款项无须退回，且客户可能会放弃其全部或部分合同权利时，航空公司预期将有权获得与客户所放弃的合同权利相关的金额的，应根据过往的历史经验估计旅客最终未行使的合同权利的比例并将预计不会行使的超期票证金额计入收入。

（二）新收入准则应用案例

具体案例参考本书“示例3－8：礼品卡的会计处理”。

（三）新收入准则披露示例

示例12－3：600115. SH东方航空

重要会计政策变更

超期票证是指使用权利过期时乘客未使用的已售出机票。在执行新收入准则之前，本集团于票证期限过期时确认收入。在新准则下，本集团预期有权获得与客户所放弃的合同权利相关的金额，按照客户行使合同权利的模式按比例将上述金额确认为收入。于2018年1月1日，执行新收入准则导致合同负债减少人民币509百万元，未分配利润增加人民币509百万元。

五、航空公司因航班延误或取消而向客户支付赔偿的会计处理（第三步）

会计事项分析

乘客在符合特定条件时有权因航班延误和取消而得到航空公司的赔偿。航空公司应当对其赔偿客户的义务按新收入准则的可变对价处理，还是，按照或有事项准则进行会计处理？

国际财务报告准则解释委员会（IFRIC）对这个问题进行了讨论，得出的结论是，航班延误或取消赔偿属于合同的可变对价。因此，航空公司应根据新收入准则关于有关可变对价的规定，对其因延误或取消而向客户赔偿的义务进行会计处理。IFRIC并未考虑所赔偿金额确认的对收入的抵减，是否仅限于将交易价格扣减至零为限。

六、物流公司转包总额法与净额法（特定交易三）

（一）会计事项分析

在实务中，物流公司在提供物流服务时有可能自己提供服务，也可能由于自身运输能力的限制将其中一部分的运输服务转包给第三方。转包就涉及物流公司在整个交易中是主要责任人还是代理人，从而应当是总额还是净额确认收入的问题。

对于主要责任人和代理人的判断，原收入准则并没有明确的规定，实务中主要参考国际财务报告准则中的相关规定。而新的收入准则是与国际财务报告准则实质趋同的，提出了一个基本原则、三种控制情形、综合考虑的事实和情况。具体的准则规定参见第三章第三节“主要责任人与代理人”。

（二）新收入准则应用案例

案例12－1

物流转包中主要责任人和代理人的判断

1. 背景资料

某物流公司为客户提供综合性的运输、报关、仓储、配送等一揽子物流服务。由于自身的运输力量有限，大部分运输环节的服务另外委托承运人完成。同时，理货、装卸等环节的服务也大多委托其他公司完成。具体安排如下：

（1）物流公司与客户签署合同，约定物流公司为客户提供的具体服务的内容；物流公司负责保证客户的全部货物安全、准时、顺利地运抵目的地；

（2）物流公司与客户商定服务价格后，另外与承运人、港口等确定运输服务、装卸服务价格，从中赚取价差；

（3）物流公司根据需要及市场情况自主选择承运人；

（4）客户负责货物运输过程中的保险，物流公司负责谨慎处理货物装卸运输过程的各个环节；

（5）由于物流公司原因造成的货物损毁、压车损失、运输时间延迟，由物流公司承担相关责任；

（6）承运人、港口等外部单位提供相关服务后，物流公司必须向其支付相关劳务金额，而不论其向客户收取的有关金额是否能够收回。

问题：在新收入准则下，物流公司在整个交易中是主要责任人还是代理人，应当是总额还是净额确认收入？

2. 案例分析

按照新收入准则提出的一个基本原则、三种控制情形、综合考虑的事实和情况进行分析（见表12－3）。

表12－3　　情况分析

转让前能否控制		分析
转让前能够控制的情形	自第三方取得控制权后，再转让	N/A
	主导第三方代表其提供服务	物流公司虽未实际提供运输服务，但是各承运人是按照物流公司的要求去提供服务的
	提供重大整合服务	N/A
综合考虑	承担主要责任	物流公司负责保证客户的全部货物安全、准时、顺利地运抵目的地
	承担存货风险	由于物流公司原因造成的货物损毁、压车损失、运输时间延迟，由物流公司承担相关责任
	自主定价	物流公司分别与客户商定服务价格，与承运人、港口等确定运输服务、装卸服务价格，从中赚取价差

结论：虽然物流公司未实际提供运输服务，但物流公司与供应商之间的交易独立于物流公司与客户之间的交易，对于包括运输服务在内的一揽子物流服务，物流公司是主要责任人。

第十三章

新收入准则应用示例：酒店餐饮行业

第一节　行业概述

一、行业简介

根据证监会颁布的《上市公司行业分类指引》（2012 年修订），酒店餐饮行业属于一级分类“住宿和餐饮业”，其项下包括两项二级分类：（1）住宿业；（2）餐饮业。

住宿行业包含了高端酒店、中端酒店、商务酒店、经济型酒店、低端宾馆招待所等不同种类的细分领域。

根据服务内容，住宿服务主要包括酒店客房服务、商务会议承办及配套服务。

根据管理模式，酒店业务包括酒店运营和酒店管理两种模式。

酒店运营模式主要指通过租赁物业来经营酒店，通过向顾客提供住宿及相关服务取得收入，并承担酒店房屋租金，装修及运营过程中的管理、维护、运营费用及相关税费后实现盈利。

酒店管理业务包括品牌加盟、输出管理和其他特许业务。品牌加盟是指企业与加盟酒店业主签约后协助其进行物业设计、工程改造、系统安装及人员培训等工作，使加盟酒店符合集团酒店标准。输出管理模式是指企业通过对酒店日常管理取得收入，输出管理收入根据品牌的不同分为按加盟酒店营业收入的一定比例收取，或按基本管理费加奖励（效益）管理费收取两种模式。其他特许业务是指企业通过提供给加盟酒店服务支持取得收入，包括软件安装维护服务、预订中心服务和公司派驻加盟酒店管理人员的服务。

餐饮服务主要分为散客宴请、大型宴请和团膳服务三种。散客宴请主要集中于周边客户及差旅服务住宿客户；大型宴请服务主要指大型的商务宴请、宾朋聚会、婚寿喜宴；团膳服务指为政府机关、企事业单位与学校、医院、工厂等机构客户提供单位备餐、用餐服务，包括包厢、餐台打餐等满足机构员工工作餐及会客需求。

二、业务模式

（一）酒店行业

酒店行业的上游企业主要包括酒店用品、酒店设施等的制造企业，以及保洁等服务的提供机构等。酒店行业的客户主要是直接的消费者。

酒店行业的主流经营模式是连锁经营，而连锁的主要方式是通过特许经营和委托管理来完成。

委托管理就是通过酒店业主与管理集团签署管理合同来约定双方的权利、义务和责任，以确保管理集团能以自己的管理风格、服务规范、质量标准和运营方式来向被管理的酒店输出专业技术、管理人才和管理模式，并向被管理酒店收取一定比例的“基本管理费”（约占营业额的2%—5%）和“奖励管理费”（约占毛利润的3%—6%）的管理方式。

特许经营是以特许经营权的转让为核心，利用管理集团自己的专有技术与品牌与酒店业主的资本相结合的方式来扩张经营规模的一种商业发展模式。通过认购特许经营权的方式将管理集团所拥有的具有知识产权性质的品牌名称、注册商标、定型技术、经营方式、操作程序、预定系统及采购网络等无形资产的使用权转让给受许酒店，并一次性收取特许经营权转让费或初始费，以及每月根据营业收入而浮动的特许经营服务费（包括公关广告费、网络预订费、员工培训费、顾问咨询费）的管理方式。

通常来说，酒店的主要收入包括客房收入、餐饮收入、会场租赁收入。一些高级的酒店可能还会涉及洗衣收入、美容美发收入、加盟费收入以及对下属成员酒店的管理费收入等。

（二）餐饮行业

餐饮行业主要原料为农副产品，关联的上游行业主要有粮食生产、蔬菜种植、畜牧业、水产业等原料种植、养殖行业和副食品加工行业。上游产业的发展和农副产品的价格变动对餐饮业的产品生产、销售有一定的影响，同时餐饮业的快速发展，也带动了对优质面粉、优质大米、优质蔬菜、优质肉禽蛋油等农畜产品和副食品的需求，拉长了产业链条，加快了农产品的优质化、多样化、标准化的生产过程。同时，餐饮行业还需要通过物流配送企业将上游的农副产品运输到餐饮企业。

餐饮行业的客户主要是直接的消费者，此外某些餐饮企业也会制造熟食制品和面食品等通过超市、商铺等商业零售企业向消费者销售。同时，随着外卖行业的兴起，很多餐饮企业也通过外卖的方式将食物送到消费者手中。

餐饮企业的运营模式大致可以分为以下几种：

1. 连锁便利型。该种盈利模式主要是以规模经济的思想为指导，通过规模化来削减单位餐品、饮品成本；同时通过规模化来便利消费者，扩大品牌影响力，扩大客户量，以期使成本降低、效益提升。这种形式的盈利模式最具有代表性的就是肯德基与麦当劳，中餐这方面的代表有餐饮百强里面的两岸咖啡集团、真功夫集团、大娘水饺餐饮有限公司等。该种形式的盈利模式最大的难处就是在管理上，具有“一荣俱荣、一损俱损”的效果。

2. 复合型。这种盈利模式主要以餐品、饮品多元化来取胜。如现在有些餐饮公司在同一餐厅下供应着中餐、西餐、法餐等等，以期满足不同口味的消费者，使消费者在同一餐厅内就享受不同风味的美食，以此拉聚人气，提高效益。但这种模式也有其缺点，如特色不明显，人力成本偏高，等等。

3. 多元化型。多元化原本出现在金融投资领域，指的是为达到保值升值目的而避免“鸡蛋放在同一个篮子里”，主要为了规避风险。而餐饮企业的多元化盈利模式主要是企业不仅从事餐饮方面的投资，还从事其他方面的投资，以达到减小风险的目的。

餐饮行业的主要收入来源包括餐饮收入、特许加盟费收入以及其他服务费收入等。

三、收入会计事项的影响汇总

在执行新收入准则之后，酒店餐饮业企业与收入相关的会计事项如表 13 - 1 所示：

表 13 - 1　　酒店餐饮行业收入相关会计事项汇总表

业务类型	业务内容	会计事项
自营	从酒店的建设、装修到后续的运营都是由酒店自主负责	客房服务和餐饮服务的区分 数量折扣的会计处理 通过互联网平台销售的会计处理 酒店提供的奖励积分计划的会计处理 一次性收取的会员费的会计处理 酒店/餐饮企业发放储值卡进行促销的会计处理

续表

业务类型	业务内容	会计事项
特许经营	酒店品牌公司将旗下的品牌使用权以及品牌背后相应的知识产权，所有品牌在建设时期的建造、机电、内装以及在酒店开业之后的所有的营运 SOP（Standard Operation Procedure，即标准作业程序）的标准全部特许给酒店的业主方来使用，酒店的业主方需要自行组建团队或者是聘用第三方的管理公司的团队来运营酒店	酒店品牌公司一次性或分期收取的加盟费的会计处理
委托管理	委托管理是业主方按照酒店管理公司品牌的标准建造酒店，然后把酒店委托给酒店品牌公司去委托管理。酒店品牌公司以其品牌和自己的管理团队来替业主方经营酒店，相应地收取一系列的管理费，比如基本管理费、奖励管理费等	酒店品牌公司一次性或分期收取的管理费的会计处理

第二节　主要会计事项与应用示例

酒店餐饮行业在执行新收入准则的过程中，主要涉及的会计事项包括通过互联网在线平台销售的情况下是主要责任人还是代理人、为客户提供的奖励积分、向客户发放储值卡时客户未行使的权利、加盟费和管理费的会计处理等。

一、客房服务和餐饮服务的区分（第二步）

会计事项分析

在一般情况下，通过在线平台预订酒店客房时，含早餐和不含早餐的价格会有差异。如果选择了含早餐的房间价格，那么即使客户并没有实际使用早餐券，也不能退还相关的费用。

新收入准则第九条和第十条阐述了履约义务的定义、可明确区分商品或服务应该满足的条件以及表明不可单独区分的情形。新收入准则第十条明确下列情形通常表明企业向客户转让该商品的承诺与合同中其他承诺不可单独区分：（1）企业须提供重大的服务以将该商品与合同中承诺的其他商品整合成合同约定的组合产出转让给客户；（2）该商品将对合同中承诺的其他商品予以重大修改或定制；（3）该商品与合同中承诺的其他商品具有高度关联性。

在新收入准则下，提供客房服务和提供餐饮服务能使客户单独获益，且两者不存在重大整合、不涉及重大修改或定制，也不具有高度关联性，因此是两项单独的履约义务，应当将总的交易价格按照各自的单独售价进行分拆，分别确认客房收入和餐饮收入。

二、数量折扣（第三步）

（一）会计事项分析

一些售卖熟食制品的餐饮行业从业者可能会向客户提供数量折扣，即在某一段特殊的时间段内（如中秋节期间、“双11”期间等），如果客户累计的购买数量达到一定的金额，则可以在总体售价上给予一定幅度的折扣。

在新收入准则下，数量折扣属于可变对价的范畴，要求企业使用概率加权计算的期望值或者最有可能金额估计可变收款额。对于可变对价计入交易价格存在一项限制，确认金额应不超过与可变对价相关的不确定性消除时累计已确认的收入极可能不会发生重大转回的金额。

（二）新收入准则应用案例

案例13－1

数量折扣的会计处理

［摘自《企业会计准则第14号——收入》应用指南（2018）］

1. 背景资料

2×18年1月1日，甲公司与乙公司签订合同，向其销售A产品。合同约定，当乙公司在2×18年的采购量不超过2 000件时，每件产品的价格为80元，当乙公司在2×18年的采购量超过2 000件时，每件产品的价格为70元。乙公司在第一季度的采购量为150件，甲公司预计乙公司全年的采购量不会超过2 000件。2×18年4月，乙公司因完成产能升级而增加了原材料的采购量，第二季度共向甲公司采购A产品1 000件，甲公司预计乙公司全年的采购量将超过2 000件，因此，全年采购量适用的产品单价均将调整为70元。

2. 案例分析

在本例中，2×18 年第一季度，甲公司根据以往经验估计乙公司全年的采购量将不会超过 2 000 件，甲公司按照 80 元的单价确认收入，满足在不确定性消除之后（即乙公司全年的采购量确定之后），累计已确认的收入将极可能不会发生重大转回的要求，因此，甲公司在第一季度确认的收入金额为 12 000 元（80×150）。2×18 年第二季度，甲公司对交易价格进行重新估计，由于预计乙公司全年的采购量将超过 2 000 件，按照 70 元的单价确认收入，才满足极可能不会导致累计已确认的收入发生重大转回的要求。因此，甲公司在第二季度确认收入 68 500 元［70×（1 000+150）-12 000］。

（三）新收入准则披露示例

示例 13-1：0573. HK 稻香控股

会计政策 来自客户合约之收益

销售食品及其他项目及家禽养殖场经营

销售食品及其他项目及家禽养殖场经营收益在商品在某个时间点转移给客户时（一般在交付商品时）予以确认。

一些销售商品和其他物品的合约为客户提供折扣。在此期间购买的商品价值超过合约规定的门槛，可向某些客户提供回溯折扣（数量折扣）以抵销客户应付的金额。为了估计未来预期折扣的可变对价，最可能数量方法用于具有单一交易门槛的合约，预期价值方法用于具有多个交易门槛的合约。最佳预测可变对价所选择的方法主要受合约中包含的门槛数量影响。

三、互联网平台预定（特定交易三）

（一）会计事项分析

随着互联网平台的发展，越来越多的人主要通过互联网在线平台（如携程、去哪儿、美团等）预订酒店客房。在客户和酒店的交易之间多了一个预订酒店的平台，交易金额先由预订酒店的在线平台全额收取，然后平台再与酒店之间定期结算。该交易中涉及主要责任人和代理人的判断，即互联网在线平台在整个交易中是主要责任人还是代理人。如果平台是代理人，那对酒店而言，应当采用总额法全额确认相关收入和成本；如果平台是主要责任人，那对酒店而言，应当采用净额法，仅确认从平台结算取得的部分，此外相应的收入确认时点也会有所不同。

对于主要责任人和代理人的判断，原收入准则并没有明确的规定，实务中主要参考国际财务报告准则中的相关规定。而新收入准则与国际财务报告准则实质趋同，提出了一个基本原则、三种控制情形和综合考虑的事实和情况。

根据新收入准则第三十四条，企业应当根据其在向客户转让商品前是否拥有对该商品的控制权，来判断其从事交易时的身份是主要责任人还是代理人。企业在向客户转让商品前能够控制该商品的，该企业为主要责任人，应当按照已收或应收对价总额确认收入；否则，该企业为代理人，应当按照预期有权收取的佣金或手续费的金额确认收入，该金额应当按照已收或应收对价总额扣除应支付给其他相关方的价款后的净额，或者按照既定的佣金金额或比例等确定。

划分主要责任人与代理人时主要考虑的内容如表 13－2 所示。

表 13－2　　　　划分主要责任人与代理人的考虑内容

主要责任人与代理人	
转让前能够控制的情形	（1）企业自第三方取得商品或其他资产控制权后，再转让给客户
	（2）企业能够主导第三方代表本企业向客户提供服务
	（3）企业自第三方取得商品控制权后，通过提供重大的服务将该商品与其他商品整合成某组合产出转让给客户
须综合考虑的事实和情况	（1）企业承担向客户转让商品的主要责任
	（2）企业在转让商品之前或之后承担了该商品的存货风险
	（3）企业有权自主决定所交易商品的价格
	（4）其他相关事实和情况

在一般情况下，在线平台只是提供中介服务，促成酒店和客户之间达成交易，协助酒店和客户结算房款等，并按照交易金额收取一定比例的服务费或佣金。在线平台不承担向客户提供住宿服务的责任，也不承担存货风险。因此，通常情况下酒店是主要责任人，应全额确认收入。

但是在另外一些情况下，在线平台可能与酒店达成了协议，一定数量的房间是由在线平台负责包销，即在线平台可以自行决定这部分房间的销售价格，未销售出去的部分也不能退还，并且在线平台可以决定向哪些客户销售，即使实际上客户预订房间数量不足，酒店和在线平台之间仍然按照合同约定的房间数量进行结算。在这种情况下，在线平台出售的是一种权利，且在向客户出售之前已经控制该权利，因而是主要责任人，此时在线平台应当全额确认收入，酒店仅应当将其从在线平台收取的部分确认为收入。

在在线平台只是代理人的情况下，酒店支付给在线平台的佣金和服务费在原收入准则下均确认为销售费用。但是在新收入准则下，支付给在线平台的佣金或服务费属于取得合同的增量成本，满足条件时可以资本化为一项资产。但是为了简化实务操作，如果资产的摊销期限不超过一年，可以在发生时计入当期损益。因此，该项处理对实务的影响不大。

（二）新收入准则披露示例

示例 13－2：0780. HK 同程艺龙

主要责任人和代理人

本集团通过评估其是否担任所提供服务的委托人决定收入的呈列方式。倘本集团担任代理，对相关服务并无控制权且并无承担存货风险，则本集团按净额基准（即向用户收取的款项减向旅游服务供货商支付的款项）呈列其收入。倘本集团通过向旅游服务供货商买断旅游相关产品而承担存货风险及担任委托人，则本集团按毛额基准（即向用户收取的费用）呈列其收入。向旅游供货商作出的采购付款于综合全面收益/(亏损) 表内入账为“销售成本”。

由于供货商主要负责提供相关旅游服务，且在供货商提供的服务转移给客户之前，本集团对其并无控制权，故本集团按净额基准呈列其大部分收入。

四、酒店提供的奖励积分（特定交易四）

（一）会计事项分析

有的酒店在提供服务的同时会授予会员奖励积分，在满足一定条件后，奖励积分可以用来升级会员、换取免费入住和其他免费的服务或商品。

在原收入准则下，销售商品或提供劳务的同时，应当将销售取得的货款或应收货款在本次商品销售或劳务提供产生的收入与奖励积分的公允价值之间进行分配，将取得的货款或应收货款扣除奖励积分公允价值的部分确认为收入，奖励积分的公允价值确认为递延收益。

在新收入准则下，奖励积分涉及附有客户额外购买选择权的会计处理。首先需要判断授予的客户额外购买选择权是否是重大的，如果其构成一项重大的权利，那么应当作为一项单独的履约义务，确定其单独售价。同时，新收入准则规定按照奖励积分和客房服务的单独售价的相对比例确定各自的交易价格。在确定奖励积分的单独售价时应当考虑客户行使和不行使该选择权所能获得的折扣的差异以及客户行使该选择权的可能性等全部相关信息。

因此，分摊至奖励积分的交易价格较此前在原收入准则下计量的公允价值发生了改变。同时，新收入准则下引入了合同负债的概念，不再使用递延收益和预收账款等科目，原先计入递延收益的奖励积分部分，在新收入准则下应当计入“合同负债”科目，后续随着积分的兑换，逐步结转到收入中。

（二）新收入准则披露示例

示例 13－3：0573. HK 稻香控股

食品和饼店运营

食品及饼店运营收益在商品或服务的控制在某个时间点转移给客户即客户购买商品或已享用餐饮服务时予以确认。

集团的忠诚度计划允许客户积累可兑换产品的积分。由于忠诚度积分为客户提供了兑换产品的权利，因此产生了单独的履行责任。交易价格的一部分根据积分独立销售价格分配给授予客户的忠诚度积分，并在兑换积分之前确认为合同负债。收益在客户兑换产生时确认。

在估计忠诚度积分独立销售价格时，集团考虑了客户兑换积分的可能性。集团更新其对将兑换积分的估计，并从收益中扣除任何对合同负债余额的调整。

示例 13－4：1158. HK 开元酒店

客户忠诚度计划

本集团设有客户忠诚度计划，客户购买酒店服务可累计积分，日后购买酒店服务时可享受折扣。积分通过在积分与销售的其他部分之间分配已收对价的公允价值确认为单独的初始销售交易可识别部分，因此，积分初步按其公允价值确认为合同负债。积分产生的收入于积分兑换或积分到期时确认。损失于积分兑换后按预期兑换率确认。积分于初次销售后 12—24 个月到期。

示例 13－5：0780. HK 同程艺龙

用户奖励计划

本公司提供多种用户奖励计划，据此，参与用户可就现有交易免费获得奖励，可通过本公司平台用有关奖励兑换未来预订。经计及用户预期用量，现有交易的估计公允价值于授出奖励时确认为收入扣减。免费向参与用户授予的奖励不被视为对客户的付款，而是作为销售和营销费用记录。

五、加盟费和管理费（特定交易五）

（一）会计事项分析

酒店集团下属会有很多加盟的酒店，酒店集团会向下属酒店收取品牌加盟费。酒店品牌特许经营加盟费往往是一份综合的一揽子合同，可能授予下属酒店在一定期限内使用其品牌，同时还提供选址、装修、经营管理服务、设备、原料，协助其进行物业设计、工程改造、系统安装及人员培训等一揽子综合经营管理合同。加盟费收入可能分成两部分，即在特许加盟店开业前一次性收取一笔加盟费，同时约定随着后续特许加盟酒店营业收入的一定比例每年再收取部分加盟费。在原收入准则下，在特许加盟店开业前一次性收取一笔加盟费通常一次性确认收入，而随后续特许加盟酒店营业收入的一定比例每年再收取的部分，在每年分期确认收入。

在新收入准则下，首先需要分析该一揽子的酒店品牌特许加盟费中包含了几项履约义务，各项履约义务之间是否可以明确区分、作为单独的履约义务。如果授予酒店品牌使用权不构成单项履约义务，企业应当将该授予酒店品牌使用权和其他服务一起作为单项履约义务进行会计处理。如果授予酒店品牌使用权构成单项履约义务，那么品牌使用权收费属于授予知识产权许可。按照准则的规定，企业向客户授予知识产权许可如果同时满足相关条件，应当作为在某一时段内履行的履约义务确认相关收入。相关条件包括：合同要求或客户能够合理预期企业将从事对该知识产权有重大影响的活动；该活动对客户将产生有利或不利影响；该活动不会导致向客户转让某项商品。此外，对于约定按客户实际销售或使用情况授权特许权使用费的，可以在客户后续销售或使用行为实际发生时确认收入。

因此，在授予特许权构成单项履约义务的情况下，新收入准则对于按客户实际销售或使用情况授权特许权使用费的，不会产生重大影响，都是在客户后续销售或使用行为实际发生时确认收入。但是对于在合同开始时一次性收取的加盟费，在新收入准则下可能作为在某一时段内履行的履约义务，从而需要递延到在整个特许经营期内分期确认收入。

（二）新收入准则披露示例

示例 13－6：3666. HK 国际天食

来自加盟商的管理费

采纳国际财务报告准则第 15 号之前，本集团于提供管理服务时确认来自加盟商的管理费。根据国际财务报告准则第 15 号，该收益按直线法于特许经营期间确认。

截至 2018 年 12 月 31 日，根据国际财务报告准则第 15 号，来自加盟商的管理费 7 431 000 元为递延收益，剩余履约责任预期将于 7 年内履行。

六、储值卡（特定交易七）

（一）会计事项分析

有些饭店为了促销、吸引更多的顾客来店里消费，通常会推出一些充值卡等优惠促销活动。例如，有的饭店推出充值 1 000 元返 200 元的促销活动。

在原收入准则下，部分客户未使用的卡内余额，一般等到充值卡到期作废时才确认收入。

在新收入准则下，充值 1 000 元送 200 元由于并不涉及销售交易，且所有的顾客都可以参与该活动，因此并不符合“附有客户额外购买选择权的销售”的要求，因此在企业收到充值款时并不需要对额外赠送的 200 元进行会计处理。此外该项交易还涉及客户未行使的权利的会计处理。对于充值卡中客户预期不会消费的部分（即客户未行使的权利），新收入准则规定，企业预期将有权获取与客户所放弃的合同权利相关的金额的，应当按照客户行使合同权利的模式按比例将上述金额确认为收入；否则，企业只有在客户要求其履行剩余履约义务的可能性极低时，才能将相关负债余额转为收入。此外，如果有相关法律法规，企业所收取的、与客户未行使权利相关的款项须转交给其他方的，企业不应将其确认为收入。因此，总的来说，实施新收入准则后，客户未行使的权利部分的收入确认时点可能会提前。

（二）新收入准则应用案例

案例 13 – 2

连锁店储值卡的会计处理

［摘自《企业会计准则第 14 号——收入》应用指南（2018）］

1. 背景资料

甲公司经营连锁面包店。2×18 年，甲公司向客户销售了 5 000 张储值卡，每张卡的面值为 200 元，总额为 1 000 000 元。客户可在甲公司经营的任何一家门店使用该储值卡进行消费。根据历史经验，甲公司预期客户购买的储值卡中将有大约相当于储值卡面值金额 5%（即 50 000 元）的部分不会被消费。截至 2×18 年 12 月 31 日，客户使用该储值卡消费的金额为400 000元。甲公司为增值税一般纳税人，在客户使用该储值卡消费时发生增值税纳税义务。

2. 案例分析

在本例中，甲公司预期将有权获得与客户未行使的合同权利相关的金额为50 000元，该金额应当按照客户行使合同权利的模式按比例确认为收入。

因此，甲公司在2×18年销售的储值卡应当确认的收入金额为362 976元［(400 000+50 000×400 000÷950 000)÷(1+16%)］。甲公司的账务处理为：

①销售储值卡：

借：库存现金	1 000 000	
贷：合同负债		862 069
应交税费——待转销项税额		137 931

②根据储值卡的消费金额确认收入，同时将对应的待转销项税额确认为销项税额：

借：合同负债	362 976	
应交税费——待转销项税额	55 172	
贷：主营业务收入		362 976
应交税费——应交增值税（销项税额）		55 172

七、一次性收取的会员费（特定交易八）

（一）会计事项分析

餐饮公司或酒店通常会向顾客收取一定的款项提供会员卡，如金卡、钻石卡等。不同层级的会员卡为客户提供的权利是不同的。如拥有钻石卡的顾客可以免费升级房型、免费晚1小时取消订单等。

在原收入准则下，申请入会费和会员费如果只允许取得会籍，所有其他服务或商品都要另行收费，在款项收回不存在重大不确定性时确认收入。申请入会费和会员费能使会员在会员期内得到各种服务或商品，或者以低于非会员的价格销售商品或提供服务的，在整个受益期内分期确认收入。

在新收入准则下，要求评估该初始费是否与向客户转让已承诺的商品相关。该初始费与向客户转让已承诺的商品相关，并且该商品构成单项履约义务的，企业应当在转让该商品时，按照分摊至该商品的交易价格确认收入；该初始费与向客户转让已承诺的商品相关，但该商品不构成单项履约义务的，企业应当在包含该商品的单项履约义务履行时，按照分摊至该单项履约义务的交易价格确认收入；该初始费与向客户转让已承诺的商品不相关的，该初始费应当作为未来将转让商品的预收款，在未来转让该商品时确认为收入。

（二）新收入准则应用案例

具体案例参考本书第三章“示例3-9：会员卡的会计处理”。

八、酒店餐饮行业的合同履约成本

（一）会计事项分析

提供酒店和餐饮服务所发生的成本主要包括相关原材料的成本、直接人工的成本、固定资产折旧等其他费用。

在现行实务中，某些企业发生的原材料成本主要通过生产成本进行归集，直接人工和固定资产的折旧费用等作为期间费用进行会计处理。

在新收入准则下，企业为履行合同发生的各种成本，属于其他准则（如《企业会计准则第1号——存货》《企业会计准则第4号——固定资产》以及《企业会计准则第6号——无形资产》等）规范范围的，应当按照相关企业会计准则进行会计处理；不属于其他企业会计准则规范范围且同时满足相关条件的，应当作为合同履约成本确认为一项资产。因此，在新收入准则下，支付给直接为客户提供所承诺服务的人员的工资、奖金等劳务成本以及固定资产折旧费用等应当作为合同履约成本确认为一项资产，期末根据流动性，分别在存货和其他非流动资产中列报。同时，合同履约成本结转损益时应当确认为主营业务成本，而非作为期间费用。

新、旧准则的差异，将会影响酒店和餐饮行业的毛利率。

（二）新收入准则应用案例

案例13-3

合同履约成本（酒店等服务行业的合同成本）

（本案例摘自财政部于2018年12月发布的《收入准则应用案例——合同履约成本（酒店等服务行业的合同成本）》）

1. 背景资料

甲公司经营一家酒店，该酒店是甲公司的自有资产。甲公司在进行会计核算时，除发生的餐饮、商品材料等成本外，还需要计提与酒店经营相关的固定资产折旧（如酒店、客房以及客房内的设备家具等）、无形资产摊销（如酒店土地使用权等）费用等，应如何对这些折旧、摊销进行会计处理？

2. 案例分析

在本例中，甲公司经营一家酒店，主要通过提供客房服务赚取收入，而客房服务的提供直接依赖于酒店物业（包含土地）以及家具等相关资产，即与客房服务相关的资产折旧和摊销属于甲公司为履行与客户的合同而发生的服务成本。该成本需先考虑是否满足收入准则第二十六条规定的资本化条件，如果满足，应作为合同履约成本进行会计处理，并在收入确认时对合同履约成本进行摊销，计入营业成本。此外，这些酒店物业等资产中与客房服务不直接相关的，例如财务部门相关的资产折旧等费用或者销售部门相关的资产折旧等费用，则需要按功能将相关费用计入管理费用或销售费用等科目。

第十四章
新收入准则应用示例：软件行业

第一节　行业概述

一、行业简介

根据证监会颁布的《上市公司行业分类指引》（2012 年修订），软件行业属于一级分类“信息传输、软件和信息技术服务业”，主要涵盖其项下的两项二级分类：（1）互联网和相关服务；（2）软件和信息技术服务业。

我国软件行业经过几十年的迅速成长，目前已形成链条完善、分工合理、协同发展的产业链。

软件企业不同于普通制造业，不存在大量上游的原材料环节。软件企业主要的上游行业为电子元器件、IT 设备及软件开发工具等软、硬件生产制造企业以及各类信息系统集成商。其中操作系统、软件开发工具等基础软件供应商主要包括 Microsoft、IBM、SUN 等；软件产品运行、客户业务运作的必备硬件，如服务器、存储系统、路由器、打印机等，供应商主要包括 IBM、HP、华为、三星等；基础信息提供商包括各类交易所的专属信息发布机构、专业研究机构、咨询机构，将自有或编辑、整理的数据、咨询或报告提供给信息使用机构。

软件的服务对象主要包括企业、军工、国家机关、事业单位、卫生教育部门、具有公共管理或者公共服务职能的社会团体及其他组织以及个人用户等。

软件作为在电子信息化设备上实现某些功能或者提供特定服务的载体，总体上可划分为系统软件、支撑软件（中间件）和应用软件三大类。

二、业务模式

根据软件的不同分类及不同的业务特征，软件行业的经营模式主要有五种：

第一，产品化软件，将软件作为通用型产品进行销售，实质是销售软件使用授权许可，按产品组件、用户的使用数量或产品版本进行收费，面向一般大众用户或一般企业用户，例如常规杀毒软件、办公软件、操作系统软件、影音娱乐软件、通用型管理软件等。

第二，定制化软件，软件厂商根据特定使用对象或特定项目，在已有的软件平台上，根据特殊需求对软件进行定制开发，使之更加满足客户需求，实现某些特定功能组合，通常还包括 IT 规划、系统集成。一般面向企业用户或者特定工程项目，例如大型企业集团的内部管理软件、为某政府机关开发的行政管理系统、为某大型工程开发的运营管理系统等。

第三，系统集成，就是通过结构化的综合布线系统和计算机网络技术，将各个分离的设备（如个人电脑）、功能和信息等集成到相互关联的、统一和协调的系统之中，使资源达到充分共享，实现集中、高效、便利的管理。系统集成应采用功能集成、BSV 液晶拼接集成、综合布线、网络集成、软件界面集成等多种集成技术。系统集成实现的关键在于解决系统之间的互连和互操作性问题，它是一个多厂商、多协议和面向各种应用的体系结构。这需要解决各类设备、子系统间的接口、协议、系统平台、应用软件等与子系统、建筑环境、施工配合、组织管理和人员配备相关的一切面向集成的问题。

第四，提供软件服务，对提供给用户的软件定期或不定期收取运维服务费；主要面向的是具有特定需求的用户群，例如网络游戏软件，提供稀缺信息查询的数据库系统等。

第五，软件运营，软件企业独立建立平台运营或提供软件系统与第三方（如电信运营商）合作运营，提供增值服务，从运营收益中获得收入。主要服务对象为增值服务用户，如手机游戏软件、手机聊天软件等。

对比而言，第一种模式通过提供标准化、通用性的产品化软件，容易形成规模效益，是软件行业最早的经营模式；第二种模式也是国内软件厂商的主要经营模式，以竞争项目形式为客户定制开发软件，收入和毛利水平因项目的不同而存在较大差异；后三种经营模式可以形成持续稳定的收入，往往借助互联网或移动互联网为载体，是近年发展较快的经营模式。

软件企业的主要收入来源包括：软件和硬件的销售、系统集成、安装服务、软件咨询培训服务、维修服务、升级服务等。

三、收入会计事项汇总

执行新收入准则之后，软件业企业与收入相关的会计事项如表 14－1 所示。

表 14－1　软件行业收入相关会计事项汇总表

业务类型	业务内容	会计事项
产品化软件（授予知识产权许可）	企业自行研究开发的、拥有自主知识产权、可直接对外销售或嵌入硬件产品一起销售的软件开发业务	软件许可的收入确认时点
定制软件开发	定制软件开发业务是指企业根据合同的约定，自行研究开发以满足客户特定要求的软件开发业务	软件未来的运营服务、培训、技术支持服务的会计处理 软件合同中包含的奖励、回扣、激励措施的会计处理 软件开发商给予客户的续约选择权的会计处理 定制软件的收入确认时点 软件开发过程中发生合同变更的会计处理
系统集成	系统集成业务是指根据用户需要将整个系统中的外购软件、硬件按照合理的方式进行集成，将各个分离的子系统连接成为一项完整可靠和经济有效整体的业务	履约义务的识别 收入确认时点
运维服务	运行维护收入是指企业为保证客户软件、硬件能正常运行而提供的运行维护收入。包括：免费服务期后的系统维护、数据修复、技术支持、应用培训等技术服务等	软件开发合同中所包含的软件未来升级或优化、维护及培训等是否作为单项履约义务

第二节　主要会计事项与应用示例

软件行业在执行新收入准则的过程中，主要涉及的会计事项包括定制软件和系统集成的收入确认时点、软件合同变更、软件未来的升级维护培训等服务的拆分、续约选择权、软件许可的收入确认时点等。

一、未签订书面合同时合同成立的时点（第一步）

会计事项分析

在实务中，软件企业可能在合同签订之前就将软件许可给客户使用或者在尚未签订合同时，就已经提供相关服务。例如，企业为政府提供相关运营维护，签订了2016年1月1日至2016年12月31日的1年期合同。合同到期后，政府方由于内部审批手续等方面的事项未立即签署新的合同，等到2017年3月签订了2017年1月1日至2017年12月31日的1年期合同。但是在未签订合同的2个月期间（2017年1月和2月），由于服务是不能间断的，企业仍然需要向政府提供服务。

原收入准则要求判断合同的经济实质，而不仅是合同的法律形式。在此情形下，根据原收入准则，有的企业可能根据实质重于形式原则而得出在这一时点合同已经成立的结论；而其他企业可能认为在这一时点合同尚未成立。

根据新收入准则，当企业与客户之间的合同同时满足下列条件时，才能够按照新收入准则进行后续会计处理（在合同开始日即满足下列条件的合同，企业在后续期间无须对其进行重新评估，除非有迹象表明相关事实和情况发生重大变化。合同开始日通常是指合同生效日）：

（1）合同各方已（通过书面、口头或其他依照商业惯例采用的形式）批准该合同并承诺将履行各自义务；

（2）该合同明确了合同各方与所转让商品相关的权利和义务；

（3）该合同有明确的与所转让商品相关的支付条款；

（4）该合同具有商业实质，即履行该合同将改变企业未来现金流量的风险、时间分布或金额；

（5）企业因向客户转让商品或提供服务而有权取得的对价很可能收回。

新收入准则下合同的定义强调，当双方或多方之间达成的协议确立了有约束力的权利和义务时，才存在合同。新收入准则指出，合同不一定需要采用书面的、口头的或其他可验证的方式（如电子邮件的方式），只要是合同确立了对各方具有约束力的权利和义务，合同即存在。在尚未签订纸质合同，也没有任何其他口头约定的情况下，合同并未确定对各方具有约束力的权利和义务，因此合同尚未成立，但是企业预期将会获得该合同，并且预计当前为履行合同发生的成本将收回，因而应该将为履行合同发生的成本计入合同履约成本。

二、软件合同变更（第一步）

会计事项分析

新收入准则规定合同变更是对合同范围或价格（或二者）作出的变更。例如，某软件企业与客户达成意向财务报告应用系统软件定制合同，合同金额为30 000元。

根据以往经验，该软件公司认为这项定制化的开发需要两名技术人员，约150小时才能完成，费率为200元/小时。假设该软件企业将这项服务作为一项单独的履约义务，并且由于企业履约过程中所产出的商品具有不可替代用途，且该企业在整个合同期间内有权就累计至今已完成的履约部分收取款项，因此满足一段时间内履行履约义务的条件。假设技术人员开发30小时（完成20%的履约义务）时，该软件企业与客户达成合同变更，预计项目开发时间将延长50小时，并按照100元/小时收费。

原收入准则下对于合同变更的处理无明确的指引，因此实务中处理并不一致。

根据新收入准则，企业应当区分下列3种情形对合同变更分别进行会计处理：

1. 合同变更增加了可明确区分的商品及合同价款，且新增合同价款反映了新增商品单独售价的，应当将该合同变更作为一份单独的合同进行会计处理；

2. 合同变更不属于上述1中所规定的情形，且在合同变更日已转让的商品或已提供的服务与未转让的商品或未提供的服务之间可明确区分的，应当视为原合同终止，同时，将原合同未履约部分与合同变更部分合并为新合同进行会计处理；

3. 合同变更不属于上述1中所规定的情形，且在合同变更日已转让的商品与未转让的商品之间不可明确区分的，应当将该合同变更部分作为原合同的组成部分进行会计处理，由此产生的对已确认收入的影响，应当在合同变更日调整当期收入。

根据新收入准则，该合同变更部分应作为原合同的组成部分进行会计处理，原因在于该合同变更时，已转让的商品与未转让的商品之间是不可明确区分的，且新增合同价款并未反映新增开发服务的单独售价，应当将由此产生的对已确认收入的影响，在合同变更日调整当期收入。该合同变更后应反映总体的软件合同是技术人员投入200小时，收费35 000元。截至合同变更时，合同完成进度为15%（30/200），原已确认的收入为6 000元（30 000×20%），合同变更后累积应确认的收入为5 250元（35 000×15%），应调整的当期收入为－750元（5 250－6 000）。

三、续约选择权（第二步）

会计事项分析

不少软件企业为了留住客户而给予客户续约选择权优惠。如软件合同中约定服务期满后，企业将给予客户相对优惠的价格续约。

原收入准则对于续约选择权并没有明确规定。对于类似的续约选择权优惠实务处理并不一致。大多数企业都将其作为一项合同要约不进行特殊的会计处理。等实际达成续约合同后，再对该合同进行会计处理。

根据新收入准则，对于续约选择权，如果软件企业认为其提供了重大权利，应当估计该选择权的单独售价；如果客户有权购买的额外商品或服务与其原本购买的商品或服务类似，且企业将按照初始合同条款提供额外的商品或服务，则可以简化处理，直接估计企业将提供的额外商品或服务的数量，并将相应预计收取的对价纳入初始合同的交易价格。如认为未提供重大权利，则作为一项销售要约，在实际续约时进行会计处理。

四、软件未来升级或优化、维护及培训的区分（第二步）

（一）会计事项分析

软件合同在通常情况下都包含多种产品和服务，如软件许可、特定或非特定的未来升级或优化、维护和其他专业服务。

在原收入准则下，有些企业可能根据交易实质识别了单独要素，但是由于原《国际会计准则第 18 号——收入》（以下简称“IAS18”）缺乏明确指引，实务中可能参照美国公认会计原则关于软件企业的核算要求，只有存在相关公允价值的卖方特定客观证据时才可分别计量单独要素。如不存在相关公允价值的卖方特定客观证据，则将单独要素合并为一个会计单元，并在提交最后一个要素时确认收入。

在新收入准则下，企业应识别软件合同中的履约义务，并将交易价格分摊至合同中的履约义务。要求识别单项履约义务，这可能对软件企业产生较大影响。原因在于IAS18 仅提到为反映交易实质，主体可能需要将收入确认的原则运用于可单独识别的要素中，但对识别单独要素并未给出明确的指引。有些软件企业在确定完工进度时将售后服务支持包含其中，即软件企业将软件开发和软件售后服务支持作为一个单独的要素进行会计处理。然而，根据新收入准则，对于此类商品和服务是否是单项履约义务及其对价的分摊，可能得出不同的结论。这将对软件（许可）行业的会计实务产生较大影响。

另外，对于提供在线服务的软件产品（如炒股软件），由于软件企业前期研发投入较大，为加速现金回流，通常会在合同中约定安装软件，配置账号时支付一笔较高的费用，而在未来享受在线服务时支付相对较低的费用。在实务中，由于现行准则对于单独要素没有明确的指引，因此不少软件企业在提供安装服务时，即确认安装费收入。而根据新收入准则应用指南，客户仅在同时使用相关服务（例如，由主体提供的在线服务，通过授予许可证使客户能够访问相关内容）时才能获益的许可证可能被认为不能与安装服务明确区分，而不能将安装服务视为一项单独的履约义务在安装时确认收入。

（二）新收入准则披露示例

示例 14－1：0268. HK 金蝶国际

本集团的收入包括（以单个或组合的方式）：来源于企业资源管理计划业务收入（包括软件及硬件的销售、安装服务、软件咨询服务、维修服务、升级服务及其他支持服务）以及云服务业务收入（包括企业云服务、大数据云服务、财务云服务以及移动办公云服务）。

主要的企业管理软件包括金蝶 EAS，金蝶 K－3 Wise 和 KIS，一般通过经销商销售或者直接销售给最终客户。主要的云产品包括金蝶云，管易云和精斗云，一般直接销售给最终客户。

在本集团和直接客户签订的合同中，软件销售、硬件销售及其他各项服务各自被视为单独的履约义务，鉴于各履约义务都是独立的，一般情况下集团提供的各项服务并没有对标准软件作出重大修改定制，集团向顾客交付软件和提供各种服务并不构成一项重大的整合服务，各项履约义务之间并不存在高度关联。本集团向经销商销售标准软件，经销商和直销模式下的最终客户都被视为本集团的直接客户，因为经销商对标准软件有控制权，可自行定价将标准软件单独或与其他相关服务一起出售给最终客户。

一份合同中同时涉及软件销售、硬件销售及提供服务时，软件销售、硬件销售及各项服务分别被视为单独的履约义务，交易价格将基于所承诺的软件销售、硬件销售及各项服务的相对独立售价而被分配至合同中的各项单独履行义务。

五、回扣、奖励或者激励等（第三步）

（一）会计事项分析

可变对价合同是软件（许可）行业常见的业务类型，包括一些分销商和代理商的协议，例如：回扣、奖励或者激励等，合同约定初验或终验达不到要求罚款；项目延期的违约金；客户未及时进行评审或验收的违约金；合同金额超过审计或评审机构审计金额的，须退回。

原收入准则允许确认或有对价，但是仅在经济利益很可能流入企业且收入金额能够可靠计量时才予以确认。当收入的金额不能可靠计量或相关经济利益不是很可能流入企业，从而影响劳务交易的结果可靠估计的情形下，企业应视已经发生的劳务成本预计是否能够得到补偿，进行相应的处理：

- 已经发生的劳务成本预计能够得到补偿的，按照已经发生的劳务成本金额确认提供劳务收入，并按相同金额结转劳务成本；
- 已经发生的劳务成本预计不能够得到补偿的，应当将已经发生的劳务成本计入当期损益，不确认提供劳务收入。

新收入准则要求企业确定交易价格时，对可变对价进行估计，同时需要满足限制性条款，即确认金额应不超过与可变对价相关的不确定性消除时累计已确认的收入极可能不会发生重大转回的金额。

但是对于授予知识产权许可相关的基于销售或使用情况的特许使用费，应当在客户后续销售或使用行为实际发生与企业履行相关履约义务二者孰晚的时点确认收入。这是估计可变对价的一个例外规定，该例外规定只有在下列两种情形下才能使用：一是特许权使用费仅与知识产权许可相关。二是特许权使用费可能与合同中的知识产权许可和其他商品都相关，但是，与知识产权许可相关的部分占有主导地位。当企业能够合理预期，客户认为知识产权许可的价值远高于合同中与之相关的其他商品时，该知识产权许可可能是占有主导地位的。对于不适用该例外规定的特许权使用费，应当按照估计可变对价的一般原则进行处理。

因此，对于不少软件企业，新收入准则关于可变对价的处理与企业目前的会计实务存在较大差异。

（二）新收入准则披露示例

示例 14－2：1782. HK 飞思达科技

整体 APM 系统解决方案即软件开发服务

向客户索赔指本集团就原建设合约未包含的工作范围而产生的成本及利润向客户寻求赔偿的金额。索赔按可变对价入账并受到限制，直至与可变对价相关的不确定因素其后获得解决，已确认的累计收益金额很可能不会出现重大收益转回为止。本集团使用预期价值法估计索赔金额，原因是该方法为估计本集团有权获得的可变对价金额的最佳方法。

示例 14－3：0268. HK 金蝶国际

给予经销商的销售返利

本集团根据经销商的业绩表现分别向经销商提供销售返利。返利不是以现金的形式提供，而是只能确认为用于抵扣未来订单金额的优惠券，因此它被视为一项提供给客户的重大选择权，应被视为一项单独的履行义务。一份合同的销售返利对应应确认的合同负债在授予销售返利时确认。自销售返利授予日起 12 个月后过期或销售返利被使用时，合同负债确认为收入。

六、系统集成和定制软件的收入确认（第二步、第五步）

（一）会计事项分析

定制化软件指软件厂商根据特定使用对象或特定项目，在已有的软件平台上，根据特殊需求对软件进行定制开发，使之更能满足客户需求，实现某些特定功能组合，通常还包括 IT 规划、系统集成。一般面向企业用户或者特定工程项目，例如大型企业集团的内部管理软件、为某政府机关开发的行政管理系统、为某大型工程开发的运营管理系统等。

系统集成就是通过结构化的综合布线系统和计算机网络技术，将各个分离的设备（如个人电脑）、功能和信息等集成到相互关联的、统一和协调的系统之中，使资源达到充分共享，实现集中、高效、便利的管理。

系统集成项目和定制软件通常都须经过设计、建设、试运行、验收等环节，时间跨度比较长，甚至跨越多个会计期间。

在原收入准则下，上市公司对于系统集成项目和定制软件收入确认时点的判断存在差异。部分上市公司按收到验收报告时一次性确认收入（即按销售商品确认）；部分上市公司按完工百分比法确认业务收入（即按提供劳务确认）。

在新收入准则下，企业应识别合同中包含的单项履约义务，并将交易价格分摊至合同中的各单项履约义务。新收入准则第九条和第十条阐述了履约义务的定义、可明确区分商品或服务应该满足的条件以及表明不可单独区分的情形。

通常认为由于系统集成为客户提供了重大整合服务，将软、硬件与网络布线等整合成合同约定的组合产出转让给客户，因此通常应当将系统集成作为一项单项履约义务。单一的定制软件服务也通常被识别为单项履约义务。

对于各单项履约义务是否能够在一段时间内分期确认收入，新收入准则给出了在一段时间内履行履约义务的指引，如果不能满足下面 3 个条件中的任何一个条件，则不能在一段时间内确认收入，只能在某一个时点确认收入。

（1）客户在企业履约的同时即取得并消耗企业履约所带来的经济利益。

（2）客户能够控制企业履约过程中在建的商品（强调履约创造或改良了客户在资产被创造时就控制的资产）。

（3）企业履约过程中所产出的商品具有不可替代用途，且该企业在整个合同期间内有权就累计至今已完成的履约部分收取款项。

在新收入准则下，对于上述第一个条件，系统集成和定制软件的性质使得只有在整个系统完成后客户才能够投入使用，并取得经济利益，因此通常不满足上述第 1 个条件。

对于上述第二个条件，客户能够控制在产品，需要根据“控制”的定义判断，即客户能否主导在产品的使用并享有在产品所带来的几乎全部经济利益。例如，如果合同终止，在产品全部归客户所有，并且客户能够利用在产品获益。虽然系统集成一般都是在客户经营场地履约，软、硬件与网络布线等均由企业提供，可能涉及与客户现有设施的结合，如线路可能布置在客户的墙体内；但是，并不能仅仅依据在客户的场地履约就直接认定客户控制在产品。例如，在某些情形下，合同可能约定当合同终止时，企业可以自行拆除已经布置的软、硬件设施，则表明客户并不能控制在建的系统集成项目；又如，如果终止合同后，客户占有已经布置的软、硬件设施，但客户不能自行使用这些设施获益或者也不能找到其他供应商在这些设施的基础上继续建设，则不满足第 2 个条件。对于定制软件，也需要根据“控制”的定义来判断客户能够在建的商品或服务。

对于上述第 3 个条件，需要根据业务特点和合同条款进行判断。对于复杂的系统集成和定制软件，因软件定制轻易地将该资产用于其他客户的能力受到实际限制，则其产出的商品具有不可替代用途；但是否有权就累计至今已完成的履约部分收取款项则取决于合同的具体约定，同时还应考虑商业实质和相关法律判例。

因此，对于定制软件和系统集成，一般不满足在一段时间内履行履约义务的第 1 个条件；能否满足第 2 个条件，要看是否满足“控制”的定义；能否满足第 3 个条件，要结合业务的特点和具体的合同条款约定。

（二）新收入准则应用案例

案例 14-1

定制软件的收入确认

（本案例摘自财政部于 2020 年 7 月发布的《收入准则应用案例——定制软件开发服务的收入确认》）

1. 背景资料

甲公司与乙公司签订合同，为其开发一套定制化软件系统。合同约定，为确保信息安全以及软件开发完成后能够迅速与乙公司系统对接，甲公司须在乙公司办公现场通过乙公司的内部模拟系统进行软件开发，开发过程中所形成的全部电脑程序、代码等应存储于乙公司的内部模拟系统中，开发人员不得将程序代码等转存至其他电脑中，开发过程中形成的程序、文档等所有权和知识产权归乙公司所有。如果甲公司被中途更换，其他供应商无法利用甲公司已完成工作，而需要重新执行软件定制工作。乙公司对甲公司开发过程中形成的代码和程序没有合理用途，乙公司并不能够利用开发过程中形成的程序、文档，并从中获取经济利益。乙公司将组织里程碑验收和终验，并按照合同约定分阶段付款，其中预付款比例为合同价款的5%，里程碑验收时付款比例为合同价款的65%，终验阶段付款比例为合同价款的30%。如果乙公司违约，须支付合同价款10%的违约金。

2. 案例分析

①如果甲公司被中途更换，新供应商需要重新开展软件定制工作，所以乙公司在甲公司履约的同时并未取得并消耗甲公司软件开发过程中所带来的经济利益；②甲公司虽然在乙公司的办公场地的模拟系统中开发软件产品，乙公司也拥有软件开发过程中形成的所有程序、文档等所有权和知识产权，可以主导其使用，但上述安排主要是基于信息安全的考虑，乙公司并不能够合理利用开发过程中形成的程序、文档，并从中获得几乎全部的经济利益，所以乙公司不能够控制甲公司履约过程中在建的商品；③甲公司履约过程中产出的商品为定制软件，具有不可替代用途，但是，乙公司按照合同约定分阶段付款，仅预付的款项5%，后续进度款仅在相关里程碑达到及终验时才支付，且如果乙公司违约，仅须支付合同价款10%的违约金，表明甲公司并不能在整个合同期内任一时点就累计至今已完成的履约部分收取能够补偿其已发生成本和合理利润的款项。因此，该定制软件开发业务不满足属于在某一时段内履行履约义务的条件，属于在某一时点履行的履约义务。

（三）新收入准则披露示例

示例14－4：0418. HK方正控股

销售软件开发服务及系统集成服务

由于本集团履约创造或增强客户于资产被创造或增强时拥有控制权的资产，来自提供软件开发及系统集成服务之收益随时间确认，并使用投入法计量已完成履约服务之进度。投入法根据履约服务之实际已产生成本与估计总成本之占比确认收益。

示例 14－5：0046. HK 科联系统

来自提供解决方案及集成服务以及应用服务（销售货品及提供软件或提供维修服务除外）之收入于一定时间内使用输入法计量直至完成履行服务进度而确认，因为本集团履约会创造或加强客户随着创造或加强资产而控制的资产。输入法根据已产生实际成本对完成服务估计总成本的比例确认收入。

本集团已作出判断以厘定若干来自解决方案及集成服务及应用服务的合约收入履行服务的时间，这对厘定来自客户合约收入的时间有重大影响。本集团的结论为，若干来自解决方案及集成服务及应用服务的合约收入随时间予以确认，原因为客户同时获取及消耗本集团提供的利益。另一实体无须重新履行本集团迄今所提供的服务，证明客户同时获取及消耗本集团履约所达表现的利益。

本集团认定输入法为就若干来自解决方案及集成服务及应用服务的合约收入计量服务进度的最佳方法，原因为本集团的工作（例如已产生的劳动时数）及向客户转移服务之间有直接关系。本集团基于所用劳动时数相较预期完成服务的总劳动时数来确认收入。

示例 14－6：0268. HK 金蝶国际

安装合同

由于自身需求和业务发展的需要，顾客可能会要求对软件产品进行定制化安装。

本集团采用完成百分比法确定在某段期间内应记账的安装合同的收入。完成阶段是依据安装合同节点与客户确认的进度确认。对应的安装相关的成本计入主营业务成本中。

安装合同和奖励金的修订就已经与客户协议的金额列入交易价格内。

示例 14－7：600775. SH 南京熊猫

1. 按时点确认的收入

公司销售工业机器人、电子制造产品、信息网络设备和电子产品等，属于在某一时点履行的履约义务。内销产品收入确认须满足以下条件：公司已根据合同约定将产品交付给客户且客户已接受该商品，已经收回货款或取得了收款凭证且相关的经济利益很可能流入，商品所有权上的主要风险和报酬已转移，商品的法定所有权已转移。外销产品收入确认须满足以下条件：公司已根据合同约定将产品报关，取得提单，已经收回货款或取得了收款凭证且相关的经济利益很可能流入，商品所有权上的主要风险和报酬已转移，商品的法定所有权已转移。

2. 按履约进度确认的收入

公司提供智能工厂系统集成、智能交通和建筑安装等服务，由于公司履约的同时客户能够控制公司履约过程中在建商品或服务，且公司在整个合同期间内有权就累计至今已完成的履约部分收取款项，公司将其作为在某一时段内履行的履约义务，按照履约进度确认收入，履约进度不能合理确定的除外。公司按照产出法确定提供服务的履约进度。对于履约进度不能合理确定时，公司已经发生的成本预计能够得到补偿的，按照已经发生的成本金额确认收入，直到履约进度能够合理确定为止。

七、软件许可的收入确认（第五步）

会计事项分析

软件行业向客户授予知识产品许可是其获利的一种主要业务模式。但是，授予的知识产权许可的特点以及收款的方式会有所不同。例如，某公司与客户签订了一份非独家软件使用授权许可合同，有效期为 3 年。本公司不提供后续服务。客户于每年年初支付软件使用授权许可金额 200 万元。

根据现行准则，对于知识产权许可遵循使用费收入确认原则，按照有关合同或协议约定的收费时间和方法计算确定。如果合同或协议规定一次性收取使用费，且不提供后续服务的，应当视同销售该项资产一次性确认收入；提供后续服务的，应在合同或协议规定的有效期内分期确认收入。如果合同或协议规定分期收取使用费的，通常应按合同或协议规定的收款时间和金额或规定的收费方法计算确定的金额分期确认收入。收入确认方式与收费方式、是否提供后续服务有关。

根据新收入准则，合同要求或客户能够合理预期企业将从事对该项知识产权有重大影响的活动，该活动对客户将产生有利或不利影响且不会导致向客户转让某项商品的，企业应当将授予知识产权许可作为在某一时段内履行的履约义务确认相关收入；否则，应当作为在某一时点履行的履约义务确认相关收入。

评估企业从事的活动对知识产权是否有重大影响需要运用大量判断，其结果可能导致原本在一段时期内确认的收入转为按时点确认，反之亦然。

结合上述案例分析，根据新收入准则，客户经授权获得的软件是本公司的知识产权，即相关软件程序，客户可在本公司无进一步履约行为的情况下，自行决定如何及何时使用这项权利，且预计本公司不会开展任何活动对授予客户的知识产权产生重大影响。因此，属于在某一时点履行履约义务的合同，本公司应在软件授予时点确认收入。但由于授权许可款项分期取得，包含有重大融资成分，因此，本公司应将 600 万元（3×200）扣除重大融资成本后，在软件授予时一次确认收入。

八、系统集成或定制软件中的质量保证（特定交易一）

会计事项分析

系统集成或定制软件业务经常会涉及质量保证，企业承诺在一定期间内系统或软件若存在运行问题将予以赔偿或免费维护。

在原收入准则下，承诺在一定期间内系统或软件若存在运行问题将予以赔偿或免费维护的，在承诺期内平均分摊确认收入。

在新收入准则下，对于质量保证应当结合“特定交易——附有质量保证条款的销售”进行判断。企业应当评估该质量保证是否在向客户保证所销售商品符合既定标准之外提供了一项单独的服务。企业提供额外服务的，应当作为单项履约义务进行会计处理；否则，质量保证责任应当按照《企业会计准则第13号——或有事项》规定进行会计处理。在评估质量保证是否在向客户保证所销售商品符合既定标准之外提供了一项单独的服务时，企业应当考虑该质量保证是否为法定要求、质量保证期限以及企业承诺履行任务的性质等因素。客户能够选择单独购买质量保证的，该质量保证构成单项履约义务。如果主体同时承诺了符合既定标准的质保和提供额外服务的质保，但无法合理地对这两类质保分别进行会计处理，主体应当将这两类质保合并为单一的履约义务进行会计处理。

第十五章
新收入准则应用示例：房地产行业

第一节　行业概述

一、行业简介

房地产行业在国民经济中起着重要的作用，是增强国民经济和改善人民生活的重要产业。根据《上市公司行业分类指引》（2012 年修订），房地产业（行业代码 K70）为单独的一类，且没有下一级分类。

房地产行业可覆盖从土地开发整理到物业管理的全周期产业链，房地产行业按所处业务环节可分为：土地一级开发、房地产开发及销售（二级开发）、物业租赁管理、房地产其他服务。

房地产行业全周期的业务环节所对应的业态如图 15－1 所示。

二、业务模式

（一）土地一级开发

1. 土地一级开发的主要业态

土地一级开发是指对经批准区域范围内纳入储备的土地，由确定的土地一级开发整理单位依法筹措资金，配合辖区政府实施规划编制报批、土地征转、收回收购、拆迁安置等工作，按照批准的规划要求组织实施通电、通路、通给水、通信、通排水、

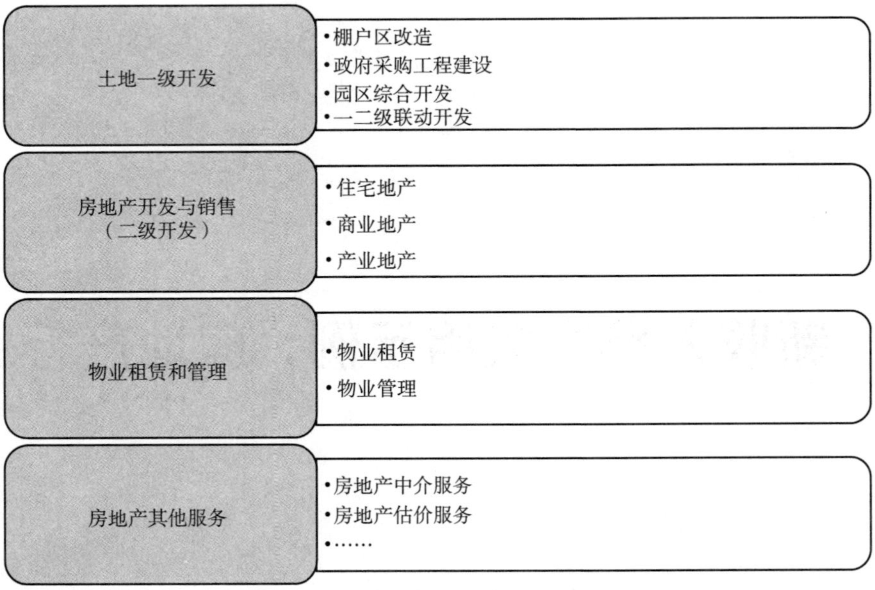

图 15－1　房地产行业的产业链

热力、燃气及土地平整（简称“七通一平”）等为完善和提升土地使用功能的配套设施建设和城市基础设施建设，使该区域范围内土地具备规定的供应条件。

土地一级开发的主要业务模式如下：

（1）棚户区改造。

棚户区改造可以采取政府购买服务方式，交由承接主体进行相关工程建设（包括拆迁安置补偿、前期开发、保障房建设等）。业务流程主要为：

（2）政府采购工程建设。

土地储备机构可以在土地储备的前期开发环节，采取政府采购方式实施七通一平等基础设施工程建设。土地储备机构可直接作为采购主体，通过公开招标方式选择工程施工单位，进行工程建设，并与中标企业签订采购合同。

（3）园区综合开发。

园区综合开发一般以 PPP 模式（Public－Private Partnership）实施综合开发，将土地一级开发嵌入 PPP。在这种模式下，承接主体接受地方政府委托，采取 PPP 市场化运作方式实施开发区建设，为地方政府提供规划设计、土地整理、基础设施建设、产业发展服务、综合运营服务等一体化开发服务。

（4）一、二级联动开发。

一、二级联动开发，指由一家开发企业先后承担土地一级开发及地上物业二级开发两道工序，面对土地出让及物业租售双重市场的一种开发模式。二级开发直接采取协议出让方式取得土地使用权。市场机会主要表现为城市三旧改造，即“旧城镇、旧厂房、旧村庄”三大领域。

2004 年 8 月 31 日后，国土资源部〔2004〕71 号文让土地走向市场化，土地协议出让变为招拍挂，土地一、二级市场被政府清晰划界，土地一级开发业务由政府下属土储中心负责，开发商只得进行二级物业开发，不再承担土地一级开发任务，以协议出让经营性土地的做法被正式叫停。二级开发商只能通过招拍挂中标二级开发权。

2. 土地一级开发的盈利模式

土地一级开发由开发商和政府合作完成。政府负责土地一级开发招标工作，开发商中标后接受政府的委托，按照政府规划组织进行征地、拆迁和基础设施建设工作。双方的合作模式及开发企业盈利方式主要有以下几种：

（1）在招标底价中明确规定土地储备开发的预计总成本和利润，要求按总成本的固定比例作为收益。如政府承诺开发企业投入土地一级开发资金获得的最低收益（如年化 12%—15%），所提取的收益不足开发总成本的 5% 时，政府将补足差额。

（2）政府与开发企业约定就土地的增值收益按比例分成。土地出让金扣除土地开发成本、国有土地收益基金、农业土地开发资金、征地农民基本生活保证基金、教育资金、农田水利资金等约定款项后的收益部分在政府和开发企业之间按照一定的比例进行分成。

（3）持有部分优质公建配套设施。政府允许土地一级开发主体进行部分配套的二级开发建设，土地一级开发企业可以通过持有优质公建物业，提供公共配套服务而获得长期现金流。

（4）一、二级联动开发，低价拿地。土地一级开发企业通过与政府协商，创造一些条件让一级开发企业取得部分二级开发项目，实现一、二级联动开发，获取较高收益。

（二）房地产开发与销售（二级开发）

房地产开发与销售主要通过房屋建设销售实现盈利。房地产开发与销售的业务流程如下：

1. 土地获取：房地产开发企业在土地一级市场通过公开市场招标、拍卖、挂牌的方式获取土地。

2. 开发建设阶段：房地产开发企业需要在取得土地的规划设计指标要求，及各地建委颁布的建设规范下，对项目进行组织建设，房地产开发企业根据其招标规范对总包机构及其他供应商进行招标，对施工进度及质量进行监督管理，并对施工建设成本进行控制、归集与核算。

3. 销售阶段：在施工进度达到一定条件后，房地产开发企业可向当地建委申请预售许可证，只有在取得预售许可证后，所开发建设的项目方可进行预售。

4. 竣工验收：房地产开发企业在建筑工程竣工并验收合格后，取得“建筑工程竣工备案表”，在此基础上，房地产企业需要满足合同约定的其他交付条件后方可开展对购房者的房屋交付工作。

5. 房屋交付：当购房协议约定的交付条件得到满足后，房地产开发企业须组织进行向购房者的房屋交付工作，房地产开发企业将以书面或其他合法形式通知购房者在约定的期限内进行房屋的现场验收及交付工作。

（三）物业租赁与管理服务

物业租赁是指企业在房产开发后自行持有，通过物业经营回收投资。物业租赁包括房屋出租、车库出租、商业楼宇、酒店、购物中心等的运营。

物业管理服务通常指向住宅、商业、办公大楼等业主提供安保、维修及维护、清洁剂卫生及园艺服务。通过向业主收取物业管理服务费实现盈利。中国的房地产市场已经积累了海量的存量住户，随着房地产投资开发业发展趋缓趋稳，为存量市场的住户提供增量服务成为一种重要的盈利模式。

（四）其他服务

与房地产行业相关的其他服务还包括房地产中介服务、估值服务等。

房地产中介服务是指以收取佣金为目的，为促成他人房地产交易而从事居间、代理等经纪业务的经济活动。

房地产估价服务包含房地产价值评估、房地产工程质量评估、房地产周围环境评估、房地产投资风险评估、房地产贷款风险评估等，不过目前房地产估价主要指的是针对房地产价值的评估，即房地产估价。

三、收入会计事项汇总

执行新收入准则之后，房地产行业企业与收入相关的会计事项如表 15 - 1 所示。

表 15-1　　房地产行业收入相关会计事项汇总表

业务类型	业务内容	会计事项
土地一级开发	固定比例收益模式：在招标底价中明确规定土地储备开发的预计总成本和利润，要求按总成本的固定比例作为收益	按时点确认收入还是按时段确认收入
	开发企业分享土地增值收益：政府与开发企业约定就土地的增值收益按比例分成	按时点确认收入还是按时段确认收入 可变对价的估计
	一、二级联动开发模式：土地一级开发企业通过与政府协商，创造一些条件让一级开发企业取得部分二级开发项目，实现一、二级联动开发，获取较高收益	一级土地开发与二级开发作为一项履约义务，还是分别为两项履约义务
合作开发	多家企业合作开发：如一方拥有土地使用权，一方负责建造；完工后将物业出售，双方按一定比例分成	合作开发的模式需要根据合同条款判断其交易是否为： 1. 合营安排 2. 土地所有者将土地出售给开发商 3. 开发商仅仅为土地所有者提供一项建造服务（代建业务）
自行开发	房地产企业一般与购房者签订预售合同，收取首付款，按揭款在经过金融机构审批后才会转入房地产企业	按时点确认收入还是按时段确认收入 预收款是否含有重大融资成分
	房地产企业在销售物业时，可能同时会提供精装修服务、销售车位、提供学校、健身房等配套设施	精装修服务、车位、学校、健身房等配套是否为单项履约义务
回迁房	回迁房是指按照城市危旧房改造政策，将危改区内的私房或承租的公房拆除，然后按照回迁政策标准，被拆迁人回迁，取得改造后新建的房屋	能否确认房屋销售收入 收入金额如何确定

第二节　主要会计事项与应用示例

一、合作开发（第一步、特殊交易三）

（一）会计事项分析

合作开发在房地产行业中较为普遍。比如，获得土地使用权的开发商与实施建造的开发商就一项联合房地产开发项目签订协议，由建造开发商在土地上修建一座建筑物，并在完工后将土地和建筑物一并出售。

对于合作开发项目，企业需要根据合同的条款，确认交易的实质是下列3项中的哪一项：

（1）合营安排；

（2）土地所有者将土地出售给开发商；

（3）开发商仅仅为土地所有者提供一项建造服务（代建服务）。

上述各项业务判断要点如下：

（1）双方共同对房地产开发项目实施经营和管理，并按约定比例分享项目收益。在这种情况下，双方共享利益、共担风险，很可能是一项合营安排，按照《企业会计准则第2号——长期股权投资》和《企业会计准则第40号——合营安排》的规定处理。

（2）如果拥有土地使用权的开发商获取固定收益，不承担经营风险。在这种情况下，很可能是一项土地使用权的转让行为，按照《企业会计准则第5号——无形资产》的规定处理。

（3）代建业务通常是指房地产开发企业接受委托，代委托方管理房屋开发建设工作，负责房屋建设过程的组织管理。代建业务其实质属于房地产企业提供的经营管理服务，在新收入准则下应当判断按照总额法还是净额法确认收入。

原收入准则没有关于总额法和净额法的判断原则和明确指引，很多企业基于合同形式或者发票情况来判断某些业务的收入是按总额还是净额确认，而并未考虑其在交易中的角色是主要责任人还是代理人。

新收入准则对企业在提供商品或服务时承担的是主要责任人还是代理人的角色、相应采用总额法还是净额法确认收入成本，作出了明确的约定，这可能影响部分企业的会计处理。新收入准则要求企业应当根据其在向客户转让商品前是否拥有对该商品的控制权，来判断其从事交易时的身份是主要责任人还是代理人，同时阐明了在判断企业是主要责任人还是代理人时应遵循的基本原则。

（二）新收入准则应用案例

案例15－1

代建业务

（本案例摘自北京注册会计师协会编著《新收入准则影响案例分析：收入确认及审计应对》）

1. 背景资料

乙公司为房地产开发企业，其于20×6年与甲公司签订一项办公楼的代建服务合同。根据合同规定，乙公司按建设总成本的5%收取代建服务费，甲公司应于合同签订后预付1 000万元，剩余服务费于项目完工后由甲公司根据实际结算成本总额向乙公司支付。代建物业由甲公司自行立项，在开发过程中不发生土地使用权属或房屋所有权属的转移，项目建设过程中的施工合同由甲公司与施工单位直接签署，乙公司承担协调管理职责。代建物业于20×9年完工，发生建设成本共计5亿元，20×6年、20×7年和20×8年的完工进度分别为40%、32%和28%。

在上述案例中，乙公司应重点判断承担的代建服务合同应按照总额法还是净额法确认相关服务收入及相关成本。

2. 案例分析

根据新收入准则的规定，企业承诺自行向客户提供特定商品的，其身份是主要责任人；企业承诺安排他人提供特定商品的，即为他人提供协助的，其身份是代理人。

由于代建物业项目的合同签订、项目立项等均由甲公司自行进行，且开发过程中土地使用权和房屋所有权并未发生转移，一直由甲公司所有，因此乙公司管理层认为其并未承担在代建物业开发建设过程中的主要责任，其承担的是代理人的职责，即乙公司向甲公司提供的履约义务为"项目管理服务"，而非"建造服务"，应按净额法确认所取得的代理费收入；同时，该合同符合一段时间内确认收入的条件，因此，应将代理费收入按管理服务的履约进度在各会计期间分期确认。

二、配套及辅助设施的核算（第二步）

（一）会计事项分析

房地产开发商在房屋完成销售后还须完成某些履行义务，例如道路、绿化、基础设施、学校、路灯、健身房等。根据新收入准则，可能存在多项履约义务，因此将导致各个部分有不同的收入确认模式。

配套设施是指企业根据城市建设规划的要求，或开发项目建设规划的要求，为满足居住的需要而与开发项目配套建设的各种服务性设施，例如道路、绿地、社区用房、幼儿园、学校、车位等。配套设施的设计规范、建设标准、移交规定通常由各地方政府按照当地实际情况进行规范，因此不同配套设施的成本归集和分摊方式也会存在明显差异。

对于配套设施，应当按照"履约义务"的定义判断其是否构成单项履约义务。例如，对于能够有偿转让（包括出售方式或出租方式）的配套设施，如果其能够使客户单独获益并与其他承诺不存在重大整合、重大修改或定制以及高度关联的，其成本单独归集、合理分配，符合履约义务定义的，则作为一项单独的履约义务确认收入；对于不符合履约义务定义的，例如不能对外销售且产权归业主共有或是需要无偿移交的配套设施（道路、绿化等），须结合项目规划，按照恰当的产品受益范围，将相应的配套设施成本合理分摊到对应的可售项目成本中。

（二）新收入准则应用案例

案例 15 -2

车位的会计处理

1. 背景资料

某开发商建造的地下车位可以取得产权，一部分单独出售给业主，一部分出租给业主。在上述情况下，开发商如何核算车位的收入和成本？

2. 案例分析

根据新收入准则第十条的规定，企业向客户承诺的商品同时满足下列条件的，应当作为可明确区分商品：

（一）客户能够从该商品本身或从该商品与其他易于获得资源一起使用中受益；

（二）企业向客户转让该商品的承诺与合同中其他承诺可单独区分。

车位在不同情况下有不同的会计处理：

(1) 有产权且出售给业主的地下车位，满足识别为“单项履约义务”的条件，作为一项单独的履约义务。车位单独核算成本，于车库控制权转让时按售价确认收入。

(2) 有产权且出租给业主的地下车位，地下车位单独核算成本，若建成后在投资性房地产中核算，租赁收入按照《企业会计准则第 21 号——租赁》确认。

三、出售毛坯房同时提供装修服务（第二步）

（一）会计事项分析

出于房地产宏观调控的考虑，各地政府出台政策，对房地产价格进行了限制。对于出售精装房的开发商，价格很可能超出了限价。于是，开发商往往在销售时，与业主同时签订两份合同。一份合同约定毛坯房房价，该价格不高于政府的限价；另一份合同为精装修合同，合同价款远超过市场上装修公司同等装修的价格。精装修完工后交钥匙。

在实务中，需要分析出售毛坯房和提供精装修服务是一项履约义务还是两项履约义务？

（二）新收入准则应用案例

案例 15－3

出售毛坯房的同时提供精装修服务

1. 背景资料

某房地产开发商所在的城市政府对房价进行了限制，要求特定地区房价不得高于 11 000 元/平方米，开发商拟出售的房屋全部为精装修住宅。在销售时，与业主同时签订两份合同：一份合同约定毛坯房房价，价格为 11 000 元/平方米；另一份合同为精装修合同，合同价款为 4 000 元/平方米，远超过市场上装修公司同等装修的价格。精装修完工后交钥匙。

问题：出售毛坯房和提供精装修服务是否为两项单独的履约义务？

2. 案例分析

对房地产开发商而言，由于这两份合同是在同一时间与同一客户签订的，两份合同基于同一商业目的而订立，一份合同的对价金额取决于其他合同的定价（将实际销售价格与政府限价间的差额作为装修合同的价款），首先应将两份合同合并为一份合同（合同合并）。

然后，再判断合同中存在一项履约义务——销售精装修房，还是两项履约义务——销售毛坯房和提供精装修服务。需要分析毛坯房与精装修之间是否存在重大整合、重大修改和定制以及高度关联，可以从房地产项目的备案文件、装修方案、验收条款等方面进行判断，参见案例 15－4。

案例 15－4

房地产企业销售精装修商品房

（本案例摘自中国证监会《上市公司执行企业会计准则案例解析（2020）》）

1. 背景资料

A 公司从事房地产开发业务，根据规划不同，其开发销售的商品房既有毛坯房，也有精装修房。A 公司也可以单独为购房人提供精装修服务。2×19 年 10 月，A 公司就其近期开发的某住宅小区商品房进行预售。A 公司在该项目的备案文件和楼书中，均承诺所销售的商品房为精装修房屋。根据 A 公司与购房人签订的预售合同，A 公司销售的商品房为精装修房屋，房屋的装修设计和装修标准由 A 公司统一制定，购房人无权选择是否接受装修以及何时开始装修，也不能变更装修的设计方案和装修标准，装修期间不得进入施工现场观看施工，也不得要求施工人员更改施工内容。合同价款为不含装修的毛坯房价格加上精装修价格。装修工程全部完工后，A公司向购房人发出入住通知书，购房人对精装修房屋进行验收并办理收房手续。

问题：A公司与购房人签订的精装修商品房销售合同中包含几项单项履约义务？

2. 案例分析

在本案例中，A公司与购房人签订的合同中可能被认为包含两项承诺，即销售毛坯房以及提供精装修服务。由于A公司单独销售毛坯房，也单独提供精装修服务，表明毛坯房和精装修服务本身能够明确区分。然而，A公司在合同中承诺向购房人交付的是精装修房屋，A公司需要提供重大整合服务，将毛坯房和装修服务整合成一份合同约定的组合产出，即精装修房屋，因此，二者在合同层面不能明确区分。此外，在上述交易安排中，房屋的装修设计和装修标准由A公司统一制定，购房人无权选择是否接受装修以及何时开始装修，也不能变更装修的设计方案和装修标准，装修期间不得进入施工现场观看施工，也不得要求施工人员更改施工内容，A公司并非为购房人提供实质性的装修服务，因此，从业务实质看，A公司并非为客户提供一项装修服务。

综上所述，A公司与购房人签订的精装修商品房销售合同中仅包含一项单项履约义务，即销售精装修房屋。

四、房屋质量保证服务是否为单项履约义务（第二步）

（一）会计事项分析

房地产开发商可能在房屋销售时一并提供房屋质量保证。

在新收入准则下，如果客户有权选择单独购买质保，或企业提供额外服务以作为质保（服务类质保）的组成部分，则该质保作为一项单独的履约义务核算。在这种情况下，交易价格的一部分应分摊至该质保，并在履行履约义务时确认收入。反之，如果质保是按法律要求提供的，或只是向购房者担保房屋符合合同中的约定规格（保证类质保），则应根据《企业会计准则第13号——或有事项》，在控制权转移时按照对维修或替换缺陷产品产生成本的最佳估计，确认预计负债。

（二）新收入准则披露示例

示例15-1：601588.SH 北辰实业

因产品质量保证、亏损合同等形成的现时义务，当履行该义务很可能导致经济利益的流出，且其金额能够可靠计量时，确认为预计负债。预计负债按照履行相关现时义务所需支出的最佳估计数进行初始计量，并综合考虑与或有事项有关的风险、不确定性和货币时间价值等因素。货币时间价值影响重大的，通过对相关未来现金流出进行折现后确定最佳估计数；因随着时间推移所进行的折现还原而导致的预计负债账面价值的增加金额，确认为利息费用。于资产负债表日，对预计负债的账面价值进行复核并作适当调整，以反映当前的最佳估计数。本集团以预期信用损失为基础确认的财务担保合同损失准备列示为预计负债。预期在资产负债表日起一年内须支付的预计负债，列示为其他流动负债。

五、赠送的物业管理服务是否为单项履约义务（第二步）

（一）会计事项分析

新收入准则对于履约义务的识别作出了更明确的指引，对于销售商品同时提供其他服务的合同，需要识别合同中的单项履约义务。在完成履约义务时确认收入，对履约义务的识别不合理，会导致收入确认的时间以及交易价格的分摊出现问题。

房地产开发企业一般会与物业管理公司合作，在客户交房入住时，免除一年（或几年）的物业管理费。赠送物业服务是楼市中常见的促销手段，无论是品牌开发商还是小型房企，利用物业费的优惠条件来吸引购房者的案例屡见不鲜。

那么在新收入准则下，赠送的物业管理服务是否作为单项履约义务，应如何进行会计处理？

房地产开发企业在销售房产的同时提供了免费的物业管理服务。销售房产和免费的物业管理服务如果是可明确区分的，则存在两项履约义务。

首先，物业管理公司在一般情况下为一家独立的法人实体，后续将为业主单独提供物业管理服务，其价格也是公开的。因此，销售房产和提供物业管理服务本身是能够明确区分的。

其次，销售房产和提供物业管理服务在合同层面也是可以单独区分的。因为企业不需要将二者进行整合，二者不存在重大修改或定制关系，也不具有高度关联性。

第三，提供物业管理服务不属于保证房产符合既定标准的质量保证。

基于以上原因，应该将其作为一项单独的履约义务。

（二）新收入准则披露示例

示例 15 - 2：00688. HK 中国海外发展

本集团为签订物业买卖合约的客户提供不同优惠。若干优惠（如馈赠礼物及物业管理服务）代表合约中单独的履约义务。合约代价的一部分将分配予该等履约义务，并于履约义务达成时方确认为收入。销售物业的收入金额中亦将扣除向客户支付的任何现金付款，后者并不是客户支付予个别商品或服务。

六、存在重大融资成分的交易价格（第三步）

（一）会计事项分析

房地产开发商经常存在预收款的情形。根据新收入准则，企业需要考虑是否存在重大融资成分，从而从收入中分离出来，单独进行会计处理，这既包括预收款的安排，也包括后付款的安排。

当一项安排包含重大融资成分时，房产销售确认的收入金额将不同于从客户收到的现金金额。在企业完成履行义务之后获得付款的情况下，确认的收入将低于收到的现金，因为企业为客户提供了融资，对价的一部分将被确认为利息收入。如果在履行履约义务之前收到款项，则确认的收入将大于收到的现金，因为企业从客户处获得了融资，企业将对与预收款项相关的融资确认利息费用。

根据新收入准则，当安排中包含重大融资成分时，应相应调整交易价格。如果商品或服务的控制权转移给客户与客户相隔时间短于 1 年，即使合同本身期限超过 1 年，则允许企业在实务上简化处理，忽略货币的时间价值。

在计算重大融资成分的利息因素时，企业需要确定使用的折现率。新收入准则第十七条规定，合同中存在重大融资成分的，企业应当按照假定客户在取得商品控制权时即以现金支付的应付金额确定交易价格。该交易价格与合同对价之间的差额，应当在合同期间内采用实际利率法摊销。IFRS 15 规定，企业应当使用能够反映与客户之间的单独融资交易中将收取的利率，包括考虑其所需获取的任何质押或保证。接受重大融资收益的企业（例如，因为其收到预付款项）应当考虑其自身新增借款利率以确定利率。企业可能能够通过识别将已承诺对价的名义金额折现为商品或服务转让给客户时（或过程中）客户会支付的现金价格的利率来确定该折现率。折现率一经确定，不得因后续市场利率或客户信用风险等情况的变化而变更。

例如，在订立购房合同时，购房者需要缴纳一笔保证金（预收账款）。该保证金仅在房地产开发商不能按合同要求完成房屋建造时才能退还。

在新收入准则下，此类付款的收入将在相关商品或服务转移至客户时确认。因此，除非此类款项与单独的商品或服务有关，否则，其确认模式将取决于资产控制权是在某一时点上转移还是在一段时间内转移。该确认模式可能与从客户处收到现金的时点不同。

收到预付款项的时点与相关商品或服务控制权转移的时点之间的时间差可能会产生重大的融资成分，也可能仅是出于选房占位的目的，需要企业根据实际情况进行判断。例如，房地产商对于全款购房和分期购房（先支付预付款）的定价是一致的，在这种情况下，可能不存在重大的融资成分。

对于存在重大融资成分的，需要调整交易价格以反映货币的时间价值。

（二）新收入准则披露示例

示例 15－3：600548. SH 深高速

报告期内，本集团因采纳新收入准则，对于年初尚未完成的预售商品房合约中存在重大融资成分的预收账款计算利息成本，并考虑相关利息成本于商品房建设完工前资本化的影响，根据新收入准则衔接规定相关要求，调增年初流动资产项下“存货”人民币 525 250.51 元，调增年初非流动资产项下“递延所得税资产”人民币 1 661 004.98 元，调增年初流动负债项下“预收账款”人民币 7 169 270.43 元，调减年初未分配利润人民币 3 488 110.46 元，调减年初少数股东权益人民币 1 494 904.48 元。

示例 15－4：01109. HK 华润置地

根据香港财务报告准则第 15 号，就于客户付款与转移承诺货品或服务的时间不同的合约而言，交易价及销售收入金额就融资部分的影响作出调整（如属重大）。考虑到客户付款至向客户转移物业期间的时差以及市场现行利率，本集团结论为存在重大融资部分。交易价格及重大融资部分进行贴现。本集团就具有重大融资部分的已收客户垫款的利息确认合约负债。此外，已就未结付客户垫款将预售物业已收垫款重新分类为合约负债。

示例 15－5：2202. HK 万科企业

重大融资成分

国际财务报告准则第 15 号要求公司于合约包含重大融资成分时就货币时间价值调整交易价格，而不管来自客户的付款是否在收入确认前早已收取或者延后收取。本集团已评估并认为该融资成分之影响并不重大。因此，该项会计政策变动对 2018 年 1 月 1 日的期初结余并无重大影响。

七、包含可变对价的合同（第三步）

（一）会计事项分析

房地产开发过程中范围及价格的变化时有发生。合同中的定价常常包含一些可变因素，例如偿付损失、保证租金、房地产售后的利润分成。

例如，房地产开发商与客户签订一项合同，预售一项房产，价格为 100 万元，房地产开发商未能在合同规定的 3 个月内完工，需要支付 10 万元的罚金。

根据新收入准则，应当使用下列方法估计可变对价：期望值或最可能发生金额。使用哪种方法进行估计并不是一项可选择的政策。管理层应当根据合同条款，充分考虑所有合理可获取的信息，选择使用可以最佳预计对价的方法。

包含在交易价格中的可变对价的金额应以在与可变对价相关联的不确定性在未来期间消除时，极可能不会使已确认收入的累计金额发生重大转回的金额为限。下列迹象可能表明交易价格中包含的可变对价的估计可能会导致累计收入的重大转回：

（1）对价金额极易受到超出企业影响范围之外的因素影响。

（2）对价金额的不确定性预计在较长时间内无法消除。

（3）企业对类似的合同方面的经验有限。

（4）在实务中，企业对类似情形下签订的类似合同，提供较多不同程度的价格折让或不同的付款条款和条件。

（5）合同具有大量且分布广泛的可能发生的对价金额。

管理层需要确定交易价格中是否应包含部分的可变对价金额（即某些最低金额）。管理层在每个报告期末应重新评估对交易价格的估计，包含任何对可变对价的最低金额估计。

（二）新收入准则披露示例

示例 15－6：06166. HK 中国宏泰发展

对于包含可变代价（营销及推广服务）的合约，本集团将使用预期价值法或最有可能的金额估计其有权收取的代价金额，取决于能更准确预测本集团将有权收取代价金额的最佳方法。

当与可变代价有关的不明朗因素其后获解决，而计入有关金额于未来不太可能会导致重大收入拨回时，方可将可变代价的估计金额计入交易价格。

于各报告期末，本集团更新估计交易价格（包括更新其对可变代价估计是否受限的评估），以如实反映报告期末的现时情况及报告期内的情况变动。

八、回迁房的会计处理（第三步）

（一）会计事项分析

回迁房通常是按照城市危旧房改造政策，将危改区内的私房或承租的公房拆除，然后按照回迁政策标准，被拆迁人回迁，取得改造后新建的房屋。在市场上，对于回迁房的交易主要有以下三种模式：

模式一：如果回迁房的经济实质与商品房销售类似，回迁人可选择的房屋类型、配建标准、择房条件等与商品房无差异，如未指定回迁户只能购买特定的楼或楼层、特定的户型或面积，回迁楼的建造标准也与其他商品房类似，在这种情况下，其经济实质是回迁户以原自住的土地和房屋换取房地产开发商准备建造的房屋。

模式二：回迁房的销售对象、价格、交付时间等相关活动于取得土地使用权时均已被约定，企业不主导或参与回迁房的销售活动。在这种情况下，房地产企业配建回迁房的目的并非销售回迁房并获取利润，而是为取得土地使用权承担的义务。

模式三：政府委托房地产企业在政府指定土地上按照政府既定建造标准建设回迁房，价格和面积按照政府与回迁户达成的补偿标准执行，房地产企业对于建设完成的回迁房没有所有权和处置权，在这种情况下，回迁房的建设目的并不是由企业自主开发销售房地产，而是受政府委托建造。

对取得的回迁房的收入，应结合相关拆迁补偿协议、企业内部管理等的具体情况，判断交易实质，以确定收入确认的方式。

（二）新收入准则应用案例

案例 15－5

回迁房的收入确认

（本案例摘自中国证监会《上市公司执行企业会计准则案例解析（2020）》）

1. 背景资料

A公司是一家房地产开发企业，通过招拍挂方式取得当地政府出让的土地使用权，土地占用面积为5万平方米，规划建筑面积为10万平方米。土地出让合同约定土地出让价款为4亿元，且该出让宗地须配建2万平方米的住宅用于安置被搬迁的居民，并约定以低于同类可售商品房公允价值的固定价格售予回迁业主或其他指定方。

A公司在预售时与回迁业主或其他指定方按照土地出让合同中约定的销售价格签订商品房买卖合同，并按合同所载销售价格收取销售房款并开具发票。根据合同约定，回迁房销售均价为1 000元/平方米；购买土地使用权时的同类可售商品房市场均价为1万元/平方米；回迁业主签订回迁房销售合同并交付价款时，同类可售商品房市场均价为12 000元/平方米。

问题：在新收入准则下，A公司如何对回迁房销售进行会计处理？

2. 案例分析

A公司对回迁房销售的会计处理，应结合相关拆迁补偿协议、企业内部管理等的具体情况，判断交易实质，以确定收入确认的方式。

模式一：如果回迁房的经济实质与商品房销售类似，回迁人可选择的房屋类型、配建标准、择房条件等与商品房无差异，如未指定回迁户只能购买特定的楼或楼层、特定的户型或面积，回迁楼的建造标准也与其他商品房类似，则其经济实质是回迁户以原自住的土地和房屋换取房地产开发商准备建造的房屋，并以1 000元/平方米的标准支付补价。

根据交易的实质，1 000元/平方米的补价占整个资产交换金额的比例较小，如低于25%，且由于该非货币性资产交换换入资产与换出资产在风险、时间、金额、未来现金流等方面不同，应作为具有商业实质的非货币性资产交换处理。房地产开发企业是以其建造的房屋换取回迁户原自住的土地和房屋，按照新收入准则的规定"企业以存货换取客户的固定资产、无形资产等的，按照本准则的规定进行会计处理"，即这一交易适用收入准则，应以其公允价值确认收入，同时结转相应的成本。

新收入准则第十八条规定："客户支付非现金对价的，企业应当按照非现金对价的公允价值确定交易价格。非现金对价的公允价值不能合理估计的，企业应当参照其承诺向客户转让商品的单独售价间接确定交易价格。"在本案例中，公司首先应根据取得的土地的公允价值来确定作为支付对价的回迁房的公允价值，如果取得土地的公允价值不能合理估计，可以采用房屋的单独售价确定交易价格。

在本案例中，假设取得土地的公允价值不能合理估计，因此采用房屋的单独售价确定交易价格。A公司购买的土地使用权成本4亿元（合楼面单价4 000元/平方米），配建的回迁房于取得土地使用权时的公允价值扣除实际收到的回迁业主支付的固定价款合计1.8亿元（10 000×20 000－1 000×20 000），土地使用权的购置成本合计为5.8亿元，合楼面单价为5 800元/平方米（5.8亿元/10万平方米）。假设使回迁房及其他商品房达到预计可交付状态的其他建造成本为2 000元/平方米，回迁房及其他商品房包括土地成本在内的建造成本共计7 800元/平方米。回迁房部分确认收入2亿元（1万元/平方米×2万平方米），相应结转营业成本1.56亿元（7 800元/平方米×2万平方米）。

模式二：如果回迁房的经济实质与商品房销售存在显著差距，房地产企业配建回迁房的目的并非销售回迁房并获取利润，而是为取得土地使用权承担的义务；回迁房的销售对象、价格、交付时间等相关活动于取得土地使用权时均已被约定，企业并未主导或参与回迁房的销售活动，该情况下签订回迁房买卖合同的回迁业主并非是房地产企业的"客户"，配建的回迁房是为了取得土地使用权所必须承担的义务，回迁房不确认收入，企业配建回迁房的成本扣除收到的补价，计入土地成本。

在本案例中，配建的回迁房交付时不确认收入，回迁房单位成本6 000元/平方米（4 000+2 000）扣除收到的价款1 000元/平方米，即5 000元/平方米，合计1亿元（5 000×20 000）作为取得其他商品房土地使用权成本的一部分，于其他商品房交付时结转至营业成本。

模式三：如果回迁房的经济实质与商品房销售存在显著差距，房地产企业建设回迁房的活动实质上是由政府委托房地产企业去进行，价格和面积都是执行此前政府与回迁户达成的补偿标准，房地产企业并没有实际的定价权；建造回迁房的土地是单独划定的，政府已指定用途，指定建造标准，房地产企业对于建设完成的回迁房没有所有权和处置权，回迁房的建设并非企业自主开发销售房地产，而是受政府委托建造。此时，对于回迁房和商品房，企业实际提供了不同商品和服务。该交易的实质是公司以提供回迁房部分的建造服务和现金对价换取政府商品房部分的土地使用权。

根据交易的实质，对于回迁房所对应的土地使用权，企业从未享有其风险和报酬，未取得其控制权，在回迁房的安排中，企业仅仅是提供了与建造相关的服务，应确认相关的建造收入，回迁房不承担土地成本。公司以提供回迁房部分的建造服务和现金对价向政府换取商品房部分的土地使用权，属于客户对建造服务支付了非现金对价，根据准则第十八条的规定，公司应首先根据取得的土地的公允价值来确定作为支付对价的回迁房的公允价值，如果取得的土地的公允价值不能合理估计的，可以提供建造服务的单独售价确定交易价格。在本案例中，假设取得土地的公允价值不能合理估计，因此采用建造服务的单独售价确定交易价格。

假定企业的回迁房建造成本为2 000元/平方米，成本加成率为10%（该比例为企业提供建造服务的合理毛利率），则每平方米的建造收入为2 200元。A公司应确认建造收入 4 400 万元（2 200 ×20 000），建造成本 4 000 万元（2 000 ×20 000）。收到的回迁房资金 2 000 万元，剩余 2 400 万元（4 400 −2 000）作为建设其他商品房的土地成本。

九、土地一级开发收入的确认（第三、五步）

（一）会计事项分析

土地一级开发项目往往开发时间长、占用资金量大，其会计处理结果对公司的经营成果和财务状况的影响较大。虽然各家公司土地一级开发项目设计的具体合同条款不尽相同，但总体而言，大致可以归类为保底收益、或有分成或者二者兼而有之的模式。保底收益多为依据经核定的开发成本采用成本加成法计算收益。或有分成则约定为按照政府取得的土地使用权出让净收益的一定比例进行分成。

根据新收入准则，企业应按五步法分析其与客户签订合同所产生的收入。关键点在于确定交易价格，以及在企业履行履约义务时或者履约过程中确认收入。

（1）在土地一级开发中，政府一般能够控制履约过程中在建的商品和服务，履约义务一般符合“在某一时段内履行履约义务”。因此，企业应当在该段时间内按照履约进度确认收入。

（2）在保底收益模式下，交易价格是固定的。在分享收益模式下，交易价格在土地使用权出让后才能结算，属于可变对价，需要合理确定最佳估计数。

（二）新收入准则应用案例

案例 15 −6

土地一级开发收入确认

（本案例摘自中国证监会《上市公司执行企业会计准则案例解析（2020）》）

1. 背景资料

A 公司与当地土地储备中心签订协议，受托负责对土地储备中心拥有的若干地块进行土地一级开发，令其达到“七通一平”的出让条件。甲地块收益为土地开发总成本的 10%，连同所发生的成本费用与土地储备中心按季度结算。乙地块收益分为保底收益和分成收益两部分。保底收益为该合同项下土地开发总成本的 10%，连同所发生的成本费用与土地储备中心按季度结算；分成收益为土地储备中心出让该地块所获净收益的 50%，在土地使用权出让后结算。

问题：

（1）对于甲、乙地块，A公司应如何确认收入？

（2）如果甲地块不是定期结算，而是在土地使用权出让时方予结算，且土地储备中心明确以该土地使用权出让款项作为向A公司支付的资金来源（别无其他资金来源）时，结论是否发生变化？

2. 案例分析

在根据新收入准则的要求进行分析时，关键在于确定交易价格以及在企业履行履约义务时（或履约过程中）确认收入的判断，以下就该关键点进行分析：

（1）确定交易价格。由于甲地块属于固定收益率的合同，并且按季度结算，交易价格的确定较为容易。乙地块的分成收益在土地使用权出让后结算，这一部分属于可变对价，需要综合考虑所在地区的土地出让价格、出让条件、土地交易活跃程度等各种相关因素确定可变对价的最佳估计数，估计的金额应当以“相关不确定性消除时累计已确认收入极可能不会发生重大转回的金额”为上限。每一资产负债表日，A公司均应当重新估计应计入交易价格的可变对价金额。

（2）在企业履行履约义务时（或履约过程中）确认收入。甲地块和乙地块的协议中都只包含单一履约义务，且该履约义务符合“客户能够控制企业履约过程中在建的商品”，因此，土地一级开发属于在某一时段内履行履约义务。

根据新收入准则第十二条的规定，对于在一段时间内履行的履约义务，企业应当在该段时间内按照履约进度确认收入，但是履约进度不能合理确定的除外。

如果甲地块不是定期结算，而是在土地使用权出让时方予结算，且土地储备中心明确以该土地使用权出让款项作为向A公司支付的资金来源（无其他资金来源）。在这种情况下，如果公司综合考虑该土地上是否存在实质性障碍、是否列入年度土地使用权出让计划、定价是否合理、该区域土地交易是否活跃等一系列因素后，认为服务对价很可能收回，土地一级开发合同满足准则第五条的条件，应对甲地块一级开发收入的确认需要参考乙地块分成收益的分析进行判断。

如果A公司进行乙地块一级开发的目的就是顺利地获取土地使用权用于自身的二级开发，那么这两项行为是否构成一揽子交易从而影响收入的确认和计量，需要认真考虑，不能一概而论。

（三）新收入准则披露示例

示例15－7：06166.HK中国宏泰发展

首次应用国际财务报告准则第15号产生的影响概要就之前根据国际会计准则第

11号列账为建筑合约的产业市镇发展的其他园区，根据国际财务报告准则第15号，收入将随时间确认。本集团继续采用投入法估计于初次应用国际财务报告准则第15号日期前已履行的履约责任。应收客户合约的工程款项85 104 000元重新分类至合约资产。

合作安排下的产业市镇发展

本集团与龙河地方政府机关签订的产业市镇发展协议是一项合作安排，据此，本集团与地方政府机关合作发展及营运产业市镇，包括土地基础设施开发、营销及推广服务，以及产业市镇维护服务。

对于与上述地方政府机关合作的土地基础设施开发项目，本集团有权在若干地区内进行土地基础设施的建设及准备工作。当地块由地方政府机关通过公开招标、拍卖、挂牌方式出让给土地买家时，本集团有权向地方政府机关收取土地出让金的一部分收益。本集团的土地发展收益的份额，在有关建设工程完工后并当收入由本地政府机关出售土地而能可靠计量时确认。因此，在出售土地时，本集团有权向地方政府机关获得收益确认为收益。

十、预售房的收入确认（第五步）

（一）会计事项分析

根据新收入准则，企业应该在合同订立时确定商品或服务的控制权在某一时段内还是某一时点转移。预售房地产合同收入应在某一时段内还是某一时点确认，取决于对具体合同条款进行的审慎分析。企业应首先评估履约义务是否在某一时段内逐步履行。如果不是，则商品和服务的控制权在某一时点转移。

当满足下列任一条件时，企业在某一时段内确认收入：

（1）客户在企业履约的同时即取得并消耗企业履约所带来的经济利益。

（2）客户能够控制企业履约过程中在建的商品。

（3）企业履约过程中所产出的商品具有不可替代用途，且该企业在整个合同期间内有权就累计至今已完成的履约部分收取款项。

一项资产是否具有替代用途应当在合同订立时就进行评估，且之后不再进行评估。管理层应当评估其是否有能力将未完工产品转为向其他客户销售，并充分考虑合同条款的限制和实务操作上的限制。若合同条款基本限制管理层将资产进行重新销售，则表明该资产不具有替代用途。实务操作上的限制，诸如重新将资产出售给另一客户将发生重大成本，也可能表明该资产不具有替代用途。

除了客户由于企业没有履约而提出终止合同外，企业有权就截至目前已经履行的部分收取能够补偿其已发生成本和合理利润的款项，并且该权利具有法律约束力，则可以认为企业有权获得付款。约定的付款计划本身并不表明企业有权就截至目前已履约部分收取报酬。

不满足上述条件的，属于在某一时点履行履约义务。

需要注意的是，准则并未对诸如期限较短（如短于一年）的合同等提供允许直接默认在某一时点确认收入的简便方法。

对于房地产商来讲，预售房屋的收入是在某一时点确认收入还是在某一时段确认收入，需要考虑以下2点：

（1）由于合同限制或房产本身的实际限制，房地产开发商在履约过程中所创建的资产不具有其他替代用途，如特定房屋单元已被明确指定并已分配给购房者；

（2）房地产开发商具有就迄今为止已完成的履约部分而强制要求客户付款的权利。企业在进行判断时，既要考虑合同条款的约定，还应当充分考虑适用的法律法规、补充或者凌驾于合同条款之上的以往司法实践以及类似案例的结果等。例如，即使在合同没有明确约定的情况下，相关的法律法规等是否支持企业主张相关的收款权利；以往的司法实践是否表明合同中的某些条款没有法律约束力；在以往的类似合同中，企业虽然拥有此类权利，却在考虑了各种因素之后没有行使该权利，这是否会导致企业主张该权利的要求在当前的法律环境下不被支持等。

若上述两项条件均满足，则收入应在一段时间内根据履约进度确认。

对于一般的房屋预售收入，与现行惯例相似，在房地产开发商与购房者签订合同前完工的房屋单元的销售收入很可能须在某一时点确认，该时点的确定须依据控制权的转移，而不是与房产所有权相关的主要风险和报酬的转移来判断。实务中一般在“房产完工并验收合格，达到销售合同约定的交付条件，在客户取得相关商品或服务控制权时点”，确认销售收入的实现。

（二）新收入准则披露示例

示例15-8：000002.SZ万科A

与本集团取得收入的主要活动相关的具体会计政策描述如下：

房地产销售合同

对于根据销售合同条款、各地的法律及监管要求，满足在某一时段内履行履约义务条件的房地产销售，本集团在该段时间内按履约进度确认收入；其他的房地产销售在房产完工并验收合格，达到销售合同约定的交付条件，在客户取得相关商品或服务控制权时点，确认销售收入的实现。

示例15－9：601588. SH北辰实业

本集团在报告日根据已完成履约义务的进度对来自在某一时段内确认收入类型的商品销售合同确认收入。已完成履约义务的进度按本集团为完成履约义务而发生的支出或投入来衡量，该进度基于每份合同截至报告期末已发生的成本在预算成本中的占比来计算。

对于在某一时点转移商品控制权的房地产开发的销售合同，收入于商品房达到已完工状态并交付或视同交付给客户时确认。

示例15－10：02007. HK碧桂园

本集团的履约过程中所产出的商品具有不可替代用途，且本集团在整个合同期间内有就累计至今已完成的履约部分的合格收款权时，本集团按在一段时间内确认出售物业的收入；除此之外，本集团在买家取得已完工物业控制权的时点确认收入。2019年度本集团来自出售物业的收入确认为475 012百万元，其中按在一段时间内确认的收入为96 562百万元。

由于与买家的合同限制，本集团不得更改或替换物业单元，或改变物业单元的用途，因此本集团并不能将该物业单元用于其他用途。本集团是否有就累计至今已完成的履约部分的合格收款权并采用在一段时间内的方法确认收入，取决于销售合同条款约定和该合同适用的法律解释。这涉及重大会计判断。关于销售合同的合格收款权，本集团获得了法律顾问的意见。基于法律顾问的意见，管理层通过判断将销售合同进行有否合格收款权的合同分类。

在年末，本集团根据已完成履约义务的进度对来自在一段时间内确认收入的物业出售合同确认收入。在年末，已完成履约义务的进度按本集团为完成履约义务而发生的支出或投入来衡量，该进度基于每份合同已发生的成本在预算成本中的占比来计算。本集团根据物业类型和可售面积进行了成本分摊。在年末，管理层需要就整体成本预算的完整性和物业出售合同已完成履约义务的进度的准确性进行重大会计判断及估计。

对于在某一时点转移物业控制权的物业销售合同，收入于客户获得已完工物业的实物所有权或法定所有权，以及本集团已获得存在的合格收款权且很可能收回对价时确认。

十一、合同成本的确认

（一）会计事项分析

目前，一些房地产开发商可能将销售佣金和其他直接合同成本在发生时确认为费用，而另外一些房地产开发商可能在确认销售收入的同时对其进行确认。根据新收入准则，直接合同成本的一部分可能需要分配至各项履约义务（如果不止一项），并在该履约义务相关的收入确认时确认为费用。

根据新收入准则，取得合同的增量成本指企业在未取得合同的情况下不会发生的成本（如销售佣金）。如果管理层预期将收回为取得合同而发生的增量成本，则企业将就这些成本确认一项资产。作为实务上的简化处理，如果摊销期间等于或短于一年，企业可以选择在增量成本发生时即确认费用。

（二）新收入准则披露示例

示例 15－11：000002. SZ 万科 A

合同成本

合同成本包括为取得合同发生的增量成本及合同履约成本。

为取得合同发生的增量成本是指本集团不取得合同就不会发生的成本（如销售佣金等）。该成本预期能够收回的，本集团将其作为合同取得成本确认为一项资产。本集团为取得合同发生的、除预期能够收回的增量成本之外的其他支出于发生时计入当期损益。

合同取得成本确认的资产和合同履约成本确认的资产采用与该资产相关的商品或服务收入确认相同的基础进行摊销，计入当期损益。摊销期限不超过一年则在发生时计入当期损益。

示例 15－12：601588. SH 北辰实业

根据新收入准则的相关规定，本集团及本公司对于首次执行该准则的累积影响数调整 2018 年年初留存收益以及财务报表其他相关项目金额，2017 年度的比较财务报表未重列。

其中主要变动原因如下：

（1）本集团将为获得合同而直接产生的销售佣金确认为合同取得成本，列报为其他非流动资产，并根据收入履约进度结转计入销售费用。

（2）原分类为预收款项的开发项目预售款及其他款项重分类至合同负债。

示例 15－13：02007. HK 碧桂园

为获得物业销售合同而产生的取得成本主要包括销售佣金和印花税，管理层预计可收回，因此本集团将该预付的合同取得成本进行递延并随着确认相关收入而计入损益。2019 年度总合同取得成本计入损益的金额为 3 717 百万元（2018 年为 2 168 百万元）。

第十六章 新收入准则应用示例：影视行业

第一节　行业概述

一、行业简介

影视行业在我国社会主义市场经济体系中占有重要的地位，是国家大力扶持的支柱产业。同时，影视行业是我国宣传思想文化的重要阵地之一，对于促进改革开放和现代化建设、维护社会稳定、丰富人民群众精神文化生活等方面具有不可替代的作用。

根据《上市公司行业分类指引》（2012 年修订），影视行业属于一级分类“文化、体育和娱乐业”项下的二级分类“广播、电视、电影和影视录音制作业”，内容主要涵盖电影、电视剧（网剧）、动漫、音乐、文学、艺人经纪、戏剧、实景娱乐等领域。

影视行业主要分为电视剧产业和电影产业。电视剧产业是指以剧组为生产单位，通过独家投资摄制或联合投资摄制（执行制片方、非执行制片方）方式进行电视剧的拍摄工作，而后取得广电总局颁布的“电视剧发行许可证”并完成发行。电影产业是指在影片拍摄完成后经电影主管部门审查通过并取得“电影片公映许可证”且完成上映。

电影和电视剧产业链类似，包括影视作品的投资、制片制作、发行以及放映。以电影产业链为例，我国的电影产业核心业务环节包括电影制片、发行、院线以及影院等。主要参与主体包括投资方、制片商、发行商、院线公司和影院。在核心业务环节中，我国电影产业各个环节的业务流程与收入分配呈现相反的顺序。从业务流程来看，中国电影产业分为电影制片、发行、院线以及影院放映等流程，制片商依托前端行业提供的各要素投资生产并提供国产电影片源或者进口影片专营商向境外电影制作、发行机构获取进口电影片源；发行商获取影片发行权后负责影片的发行和营销；院线对旗下连锁电影院进行统一排片；影院负责安排电影放映，最终为消费者提供观影服务。从收入分配来看，产业链各个环节的主要收入为票房分账收入，其中，影院通过放映服务从消费者取得票房收入，在扣除相关专项资金及流转税后，按照产业链各业务环节由下至上地进行票房分账。

影视业的产业链见图 16－1、图 16－2、图 16－3。

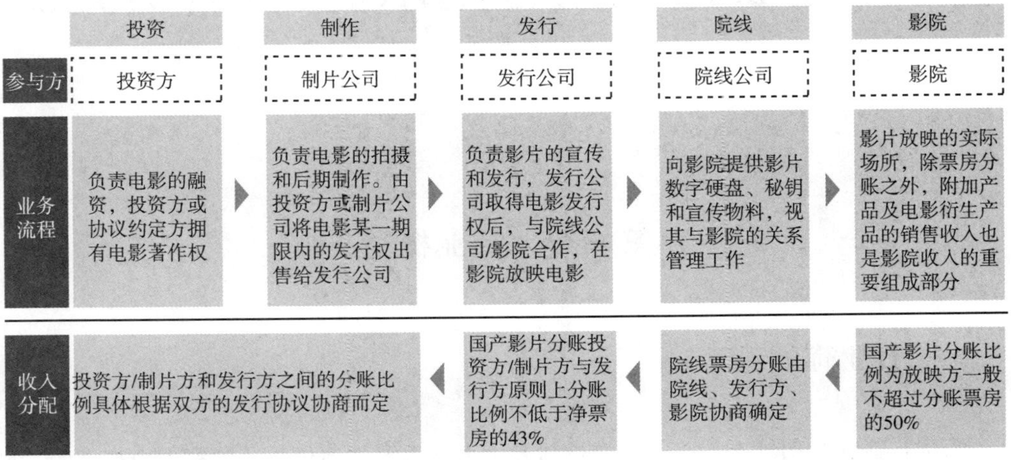

图 16－1　影视行业产业链示意图

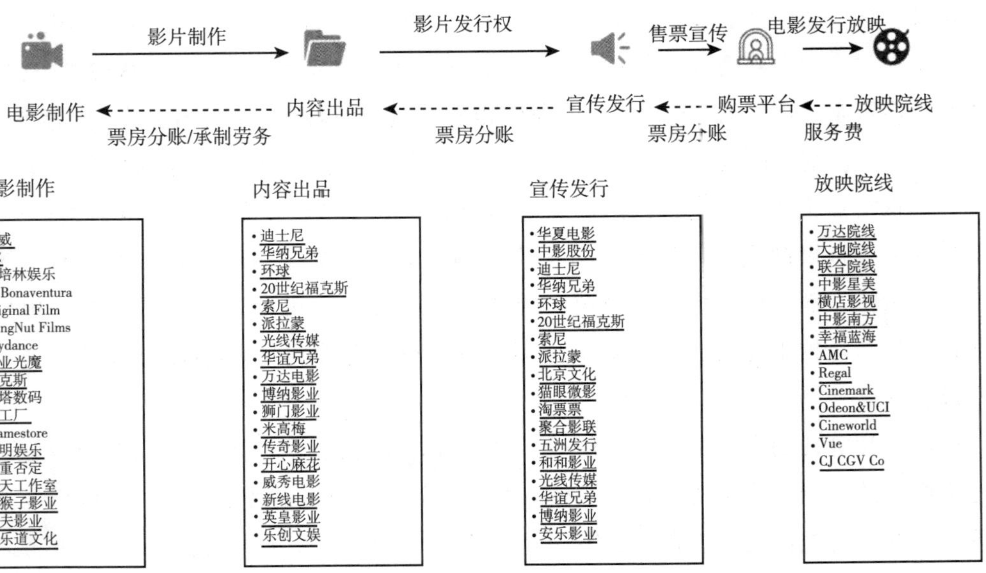

图 16－2　电影产业链示意图

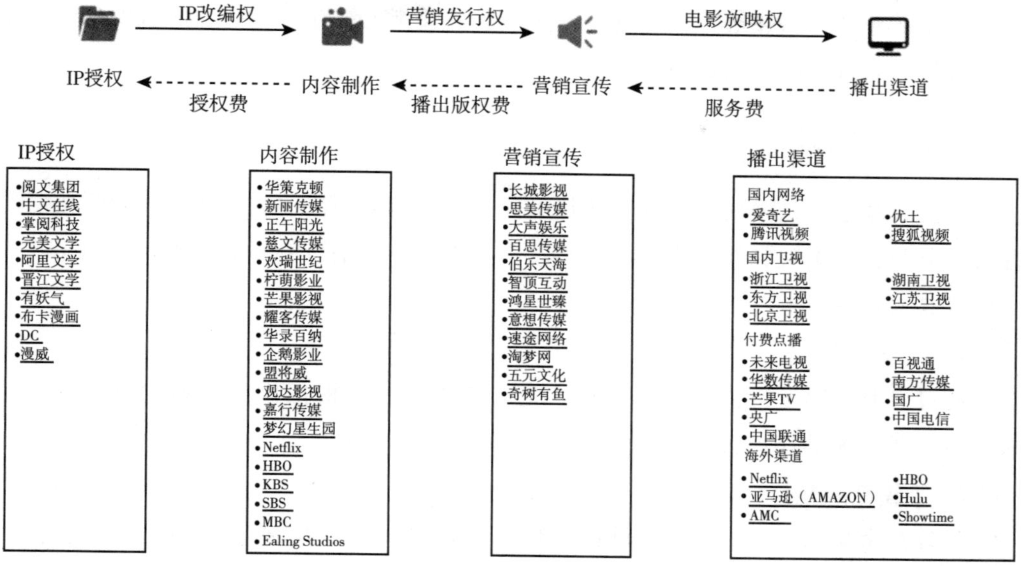

图 16－3 电影产业链示意图

二、业务模式

（一）影视制作

影视制作处在影视产业链的上游，包括项目的开发、投资和制作。影视制作是以影视剧的投资为核心，围绕剧本、导演编剧等主创团队、演员、制作成本和周期、营销宣传发行等方案进行论证审核与决策管理，并对影视剧的艺术把控、制作技术、成本控制、流程监理等方面承担管理职责的业务，包括项目策划、审核及决策，项目筹备，制片管理等工作环节。影视制片方通过参与影视剧制片的各个环节以保证拍摄过程顺利进行，最终完成影视剧的摄制工作。

影视剧项目一般投资规模较大、风险较高，为了缓解资金压力、降低投资风险，影视制作企业一般会和其他投资方共同出资进行摄制，并按各自出资比例或按合同约定（如按版权地区分配、按版权类型分配等）分享利益及分担风险。

（二）院线经营

院线经营是电影发行和影城放映之间的“桥梁”，主要负责拓展、吸纳加盟影城，负责对院线旗下的影城进行统一供片、统一排片，提供影城运营指导及营销宣传支持等各项服务。影视制作和发行公司不能直接与影院签署电影放映协议。

电影具有档期运作的特征，院线公司一般会安排电影在特定的档期播出。电影企业绝大部分收入来源于电影票房分成收入。

（三）影院放映

影院放映主要是采用先进的放映技术，为观众提供一流的观影体验。影院按照经营模式分为直营影院和加盟影院两大类。影院收入主要来自电影放映收入、卖品收入及广告收入。

1. 电影放映

通过专业电影发行公司取得影片一定时期放映权，根据排映计划对影片进行放映，为消费者提供观影服务。

2. 销售卖品

影院在卖品部或其他公共区域提供包括饮料、零食、电影衍生产品在内的卖品，观众可以在观影前购买零食、饮料，也可以在观影后购买相关衍生产品留作纪念。

3. 发布广告

广告业务主要为映前广告和阵地广告。映前广告包括片方贴片广告、院线贴片和影院映前广告。阵地广告主要为在影院范围内，通过 LED 显示屏、数字海报机、灯箱海报、X 展架、KT 板、纸立牌模型等播放或陈列的广告。

（四）电视台或视频网站播放业务

电影产品除了影院渠道外，还可通过电视台或视频网站放映。

电视剧和电视节目则主要以电视台或视频网络为销售渠道。电视剧在主管部门审片通过后，企业与电视台或视频网站确认相应的播放档期。

电视台的播映权收入和视频网站的信息网络转播权收入是通过电视台或视频网站播放影视片的主要收入来源。另外，企业还通过与电视台或视频网站合作对广告收入带来的净收益进行分成。

（五）影视剧衍生业务

影视剧衍生业务是指植入广告、影视剧版权、著作权等权利转让业务以及衍生品（图书、玩具、饰品、服装等）的销售业务。

（六）艺人经纪业务

艺人经纪业务是指企业根据与旗下艺人签订的经纪合约，为艺人提供合约中或协议中约定的演艺、代言等活动。待相关活动完成时，根据与艺人签订的经纪合约中约定的方式确认收入。

三、收入会计事项汇总

执行新收入准则之后，影视业企业与收入相关的会计事项如表16－1所示。

表16－1　　影视行业收入相关会计事项汇总表

业务类型	业务内容	会计事项
票房分成	影视制片、发行、院线、影院放映等产业链上的各个参与方	产业链上的各个参与方收入确认的总额法净额法问题
影视作品的拍摄	具体包括自制拍摄和合作拍摄。合作拍摄的形式包括：联合摄制、受托摄制、委托摄制、协作摄制	联合拍摄中按照总额法还是净额法确认收入
版权的授权	影视版权可分为独家版权和授权版权，其中，独家版权可以转授给第三方，取得版权授权收入	版权的授予是否构成单项履约义务构成单项履约义务的，属于在某一时段内履约还是在某一时点履约
影视作品的播放	影视作品通过电视台、影院、网络平台播放。母带交付播出方后，有的影视制作企业不再从事对该电视剧有重大影响的后续活动，也不会对收入有任何调整和影响。有的影视制作企业会根据收视率确定收益的分成情况	影视制作公司须确定其履约义务是在某一时段内履行还是在某一时点履行
电影票套餐	影院提供电影票套餐的购买服务，如电影票和爆米花套餐	影院提供的电影票套餐中包含几项单项履约义务，交易价格在各单项履约义务之间如何分摊

第二节　主要会计事项与应用示例

影视公司在执行新收入准则时，在履约成本的确认和结转、是否适用收入准则进行会计处理时，可能对目前的行业通行做法产生影响，具体实施问题包括但不限于：

一、与网络平台合作投资拍摄网络剧的会计处理问题（第一步）

会计事项分析

目前，部分公司与渠道商（如腾讯、爱奇艺等）合作投资拍摄网络电影、电视剧。在该合作模式下，双方共同确定影视剧预算，公司负责影片摄制，渠道商负责影片的宣传和发行工作；双方按一定比例享有剧本的著作权及收益权。

新收入准则适用于企业与客户之间订立的合同，新收入准则所称客户，是指与企业订立合同以向该企业购买其日常活动产出的商品或服务并支付对价的一方。新收入准则应用指南进一步指出，如果合同对方与企业订立合同的目的是共同参与一项活动（如合作开发一项资产），合同对方和企业一起分担（或分享）该活动产生的风险（或收益），而不是获取企业日常活动产出的商品，则该合同对方不是企业的客户，企业与其签订的该份合同也不属于收入准则规范范围。

二、联合拍摄影视作品的会计处理问题（特定交易三）

（一）会计事项分析

近年来，越来越多的上市公司涉足影视行业，参与影视投资、制作。在运作模式上，公司除自制拍摄影片外，也会与其他单位合作摄制影片，合作摄制影片的形式包括：联合摄制、受托摄制、委托摄制、协作摄制。对于影视制作成本核算、收入确认，目前大部分上市公司参照财政部于2004年12月颁布的《电影企业会计核算办法》（财会〔2004〕19号）的规定进行会计处理。该办法对于影片成本确认、结转、影片收入确认均进行了相关规定，但是，其中的一些规定可能与现行的准则存在冲突。在实务中，联合拍摄影视作品区分参与影视制作的程度（主导、非主导）和投资回收方式有所不同。

1. 影视制作主导方的会计处理

公司与其他投资方共同出资（含现金、劳务、实物或以广告时段作价等），并按合同约定比例投资，根据投资额约定一定的收益分成比例（通常承诺有最低收益，如该作品所投入联合投资额的一定比例），同时负责该影视作品的制作。

新收入准则第三十四条规定，企业应当根据其在向客户转让商品前是否拥有对该商品的控制权，来判断其从事交易时的身份是主要责任人还是代理人。企业在向客户转让商品前能够控制该商品的，该企业为主要责任人，应当按照已收或应收对价总额确认收入；否则，该企业为代理人，应当按照预期有权收取的佣金或手续费的金额确认收入，该金额应当按照已收或应收对价总额扣除应支付给其他相关方的价款后的净额，或者按照既定的佣金金额或比例等确定。同时，新收入准则明确了三种转让前能控制商品的情形和三项转让前能控制商品的迹象。

如果公司作为主导方，负责影视作品的剧本、拍摄、制作等工作，其他投资方有权监督影片的筹备、摄制、发行与宣传等工作。公司在联合拍摄业务中为主要责任人，应采用总额法确认收入。

2. 影视制作非主导方的会计处理

公司与其他投资方共同出资（含现金、劳务、实物或以广告时段作价等），并按合同约定比例投资，根据投资额约定一定的收益分成比例（通常承诺有最低收益，如该作品所投入联合投资额的一定比例），但不参与该影视作品的制作。

新收入准则第二条规定，收入，是指企业在日常活动中形成的、会导致所有者权益增加的、与所有者投入资本无关的经济利益的总流入。第三条规定："本准则适用于所有与客户之间的合同，但下列各项除外：（一）由《企业会计准则第 2 号——长期股权投资》《企业会计准则第 22 号——金融工具确认和计量》……本准则所称客户，是指与企业订立合同以向该企业购买其日常活动产出的商品或服务（以下简称"商品"）并支付对价的一方。"

因此，有观点认为，公司作为影视制作的参投方，该交易实质为公司的投资行为，通常满足金融工具定义，应按照金融工具准则进行会计处理。

（二）新收入准则披露示例

示例 16 -1：08075. HK 寰亚传媒

客户合约收益于货品或服务之控制权转移予客户时确认入账，其金额反映本集团预期就该等货品或服务而有权换取之代价。

当合约代价包括可变金额时，则以本集团因转让货品或服务给客户而有权换取之金额估计代价金额。

可变代价于合约开始时进行估计并受约束，直至可变代价之相关不确定因素其后得以解决，而已确认之累计收益金额极有可能不会出现重大收益拨回时为止。

示例 16 -2：iQIYI，INC.

本集团与众多选定的合作伙伴合作，以补充其视频内容端口，并激励他们通过本集团的收入分享机制提交高质量的内容。在该安排下，本集团与合作伙伴分享源自线上广告服务或会员服务的收入。由于本集团是线上广告服务和会员服务的主要责任人，所以收入应当在总额基础上确认。当约定的条件满足时，发生的收入分享成本以及向合作伙伴支付的款项确认为营业成本。

Partner - generated content（"PGC"）

The Group collaborates with a large number of selected partners to supplement its video content portfolio with PGC, and incentivizes them to submit high - quality content through the Group's revenue – sharing mechanism. Under such arrangements, the Group shares with the partners a portion of the revenues derived from either online advertising services or membership services based on various factors agreed upon. As the Group is the primary obligor of online advertising services and membership services, such revenues are recorded on a gross basis. Revenue sharing costs incurred and payable to partners are recognized as cost of revenues when the criteria of those pre – agreed factors are met.

三、票房分成的会计处理问题（特定交易三）

会计事项分析

中国影视产业分为影视制片、发行、院线、影院放映等主要环节。影视制作机构依托前端行业提供的各要素投资生产并提供国产电影片源，或者进口影片专营商向境外电影制作、发行机构获取进口电影片源；电影发行机构获得片源后向合作院线供片；院线对旗下连锁电影院进行统一排片；影院负责安排电影放映，最终为消费者提供观影服务。

从收入分配来看，目前以票房收入为主要收入来源的盈利模式造成产业链各个环节的主要收入均为票房分账收入。在核心业务环节中，我国电影产业各个环节的业务流程与收入流分配呈现相反的顺序。影院通过放映服务从消费者率先取得票房收入，在扣除国家电影事业发展专项资金及与院线约定的适用流转税和附加后，定期或者按照单部影片，由影院作为分账的起始环节，按照产业链各业务环节由下至上地进行票房分账。

证监会发行监管部于2020年6月发布的《首发业务若干问题解答》，针对票房分账模式下，从事院线发行、放映业务的企业收入确认、放映业务成本归集核算方法等问题进行了解答，具体内容如下：

1. 发行业务收入确认（包括电影发行及院线发行）

发行方应根据《企业会计准则第14号——收入》的规定，确定其收入应按“总额法”还是“净额法”核算。发行方采用代理发行的方式从事影视发行业务的，实质上仅作为制片方和影院之间的中介，未承担影片制作的拍摄审核风险，也不承担放映影片票房惨淡而导致的潜在损失，而且发行方提供服务时，影院清楚地知道影视作品质量责任、版权价格（票价）主要取决于制片方，发行方仅提供市场营销、排期供片等服务，尤其是院线发行环节，其只提供“供片渠道”管理服务，因此采用代理发行方式实施发行的，通常采用“净额法”核算。

2. 放映业务收入确认

从放映方与发行方签订协议条款和业务模式来看，放映方虽未买断播映权，没有承担对存货（电影）全部的后果和责任，但是基于其在放映服务中承担主要责任人的角色，通常采用总额法确认收入。

3. 放映业务成本归集范围

电影院租金、放映设备折旧与租入固定资产改良摊销、放映直接人力成本，通常确认为“营业成本”。

四、按收视情况的收入确认（特定交易五）

（一）会计事项分析

在传统模式下，影视公司在将播出带即母带交付播出方（电视台、网络平台）后，不再从事对该电视剧有重大影响的后续活动，该播映权本身也具有重大的独立的功能，可直接用于播放，电视台主要通过播放该电视剧获得广告效益，而非影视公司的后续活动，因此影视公司在交付母带时一次性确认播映权收入。随着网络视频走向付费时代，网络院线覆盖的用户规模持续扩大。“网院同步”或成常态，对很多网剧的制作及播出，很多播出平台采取了根据收视率进行分账的形式，如优酷、爱奇艺、腾讯视频等，采用收益分成或者保底金额加收益分成的模式进行结算。其中收益分成依据内容定级、有效会员观看总时长、会员拉新等情况计算确定。因此，在这种规则下，交易价格很可能在影视作品播放完或者按固定时间统计出来后才能确定。

新收入准则第三十七条规定，企业向客户授予知识产权许可，并约定按客户实际销售或使用情况收取特许权使用费的，应当在下列两项孰晚的时点确认收入：（1）客户后续销售或使用行为实际发生；（2）企业履行相关履约义务。同时，新收入准则应用指南进一步说明，这是估计可变对价的一个例外规定，该例外规定只有在下列两种情形下才能使用：一是特许权使用费仅与知识产权许可相关。二是特许权使用费可能与合同中的知识产权许可和其他商品都相关，但是，与知识产权许可相关的部分占有主导地位。

收益分成依据内容定级、有效会员观看时长、会员拉新等情况计算，构成了可变对价。此类可变对价与影视作品直接相关，因此，适用新收入准则对于特许权使用费估计可变对价的例外规定，应在后续会员观看电影、电视剧，产生新会员时计算确认收入。

在实务中，还存在根据电视剧收视排名确定交易价格的情况。基于“收视排名”

产生的可变对价，对于是否属于“按照客户销售或使用情况”收取的特许权使用费，实务中存在不同的观点。有观点认为，收视排名不仅取决于电视台对电视剧版权的“使用”情况，还取决于电视剧的剧情、电视剧本身的制作质量、整个市场情况等等，因此，不属于“按照客户销售或使用情况”收取的特许权使用费，不能按照新收入准则第三十七条的规定处理，而应当按照新收入准则第十六条有关可变对价的规定进行处理，即应当在合同开始日对可变对价进行估计。而另一种观点认为，电视台的收入来源主要是各种广告收入，而电视剧的排名将直接影响广告收费，因此，属于“基于销售或者使用情况”收取的特许权使用费，应在电视台播出电视剧取得排名后确认这部分可变收费对应的收入。

（二）新收入准则披露示例

示例 16－3：08075. HK 寰亚传媒

就根据不可撤销合约以定额费用或不可退还担保授出之电影及电视节目版权收入确认入账，倘已转让给特许使用人，据此特许使用人可自由使用该等版权而本集团毋须履行余下责任，则收入于母碟已送交特许使用人时确认入账。

就非根据不可撤销合约以定额费用或不可退还担保向特许使用人授出之电影及电视节目版权收入而言，收入于许可期内及当电影及电视节目可用于放映或广播用途时确认入账。

五、版权授权的收入确认（特定交易五）

（一）会计事项分析

影视版权可分为独家版权和授权版权。其中，独家版权可以转授给第三方，取得版权授权收入。

新收入准则第三十六条规定，企业向客户授予知识产权许可的，应当按照新准则第九条和第十条规定评估该知识产权许可是否构成单项履约义务，构成单项履约义务的，应当进一步确定其是在某一时段内履行还是在某一时点履行。企业向客户授予知识产权许可，同时满足下列条件时，应当作为在某一时段内履行的履约义务确认相关收入；否则，应当作为在某一时点履行的履约义务确认相关收入：（1）合同要求或客户能够合理预期企业将从事对该项知识产权有重大影响的活动；（2）该活动对客户将产生有利或不利影响；（3）该活动不会导致向客户转让某项商品。

因此，企业在转授版权时，应当根据合同条款等具体情况进行分析判断。如果企业预期不会从事对该项版权有重大影响的活动，且不存在基于销售或使用情况收取版权金的可变对价，即使合同约定了版权授权期限，按照新收入准则，也应作为在某一时点转移控制权的业务确认收入。

（二）新收入准则应用案例

案例 16－1

授予影视剧播映权的收入确认问题

（本案例摘自中国证监会《上市公司执行企业会计准则案例解析（2020）》）

1. 背景资料

A 公司为一家影视制作公司，主要从事电视剧的制作和销售业务。A 公司将其制作完成的某电视剧（共 30 集，每集 45 分钟）的播映权授权给 B 公司运营的视频网站播放，该电视剧已经取得相关审批。B 公司的收入主要来自视频网站会员支付的会员费以及广告收入。2×18 年 12 月 15 日，A 公司与 B 公司签订合同，并交付母带。B 公司应当于合同签订之日起 5 日内支付 50% 的合同价款，其余合同价款将于首播日一次性支付给 A 公司。B 公司取得母带之后，可以在其视频网站中播放预告片，也可以开始进行广告招商工作。

根据 A 公司与 B 公司的约定，该电视剧在 B 公司视频网站的首播时间为 2×19 年 3 月 1 日。如因该电视剧主创人员的个人行为（包括但不限于涉毒、涉黄等），或电视剧违反国家相关法律法规、政策，导致电视剧停播或被要求整改，A 公司必须按要求整改消除导致电视剧停播的原因，双方以补充协议的方式重新商定播出时间和采购价格，若停播原因永久无法消除，双方将视电视剧是否已经播出等情况，通过退款或者部分退款的方式解决。

假定 A 公司向 B 公司视频网站授权的电视剧播映权构成一项履约义务。

问题：A 公司向 B 公司视频网站授权该电视剧播映权应当如何确认收入？

2. 案例分析

①A 公司向 B 公司授予的影视剧播映权属于某一时段内还是某一时点履行的履约义务。根据《企业会计准则第 14 号——收入》（2017 年修订）的相关规定，在某一时段内履行的授予知识产权许可，需要同时满足三个条件，其中之一是合同要求或客户能够合理预期企业将从事对该项知识产权有重大影响的活动，即这些活动将显著改变该项知识产权的形式（如知识产权的设计、内容）或功能（如执行某任务的能

力)，或者改变该项知识产权的价值。

A公司授予B公司播放的电视剧已经拍摄完成，内容确定，可直接用于播放，B公司从该电视剧获取经济利益也主要与其内容有关，包括吸引更多的付费会员以及由该电视剧带来的广告收入等。因此，该电视剧属于具有重大独立功能的知识产权，且其绝大部分的经济利益来源于该功能，并不会受到A公司从事的相关活动（如有）的重大影响，故该电视剧播映权不满足在某一时段内履行的履约义务的条件，而是属于在某一时点履行的履约义务。

②A公司向B公司授予的影视剧播放权的收入确认时点。根据《企业会计准则第14号——收入》（2017年修订）的相关规定，在某一时点履行的履约义务，应当在客户取得相关商品控制权时点，即客户能够主导该商品的使用并从中获得几乎全部的经济利益的时间，确认收入。授予知识产权许可如果属于在某一点履行的履约义务，在客户能够使用某项知识产权许可并开始从中获利之前，企业不能对此类知识产权许可确认收入。

A公司于2×18年12月15日将电视剧母带交付给B公司，但B公司于2×19年3月1日才可以开始播放该电视剧，B公司从哪一时点开始能够使用该知识产权并从中获利，从而能够确认收入，实务中存在不同的观点。

观点一：A公司应在该电视剧在B公司视频网站的首播日确认收入。

电视剧属于有重大独立功能的知识产权，B公司取得该电视剧的播映权后，主要的使用方式是在其视频网站播放，并从该电视剧的内容中获益。B公司虽然在2×18年12月15日已经取得了该电视剧的母带，但是在2×19年3月1日之前，B公司无法自主决定播出时间，表明其不能主导该电视剧的使用。

此外，B公司获取该电视剧播映权后，其主要通过吸引付费用户和广告收入获利。广告主要在电视剧每集的片头、片中和片尾播放，须随电视剧的播出而播放。付费用户购买的是一段时间的会员资格，为了吸引用户成为会员，B公司采取的营销策略通常为，非会员用户可免费观看一定集数，付费成为会员之后才能继续观看或者可以提前观看后续部分的电视剧，用户会为了能够观看或者提前观看某电视剧等原因付费取得会员资格。因此，从电视剧收益方式来看，广告收入和该电视剧所带来的新增付费用户均是在电视剧播出之后才获取的。

因此，A公司应当在该电视剧在B公司视频网站首播的时间，即2×19年3月1日确认收入，这是因为，在此之前，B公司无法主导使用该电视剧播映权并从中获益。

观点二：A公司应在将该电视剧母带交付给B公司时确认收入。

尽管B公司视频网站在该电视剧播放之后才能取得来自新增付费用户和广告的

收益，但是当A公司将电视剧母带交付给B公司之后，B公司已经可以基于母带制作片花等进行广告宣传，增加点击率，吸引更多免费用户。对于视频网站而言，网络用户流量的增加，一方面能够增加B公司的整体企业价值，另一方面也能使B公司开展的其他业务获取更多收益，例如，B公司可通过分流等业务获取更多收益，其广告价格也可能会有所增加。因此，A公司将该电视剧母带交给B公司之后，B公司已经可以使用该母带并且从中获利，A公司应当在该时点确认收入。

根据上述分析，电视剧播映权主要是通过播放实现其经济利益，而非其他衍生的经济利益，在B公司能够在其视频网站播放该电视剧之前，B公司无法通过主导其播放而获取由播放而实现的经济利益，因此，A公司应当在B公司能够播放该电视剧时，才能确认收入。

此外，A公司转让该电视剧播映权而有权收取的部分款项，可能受到该电视剧主创人员的个人行为和电视剧内容等因素的影响，存在不确定性，属于可变对价。A公司应当充分考虑这些因素对于合同价款的影响，并且在后续期间持续进行评估，只有当相关不确定性消除时，累计已确认的收入极可能不会发生重大转回的部分，才能计入交易价格，确认为收入。

（三）新收入准则披露示例

示例16－4：iQIYI，INC.

本集团通过从第三方供应商获得许可的分许可内容以现金或主要通过与其他在线视频广播公司的非货币交易产生收入。本集团与供应商签订的专有版权协议有明确的授予期限，并且授予了本集团将这些内容再许可给其他第三方的权利。本集团与分许可持有人订立非专有的分许可协议，期限在原始专有许可期限内。对于现金分许可交易，本集团根据分许可安排预先收取分许可费，并且一旦向分许可方提供了基础内容（在分许可期开始时或之前提供）就不再承担任何未来义务。分许可费根据ASC 606确认，代表功能性知识产权许可，授予使用本集团许可版权的权利，并在提供许可版权供客户使用和受益的时间点确认。

Content distribution

The Group generates revenues from sub－licensing content licensed from third party vendors for cash or through nonmonetary exchanges mainly with other online video broadcasting companies. The exclusive licensing agreements the Group enters into with the vendors has a definitive license period and provides the Group rights to sub－license these contents to other third parties. The Group enters into a non－exclusive sub－license agreement with a sub－

licensee for a period that falls within the original exclusive license period. For cash sub – licensing transactions, the Group receives the sub – license fee upfront under the sub – licensing arrangements and does not have any future obligation once it has provided the underlying content to the sub – licensee (which is provided at or before the beginning of the sub – license period). The sub – license fees are recognized in accordance with ASC 606 and represents a license of functional intellectual property which grants a right to use the Group's licensed copyrights and recognized at the point in time when the licensed copyright is made available for the customer's use and benefit.

第十七章
新收入准则应用示例：服务业

第一节 行业概述

一、行业简介

服务业涵盖的范围较广，包括：软件和信息技术服务业，信息传输、仓储和邮政业，租赁业，科学研究和技术服务业，金融业，水利、环境和公共设施管理业，居民服务、修理和其他服务业，教育，卫生和环保，文化、体育和娱乐业，公共管理、交通运输、社会保障和社会组织，农、林、牧、渔业中的农、林、牧、渔服务业，采矿业中的开采辅助活动，制造业中的金属制品、机械和设备修理业，国际组织等。

证监会发布的《上市公司行业分类指引》（2012 年修订）中并没有将服务业作为单独的一大类，而是细分成多个行业，如居民服务、修理及其他服务、租赁和商务服务、教育、文化、体育服务业等。

二、业务模式

服务行业涉及范围广泛，本部分以广告行业、物业管理服务行业、证券业、在线教育行业为例阐述其业务模式。

（一）广告行业

根据《中华人民共和国广告法》中对“广告”的定义，广告是指商品经营者或者服务提供者承担费用，通过一定媒介和形式直接或者间接地介绍自己所推销的商品或者所提供的服务的商业广告。

1. 广告行业的产业链

广告产业链包括广告主、广告公司、广告媒体和消费者四大主体（见图 17－1）。

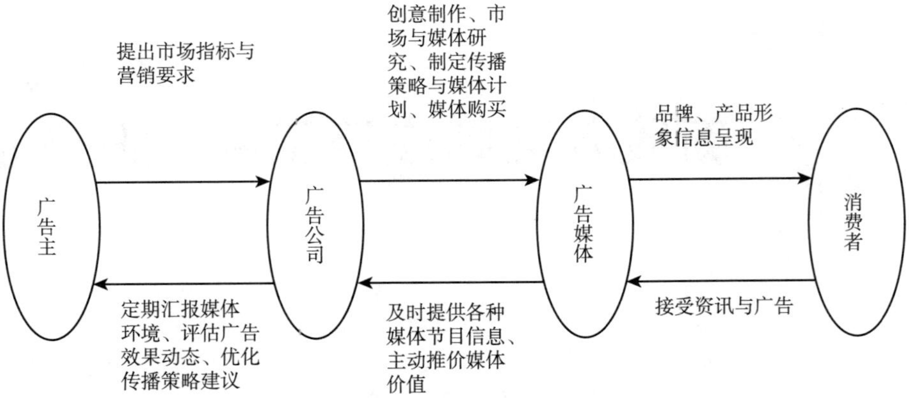

图 17－1　广告行业的产业链

广告公司是从广告主的需求出发，专业从事广告创意制作、制定传播策略、媒体购买、广告监测、效果评估等各种广告服务的机构。广告公司处于广告产业链的核心地位，是沟通广告主、广告媒体和消费者的“桥梁”和“纽带”。一方面，广告公司与广告主建立广告代理关系，根据广告主的立场进行市场调查和预测，确定广告的目标消费群，制定广告策划方案并完成广告制作；另一方面，广告公司借助数据库资源和专业研究能力，制定广告投放的传播策略、媒体计划，与广告媒体进行谈判、实施媒体购买，并监测广告投放活动和进行事后效果评估，总结媒体投放价值，最终实现广告主的传播目标。

广告行业的下游是各类广告主。根据 CTR（点击通过率）的统计数据，近年来我国广告投放前五位的行业分别是食品、饮料、邮电通信、药品、商业及服务性行业。

2. 广告行业的分类

根据受众规模的不同，我国的传统广告媒体可以分为大众传播媒体和小众传播媒体两大类。大众传播媒体主要包括电视、报纸、期刊、广播、互联网等媒体，其中前四种又被称为传统四大广告媒体；而小众传播媒体主要包括户外广告、DM 广告（直邮广告）、交通广告等。近年来，随着计算机技术的进步，网络媒体崛起，并且成为传播广告信息的又一支生力军。

3. 广告行业的运营模式

广告代理制是广告行业的通行运营模式。广告代理制是指广告主、广告公司、广告媒体之间明确分工，广告主委托广告公司进行广告创意制作、传播策略制定、媒体购买并完成广告发布等；广告媒体通过广告公司寻求广告主客户，承揽广告投放业务，销售媒体资源（时段、版面、位置等）；广告公司位于复合渠道的中间地位，通过对市场、媒体消费者的研究，为广告主和广告媒体提供双向的沟通服务，起着主导作用。

根据广告公司业务服务对象的不同，广告代理制可分为客户服务型代理与媒体销售型代理。

客户服务型代理是以帮助企业进行品牌建设和促进企业产品销售为目的，以市场、消费者和媒体的研究为基础，为广告主提供专业内容服务、传播服务的一种业务模式。该类型广告公司为广告主提供品牌管理、媒体代理、营销策划、公共关系等各种专业服务。

媒体销售型代理是依托于单一或某类媒体资源，进行媒体资源销售经营的一种业务模式。该类型广告公司主要是向广告主或其他广告公司销售媒体资源，如销售电台、电视台的广告时段，报纸杂志的广告版面，户外的广告牌等。

媒体销售型代理在国内主要分为自有媒体经营和媒体买断经营两种模式。自有媒体经营主要是指媒体设立或控制的广告公司，自身建设、管理并控制媒体销售方式和渠道的经营模式。媒体买断经营则多是通过阶段性买断电视台一个或几个频道的节目广告时段、报纸全部或个别广告版面、机场（高速公路、公交、地铁等）户外广告等媒体资源的经营权，并对该资源进行销售的经营模式。媒体买断经营还有一种较为特殊的方式就是买断媒体一定时间内某行业或某类客户资源的广告独家经营权，如买断某些电视媒体国际 4A 广告公司的广告经营权等。

4. 广告行业的盈利模式

广告收入包括广告制作收入、广告代理收入、广告咨询收入等。

（二）物业管理服务行业

物业管理服务通常指向住宅、商业、办公大楼等业主提供安保、维修及维护、清洁剂卫生及园艺服务。通过向业主收取物业管理服务费实现盈利。中国的房地产市场已经积累了海量的存量住户，随着房地产投资开发业发展趋缓趋稳，为存量市场的住户提供增量服务成为一种重要的盈利模式。

根据证监会颁布的《上市公司行业分类指引》（2012 年修订），物业管理服务属于一级分类“房地产业”。

物业管理的具体服务如表 17－1 所示。

表 17-1　　物业管理服务汇总表

业务类型	服务内容
园艺绿化服务	提供园林工程施工，绿地管理，绿化物日常维护、定期修剪及更新等
安保服务	日常全天候巡逻值班、治安管理、门禁出入监管、区域内公共秩序协管事项、定期组织消防培训等
车辆管理服务	停车场管理、管理区域内交通协管事项、照明及监控、自动道闸及楼宇对讲设施定期维护等
保洁服务	楼道清洁、玻璃清洁、环境卫生管理、垃圾清运及经常性保洁等
工程维修服务	房屋共用部位养护及维修，水电管理，排污设备管理、物业管理区域内共用设备的安装、维修、养护等
物业管理咨询服务	从实际使用的角度，对项目物业管理进行系统设计，根据过往物业管理经验为客户提供物业管理咨询服务
前期介入服务	根据开发商要求，对项目工程、结构设计、配套设施、环境布局等提供专业咨询，并协助监督项目实施情况
房屋查验服务	参与竣工验收，及时收集相关原始资料并建立起归档系统，并对使用感受及周边环境进行综合评价
案场及样板间服务	负责销售案场的秩序维护、保洁、消防及相关物业管理服务，并根据客户要求协助进行客户接待服务

（三）证券业

证券市场是金融的重要组成部分，具有融通资本、定价与源配置等功能。证券市场与实体经济紧密依存，对于引导储蓄转化为社会投资，促进实体经济发展具有不可替代的重要作用。

根据证监会颁布的《上市公司行业分类指引》（2012 年修订），证券业属于一级分类“金融业”项下的二级分类“资本市场服务”。具体业务如表 17-2 所示。

表 17-2　　资本市场服务汇总表

业务类型	具体分类
证券经纪业务	证券代理买卖
	证券投资咨询
	代销金融产品
投资银行业务	股票、可转债的承销与保荐
	企业债和公司债的承销
	并购重组财务顾问业务

续表

业务类型	具体分类
信用业务	融资融券业务
	约定回购式证券交易
	股票质押式回购交易
	发行次级债
资产管理业务	集合资产管理
	定向资产管理
	专项资产管理
证券自营业务	债券及相关衍生品的交易及投资
	权益类证券投资
其他业务	另类投资业务
	股权投资业务
	股票期权经纪业务

（四）在线教育行业

互联网教育，是指以互联网为依托，借助相关技术，将教学内容、教育者、教育机构等教育资源及体系重构并进行教学活动的一种新业态。

目前，中国互联网教育市场可以分为以下几个细分领域：学前教育、K12 教育、高等教育、留学教育、职业教育、外语教育、兴趣教育以及综合平台（见图 17－2）。

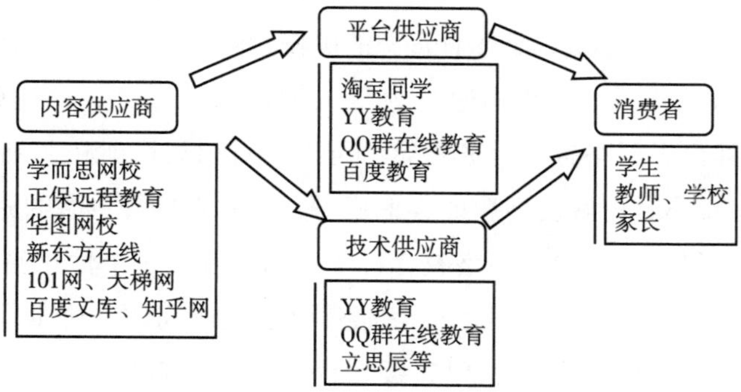

图 17－2　在线教育的产业链

1. 在线教育的产业链

在线教育内容提供商主要提供包括教育视频、学习资料等在内的学习知识以及教育工具类产品。

在线教育平台提供商指为教与学提供中介的平台，多为具有互联网思维的线上机构主导，目前主要可分为“B2C”“C2C”两种模式。B2C 模式（Business – to – Customer）指教育机构直接面向消费者提供教育服务，包括 B2C 交互和 B2C 单向两种方式。C2C 模式（Customer – to – Customer）指个人为消费者提供教育服务，包括 C2C 电商和 C2C 社区两种方式。

在在线教育产业链中，除了提供内容、平台外，还有一些提供技术支持的企业，例如华平股份为远程教育系统提供支持，立思辰、天喻信息在政府或学校搭建教育云平台等。该类技术提供商虽然本身不输出教育相关的内容，但其技术支持也是整套解决方案不可或缺的，而在大量项目实践过程中所积累的经验则成为其最大的优势。

2. 在线教育的盈利模式

在线教育目前正处于发展初期，各大教育机构正积极探索变现方式。总体来看，在线教育一般为直接面对终端消费者，现金流情况良好。目前，在线教育的盈利模式主要有以下几种：

（1）内容收费。对提供的课程和资料收费。主要是提供高质量的数字原创内容。一些拥有知识产权的教育企业和机构把网络作为高效、便捷的分销渠道吸引部分习惯于通过网络和计算机学习的用户群体。这些企业和机构会搭建自己的专有网站，依靠其专业性极强的、有独特价值的内容而向用户收费，这就是所谓的数字盈利模式。比如采取部分内容和关键信息只允许付费会员浏览查询的方式，或者只提供针对注册付费用户的数字内容等。数字内容主要表现为文字、音频、视频等。

至于数字原创内容的来源，有些是公司内部机构创作并视为公司的核心竞争力；也有一些是通过资源整合的方式，直接借助网络向普通用户购买其上传的高质量用户创作内容的版权；还有一些是购买线下教育资源的版权，然后进行整合，上传至网络销售。

（2）增值服务。在线教育机构通过为学员提供考试服务、就业咨询等服务收取费用。一些网站推出了网络咨询服务内容，可以针对相关培训和学习中的问题进行在线答疑或者提供 24 小时内解决问题的咨询服务，并针对问题的数目进行包月收费。

这种盈利模式很好地解决了网络教育过程中的互动性、个性化问题，并且提供了区别于一般数字内容的增值服务，也很好地避免了版权问题，降低了被盗版的风险。中华培训网的会计子网就提供了一种高级课程，收费是普通数字内容课程的 10 倍，其增加的费用部分用来提供会计学习过程的疑难解答、会计实务咨询等服务。

（3）软件一次性收费或包月。主要为移动终端的软件安装。

（4）平台佣金。对进驻平台的教育机构收取佣金，进而允许教育机构在平台上提供课程和资料。有一些教育资源创作机构与教育内容版权商想扩大分销渠道和开拓网络用户，但是鉴于在网络运营方面并不具备相关的资源优势和运作经验，于是通过战略合作或者外包的方式将网络分销渠道赋予特定的网站运营商。网站运营商则负责代理其数字内容的在线服务，并针对视频点播、在线课堂等宽带服务向版权商收取一定的运营费用或者提取一定比例的用户付费。

（5）广告模式。向在网站上投放的广告收费。在线广告是网站比较普遍的盈利模式，网络教育网站也是如此。其形式繁多，从横幅、图标广告，到 Flash 多媒体动画等多种多样。从收费的方式来看，现在比较受欢迎的是按点击次数收费，Google 和百度等搜索引擎网站都是主要采取此类广告方式。很多小型教育网站也通过 Google Ad Words 或者百度主题推广等推广工具来获得广告利益分成。几乎每一个教育类网站都会提供相关广告位，但是能够单独依靠广告来盈利的还只是少数具备品牌优势，能带来大量流量、点击量的网站。

三、收入会计事项汇总

执行新收入准则之后，服务业企业与收入相关的会计事项如表 17 - 3 所示。

表 17 - 3　　服务行业收入相关会计事项汇总表

业务类型	业务内容	会计事项
贴片广告	贴片广告指在电影片头插播的广告，或在电视剧片尾跟贴播出的广告	贴片广告合同中包含几项履约义务 贴片广告的收入确认时点
券商保荐	证券公司在企业 IPO 的过程中，可能提供的服务包括前端辅导、保荐、承销、持续督导等	券商 IPO 保荐服务中包含几项履约义务 如构成一项履约义务，券商 IPO 保荐服务按时段确认收入还是按时点确认收入
物业服务	物业服务具体包括综合管理、房屋及共用设施设备的维护管理、公共秩序维护、保洁服务、绿化管理、装饰装修管理服务、停车管理服务等内容	酬金制下物业服务收入的确认
在线教育	互联网教育，是指以互联网为依托，借助相关技术，将教学内容、教育者、教育机构等教育资源及体系重构并进行教学活动的一种新业态	在线教育平台的老学员在推介新学员买课后，平台赠送老学员课程的会计处理

第二节　主要会计事项与应用示例

一、贴片广告合同（第二步）

（一）会计事项分析

影视行业的衍生产品收入主要是广告收入。广告主要分为植入广告和贴片广告。

植入式广告指将产品或品牌及其代表性的视听符号甚至服务内容策略性融入影视节目等媒体传播中，通过场景的再现，让观众对产品及品牌留下印象，达到营销目的。贴片广告指在电影片头插播的广告，或在电视剧片尾跟贴播出的广告。

在原准则下，贴片广告一经播放后一次性确认合同收入。

新、旧收入准则下的主要差异在于，新准则将合同承诺拆分为若干项履约义务，对于其中制作广告的履约义务可在制作完成获得验收后确认收入，可能导致比原准则提前确认一部分收入（分摊至制作广告的履约义务的合同对价）。

（二）新收入准则应用案例

案例17－1

贴片广告的制作和发布

（本案例摘自北京注册会计师协会编著《新收入准则影响案例分析：收入确认及审计应对》）

1. 背景资料

甲乙双方签订了电视剧片尾广告制作、鸣谢广告发布协议，乙方为影视传媒公司。协议的主要条款如下：

（1）甲方委托乙方进行电视剧片尾广告制作、片尾鸣谢广告发布事宜。发布片尾广告的电视剧为《XXX》《YYY》《ZZZ》3部。

（2）制作：乙方按照甲方要求在甲方提供素材的基础上制作企业形象广告；乙方制作的广告必须得到甲方的书面同意，甲方有权提出修改意见，在不违反法律的前提下，乙方无条件按照甲方的意见修改；乙方对不符合法律法规的广告内容和形式也可以要求甲方修改。

（3）合同总金额：广告制作费50万元，片尾鸣谢广告费用为每部电视剧100万元，总金额350万元。

（4）付款方式：合同签订一个月内支付10%；广告制作完成支付10%；3部电视剧全部制作完成并开始发行的前3天支付剩余80%。

（5）甲方权利义务：甲方对广告的素材和内容的合法性、真实性、有效性负责；按时足额支付费用。

（6）乙方权利义务：按照合同规定的服务内容和标准提供服务；有权审查甲方广告的内容和表现形式，对于不合法的内容和表现形式有权要求甲方修改，如甲方不修改可拒绝发布广告；有权要求乙方按时足额支付费用。

（7）违约责任：如任何一方违约，应向对方支付合同总金额的10%作为违约金，并赔偿对方由此造成的所有损失。

问题：该合同中包含几项履约义务？各项履约义务应当在一段时间内确认，还是某一个时点确认？

2. 案例分析

在本合同中，乙方（影视传媒公司）对甲方的承诺包括：制作广告，在3部电视剧的片尾发布广告。这几项承诺不需要乙方提供重大的整合服务将其形成组合产出；彼此之间不存在重大修改和定制；承诺之间也不具有高度关联性，乙方可以仅提供制作广告的服务，而不提供发布广告的服务，也可以不提供制作广告的服务，仅提供发布广告的服务（如使用其他第三方制作完成的广告直接在片尾发布），也可以仅在《XXX》片尾发布广告，不在其他两部电视剧发布广告（反之亦然）。因此，这些承诺彼此可明确区分，本合同存在4项单项履约义务：制作广告、在电视连续剧《XXX》《YYY》《ZZZ》片尾分别发布广告4项单项履约义务。

（1）广告制作服务：贴片广告往往时间较短，制作周期也较短，在广告制作过程中甲方无法获得并消耗乙方提供的服务；在制作过程中甲方不会控制制作中的广告，合同中约定的“乙方制作的广告必须得到甲方的书面同意，甲方有权提出修改意见”主要是指广告制作完成后甲方对广告的验收；尽管为甲方制作的展示甲方企业形象的广告具有不可替代性，但是从合同的“付款方式”和“违约责任”分析，不能表明乙方在整个合同期间内有权就累计至今已完成的履约部分收取款项，据此，广告制作服务属于在一个时点履行的履约义务，应在所制作的广告得到甲方书面同意后，一次性确认收入的实现。

（2）发布广告：对于甲方（客户）来说，只有广告在影视剧贴片完毕，并且对外播映后才能取得并消耗企业履约带来的经济利益，不满足收入准则“客户在企业履约的同时即取得并消耗企业履约所带来的经济利益”的条件；甲方并不能控制和主导贴片过程，不满足收入准则“客户能够控制企业履约过程中在建的商品”的条件；贴片广告是客户的特定品牌，满足“企业履约过程中所产出的商品具有不可替代用途”的条件，但是从合同的“付款方式”和“违约责任”分析，不能表明乙方在整个合同期间内有权就累计至今已完成的履约部分收取款项。据此，发布贴片广告属于在一个时点履行的履约义务，应在影视剧上映、播出之时（此时，乙方已经能够获得该广告带来的全部经济利益）确认收入实现。

新、旧收入准则下的主要差异在于，新准则将合同承诺拆分为若干项履约义务，对于其中制作广告的履约义务可在制作完成获得验收后确认收入，将导致比现行准则提前确认一部分收入（分摊至制作广告的履约义务的合同对价）。

新收入准则下，对于发布广告收入属于时点还是时段确认需要根据广告形式以及合同的约定进行具体分析。可以参见财政部2020年11月发布的《收入准则应用案例——合同变更与可变对价的判断》"例3 提供广告投放服务"。

二、退货、折扣、回扣的处理（第三步）

会计事项分析

传统传媒会就与客户订立的部分广告合约以及杂志及期刊销售提供退货、折扣或回扣权利。

在原收入准则下，企业将其确认为销售费用。

在新收入准则下，涉及可变对价，要求主体使用概率加权计算的期望值或者最有可能金额估计可变收款额。对于可变对价计入交易价格存在一项限制，确认金额应不超过与可变对价相关的不确定性消除时累计已确认的收入极可能不会发生重大转回的金额。

三、券商IPO保荐服务的收入确认时点（第五步）

（一）会计事项分析

证券公司在企业IPO的过程中，可能提供的服务包括前端辅导、保荐、承销、持续督导等。其中对于保荐服务，是整体作为一项履约义务还是包含多项履约义务，应该在某一时段内确认收入还是在某一时点确认收入存在不同的理解。

（二）新收入准则应用案例

案例17－2

券商IPO保荐服务的收入确认

（本案例摘自财政部于2020年7月发布的《收入准则应用案例——保荐服务的收入确认》）

1. 背景资料

甲公司与乙公司签订合同，在乙公司申请首次公开发行股票时，提供包括依法对乙公司申请文件、证券发行募集文件进行核查，出具保荐意见等保荐服务。乙公司在签订合同后支付10%的保荐费，在首次公开发行股票申请被受理后再支付50%的保荐费，其余40%保荐费在首次公开发行股票完成后支付，已支付的费用无须返还。如果因乙公司或其他方原因终止合同时（如乙公司首次公开发行股票申请未被受理），甲公司无权收取剩余款项，但可就其发生的差旅费等直接费用获取补偿。根据相关监管要求，保荐人应当结合尽职调查过程中获得的信息对发行人进行审慎核查，对其提供的资料和披露的内容进行独立判断，保荐人的工作底稿应当独立保存至少10年，如果乙公司更换保荐机构，新的保荐机构需要重新执行原保荐机构已完成的保荐工作，并且乙公司需要重新履行申报程序。假定该合同不涵盖承销服务及上市后的持续督导等其他服务。

在本例中，除非甲公司完成乙公司上市前的全部保荐服务，乙公司不能从甲公司提供的各项服务本身获益，或将其与其他易于获得的资源一起使用并受益，即该保荐服务中的各项服务本身是不能够明确区分的。同时，该合同所约定的各项服务具有高度关联性，即合同中承诺的各项服务在合同层面是不可单独区分的。因此，甲公司提供的保荐服务属于单项履约义务。

问题：在新收入准则下，保荐服务应如何确认收入？

2. 案例分析

（1）如果乙公司在首次发行股票申请过程中更换保荐机构，新的保荐公司需要重新执行原保荐机构已完成的保荐工作，乙公司在甲公司履约的同时并未取得并消耗甲公司提供服务所带来的经济利益；（2）甲公司按照相关监管要求独立进行核查并出具保荐意见，工作底稿归甲公司所有且应当独立保存至少10年，乙公司不能控制甲公司正在履行的保荐服务；（3）虽然甲公司是针对乙公司的具体情况提供保荐服务，该服务具有不可替代用途，但是，该合同约定首付款仅为10%，后续进度款直到首发申请被受理及首发完成才支付，并且由于乙公司或其他方原因终止合同时，甲公司无权收取剩余款项，仅可就发生的差旅费等直接费用获取补偿，因此，上述情况表明甲公司并不能在整个合同期间内任一时点就累计至今已完成的履约部分收取能够补偿其已发生成本和合理利润的款项。综合上述情况，甲公司提供的保荐服务不满足在某一时段内履行履约义务的条件，属于在某一时点履行的履约义务。

四、酬金制下物业服务收入的确认（特定交易三）

（一）会计事项分析

物业管理企业提供物业服务的收费方式包括包干制和酬金制。包干制是指由业主向物业管理企业支付固定物业服务费用，盈余或者亏损均由物业管理企业享有或者承担。实行包干制的，物业服务费用的构成包括物业服务成本、额定税费和物业管理企业的利润。酬金制是指在预收的物业服务资金中，按约定比例或者约定数额，提取酬金支付给物业管理企业，其余全部用于物业服务合同约定的支出，结余或者不足均由业主享有或者承担。实行酬金制的，预收的物业服务资金包括物业服务支出和物业管理企业的酬金。

酬金制下物业管理企业是主要责任人还是代理人，涉及重大职业判断。应根据具体的合同条款进行分析判断，而不能仅依据合同名为“酬金制”即认定采用净额法确认收入。如果采用总额法，确认物业服务收入为固定酬金和发生的成本费用之和，按照实际发生的成本确认物业服务成本，与项目相关的资产负债科目均纳入报表合并范围。如果采用净额法，按固定的酬金确认物业服务收入，一般酬金制项目成本为0，同时酬金制项目产生的资产负债都不纳入合并报表范围（如银行存款、预收、应付职工薪酬、应付账款等项目）。

原收入准则对主要责任人还是代理人并没有明确的规定，实务中主要参考国际财务报告准则中的相关规定。实行酬金制的上市物业管理公司中全额、净额两种方式确认收入的均有。

而新收入准则是与国际财务报告准则实质趋同的，对于主要责任人还是代理人的判断，提出了一个基本原则、三种控制情形、综合考虑的事实和情况。具体的准则规定参见本书第三章第三节“主要责任人与代理人”。

（二）新收入准则披露示例

示例 17－1：2007. HK 碧桂园

物业管理产生的收入于提供服务的会计期间确认。本集团为每月提供的服务开出固定金额账单，并将本集团有权开立发票且与已完成的履约价值直接匹配的金额确认为收入。

就按包干制管理的物业所得物业管理服务收入而言，若本集团作为委托人且主要负责向业主提供物业管理服务，本集团将已收或应收业务的费用确认为收入并将所有相关物业管理的成本确认为服务成本。就按酬金制管理的物业所得物业管理服务收入而言，本集团将佣金费（按物业单位的已收或应收物业管理费总额之一定比例计算）确认为收入，以安排及监控其他供应商向业主提供的服务。

示例 17－2：1778. HK 彩生活

物业管理服务主要包括根据包干制及酬金制提供的物业管理服务、交付前服务及顾问服务协议。就物业管理服务而言，本集团按月/定期就所提供服务收取固定费用，并按本集团有权开具发票并直接对应于履约价值的金额确认收益。

就来自以包干制管理的物业的物业管理服务收入而言，本集团作为委托人行事，主要负责向业主提供物业管理服务，由于业主同时接收及消耗本集团履约提供的利益，因此本集团随时间确认已收或应收业主费用为收益，以及所有相关物业管理成本为服务成本。

就来自以酬金制管理的物业的物业管理服务而言，本集团就向居民社区的物业管理办公室提供物业管理服务确认佣金（根据向物业拥有人收取物业管理费总额的若干百分比计算）。由于居民社区的物业管理办公室同时接收及消耗本集团于提供物业管理服务时履约所提供的利益，因此本集团随时间确认已收或应收居民社区的物业管理办公室的费用为其收益及所有相关物业管理成本为其服务成本。

五、教育平台推荐赠课

（一）会计事项分析

在线教育的平台为了对线上的课程进行推广，通常会采用各种各样的促销手段，如充值1 000元赠送500元，购买2节课免费赠送1节，免费体验课，等等。除此之外，可能还会采取通过老客户介绍新客户成为会员，进而向老客户赠送课程的方式拓展业务。对这种形式的推广活动在新收入准则下的处理存在不同的观点。

（二）新收入准则应用案例

案例17－3

教育平台推荐赠课的处理

1. 背景资料

某教育平台销售在线课程，价格为1万元100节课，每节课半小时，上课方式为一对一（即一位老师给一位学员在线授课）。对于该教育平台的老客户，如果其成功介绍一名新客户（即新客户购买课程并已过退费期），则老客户获赠10节课程。假设每节课的成本仅为支付给授课老师的薪酬60元；每节课的公允价值为100元。

问题：对于赠送老客户的10节课，教育平台应如何进行会计处理？

2. 案例分析

对于该事项有不同的观点。

观点1：该交易属于具有商业实质的互换交易。持有该观点的主要理由为：老客户获得赠课的前提条件是成功介绍新客户（即其介绍的新客户购买课程并已过退费期），即教育平台用其10节课程交换了老客户提供的介绍新客户的服务。该部分成本属于教育平台为取得新客户的合同而发生的增量成本。因此，在该观点下，教育平台的会计处理如下：

老客户成功介绍新客户，教育平台向老客户注册的账户赠送10节课时，根据非货币性资产交换准则规定，教育平台以10节课的公允价值（即10节课×100元/节课=1 000元，假定不考虑相关税费）作为换入服务的成本（假定换出10节课的公允价值与换入服务的公允价值一致）：

借：合同取得成本/销售费用　　1 000

　　贷：合同负债　　1 000

老客户使用赠课，教育平台确认收入结转成本：

借：合同负债　　1 000

　　贷：主营业务收入　　1 000

借：主营业务成本　　600

　　贷：应付职工薪酬　　600

观点2：直接以赠课的成本确认合同取得成本或销售费用。持有该观点的主要理由为：赠送给老客户的课程仅为教育平台获取更多新客户而发生的增量成本，该互换交易不具有商业实质，根据非货币性资产交换准则的相关规定，不具有商业实质的非货币性资产交换，应当按照换出资产的账面价值和应支付的相关税费作为换入资产的成本，不确认损益。因此，在本例中，以赠送给老客户的10节课程的成本（假设不考虑相关税费）作为换入服务的账面价值，不确认赠送给老客户的课程收入。在该观点下，教育平台的会计处理如下：

老客户成功介绍新客户，教育平台赠送其课程时：

借：合同取得成本/销售费用　　600

　　贷：应付职工薪酬　　600

第十八章
新收入准则应用示例：网络游戏行业

第一节　行业概述

一、行业简介

按照证监会发布的《上市公司行业分类指引》（2012 年修订），网络游戏行业应该属于文化、体育和娱乐业。

网络游戏产业链的主要组成部分为：游戏开发商、游戏运营商、游戏渠道商、游戏玩家、以及支付服务商、电信资源提供商等。网络游戏行业的产业链链条如图 18－1 所示。

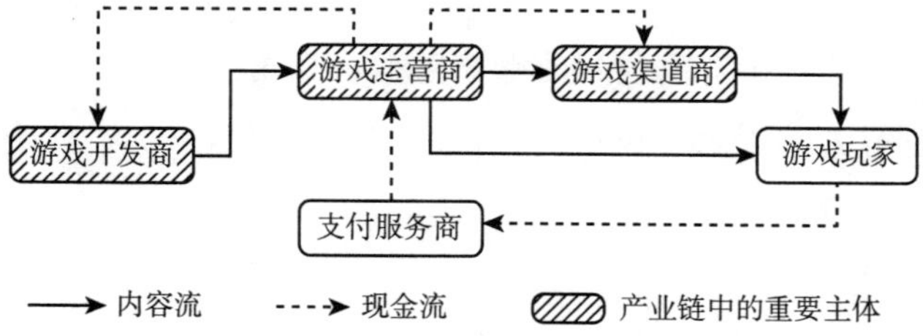

图 18－1　网络游戏行业产业链

游戏开发商负责研发游戏内容以及提供持续优化、更新及游戏技术支持。开发商拥有游戏的知识产权，自主发行及经营游戏或授权第三方运营商发行。开发商在市场竞争中主要依赖其游戏开发能力。

游戏运营商负责提供网络游戏的运营平台，在取得游戏的使用权或所有权后，架设服务器组、安装服务器端软件，在网站上提供客户端软件的下载链接，并对游戏进行推广、运营维护以及客户服务等。

游戏渠道商是游戏运营商和最终游戏玩家之间的中间商，通过其销售渠道为游戏运营商提供销售游戏点卡的服务，一般包括游戏分销商及游戏合作运营商等。

该产业链的参与者还有支付服务商、电信资源提供商等其他参与方。支付服务商是为交易提供支付清算服务的中间机构。电信资源提供商是提供互联网接入和移动电话等基础电信业务，以及提供服务器托管、带宽租用、服务器租用等服务的企业。

二、业务模式

（一）网络游戏行业的运营模式

从游戏开发商的角度来看，互联网游戏公司运营模式包括公司自主运营、与运营商联合运营以及授权运营三种。

1. 自主运营模式

网络游戏的自主运营是指游戏开发商独立进行产品研发，负责游戏服务器的架设和维护，独立进行市场推广和开展运营活动，此时，开发商也是运营商。游戏玩家则直接通过官方网站完成注册和进行游戏。通过自主运营模式，游戏开发商能够更好地控制游戏的运营和服务。

在自主运营模式下，游戏开发商自行负责产品更新、市场推广、运营控制、服务器支持和支付渠道支持等多项工作，并在游戏运营过程中对充值系统、计费系统和玩家账户数据库进行管理。充值系统为记录和管理用户将现金兑换成虚拟货币的系统。计费系统为记录和管理用户将虚拟货币兑换为游戏币及其他虚拟物品的系统。玩家账户数据库包含所有玩家在游戏里创建的账户数据，如角色、等级、装备等数据，是对玩家在游戏里所有行为的记录。在自主运营模式下，充值系统、计费系统、玩家账户数据库由游戏开发商自行管理。

2. 联合运营模式

在联合运营模式下，玩家通过游戏运营商的宣传了解游戏开发商的产品，直接通过游戏运营商提供的游戏链接下载游戏软件，注册后进入游戏，并在游戏中购买游戏币或道具等虚拟物品。开发商负责游戏的维护、升级、客户服务等。游戏运营商负责游戏推广及搭建收费渠道，并按协议约定的分成比例在二者之间就游戏收入进行分成。

3. 授权运营模式

在授权运营模式下，游戏开发商有条件地与游戏平台运营商合作，授权运营商在其平台上运营开发商自主研发或有权运营的网络游戏产品，由运营商负责各项运营工作，承担运营成本并取得运营收入，同时按协议向游戏开发商支付一定比例的分成款。

在授权运营模式下，通常由授权运营平台负责提供游戏的充值服务，充值系统也由授权运营平台管理，虚拟货币兑换为游戏币等虚拟物品的过程由运营平台负责完成，运营平台和游戏开发商各自建立计费系统并定期对账。玩家账户数据库由游戏开发商自行管理，向授权运营平台提供消费接口，以实现授权运营平台虚拟货币到游戏币或其他虚拟物品的兑换。

需要指出的是，在授权运营模式下，由于不同的游戏开发商和运营商的开发能力、话语权等因素的不同，游戏开发商和运营商可能会以不同的安排方式进行合作，从而对游戏开发商和运营商的会计处理产生不同的影响；而且，对于部分大型的游戏开发商而言，同时具有游戏开发和游戏运营的业务，在不同的安排中，可能担任不同的角色。

（二）网络游戏行业的盈利模式分析

网络游戏企业的盈利模式主要有按虚拟道具收费、按游戏时间收费、按游戏下载收费以及广告收入等几种形式。

1. 按虚拟道具收费

按虚拟道具收费是指游戏运营商为玩家提供网络游戏的免费下载和免费的游戏娱乐体验，而公司的收益则来自游戏内虚拟道具和高级功能模块的销售。玩家注册一个游戏账户后，即可参与公司的游戏而无须支付任何费用。若玩家希望进一步加强游戏经验，则须通过购买游戏点卡并充值到游戏账户中，点卡的面值将按固定的比例折算成游戏的虚拟货币，游戏玩家再用账户中的虚拟货币购买游戏中的虚拟物品来增加经验、技能等从而提升娱乐体验。目前该模式已成为中国网络游戏的主流收费模式，其优势是降低了初级玩家的进入门槛，有利于提升用户平均消费值。在该模式下，游戏玩家可以免费登录游戏，但在游戏过程中可以选择购买一些道具来增加经验或技能，以提升娱乐体验。

2. 按游戏时间收费

在游戏时间收费的模式下，游戏运营商按照玩家的游戏在线时间进行收费，玩家可以选择购买游戏点卡，或者以包月（或包季、包年等）的形式消费。

按时间收费是指网络游戏运营商按照玩家的游戏在线时间进行收费，具体又分为计点收费和包月收费两种。所谓计点收费，指玩家需要先购买点卡，面值不同的点卡对应不同的游戏点数，通过玩家的游戏在线时间来计算，将点数按一定比例转换成时间（小时、分、秒）来进行消费。所谓包月收费，则是指按照固定时间段来收费的模式，一般按月为单位，这种情况下只需要买一张月卡，就可以在一个月的时间内随便玩游戏，比较适合在线时间比较长的玩家。同样，还有年卡、季卡，甚至还有包周卡、包天卡等。目前，国内采用按时间收费模式的网络游戏逐渐减少。

3. 按游戏下载收费

在按游戏下载收费的模式下，游戏运营商按照玩家下载游戏的类别进行收费。

4. 广告收费

在广告收费的模式下，游戏运营商在游戏中适当加入广告。广告的形式包括场景内置广告、游戏道具广告、文字广播、登录退出时的弹出广告、游戏官方网站广告、游戏形象授权等。

三、收入会计事项汇总

执行新收入准则之后，网络游戏行业企业与收入相关的会计事项如表 18－1 所示。

表 18－1　　网络游戏行业收入相关会计事项汇总表

业务类型	业务内容	会计事项
自主运营	游戏开发商独立进行产品研发，负责游戏服务器的架设和维护，独立进行市场推广和开展运营活动，自行负责产品更新、市场推广、运营控制、服务器支持和支付渠道支持等多项工作。游戏玩家则直接通过官方网站完成注册和进行游戏	自主运营模式下收入的确认时点和确认方式 沉淀收入如何处理
联合运营	开发商负责游戏的维护、升级、客户服务等。游戏运营商负责游戏推广及搭建收费渠道，并按协议约定的分成比例在二者之间就游戏收入进行分成	在联合运营模式下，开发商和运营商哪一方是提供游戏服务的主要责任人
授权运营	游戏开发商将游戏版权转让给其他方运营，一次性收取授权使用费	授权运营模式下一次性收取的使用费应该一次确认为收入还是在授权期间内分期确认收入
道具收费模式	按虚拟道具收费是指游戏运营商为玩家提供网络游戏的免费下载和免费的游戏娱乐体验，而公司的收益则来自游戏内虚拟道具和高级功能模块的销售	道具收费模式下运营商如何确认收入
时间收费模式	游戏运营商按照玩家的游戏在线时间进行收费，玩家可以选择购买游戏点卡，或者以包月（或包季、包年等）的形式消费	时间收费模式下收入确认的方式，按时点还是按时段

续表

业务类型	业务内容	会计事项
下载收费模式	游戏运营商按照玩家下载游戏的类别进行收费	下载收费模式下收入确认的时点
广告收费模式	在广告收费的模式下，游戏运营商在游戏中适当加入广告。广告的形式包括场景内置广告、游戏道具广告、文字广播、登录退出时的弹出广告、游戏官方网站广告、游戏形象授权等	广告收费模式下收入确认的时点和方式

第二节　主要会计事项与应用示例

网络游戏是多方参与者向最终用户提供服务的一系列安排，且这些服务的回报通常需要通过虚拟道具、虚拟货币等形式予以实现。涉及的收入的主要会计事项包括总额法与净额法、按时段确认还是按时点确认收入、按时段确认时履约进度如何计量的问题以及沉淀收入的问题。

一、道具收费模式下的收入确认（第二步）

（一）会计事项分析

当开发商或运营商作为游戏运营的主要责任人，并且采用道具收费模式，其收入的确认方式是该行业的一项重要会计事项。

1. 原收入准则下按照道具的消耗方式确认收入

游戏道具的销售收入成为网络游戏的主要盈利模式，因此游戏道具的收入何时确认对于游戏运营商（或游戏开发商）而言具有很大的影响。如何确认虚拟道具相关的收入，以反映最终用户在网络游戏过程中享受的相关服务，是根据道具的消耗方式还是玩家玩游戏的生命周期？

在现实生活中，零售商销售一项物品后，通常将不再有后续的义务，可以在物品交付时确认收入，但是在网络游戏的虚拟世界中，在玩家购买一项道具后，实质上游戏运营商（或游戏开发商）的义务仍未完成，需要提供一个虚拟世界能够使得玩家在虚拟世界上使用这项道具。

在网络游戏中，按照道具消耗的方式，通常将道具分为三类：一次性消耗道具、有限使用道具和永久性道具。

一次性消耗道具是指游戏玩家通过某一特定行为所消耗的物品，一旦游戏玩家使用了该项道具，游戏运营商（或游戏开发商）即已完成向游戏玩家提供服务的义务。

有限使用道具是指游戏玩家在首次使用该道具以后的有限期间、有限次数范围或其他定量范围内仍然可以使用该项道具或者能够提升游戏玩家的游戏体验能力，游戏运营商（或游戏开发商）须依照与玩家之间的协议在以后的有限期间、有限次数范围或其他定量范围内为玩家提供游戏服务。

永久性道具是指游戏玩家在游戏运营商（或游戏开发商）在为其提供游戏服务的剩余服务期间内均可使用该项道具或者能够提升游戏玩家的游戏体验能力，游戏运营商（或游戏开发商）须依照与游戏玩家之间的协议在上述剩余服务期间内为游戏玩家提供游戏服务。

对于某些可以在玩家之间转让的永久性道具，该项道具的存活期间应被认为可能超过游戏玩家的存活期间。

当前普遍的收入确认方式为根据道具的消耗方式确认收入，即各家公司的游戏道具的收入按照每个游戏道具的隐含义务期限来确认：

（1）一次性消耗道具在玩家使用时确认。

（2）对于有限期间使用道具，游戏运营商（或游戏开发商）在游戏玩家使用该项道具的未来期间内按照直线法进行收入确认；对于有限次数使用道具，游戏运营商（或游戏开发商）按照该项道具的使用次数在游戏玩家使用该项道具时进行收入确认。

（3）对于永久性道具，游戏行运营商（或游戏开发商）在该项道具的剩余服务期间内按照直线法进行收入确认。对于永久性道具，理论上只要玩家持续参与游戏，游戏运营商（或游戏开发商）就有义务提供虚拟的数字空间使得游戏玩家能够使用这些道具。但是在实际游戏过程中，往往游戏玩家参与游戏一定时间后，就会自主退出游戏。因此，游戏运营商（或游戏开发商）通常会预计玩家的生命周期，以此为基础按照直线法摊销永久性道具的收入。

按照道具的消耗方式确认收入存在下列挑战：

（1）在游戏过程中，有成千上万的玩家使用成百上千种道具，追踪每个道具的使用情况，在实务中可能是不可行的，因此可能只能按照道具的类别预计一个统一的摊销期限，而非追踪至每个具体玩家账户的具体道具。

（2）对于一个新发布的游戏，游戏运营商（或游戏开发商）没有历史数据去估计游戏玩家的行为，从而估计一个合理的摊销期限变得较为困难。

（3）在某些情形下，游戏运营商负责游戏的推广和运营，是主要责任人，应当按照总额法确认收入。但是道具相关的数据是由游戏开发商拥有的，游戏运营商无法取得数据。在这种情形下，游戏运营商无法按照不同的道具类别确认收入，可能只能预计玩家的生命周期，将道具相关收入按照玩家的生命周期来摊销确认。

2. 新收入准则下的履约义务分析

新收入准则要求企业首先识别合同，然后识别合同中的履约义务，确定交易价格，分摊交易价格，最后在履行了履约义务时确认收入。

对于网络游戏而言，不论游戏运营商的收费模式是时间还是道具，其义务实质都上都是向玩家提供游戏体验。收费模式从时间转为按道具收费，本质上是这个行业的营销创新，优势是降低了初级玩家的进入门槛，有利于提升用户平均消费值。在这种模式下，游戏玩家可以免费登录游戏，又可以在游戏过程中选择购买一些道具来增加经验或技能，以提升娱乐体验，这种方式非常有利于游戏运营商增加收入，因而成为网络游戏的主流收费模式。因此，收费模式不影响履约义务的识别，履约义务就是向玩家提供游戏体验。

向玩家提供游戏体验是一系列实质相同，且转让模式相同的服务，是一项履约义务。即无论玩家买了一个道具还是两个道具，无论道具的性质如何，其实运营商提供的都是一项履约义务，只是玩家为履约义务的付费方式不同、体验不同而已，且该履约义务属于客户在企业履约的同时即取得并消耗企业履约所带来的经济利益，属于在某一时段内履行的履约义务。

对于在某一时段内履行的履约义务，企业应当在该时段内按照履约进度确认收入。不同情况下，用户的生命周期、道具的消耗进度都可能作为履约进度计量的标准。

游戏公司通常采用数学模型来确定用户生命周期，通常采用的方法包括类似保险中计算人的寿命的精算方法、统计样本用户再次返回游戏的时间及对应的概率来计算用户的生命周期、分样本统计用户的流失率计算用户的生命周期、通过精确定义死亡用户的概念来直接计算用户的生命周期等方法。

如果玩家生命周期不能可靠预测，或者存在大量的可在玩家间转让的道具，那么也可以考虑采用游戏生命周期模型对履约进度进行计量。

（二）新收入准则披露示例

示例 18-1：1980.HK 天鸽互动

本集团主要通过与第三方游戏开发商及网络应用商店合作而从游戏中销售游戏虚拟道具取得其手机游戏收益。通过与拥有游戏版权的游戏开发商的独家经营框架合约，本集团负责游戏的市场推广、分销及经营以及与游戏相关的服务器维修、支付方身份核实及收款。

于出售游戏虚拟道具后，本集团一般亦须承担提供可令游戏虚拟道具于游戏中显示或得以使用的服务的附带责任。因此，销售游戏虚拟道具收取的所得款项初步计入递延收益，并仅在已提供相关服务的前提下方于随后确认为收益。为厘定向相关付费玩家提供服务的时间，本集团已厘定以下各项：

1. 消耗性虚拟道具指通过一项特定的游戏玩家的操作消耗后即不复存在的道具。付费玩家将不可再继续使用虚拟道具所附带的功能。收益于消耗道具时从递延收益转出确认。

2. 可持续虚拟道具指付费玩家可获得并可延长使用一段时间的道具。收益于付费玩家的平均游戏期间（玩家关系持续期）内按比例确认，而该期间乃对适用游戏的可持续虚拟道具的平均有效期的最佳估计。

本集团按各款游戏的基准估计玩家关系持续期及每季度重新评估有关期限。倘数据不足以厘定玩家关系持续期（例如一款最新推出的游戏），本集团根据本身或第三方开发商所开发的其他同类型游戏作出估计，直至新游戏建立其本身的类型及记录为止。本集团于估计玩家关系持续期时考虑游戏组合、目标玩家及其对不同统计类别玩家的吸引力。

倘本集团无法区别一款特定游戏的可持续虚拟道具与消耗性虚拟道具所产生的收益，本集团将会根据玩家关系持续期按比例确认可持续虚拟道具与消耗性虚拟道具所产生的收益。

示例 18 - 2：0082. HK 第一视频

本集团自营运网络游戏产出收益。履约责任当游戏玩家消费其所支付的具备溢价特征的游戏时得以实现。收益因游戏玩家消费由本集团提供的游戏内虚拟项目按时间推移确认。香港财务报告准则第 15 号对本集团之会计政策并无产生重大影响。

本集团的收益主要来自提供游戏、网络直播平台及网络信息平台。本集团向终端用户销售虚拟货币。终端用户可以等于本集团平台中的账户充值虚拟货币，随后即可获取本集团的付费网络产品或服务，如互动游戏、网络直播平台及网络信息平台。兑换礼品所得收益指终端用户用于兑换礼品之虚拟货币。销售虚拟货币所得收入将会递延计算，并于综合财务状况表列账为合约负债。

本集团发布之游戏包括互动游戏、自主开发手机游戏及联运手机游戏。

互动游戏所得收益指总投注减终端用户之总派彩。总投注指终端用户参与互动游戏时向彼等收取之虚拟货币价值。总派彩指以虚拟货币支付予终端用户之总奖励。

本集团根据免费畅玩模式营运自主开发手机游戏。游戏玩家会购买游戏点数（即虚拟货币），用以购买游戏内的虚拟物品，以获取更好的游戏体验。本集团通过与多个第三方游戏分销平台及付款渠道合作，出售预付游戏点数。该等游戏分销平台包括主要网上应用程序商店。

为确定本集团在安排中是以主事人还是代理身分行事，本集团已评估在向付费玩家提供游戏体验的过程中，本集团、第三方分销平台及第三方付款渠道各自担当之角色及职责。本集团负责管理自主开发的游戏、向游戏玩家提供客户服务、厘定游戏币的销售价格、挑选分销及付款渠道，以及预防、监测及处理诈骗及黑客行为。本集团已评估并确定，在向游戏玩家提供服务中，本集团为主要义务人。因此，本集团认为付费玩家为其客户，而自主开发手机游戏之游戏营运收入乃按总额基准记入综合财务报表。第三方分销平台及第三方付款渠道收取之服务费乃记录作为直接成本。第三方分销平台及第三方付款渠道向付费玩家收取付款，并在扣除本集团与第三方分销平台或第三方付款渠道之间订立的相关条款预先厘定之佣金收费后汇出现金。

出售游戏点数或游戏虚拟物品后，本集团一般承担提供服务之引申责任，让游戏点数或游戏虚拟物品可于有关游戏中展示、使用或转换为其他游戏虚拟货币、物品。因此，出售游戏点数或游戏虚拟物品所得款项初步记录为“合约负债”。于付费玩家使用游戏点数及虚拟物品后，会将游戏点数已消耗价值及游戏虚拟物品已转换价值之应占递延收益部分确认为收益。

就联运手机游戏收益而言，本集团对游戏运营及定价并无权利。由于本集团以代理身分行事，本集团将向手机游戏营运商及第三方渠道收取之所得款项净额，确认为联运手机游戏收益。

示例18－3：0797.HK第七大道

本集团是网页游戏及手机游戏开发商及发行商。本集团的网络游戏收益主要源于自营（即本集团平台发行的游戏）及授出特许权（即根据不同游戏分销安排由其他发行商发行游戏）。

我们的网络游戏以免费下载模式运营，用户可免费任玩游戏，及就购买游戏代币收费，而用户可使用游戏代币交换游戏虚拟物品（包括消耗类及耐用类虚拟物品）。

1. 本集团发行的网络游戏所得收益。本集团透过付款渠道（例如各种移动运营商及第三方互联网支付系统）出售游戏代币给用户。游戏代币不可退还及不可取消，并可交换虚拟物品。付款渠道有权收取手续费，其自游戏玩家收取的款项总额中预扣及扣除该费用后将款项净额汇给本集团。

本集团有责任为游戏玩家提供持续服务，而在游戏玩家购买游戏虚拟物品后，该责任并非被视为无足轻重。鉴于本集团有义务维护及向用户提供进入由本集团运营的游戏的通道，收益于本集团履行履约责任时确认，即就消耗类虚拟物品于消耗的时间点及耐用类虚拟物品付费用户的估计玩游戏时长（用户关系期间）。

本集团估计用户关系期间并每半年重新评估一次。倘并无足够的数据来确定用户关系期间，例如新发布的游戏，则根据由本集团开发的其他类似游戏来估计用户关系期间，直至新游戏建立其本身的模式及历史。在估计用户关系期间时，本集团亦考虑游戏概况、目标玩家，以及游戏对于不同人口组别的玩家的吸引力。预期会就耐用类虚拟物品的估计使用寿命的变动作出调整。

2. 其他发行商根据游戏发行安排的网络游戏所得收益。本集团亦授予第三方游戏发行商（发行商）使用我们的网络游戏，通过彼等自身的平台（包括网页游戏及手机游戏门户网站）或其他发行平台（包括主要社交网站如 Facebook，手机安装的网上应用程序商店，如苹果公司的应用程序商店 Apple App 及 Google Play、网页及手机游戏门户网站）发行其网络游戏。

销售游戏代币所赚取的款项由发行商或其指定的付款平台收取，并由本集团与发行商按预定比率分享。

在若干安排下，对于本集团负责提供游戏产品、技术支持及升级而发行商负责发行（包括确定平台）、提供付款解决方案、客户服务、推广活动及其他日常游戏运营的授权，本集团与发行商共享游戏内虚拟物品的最终定价权。

随着本集团按共同责任提供持续服务予玩家，本集团按净额基准及根据上文第 1 项所述同一原则确认本集团有权获得的收益金额。

示例 18－4：0434. HK 博雅互动

本集团的收益主要来自通过与各种第三方游戏分销平台及支付供货商合作，于其游戏开发业务（游戏开发）中销售游戏虚拟代币（游戏代币）及其他虚拟物品。该等游戏分销平台包括若干国家及地区的各大社交网站（如 Facebook）、在线应用商店（如安装在移动通信设备的苹果公司的 AppStore 及 GooglePlay）、网页及移动游戏门户以及预付游戏点卡经销商（统称“平台”）。

在与平台合作时，本集团负责发布游戏、持续更新游戏的新内容、为游戏运作提供技术支持，以及阻止、发现及解决游戏作弊及黑客活动。平台负责有关游戏的分销、营销、平台维护、付款人身分验证及收费。

本集团的游戏均为免费，及玩家可为更好的游戏体验购买虚拟代币或其他虚拟物品。玩家通过平台自身的收费系统或其存置于第三方支付供货商的账户，或以彼等购买的预付游戏点卡支付费用购买本集团的游戏代币或其他虚拟物品（付费玩家）。一般而言，购买本集团游戏代币或其他虚拟物品所收取的款项不可退还且相关合约不可撤销。平台及第三方支付供货商向付费玩家收取款项并汇出现金，唯扣除根据本集团与平台或第三方支付供货商所订立协议的相关条款提前厘定的佣金费用。

于销售游戏代币或其他虚拟物品后，本集团通常有隐含义务提供服务，使游戏代币或其他虚拟物品于游戏中呈现或使用。因此，自销售游戏代币或其他虚拟物品收取的所得款项初步记录为合约负债，而自销售预付游戏点卡收取的所得款项初步记录为贸易及其他应付款项中自销售预付游戏点卡收取的预付款。该预付款于玩家激活游戏点卡时（即玩家首次使用预付游戏点卡赊欠彼等的游戏账户）转至合约负债。有关所消费游戏代币的价值及所购买其他虚拟物品的合约负债应占部分仅在向有关付费玩家提供服务时实时或按比例确认为收益。

示例 18 – 5：1022. HK 飞鱼科技

就在线游戏而言，游戏中的对象及升级功能使用虚拟货币购买，被视为增值服务并于预先指定期间或整个游戏可玩期间提供。一旦玩家购入虚拟货币，所得款项即入账于合约负债，并于虚拟货币用作购买游戏对象或升级功能后确认为收益，即消耗游戏对象时或在游戏预定的实际使用时期按比例计量。本集团监察虚拟对象的运营数据及使用模式。

就单机版游戏而言，由于其被下载并安装于个别手机设备，游戏下载后，本集团对游戏维护并无责任，亦不可读取每部手机设备的游戏数据。收益于玩家下载游戏或购买虚拟对象后确认入账。为游戏营运提供持续的技术支持的成本被视为不重大。

二、主要责任人和代理人的判断（特定交易三）

（一）会计事项分析

网络游戏各个环节的参与者，如游戏开发商、游戏运营商、游戏渠道商，他们之间的协作关系如何，在这些安排中分别的权利义务如何，收益如何分配等一系列的问题，决定了哪个主体对于最终游戏玩家而言是主要责任人，从而依据其判断这些参与方中，哪一方应该按照总额法把最终游戏玩家支付的全部金额列报收入，并把分配给其他参与方的金额作为成本列报。而其他参与方应当按照净额列报收入，仅把分配给自己的金额列报为收入。在不同的安排中，相同称谓下的参与方承担的权利义务可能有很大的不同，而且可能在一些安排中，一家企业同时承担一个或多个角色，因此对于最终收入的总额法还是净额法的判断产生影响。

（二）新收入准则应用案例

案例 18 – 1

游戏开发商为主要责任人的情形

1. 背景资料

游戏开发商与社交平台联合运营其开发的一款游戏。社交平台的用户登录平台后，在平台建立游戏区域可以选择游戏，成为游戏的玩家。对于由开发商提供给用户的相关服务和应用程序，社交平台有运营责任。任何用户和开发商间关于该应用的争端应由用户和开发商解决，且与社交平台无关。用户对社交平台没有求偿权；游戏开发商的名字和用户支持热线将出现在游戏中；游戏的数据保存在的游戏开发商的服务器上，开发商负责运营和维护游戏及后续的客户服务，并拥有游戏的知识产权；社交平台不能修改游戏；玩家在平台购买平台币后，可转换为该游戏的游戏币，在游戏中购买道具，游戏道具的价格由开发商确定。平台币一经购买将不能兑换为现金，平台币可以转换为游戏币，游戏币不能兑换为平台币。平台根据每个期间兑换为游戏币的金额的30%分得游戏的收入，其余70%由游戏开发商享有。社交平台除了提供游戏平台服务外，还提供其他社交服务，因此平台币的销售价格基本固定，打折销售平台币的情况较少。有时会有少量的推广，打折销售平台币，由平台承担全部的折扣额。

游戏开发商的主要职责：购买或租用IT基础设施和服务器容量；提供进入游戏的渠道并管理玩家游戏体验；提供游戏币和游戏虚拟道具；跟踪游戏虚拟道具的使用、消耗、维护玩家的游戏账户；雇用人员来提供全天候支持用户的客服中心或在线帮助。

社交平台的主要职责：提供对社交平台和移动端平台的访问并管理用户的平台经验；维护属于社交平台和移动端平台的用户信息和用户账户；在社交平台上销售社交平台币；跟踪平台币的使用、余额和普通用户活动；对社交平台和移动端平台提供客户支持。

2. 案例分析

根据新收入准则的指南，企业在判断其是主要责任人还是代理人时，应当根据其承诺的性质，也就是履约义务的性质，确定企业在某项交易中的身份是主要责任人还是代理人。企业承诺自行向客户提供特定商品的，其身份是主要责任人；企业承诺安排他人提供特定商品的，即为他人提供协助的，其身份是代理人。

在确定企业承诺的性质时，企业应当首先识别向客户提供的特定商品。然后，企业应当评估特定商品在转让给客户之前，企业是否控制该商品。企业在将特定商品转让给客户之前控制该商品的，表明企业的承诺是自行向客户提供该商品，或委托另一方（包括分包商）代其提供该商品，因此，企业为主要责任人；相反，企业在特定商品转让给客户之前不控制该商品的表明企业的承诺是安排他人向客户提供该商品，是为他人提供协助，因此，企业为代理人。

在本案例中，向客户提供的特定商品是游戏体验服务，开发商同时兼具运营商的身份，提供该商品的主要表现为：购买或租用IT基础设施和服务器容量；提供进入游戏的渠道并管理玩家游戏体验；提供游戏币和游戏虚拟道具；跟踪游戏虚拟道具的使用、消耗，维护玩家的游戏账户；雇用人员来提供全天候支持用户的客服中心或在线帮助。这些职责都是由游戏开发商承担的。对于社交平台而言，其提供的服务主要是客户游戏的入口以及为游戏开发商带来客户，其职能是安排他人向客户提供商品，是为开发商提供协助，因而社交平台是代理人。

从客户的角度看，游戏开发商承担了提供服务的主要责任，对游戏的质量、性能负责，提供售后服务、解决客户投诉。

该游戏版权属于开发商，社交平台没有支付任何与版权相关的费用，即没有购买该游戏，不承担存货风险，开发商承担存货风险。

游戏中虚拟道具等游戏定价是由开发商兼运营商决定的，社交平台销售的是平台币，有时会有少量的推广，打折销售平台币，由平台承担全部的折扣额。游戏开发商有可能与社交平台根据平台币的销售价格，决定游戏币和平台币的兑换比例，以及对游戏内的虚拟物品进行定价。该定价不会偏离游戏的正常定价，因而主要是开发商有权决定商品的价格。

案例18－2

游戏开发商不是主要责任人的情形

1. 背景资料

游戏开发商开发了一款游戏并与游戏平台合作，由平台独家代理该游戏在海外发布。开发商和游戏平台合作协议中约定相互的权利义务如下：开发商授权平台在某些特定的国家区域内独家代理游戏的运营工作，在这些国家内游戏数据保存在平台在这些国家自有或租用的服务器上。

对于游戏币和游戏道具的销售价格，由平台根据所在国家的情况提出建议，开发商同意后执行；开发商和平台按照30∶70的比例对收到的游戏币销售款予以分成。

未经开发商同意，平台不能修改、更名、增加、删除、反编译网络游戏；开发商有权按照合同的约定监督平台在授权代理范围内从事运营活动。开发商如有对游戏的更新程序或补丁程序，应及时通知平台，平台有权利免费获取这些更新程序和补丁程序。开发商应协助平台在代理区域内办理审批、备案、登记等手续。

平台应按照合同约定的时间和方式向开发商支付约定的费用。

平台于授权代理期限内按约定履行运营、维护网络游戏义务，如在代理区域内代理、运营网络游戏需要政府审批、备案、登记等手续，平台应负责办理并承担相应费用；平台承诺公开测试以后提供优质客户服务，并承担由此产生的全部费用；平台应在代理地域范围内负责对网络游戏进行宣传、推广，并负担因宣传、推广网络游戏而产生的各项费用。

每个月，平台以网络游戏用户充值收入为计算标准，计算开发商的分成成本，并寄送账单。开发商核对数据确认无误后，会在账单上盖章确认并开具发票给平台，平台根据发票支付开发商。

2. 关于开发商与平台主要责任的分析

在本案例中，向客户提供的特定商品是游戏体验服务，开发商承担了游戏开发的责任，游戏平台承担了运营的责任和义务，向客户提供游戏体验的是运营商，主要表现为购买或租用IT基础设施和服务器，于授权代理期限内按约定履行运营、维护网络游戏义务，负责办理授权区域内代理、运营网络游戏并承担相应费用、提供优质客户服务，并承担由此产生的全部费用；在代理地域范围内负责对网络游戏进行宣传、推广，并负担因宣传、推广网络游戏而产生的各项费用。开发商获得的收入对应的义务是授权其游戏版权，运营商获得收入是其运营游戏所得，获得版权许可是其运营游戏的一项成本。因而就游戏运营而言，平台承担主要责任，应该按总额确认收入，游戏开发商应该按照所得净额确认收入。

（三）新收入准则披露示例

示例18－6：8267.HK蓝港互动

本集团从事网络游戏开发及经营，收入来源于销售游戏虚拟代币（游戏代币）予游戏玩家。本集团通过游戏分发渠道发行其自主研发游戏及从第三方研发商代理运营的游戏。

本集团的游戏均为免费，玩家可为更好的游戏体验购买游戏代币然后将游戏代币转换为多种游戏虚拟物品。本集团的玩家（玩家）可直接透过游戏分发渠道自身的收费系统或第三方收费渠道购买游戏代币。或第三方预付游戏点卡分发商购买预付游戏点卡。根据与本集团订立的协议，游戏分发渠道，第三方支付渠道及第三方预付游戏点卡分发商向付费玩家收取款项并向本集团汇出现金，唯扣除渠道服务费或分销折扣。

本集团经营其自主开发及代理的游戏，并在向付费玩家传递游戏体验中承担主要责任，包括市场营销、分发及支付渠道选择、服务器托管及向客户提供服务；此外，本集团也控制了游戏及相关服务的规格参数的制定及游戏虚拟物品的定价。由于本集团承担上述安排的主要责任，享有确定销售价格的自由，因此本集团认为其作为向付费玩家传递游戏体验的主要责任人，对游戏收入进行全额核算。支付予第三方游戏开发者的款项及游戏分发渠道和第三方支付渠道的渠道服务费确认为成本。本集团依据现有资料估计第三方游戏分发渠道及第三方预付游戏点卡分发商给予付费玩家的折扣，并将销售折扣列为收入的抵减项。

示例 18－7：0799. HK IGG

本集团主要运营容许玩家免费畅玩的手机网络游戏。玩家可以购买高级游戏资源（如虚拟道具），以增强其游戏体验。玩家可采用不同的支付平台（如 Google Play、Apple App Store、Facebook Payments、某些信用卡及 PayPal）为高级游戏资源进行付款。该等第三方支付平台有权收取服务费，该等服务费乃从向玩家收取的高级游戏资源的所得款项总额中预扣及扣除。该等服务费通常被视为渠道成本。由于本集团为该等交易的主体，故本集团按总额基准确认收益，并将渠道成本列入综合损益表内的销售成本。

高级游戏资源的收入于付费玩家通过每次购买获得更好游戏体验的期间按比例进行确认。于各报告日高级游戏资源收入的未摊销部分会确认为递延收入。

示例 18－8：1980. HK 天鸽互动

本集团主要通过与第三方游戏开发商及网络应用商店合作而自于其游戏中销售游戏虚拟道具取得其手机游戏收益。通过与拥有游戏版权的游戏开发商的独家经营框架合约，本集团负责游戏的市场推广、分销及经营以及与游戏相关的服务器维修、支付方身份核实及收款。

本集团已对其本身及平台或第三方付款供应商在向付费玩家提供游戏体验服务过程中担任的角色及承担的责任进行评估，并得出本集团在提供服务过程中为委托人的结论。因此本集团按总额基准计算收益，而游戏开发商、平台或第三方付款供货商扣除的佣金则列为销售成本。

示例18－9：0505.HK欢悦互娱

本集团通过第三方分销渠道发行第三方开发商的游戏。由于本集团既无履行提供网络游戏服务的主要责任，亦无拟定价格的自主权，本集团自视为通过分销渠道向游戏开发商提供发行及营运服务的代理商，故此本集团按净额基准确认收入，其乃根据收入分配协议中游戏玩家的收费记录再乘以预先厘定的百分比而定。

发行及营运网络游戏产生的收益随着时间的推移而确认，因客户同时获得且消耗服务的利益。本集团将其履约义务视为一系列大致相同且具有相同转让模式的不同商品或服务。本集团将可变代价分配至系列内的不同商品或服务，因此发行及营运网络游戏产生的收益于该可变代价之不确定性得以解决时于各期间确认。

示例18－10：0434.HK博雅互动

本集团向付费玩家传达游戏体验时已评估本集团及平台或第三方支付供货商的角色及职责以厘定本集团是否充当主理人或与各订约方订立安排的代理人。按总额基准亦或净额基准记录收益之厘定视乎多项因素的评估，包括但不限于本集团是否（1）为安排的首要责任人；（2）有一般存货风险；（3）更改产品或提供部分服务；（4）有售价限度；（5）参与厘定产品及服务规格。

根据与平台或第三方支付供货商订立的安排，本集团主要负责游戏运营，包括确定分销及付款渠道、提供客户服务、管理及维护游戏服务器、控制游戏及服务规格及定价。经考虑该等因素后，本集团认为自身为根据该等安排向付费玩家提供游戏体验的主理人，因此，本集团录得总收益，而平台或第三方支付供货商的佣金费用则列账为收益成本。

示例18－11：1022.HK飞鱼科技

本集团的在线游戏可供玩家免费玩乐，其单机版游戏则可供玩家免费玩乐或付费游玩。玩家可购买游戏中的虚拟货币，以获取游戏中的物件及升级功能（一般称为“虚拟物件”），从而提升游戏玩乐体验。本集团通过与多个第三方游戏分销平台（包括在线应用程序商店、网络及手机游戏门户以及手机营运商）合作经营其在线及单机版游戏，并借销售游戏货币及物件获得收益。本集团负责就新内容提供持续更新及有关游戏运作的技术支持。平台为服务器提供游戏下载及安装，负责进行分销、市场推广、平台管理及向玩家收款。玩家通过平台自有的收费系统，以直接向平台汇款的方式购买本集团的游戏货币。平台扣除其收取的佣金后，再将余下的所得款项净额汇寄予本集团。本集团所收取的部分所得款项基于售卖游戏中的虚拟货币的标准价格及与平台签订的合约所同意的分配比例计算。

本集团与平台合作向玩家提供游戏体验时会评估其权利及责任，以厘定其是否为有关安排的委托人或代理人。倘本集团认为其乃安排的委托人，则按总额（玩家的总消费）确认其收益。平台收取的部分则于销售及分销开支中作为营销成本入账。倘若本集团认为其乃安排的代理人，则按净额（即扣减平台所收取部分后的平台所得款项净额）确认其收益。

若干第三方平台不时向玩家提供各种营销折扣，以鼓励玩家于该平台消费。个人玩家支付的实际价格可能低于虚拟货币的标准价格。该营销折扣一概无法可靠追踪，亦不会由本集团承担。与该平台相关的收益按已收或应收代价的公允价值计量，即自该第三方平台所得的净额。

玩家透过本集团的收费系统汇款购买游戏虚拟货币，根据购买金额的若干部分，本集团向游戏开发商收取佣金，从而产生收益。扣除本集团收取的佣金后，本集团将余款汇寄予游戏开发商。收益于玩家作出购买行动时按佣金金额计量并予以确认。

三、授权使用费的确认（特定交易五）

（一）会计事项分析

在互联网游戏行业，游戏的开发商经常授权运营商使用其游戏版权进行运营，且根据运营商获得的收入进行分成，如“案例18－2：游戏开发商不是主要责任人情形”所示。对于这种授权使用费该如何确认收入、何时确认收入？

新收入准则对于授予知识产权许可是否一段时间内的履约义务以及基于销售和使用情况的特许权使用费都给出了明确的指引。

授予客户的知识产权许可构成单项履约义务的，企业应当根据该履约义务的性质，进一步确定其是在某一时段内履行还是在某一时点履行。企业向客户授予的知识产权许可，同时满足下列三项条件的，应当作为在某一时段内履行的履约义务确认相关收入；否则，应当作为在某一时点履行的履约义务确认相关收入：

（1）合同要求或客户能够合理预期企业将从事对该项知识产权有重大影响的活动。

（2）该活动对客户将产生有利或不利影响。

（3）该活动不会导致向客户转让某项商品。

授予知识产权许可不属于在某一时段内履行的履约义务的，应当作为在某一时点履行的履约义务，在履行该履约义务时确认收入。

企业向客户授予知识产权许可，并约定按客户实际销售或使用情况（如按照客户的销售额）收取特许权使用费的，应当在客户后续销售或使用行为实际发生与企业履行相关履约义务二者孰晚的时点确认收入。这是估计可变对价的一个例外规定，该例外规定只有在下列两种情形下才能使用：一是特许权使用费仅与知识产权许可相关。二是特许权使用费可能与合同中的知识产权许可和其他商品都相关，但是，与知识产权许可相关的部分占有主导地位。当企业能够合理预期，客户认为知识产权许可的价值远高于合同中与之相关的其他商品时，该知识产权许可可能是占有主导地位的。对于不适用该例外规定的特许权使用费，应当按照估计可变对价的一般原则进行处理。

（二）新收入准则披露示例

示例 18－12：8627. HK 蓝港互动

1. 授权金及技术服务费收入

本集团向第三方发行商获取授权收入。基于授权的性质，收入在授权期或授权时点确认。本集团亦向第三方发行商对授权之游戏提供持续技术支持。收入在服务提供给客户且履约义务得以履行时确认。

2. 授出电影版权之收入

本集团将自制电影版权（包括网络剧版权）授予第三方发行商。因被授权人能自授予版权时点主导授权的使用并获得授权的几乎所有剩余利益，授出电影版权之收入于向客户交付母带之时确认入账。

示例 18－13：0797. HK 第七大道

本集团有责任对发行商营运代理游戏。在若干安排下，本集团向发行商授予我们的网络游戏，而发行商向我们支付特许费，获得于指定地区经营本集团游戏的独家权利。特许费通常包括固定特许费（预付或按具体付款时间表支付）及可变费用（按发行商就代理游戏所收取的玩家已付现金根据预定比率计算）。本集团视第三方发行商为其客户，因为本集团并不对游戏服务的满足感及接受度承担主要责任。

根据该等安排，除了提供游戏特许及初始游戏内容外，本集团亦有责任提供售后服务予发行商，包括可用技术支持及升级。本集团于该安排的履约责任包括转移游戏特许的控制及售后服务。固定特许费按独立履约责任的相对公允价值于游戏特许及售后服务之间分配。分配至游戏特许的金额于获授特许及特许期开始之时间点确认为收益，原因是其视为使用游戏特许的权利，而分配至售后服务的金额于特许期内按比例确认为收益。

可变特许费（视乎未来事件如发行商就代理游戏作品所收取的玩家已付未来现金而定）于符合或然条件时确认，前提是可合理确定收回机会。

示例 18－14：1022. HK 飞鱼科技

本集团就于若干地区独家运营本集团自行研发的游戏及提供相关技术支持及本集团的授权产品自获授权第三方收取专利权费收入。专利权费包括前期付款及合约授权期间的额外费用（限于若干情况），倘在有关第三方注册账户的玩家所购累积虚拟货币超出若干款额，则额外费用根据协议金额厘定。前期付款于合约授权期间按比例确认，而额外费用则于玩家实际购买超出合约协议金额时确认。

示例 18－15：2022. HK 游莱互动

集团授权第三方经营其网络游戏。本集团向有权独家在特定地区内经营本集团游戏的若干第三方特许营运商收取额外预付许可费用。当游戏内容交付予第三方特许营运商且本集团并无进一步余下责任时，确认来自特许权协议的收入。视乎相关协议的条款，收入于某个时点（当特许权期间开始时从特许营运商预收固定及不可退回款项之时）或于特许权期间内按比例（当本集团需要继续于特许权期间提供服务时）确认。

四、沉淀收入的确认（特定交易七）

游戏运营商（或游戏开发商）通常会预售一部分游戏币给游戏玩家，游戏玩家用其购买虚拟道具，以增加游戏体验。存在一定数量的游戏玩家长时间不使用游戏币的情况，多数因为玩家已经对该款游戏不再感兴趣。这些游戏玩家不再参与游戏时，账户中或多或少会存在尚未使用的游戏币。对于游戏运营商（或游戏开发商）来说，对于这种“沉淀收入”是否可以确认收入，何时确认收入？

新收入准则关于客户未行使的权利对该问题给出了明确的指引。

企业因销售商品向客户收取的预收款，赋予了客户一项在未来从企业取得该商品的权利，并使企业承担了向客户转让该商品的义务，因此，企业应当将预收的款项确认为合同负债，待未来履行了相关履约义务，即向客户转让相关商品时，再将该负债转为收入。在某些情况下，企业收取的预收款无须退回，但是客户可能会放弃其全部或部分合同权利，例如，放弃储值卡的使用等。企业预期将有权获得与客户所放弃的合同权利相关的金额的，应当按照客户行使合同权利的模式按比例将上述金额确认为收入；否则，企业只有在客户要求其履行剩余履约义务的可能性极低时，才能将相关负债余额转为收入。企业在确定其是否预期将有权获得与客户所放弃的合同权利相关的金额时，应当考虑将估计的可变对价计入交易价格的限制要求。如果有相关法律规定，企业所收取的、与客户未行使权利相关的款项须转交给其他方的（例如，法律规定无人认领的财产须上交政府），企业不应将其确认为收入。

相比原收入准则，新收入准则允许企业按照客户行使合同权利的模式按比例将很可能沉淀的金额确认为收入。

第十九章 新收入准则实施情况

2017 年 7 月 5 日，财政部发布《关于修订印发〈企业会计准则第 14 号——收入〉的通知》，根据该通知 A + H 股上市公司自 2018 年 1 月 1 日起施行新修订的《企业会计准则第 14 号——收入》。

本章示例摘录自相关 A + H 股上市公司公开披露的 2018 年度财务报告。

第一节　A + H 股上市公司新收入准则实施情况

截至 2018 年 12 月 31 日，沪深证券交易所上市公司中共有 113 家公司同时在香港发行了 H 股，这些公司涉及制造业、金融业、交通运输、仓储和邮政业、采矿业、建筑业、电力、热力、燃气及水生产和供应业、房地产业、批发和零售业、水利、环境和公共设施管理业、文化、体育和娱乐业、租赁和商务服务业多个行业。

从 A + H 股上市公司 2018 年报披露的总体情况来看，A + H 公司首次适用新收入准则，新、旧准则过渡平稳，不存在重大影响。71% 的公司没有针对企业自身的具体情况进行分析，但预期无重大影响；11% 的公司存在针对企业自身具体情况的分析，但预期无重大影响；11% 的公司披露了针对自身情况的具体分析，预期将在收入确认、计量和成本摊销等方面产生影响；7% 的公司已披露执行新收入准则但未提及具体影响。A + H 股上市公司的行业分布情况见表 19 - 1。

表 19－1　　A＋H 股上市公司行业分布表（截至 2018 年 12 月 31 日）

所属行业	总计（家）
制造业	43
金融业	28
交通运输、仓储和邮政业	15
采矿业	10
电力、热力、燃气及水生产和供应业	5
建筑业	5
房地产业	2
科学研究和技术服务业	1
批发和零售业	1
水利、环境和公共设施管理业	1
文化、体育和娱乐业	1
租赁和商务服务业	1
总计	113

在 A＋H 股公司中，有 83 家明确披露存在重分类调整，其中有 62 家披露仅存在重分类影响，21 家同时存在重分类和对净资产的影响。在首次执行日存在因重新计量而调整期初留存收益的上市公司数量占比不到 20%，调整净资产的金额占 2017 年年末净资产的比例很小。A＋H 股公司披露的执行新收入准则的主要影响包括：收入确认由时点确认改为时段确认（或者，由时段确认改为时点确认），导致收入确认的时间可能提前或延迟；识别更多的履约义务，收入核算对象可能更为细致；交易价格的确定变得更为复杂；将交易价格分摊至履约义务的方法发生变化；合同取得成本在满足条件时资本化；对一些特殊交易处理的变化，如退货权、质保等。

第二节　新收入准则披露示例：制造业

截至 2018 年 12 月 31 日，沪深证券交易所共有 A＋H 股上市公司 113 家，2018 年度收入共计 184 214 亿元。其中，制造业 43 家，收入共计 22 633 亿元，占 A＋H 股上市公司收入总金额 12%。摘录年报披露典型示例见表 19－2。

表 19－2　　年报披露典型示例

序号	上市公司示例	披露内容
1	拉夏贝尔（603157. SH）	收入会计政策、重要会计政策变更、合同负债
2	长城汽车（601633. SH）	收入会计政策、重要会计政策变更、合同负债

示例 19－1：603157. SH 拉夏贝尔

收入会计政策

1. 收入确认和计量所采用的会计政策

本集团在客户取得相关商品或服务的控制权时，按预期有权收取的对价金额确认收入。

2. 同类业务采用不同经营模式导致收入确认会计政策存在差异的情况

（1）向经销商销售。

本集团销售商品给各地经销商。本集团将商品按照合同规定运至约定交货地点，在经销商验收且双方签署货物交接单后确认收入。本集团给予经销商的信用期通常为90天，与行业惯例一致，不存在重大融资成分。

本集团向经销商提供基于销售数量的销售折扣，本集团根据历史经验，按照期望值法确定折扣金额，按照合同对价扣除预计折扣金额后的净额确认收入。

（2）零售。

本集团以零售的方式直接销售给顾客，并于顾客购买该产品时确认收入。顾客在购买产品后7天内有权退货，本集团根据销售产品的历史经验和数据，按照期望值法确定预计销售退回的金额，并抵减销售收入。本集团将预期因销售退回而将退还的金额确认为应付退货款，列示为其他流动负债；同时，按照预期将退回产品于销售时的账面价值，扣除收回该产品预计发生的成本后的余额，确认为应收退货成本，列示为其他流动资产。

（3）提供服务。

本集团为关联方提供线上店铺运营服务，根据已完成服务的进度在一段时间内确认收入，其中，已完成服务的进度按照已发生的成本占预计总成本的比例确定。于资产负债表日，本集团对已完成服务的进度进行重新估计，以使其能够反映履约情况的变化。

本集团按照已完成服务的进度确认收入时，对于本集团已经取得无条件收款权的部分，确认为应收账款，其余部分确认为合同资产，并对应收账款和合同资产以预期信用损失为基础确认损失准备；如果本集团已收或应收的合同价款超过已完成的服务，则将超过部分确认为合同负债。本集团对于同一合同下的合同资产和合同负债以净额列示。

3. 重要会计估计和判断

本集团根据历史经验和其他因素，包括对未来事项的合理预期，对所采用的重要会计估计和关键判断进行持续的评价。

下列重要会计估计及关键假设存在会导致下一会计年度资产和负债的账面价值出现重大调整的重要风险：

根据新收入准则，本集团根据向客户转让商品前是否拥有对该商品的控制权，来判断从事交易时的身份是主要责任人还是代理人。本集团所售商品在出售给终端消费者前由本集团控制。在百货商场零售网点门店中的零售服务人员为本集团雇用的员工，由这些员工负责向终端客户销售商品并提供商品销售前后的各种服务，本集团承担向客户转让商品的主要责任。在转让商品之前由本集团负责商品的保存和陈列，所售商品的退换货风险也均由本集团承担，因此本集团在转让商品前后均承担商品的存货风险。商品的吊牌价由本集团决定并在商品的吊牌上标注，百货商场及电商平台收取固定比例的扣点，当百货商场/电商平台举办促销活动时，本集团可以选择是否参与此类促销活动。如果本集团选择参与约定折扣比例的促销活动，参与促销上架的商品种类以及每件商品的原价仍由本集团决定，因此本集团有权自主决定所交易商品的价格。

综上，本集团的客户是终端消费者，而非百货商场及电商平台，本集团作为主要责任人，根据终端消费者支付价款的总额确认为收入，将百货商场及电商平台的扣点确认为费用。

示例 19 - 2：601633. SH 长城汽车

1. 收入会计政策

本集团的收入主要来源于销售整车、销售零配件、模具加工及制造、提供劳务及其他。

本集团在履行了合同中的履约义务，即在客户取得相关商品或服务控制权时，按照分摊至该项履约义务的交易价格确认收入。履约义务，是指合同中本集团向客户转让可明确区分商品或服务的承诺。交易价格，是指本集团因向客户转让商品或服务而预期有权收取的对价金额，但不包含代第三方收取的款项以及本集团预期将退还给客户的款项。

(1) 可变对价。

合同中存在可变对价的，本集团按照期望值或最可能发生金额确定可变对价的最佳估计数。包含可变对价的交易价格，不超过在相关不确定性消除时累计已确认收入极可能不会发生重大转回的金额。每一资产负债表日，本集团重新估计应计入交易价格的可变对价金额。

合同中包含两项或多项履约义务的，本集团在合同开始日，按照各单项履约义务所承诺商品或服务的单独售价的相对比例，将交易价格分摊至各单项履约义务。但在有确凿证据表明合同折扣或可变对价仅与合同中一项或多项（而非全部）履约义务相关的，本集团将该合同折扣或可变对价分摊至相关一项或多项履约义务。单独售价，是指本集团向客户单独销售商品或服务的价格。单独售价无法直接观察的，本集团综合考虑能够合理取得的全部相关信息，并最大限度地采用可观察的输入值估计单独售价。

（2）附有质量保证条款的销售。

对于附有质量保证条款的销售，如果该质量保证在向客户保证所销售商品或服务符合既定标准之外提供了一项单独的服务，该质量保证构成单项履约义务。否则，本集团按照《企业会计准则第13号——或有事项》规定对质量保证责任进行会计处理。

（3）客户未行使的合同权利。

本集团向客户预收销售商品或服务款项的，首先将该款项确认为负债，待履行了相关履约义务时再转为收入。当本集团预收款项无须退回，且客户可能会放弃其全部或部分合同权利时，本集团预期将有权获得与客户所放弃的合同权利相关的金额的，按照客户行使合同权利的模式按比例将上述金额确认为收入；否则，本集团只有在客户要求履行剩余履约义务的可能性极低时，才将上述负债的相关余额转为收入。

2. 重要会计政策变更

集团自2018年1月1日起执行财政部于2017年修订的《企业会计准则第14号——收入》。新收入准则引入了收入确认计量的5步法，并针对特定交易（或事项）增加了更多的指引。新收入准则要求首次执行该准则的累积影响数调整首次执行当年年初（即2018年1月1日）留存收益及财务报表其他相关项目金额，对可比期间信息不予调整。在执行新收入准则时，本集团仅对首次执行日尚未完成的合同的累计影响数进行调整。对于首次执行新收入准则当年年初之前发生的合同变更，本集团予以简化处理，根据合同变更的最终安排，识别已履行的和尚未履行的履约义务、确定交易价格以及在已履行的和尚未履行的履约义务之间分摊交易价格。

与原收入准则相比，执行新收入准则对当期财务报表相关项目的影响列示如表19－3、表19－4所示：

表 19－3　　资产负债表　　单位：元

项目	影响金额
预收账款	(3 456 122 593. 69)
其他应付款	551 425 095. 66
合同负债	3 433 904 092. 43
其他流动负债	(529 206 594. 40)

表 19－4　　利润表　　单位：元

项目	影响金额
营业收入	(245 654 876. 12)
营业成本	728 421 151. 33
销售费用	(482 766 275. 21)

注：本集团根据合同从客户预收的货款根据新收入准则由预收账款重分类至合同负债及其他应付款。本集团为客户提供的保养服务识别为一项单项履约义务，在履行相应履约义务时确认收入。

首次执行新金融工具准则或新收入准则调整首次执行当年年初财务报表相关项目情况

首次执行新金融工具准则与新收入准则对本集团资产、负债和所有者权益的影响汇总于2018年1月1日，本集团首次施行上述新收入准则与新金融工具准则对本集团资产、负债和所有者权益的影响汇总如表19－5、表19－6所示：

表 19－5　　合并资产负债表　　单位：元

项目	2017 年 12 月 31 日	施行新收入准则影响	施行新金融工具准则影响	2018 年 1 月 1 日
交易性金融资产（注 1）		—	317 994 432. 00	317 994 432. 00
以公允价值计量且其变动计				
入当期损益的金融资产（注 1）	317 994 432. 00	—	(317 994 432. 00)	—
应收票据及应收账款（注 2）	49 948 553 567. 36	—	(49 075 108 590. 70)	873 444 976. 66
其他流动资产（注 2）	267 000 053. 72	—	49 075 108 590. 70	49 342 108 644. 42
可供出售金融资产（注 3）	7 700 000. 00	—	(7 700 000. 00)	—
其他权益工具投资（注 3）		—	7 700 000. 00	7 700 000. 00

续表

项目	2017 年 12 月 31 日	施行新收入准则影响	施行新金融工具准则影响	2018 年 1 月 1 日
发放贷款和垫款（注 4）	4 428 694 699. 29	—	（494 368 396. 06）	3 934 326 303. 23
递延收益（注 4）	1 963 520 037. 00	—	（494 368 396. 06）	1 469 151 640. 94
预收款项（注 5）	5 457 772 639. 50	（5 457 772 639. 50）	—	—
其他应付款（注 5）	2 512 899 879. 29	927 298 728. 19	—	3 440 198 607. 48
合同负债（注5、注6）		5 305 335 381. 83	—	5 305 335 381. 83
其他流动负债（注6）	1 653 117 141. 98	（774 861 470. 52）	—	878 255 671. 46

注 1：于 2018 年 1 月 1 日，317 994 432. 00 元的以公允价值计量且其变动计入当期损益的金融资产，为本集团持有的上市公司股权，被重分类至交易性金融资产。

注 2：本集团管理企业流动性的过程中会在部分应收票据到期前进行贴现或背书转让，并基于本集团已将几乎所有的风险和报酬转移给相关交易对手之后终止确认已贴现或背书的应收票据。本集团管理应收票据的业务模式既以收取合同现金流量为目标又以出售该金融资产为目标。因此，于 2018 年 1 月 1 日，49 075 108 590. 70 元的应收票据被重分类至其他流动资产，原先以摊余成本计量的应收票据改按公允价值计量，未导致其他流动资产账面价值变动。

注 3：于 2018 年 1 月 1 日，7 700 000. 00 元的可供出售金融资产被重分类至其他权益工具投资，该部分投资属于非交易性权益工具并且本集团预计不会在可预见的未来出售，于以前期间按照成本扣除减值计量。于 2018 年 1 月 1 日对该部分股权投资采用公允价值计量，未导致其他权益工具投资账面价值变动。

注 4：于 2018 年 1 月 1 日，494 368 396. 06 元的递延收益，为本公司之子公司天津长城滨银汽车金融有限公司的预收利息，被重分类至发放贷款和垫款。

注 5：于 2018 年 1 月 1 日，本集团根据合同从客户预收的货款 5 457 772 639. 50 元，根据新收入准则由预收账款重分类至合同负债 4 530 473 911. 31 元，重分类至其他应付款 927 298 728. 19 元。

注 6：于 2018 年 1 月 1 日，本集团为客户提供的保养服务识别为一项单项履约义务，确认合同负债 774 861 470. 52 元。

表 19 –6　　　　合同负债　　　　单位：元

项目	2018 年 12 月 31 日
预收账款	2 904 697 498. 03
保养服务	529 206 594. 40
合计	3 433 904 092. 43

第三节　新收入准则披露示例：交通运输、仓储和邮政业

截至 2018 年 12 月 31 日，沪深证券交易所共有 A + H 股上市公司 113 家，2018 年度收入共计 184 214 亿元。其中，交通运输、仓储和邮政业 15 家，收入共计 6 924 亿元，占 A + H 股上市公司收入总金额 4%。摘录年报披露典型示例如表 19 –7 所示：

表 19－7

序号	上市公司示例	披露内容
1	中国国航（601111. SH）	收入会计政策、重要会计政策变更、合同负债
2	东方航空（600115. SH）	收入会计政策、重要会计政策变更

示例 19－3：601111. SH 中国国航

1. 收入会计政策

本集团的收入主要来源于如下业务类型：

（1）提供运输服务收入，包括客运和货邮运输收入；

（2）其他提供劳务和销售商品收入。

本集团在履行了合同中的履约义务，即在客户取得相关商品或服务控制权时，按照分摊至该项履约义务的交易价格确认收入。履约义务，是指合同中本集团向客户转让可明确区分商品或服务的承诺。交易价格，是指本集团因向客户转让商品或服务而预期有权收取的对价金额，但不包含代第三方收取的款项以及本集团预期将退还给客户的款项。

满足下列条件之一的，属于在某一时间段内履行的履约义务，本集团按照履约进度，在一段时间内确认收入：（1）客户在本集团履约的同时即取得并消耗所带来的经济利益；（2）客户能够控制本集团履约过程中在建的商品；（3）本集团履约过程中所产出的商品具有不可替代用途，且本集团在整个合同期间内有权就累计至今已完成的履约部分收取款项。

否则，本集团在客户取得相关商品或服务控制权的时点确认收入。

合同中包含两项或多项履约义务的，本集团在合同开始日，按照各单项履约义务所承诺商品或服务的单独售价的相对比例，将交易价格分摊至各单项履约义务。

本集团主要提供客运和货邮运输服务，将所出售的客票票证或签订的货邮订单作为一项合同，并将除下述常旅客奖励计划外的提供运输服务作为一项履约义务，并于本集团提供运输服务时按照分摊至该项履约义务的交易价格确认收入。本集团出售的机票在尚未承运时计入流动负债，通过“国内票证结算”或“国际票证结算”进行核算。

合同资产，是指本集团已向客户转让商品或服务而有权收取对价的权利，且该权利取决于时间流逝之外的其他因素。本集团拥有的无条件（即仅取决于时间流逝）向客户收取对价的权利作为应收款项单独列示。

合同负债，是指本集团已收或应收客户对价而应向客户转让商品或服务的义务。合同负债在会员兑换里程并取得相关奖励商品或服务的控制权或里程失效时结转计入当期损益。

本集团的其他收入主要包括地面服务、飞机维修等提供劳务收入及机上商品销售等销售商品收入，收入在客户取得相关商品或服务的控制权时确认。

2. 重要会计政策变更

（1）新收入准则对本集团的影响。

本集团自2018年1月1日起执行新收入准则。新收入准则引入了收入确认计量的五步法，并针对特定交易（或事项）增加了更多的指引。

本集团根据首次执行本准则的累计影响数，调整2018年1月1日的留存收益及财务报表相关项目金额，对可比期间信息不予调整。本集团仅对在首次执行日尚未完成的合同的累计影响数进行调整。

A. 重分类影响

根据新收入准则，合同负债是指本集团已收或应收客户对价而应向客户转让商品或服务的义务。因此，2018年1月1日，本集团将预收款项余额转入合同负债，同时也将常旅客积分奖励计划下形成的递延收益余额重分类为合同负债（其中，合同义务在一年之后到期的列示为其他非流动负债）。

B. 重新计量影响

在原收入准则下，本集团仅当超期票证的使用权利过期时将未使用的超期票证计入收入。根据新收入准则，超期票证是一项未行使的合同权利，当本集团出售的机票款项无须退回，且客户可能会放弃其全部或部分合同权利时，本集团预期将有权获得与客户所放弃的合同权利相关的金额的，按照客户行使合同权利的模式按比例将上述金额确认为收入；否则，本集团只有在客户要求履行剩余履约义务的可能性极低时，才将上述负债的相关余额转为收入。因相同的原因，本集团因联营企业执行新收入准则的影响相应调整长期股权投资和未分配利润。

（2）新收入准则对本集团的影响（续）。

A. 重新计量影响（续）

执行新收入准则对本集团本年年初资产负债表相关项目的影响列示如表19－8所示：

表19－8

项目	2017年12月31日	施行新收入准则影响	施行新金融工具准则影响	2018年1月1日
交易性金融资产		—	413 497	413 497
以公允价值计量且其变动计入当期损益的金融资产	19 938	—	(19 938)	

续表

项目	2017年12月31日	施行新收入准则影响	施行新金融工具准则影响	2018年1月1日
其他应收款	2 009 253	—	(13 559)	1 995 694
可供出售金融资产	1 336 996	—	(1 336 996)	
其他债权投资		—	654 961	654 961
长期股权投资	15 299 017	131 109	—	15 430 126
其他权益工具投资		—	302 035	302 035
对资产影响合计	18 665 204	131 109	—	18 796 313
国内票证结算	2 565 696	(169 063)	—	2 396 633
国际票证结算	4 840 061	(362 330)	—	4 477 731
预收款项	518 413	(518 413)	—	—
合同负债		1 225 519	—	1 225 519
应交税费	2 361 253	139 909	—	2 501 162
一年内到期的非流动负债	15 560 928	(707 106)	—	14 853 822
递延收益	3 568 127	(2 822 657)	—	745 470
其他非流动负债	—	2 822 657	—	2 822 657
对负债影响合计	29 414 478	(391 484)	—	29 022 994
其他综合收益	(1 693 743)	—	(197 684)	(1 891 427)
未分配利润	37 771 234	504 537	197 684	38 473 455
对归属于母公司股东权益影响合计	36 077 491	504 537	—	36 582 028
少数股东权益	8 811 036	18 056	—	8 829 092
对股东权益的影响合计	44 888 527	522 593	—	45 411 120

B. 重新计量影响（续）

于2018年1月1日，首次施行新准则对本公司资产、负债和股东权益的影响汇总如表19－9所示：

表19－9

项目	2017年12月31日	施行新收入准则影响	施行新金融工具准则影响	2018年1月1日
可供出售金融资产	22 783	—	(22 783)	—
其他权益工具投资	—	—	22 783	22 783
对资产影响合计	22 783	—	—	22 783
国内票证结算	1 821 334	(118 704)	—	1 702 630
国际票证结算	4 455 368	(358 017)	—	4 097 351
预收款项	183 194	(183 194)	—	—
合同负债	—	679 476	—	679 476

续表

项目	2017年12月31日	施行新收入准则影响	施行新金融工具准则影响	2018年1月1日
应交税费	1 118 137	122 086	—	1 240 223
一年内到期的非流动负债	9 270 108	(496 282)	—	8 773 826
递延收益	2 935 541	(2 450 275)	—	485 266
其他非流动负债	—	2 450 275	—	2 450 275
对负债影响合计	19 783 682	(354 635)	—	19 429 047
未分配利润	25 762 445	354 635	—	26 117 080
对股东权益影响合计	25 762 445	354 635	—	26 117 080

合同负债

合同负债按照合同的类型列示如表19－10所示：

表19－10

项　　目	2018年12月31日
常旅客奖励计划（一年内到期的部分）	731 267
其他	570 251
合计	1 301 518

常旅客奖励计划变动如表19－11所示：

表19－11

项　　目	2018年	2017年
年初余额	3 529 763	3 072 904
本年增加	1 965 381	1 971 371
本年减少	(1 701 138)	(1 514 512)
年末余额	3 794 006	3 529 763
减：一年内到期的部分	(731 267) 3 062 739	(707 106)
	3 062 739.00	2 822 657

一年以后到期的常旅客奖励计划产生的合同负债计入其他非流动负债（2017年12月31日计入递延收益）。

示例19－4：600115.SH 东方航空

1. 收入会计政策

收入（自2018年1月1日起适用）

本集团在履行了合同中的履约义务，即在客户取得相关商品或服务控制权时确认收入。取得相关商品或服务的控制权，是指能够主导该商品的使用或该服务的提供并从中获得几乎全部的经济利益。

(1) 提供服务。

A. 运输收入。

客运、货运与邮运收入于提供运输服务时确认为收入。尚未提供运输服务的票款，作为负债计入合同负债。

B. 佣金收入。

佣金收入包括由本集团作为代理人为其他航空公司售票而收取的佣金。佣金收入于出售机票时确认。

C. 旅游服务收入。

在相关旅游服务已经提供，收到价款或取得收取价款的证据时，确认相关服务收入。

D. 其他业务收入。

其他业务收入包括提供地面服务的收入及货运处理服务的收入等，此等收入均在提供服务当期确认。

(2) 常旅客奖励积分。

本集团在提供承运服务同时会授予客户常旅客奖励积分，常旅客奖励积分可以兑换为本集团提供的免费或折扣后的商品和服务。该奖励积分计划向客户提供了一项重大权利，本集团将其作为单项履约义务，按照提供商品和服务的单独售价的相对比例，将部分交易价格分摊至奖励积分，并在客户取得积分兑换商品或服务控制权时或积分失效时确认收入。

(3) 商品销售收入。

当客户取得商品控制权时，本集团确认商品销售收入。

(4) 合同变更。

本集团与客户之间的服务合同发生合同变更时：

A. 如果合同变更增加了可明确区分的服务及合同价款，且新增合同价款反映了新增服务单独售价的，本集团将该合同变更作为一份单独的合同进行会计处理；

B. 如果合同变更不属于上述第 A 种情形，且在合同变更日已转让的服务与未转让的服务之间可明确区分的，本集团将其视为原合同终止，同时，将原合同未履约部分与合同变更部分合并为新合同进行会计处理；

C. 如果合同变更不属于上述第 A 种情形，且在合同变更日已转让的服务与未转让的服务之间不可明确区分，本集团将该合同变更部分作为原合同的组成部分进行会计处理，由此产生的对已确认收入的影响，在合同变更日调整当期收入。

（5）客户未行使的合同权利。

当本集团出售的机票款项无须退回，且客户可能会放弃其全部或部分合同权利时，本集团预期将有权获得与客户所放弃的合同权利相关的金额的，按照客户行使合同权利的模式按比例将上述金额确认为收入；否则，本集团只有在客户要求其履行剩余履约义务的可能性极低时，才能将上述负债的相关余额转为收入。

2. 重要会计政策变更

新收入准则为规范与客户之间的合同产生的收入建立了新的收入确认模型。根据新收入准则，确认收入的方式应当反映主体向客户转让商品或提供服务的模式，收入的金额应当反映主体因向客户转让该等商品和服务而预计有权获得的对价金额。同时，新收入准则对于收入确认的每一个环节所需要进行的判断和估计也做出了规范。本集团仅对在2018年1月1日尚未完成的合同的累积影响数进行调整。

执行新收入准则对2018年1月1日资产负债表项目的影响如表19－12所示：

表19－12

	报表数	假设按原准则	影响
预收款项	277	1 342	（1 065）
票证结算	—	7 043	（7 043）
合同负债	7 775	—	7 775
其他流动负债	10 345	10 000	345
一年内到期的非流动负债	14 901	15 391	（490）
其他非流动负债	2 085	2 118	（33）
递延所得税负债	146	18	128
负债合计	170 563	170 946	（383）
未分配利润	14 262	13 879	383
股东权益合计	56 901	56 518	383

执行新收入准则对2018年度财务报表的影响如表19－13、表19－14所示：

表19－13 合并资产负债表

	报表数	假设按原准则	影响
预收款项	6	626	（620）
票证结算	—	8 559	（8 559）
合同负债	8 811	—	8 811
应交税费	2 065	1 867	198
一年内到期的非流动负债	16 551	17 135	（584）
其他流动负债	14 878	14 499	379

续表

	报表数	假设按原准则	影响
其他非流动负债	2 169	2 385	(216)
负债合计	177 413	178 004	(591)
未分配利润	16 181	15 592	589
少数股东权益	3 587	3 585	2
股东权益合计	59 352	58 761	591

表 19－14　　合并利润表

	报表数	假设按原准则	影响
营业收入	114 930	114 176	754
营业外收入	977	1 453	(476)
所得税费用	926	856	70
净利润	2 941	2 733	208

（1）常旅客奖励积分。

执行新收入准则前，本集团对常旅客奖励积分采用余值法处理，即将承运票款扣除奖励积分金额确认为收入。常旅客奖励积分计入递延收益的金额按照积分的公允价值和预期兑换率计算。待旅客兑换积分且承运后，商品及服务交付后或积分失效时确认为收入。新准则要求本集团采用相对单独售价的分配方法将票款在常旅客奖励积分和当期承运进行分配。于 2018 年 1 月 1 日，相对单独售价分配法的运用导致合同负债——常旅客奖励计划减少 33 百万元，未分配利润增加 33 百万元。

（2）超期票证。

超期票证是指使用权利过期时乘客未使用的已售出机票。执行新收入准则之前，本集团于票证期限过期时确认收入。在新准则下，本集团预期有权获得与客户所放弃的合同权利相关的金额，按照客户行使合同权利的模式按比例将上述金额确认为收入。于 2018 年 1 月 1 日，执行新收入准则导致合同负债减少 509 百万元，未分配利润增加 509 百万元。

（3）改签手续费。

本集团对于乘客改签机票收取改签手续费。执行新收入准则之前，修改乘客行程单的过程在执行新收入准则之前不会被认为增加了向乘客交付商品或服务的内容，在改签时点确认为其他收入，但是在新准则下被认定为合同的修改。在新准则下，改签手续费在实际承运相关履约义务完成时确认为客运收入。于 2018 年 1 月 1 日，新收入准则下改签手续费变更导致合同负债增加 31 百万元，未分配利润减少 31 百万元。

第四节 新收入准则披露示例：采矿业

截至2018年12月31日，沪深证券交易所共有A+H股上市公司113家，2018年度收入共计184 214亿元。其中，采矿业10家，收入共计60 431亿元，占A+H股上市公司收入总金额33%。摘录年报披露典型示例如表19－15所示：

表19－15

序号	上市公司示例	披露内容
1	中海油服（601808. SH）	收入会计政策、重要会计政策变更、合同履行成本、合同取得成本、合同负债、营业收入及成本
2	中煤能源（601898. SH）	收入会计政策、重要会计政策变更、合同资产、合同负债

示例19－5：601808. SH 中海油服

1. 收入会计政策

（1）一般原则。

本集团的收入主要来源于钻井服务、油田技术服务、物探采集和工程勘察服务、船舶服务。

本集团在履行了合同中的履约义务，即在客户取得相关商品或服务控制权时，按照分摊至该项履约义务的交易价格确认收入。

履约义务，是指合同中本集团向客户转让可明确区分商品或服务的承诺。

本集团在合同开始日即对合同进行评估，识别该合同所包含的各单项履约义务，并确定各单项履约义务是在某一时段内履行，还是某一时点履行。满足下列条件之一的，属于在某一时间段内履行的履约义务，本集团按照履约进度，在一段时间内确认收入：①客户在本集团履约的同时即取得并消耗所带来的经济利益；②客户能够控制本集团履约过程中在建的商品；③本集团履约过程中所产出的商品具有不可替代用途，且本集团在整个合同期间内有权就累计至今已完成的履约部分收取款项。否则，本集团在客户取得相关商品或服务控制权的时点确认收入。

（2）具体方法。

本集团的钻井服务、油田技术服务、物探采集和工程勘察服务、船舶服务主要属于在某一时段内履行的履约义务，按照履约进度，在合同期内确认收入。本集团采用产出法确定履约进度，即根据已转移给客户的商品或服务对于客户的价值确定履约进度。当履约进度不能合理确定时，已经发生的成本预计能够得到补偿的，本集团按照已经发生的成本金额确认收入，直到履约进度能够合理确定为止。对于不属于在某一时段内履行的履约义务，本集团在客户取得相关商品或服务控制权的时点确认收入。

交易价格，是指本集团因向客户转让商品或服务而预期有权收取的对价金额，但不包含代第三方收取的款项以及本集团预期将退还给客户的款项。

A. 包含两项或多项履约义务的合同。

合同中包含两项或多项履约义务的，本集团在合同开始日，按照各单项履约义务所承诺商品或服务的单独售价的相对比例，将交易价格分摊至各单项履约义务。但在有确凿证据表明合同折扣或可变对价仅与合同中一项或多项（而非全部）履约义务相关的，本集团将该合同折扣或可变对价分摊至相关一项或多项履约义务。单独售价，是指本集团向客户单独销售商品或服务的价格。单独售价无法直接观察的，本集团综合考虑能够合理取得的全部相关信息，并最大限度地采用可观察的输入值估计单独售价。

B. 可变对价。

合同中存在可变对价的，本集团按照期望值或最可能发生金额确定可变对价的最佳估计数。包含可变对价的交易价格，不超过在相关不确定性消除时累计已确认收入极可能不会发生重大转回的金额。每一资产负债表日，本集团重新估计应计入交易价格的可变对价金额。

C. 重大融资成分。

合同中存在重大融资成分的，本集团按照假定客户在取得商品或服务控制权时即以现金支付的应付金额确定交易价格。该交易价格与合同对价之间的差额，在合同期间内采用实际利率法摊销。在合同开始日，本集团预计客户取得商品或服务控制权与客户支付价款间隔不超过一年的，不考虑合同中存在的重大融资成分。

2. 重要会计政策变更

新收入准则要求首次执行该准则的累积影响数调整首次执行当年年初（即2018年1月1日）留存收益及财务报表其他相关项目金额，对可比期间信息不予调整。在执行新收入准则时，本集团仅对首次执行日尚未完成的合同的累计影响数进行调整。

执行新收入准则对本年年初合并资产负债表相关项目的影响列示如表19－16所示：

表19－16

单位：元

项目	注	2017年12月31日（经重述）（注1）	重分类	重新计量	2018年1月1日（经重述）
流动资产：					
应收票据及应收账款		6 343 905 016	0	－5 667 932	6 338 237 084
非流动资产：					
长期待摊费用	2	605 748 098	－130 923 998	0	474 824 100

续表

项目	注	2017年12月31日（经重述）（注1）	重分类	重新计量	2018年1月1日（经重述）
其他非流动资产	2	195 841 891	130 923 998	0	326 765 889
流动负债：					
预收款项	3	87 224 708	-87 224 708	0	0
合同负债	3	不适用	87 224 708	0	87 224 708
应交税费	5	469 925 140	0	-253 000	469 672 140
非流动负债：					
递延收益	4	888 372 947	-230 429 112	0	657 943 835
其他非流动负债	4	0	230 429 112	0	230 429 112
股东权益：					
未分配利润	5	15 254 632 991	0	-5 414 932	15 249 218 059

注1：该列2017年12月31日（经重述）的数据已包含同一控制下企业合并对年初数重述的影响。

注2：于2018年1月1日，金额为116 876 323元的动员成本属于摊销期超过一年的履行合同的成本，金额为14 047 675元的取得合同的成本摊销期超过一年，因此从长期待摊费用重分类至其他非流动资产。

注3：于2018年1月1日，金额为87 224 708元的预收收入合同款项重分类至合同负债。

注4：于2018年1月1日，金额为68 159 662元的动员费及162 269 450元的设备补偿款属于摊销期超过一年的合同负债，因此从递延收益重分类至其他非流动负债。

注5：在首次执行收入新准则日，本集团包含两项或多项履约义务的合同收入累计减少5 667 932元，并相应调整应交税费253 000元及年初未分配利润5 414 932元；本公司包含两项或多项履约义务的合同收入累计减少1 694 100元，并相应调整应交税费253 000元及年初未分配利润1 441 100元。

与原收入准则相比，执行新收入准则对当年财务报表相关项目的影响列示如表19－17、表19－18所示：

表19－17　合并资产负债表　单位：元

项目	附注五	新准则下年末余额	调整	原准则下年末余额
流动资产：				
存货	6	1 379 777 492	-53 022 516	1 326 754 976
其他流动资产	7	6 565 654 666	53 022 516	6 618 677 182
非流动资产：				
长期待摊费用	15	746 125 339	172 892 946	919 018 285
其他非流动资产	17	270 709 207	-172 892 946	97 816 261
流动负债：				
合同负债	20	154 410 213	-154 410 213	0
预收款项		0	141 347 740	141 347 740
其他流动负债	25	202 078 181	13 062 473	215 140 654
非流动负债：				
递延收益	29	522 838 540	308 000 380	830 838 920
其他非流动负债	30	308 000 380	-308 000 380	0

表 19-18 **合并利润表** 单位：元

项目	注	新准则下本年发生额	调整	原准则下本年发生额
营业收入	1	21 945 877 580	-5 667 932	21 940 209 648
利润总额		706 328 684	-5 667 932	700 660 752
所得税费用		617 656 702	-253 000	617 403 702
净利润		88 671 982	-5 414 932	83 257 050
综合收益总额		287 094 389	-5 414 932	281 679 457
基本每股收益		0.0148	-0.0011	0.0137

注 1：新收入准则的执行，使得本年包含两项或多项履约义务的合同收入增加 5 667 932 元，并相应调增净利润 5 414 932 元。

3. 合同履行成本（见表 19-19）

表 19-19 **存货**

项目	期末余额			期初余额		
	账面余额	跌价准备	账面价值	账面余额	跌价准备	账面价值
原材料	1 243 948 199	36 032 690	1 207 915 509	1 109 350 671	31 409 834	1 077 940 837
在产品	465 386	13 961	451 425	14 743 230	26 107	14 717 123
库存商品	34 897 374	1 021 716	33 875 658	13 762 179	408 259	13 353 920
周转材料	4 444 211	5 962	4 438 249	4 945 994	10 216	4 935 778
履行合同的成本	53 022 516	0	53 022 516	0	0	0
在途物资	79 991 125	0	79 991 125	37 481 623	0	37 481 623
其他	83 010	0	83 010	77 658	0	77 668
合计	1 416 851 821	37 074 329	1 379 777 492	1 180 361 365	31 854 416	1 148 506 949

对于履行合同的成本，本年确认摊销金额 57 808 382 元。

4. 合同取得成本（见表 19-20）

表 19-20 **其他非流动资产**

项目	期末余额	期初余额（经重述）
履行合同的成本（注 1）	163 986 382	116 876 323
预付固定资产建造款	24 085 939	8 759 790
应收增值税返还款	68 874 646	138 665 621
待抵扣税金	40 436 275	101 375 971
取得合同的成本（注 2）	8 906 564	14 047 675
减：一年内到期的应收增值税返还款	35 580 599	52 959 491
合计	270 709 207	326 765 889

注 1：履行合同的成本本年确认摊销金额 68 080 200 元，未确认资产减值损失。

注 2：取得合同的成本本年确认摊销金额 5 638 962 元，未确认资产减值损失。

5. 合同负债

（1）合同负债列示（见表19－21）。

表19－21

单位：元

项目	期末余额	期初余额（经重述）
合同负债（注）	462 410 593	317 653 820
减：计入其他非流动负债的合同负债（附注五、30）	308 000 380	230 429 112
合计	154 410 213	87 224 708

注：本集团的合同负债包括动员费、提供钻井服务期间购买设备而由客户给予的设备补偿款和预收款项。上述合同负债，在本集团向客户提供商品或服务的期间，采用与该负债相关的商品或服务收入确认相同的基础分期确认为收入。

（2）本年确认的包括在合同负债（含计入其他非流动负债的合同负债）期初账面价值中的收入金额111 765 100元。

（3）合同负债的增加主要是本年新增服务合同收到的动员费。

6. 营业收入及成本

（1）营业收入和营业成本情况（见表19－22）。

表19－22

单位：元

项目	本期发生额		上期发生额（经重述）	
	收入	成本	收入	成本
主营业务	21 908 905 459	19 506 847 738	17 474 205 787	14 963 834 480
其他业务	36 972 121	36 831 071	42 082 068	41 198 863
合计	21 945 877 580	19 543 678 809	17 516 287 855	15 005 033 343

（2）合同产生的收入的情况（见表19－23）。

表19－23

单位：元

合同分类	钻井服务	油田技术服务	物探采集和工程勘察服务	船舶服务	合计
按经营地区分类					
国内	4 226 449 424	8 223 614 558	1 281 607 100	2 553 135 927	16 284 807 009
北海	1 446 331 981	0	0	0	1 446 331 981
其他	2 092 877 666	1 598 643 949	369 861 545	153 355 430	4 214 738 590
合计	7 765 659 071	9 822 258 507	1 651 468 645	2 706 491 357	21 945 877 580
市场或客户类型					
中国海洋石油有限公司及其子公司（“中海油”）	4 124 739 516	8 901 507 864	1 168 779 725	2 461 746 105	16 656 773 210

续表

合同分类	钻井服务	油田技术服务	物探采集和工程勘察服务	船舶服务	合计
其他	3 640 919 555	920 750 643	482 688 920	244 745 252	5 289 104 370
合计	7 765 659 071	9 822 258 507	1 651 468 645	2 706 491 357	21 945 877 580
按收入确认的时间分类					
时点	0	53 349 389	88 292 352	0	141 641 741
时段	7 765 659 071	9 768 909 118	1 563 176 293	2 706 491 357	21 804 235 839
合计	7 765 659 071	9 822 258 507	1 651 468 645	2 706 491 357	21 945 877 580

7. 履约义务的说明

（1）钻井服务。

本集团向客户提供的钻井服务主要活动包括：①开展动复员工作；②开展钻井工作及合同约定的其他服务。本集团与客户之间的钻井服务合同的对价主要包括合同日费、动复员费及补偿款等。本集团将钻井服务合同中约定的服务作为单项履约义务，且客户在本集团履约的同时取得并消耗本集团履约所带来的经济利益。因此，该履约义务属于在某一时段内履行的履约义务，本集团在履行履约义务的期间确认收入。

（2）油田技术服务。

本集团向客户提供的油田技术服务主要包括测井、钻井液、定向井、固完井、增产和资料集成或合同约定的其他服务。本集团与客户之间的油田技术服务合同的对价主要包括提供油田技术服务款项。本集团识别油田技术服务合同中约定的各项油田技术服务是否为可明确区分的单项履约义务，并对客户在本集团履约的同时取得并消耗本集团履约所带来经济利益的各项履约义务，在履行履约义务的期间确认收入。同时少量合同约定的可明确区分的单独履约义务属于在某一时点履行的履约义务，本集团在客户取得相关商品控制权时点确认收入。

（3）物探采集服务和工程勘察服务。

本集团与客户之间的物探采集服务或工程勘察服务的对价主要包括提供相关采集或勘察服务款项及补偿款等。本集团识别物探采集服务或工程勘察服务合同约定的各项服务是否为可明确区分的单项履约义务，并对客户在本集团履约的同时取得并消耗本集团履约所带来经济利益的各项履约义务，在履行履约义务的期间确认收入。同时少量合同中约定的可明确区分的单独履约义务属于在某一时点履行的履约义务，本集团在客户取得相关服务控制权时点确认收入。

（4）船舶服务。

本集团向客户提供的船舶服务主要包括货物及人员运送、海上守护或合同约定的其他服务。本集团与客户之间的船舶服务合同的对价主要包括提供船舶服务价款及补偿费等。本集团识别船舶服务合同中约定的各项服务是否为可明确区分的单项履约义务，并对客户在本集团履约的同时取得并消耗本集团履约所带来经济利益的各项履约义务，在履行履约义务的期间确认收入。

8. 分摊至剩余履约义务的说明

截至2018年12月31日，已签订合同、但尚未履行或尚未履行完毕的履约义务所对应的收入金额为1 465 401 605元，其中预计将于以后年度确认的收入情况如表19-24所示：

表19-24

单位：元

	金额
1年以内（含1年）	1 237 779 108
2年至5年（含5年）	226 603 834
5年以上	1 018 663
合计	1 465 401 605

注：集团与客户签订的合同大部分按照日费率或工作量支付。针对该类合同，本集团有权按照日费率或工作量向客户开具账单，并按照账单金额确认收入。因此，根据新收入准则的要求，上述披露未包含该类合同在剩余履约期间将确认的收入。

示例19-6：601898.SH 中煤能源

1. 收入会计政策

本集团的收入主要来源于如下业务类型：

（1）商品销售收入。

（2）提供劳务收入。

本集团在履行了合同中的履约义务，即在客户取得相关商品或服务控制权时，按照分摊至该项履约义务的交易价格确认收入。履约义务，是指合同中本集团向客户转让可明确区分商品或服务的承诺。交易价格，是指本集团因向客户转让商品或服务而预期有权收取的对价金额，但不包含代第三方收取的款项以及本集团预期将退还给客户的款项。

满足下列条件之一的，属于在某一时间段内履行的履约义务，本集团按照履约进度，在一段时间内确认收入：（1）客户在本集团履约的同时即取得并消耗本集团履约所带来的经济利益；（2）客户能够控制本集团履约过程中在建的商品；（3）本集团履约过程中所产出的商品具有不可替代用途，且本集团在整个合同期间内有权就累计至今已完成的履约部分收取款项。否则，本集团在客户取得相关商品或服务控制权的时点确认收入。

重大融资成分

合同中存在重大融资成分的，本集团按照假定客户在取得商品或服务控制权时即以现金支付的应付金额确定交易价格。该交易价格与合同对价之间的差额，在合同期间内采用实际利率法摊销。

附有质量保证条款的销售

对于附有质量保证条款的销售，如果该质量保证在向客户保证所销售商品或服务符合既定标准之外提供了一项单独的服务，该质量保证构成单项履约义务。否则，本集团按照《企业会计准则第13号——或有事项》规定对质量保证责任进行会计处理。

主要责任人与代理人

本集团根据在向客户转让商品或服务前是否拥有对该商品或服务的控制权，来判断从事交易时本集团的身份是主要责任人还是代理人。本集团在向客户转让商品或服务前能够控制该商品或服务的，本集团为主要责任人，按照已收或应收对价总额确认收入；否则，本集团为代理人，按照预期有权收取的佣金或手续费的金额确认收入，该金额按照已收或应收对价总额扣除应支付给其他相关方的价款后的净额，或者按照既定的佣金金额或比例等确定。

履行合同的成本

本集团为履行合同发生的成本，不属于除收入准则外的其他企业会计准则范围且同时满足下列条件的，确认为一项资产：(1) 该成本与一份当前或预期取得的合同直接相关；(2) 该成本增加了本集团未来用于履行履约义务的资源；(3) 该成本预期能够收回。

上述与合同成本有关的资产采用与该资产相关的商品或服务收入确认相同的基础进行摊销，计入当期损益。

上述与合同成本有关的资产，其账面价值高于下列两项的差额的，超出部分计提减值准备，并确认为资产减值损失：(1) 本集团因转让与该资产相关的商品或服务预期能够取得的剩余对价；(2) 为转让该相关商品或服务估计将要发生的成本。

计提减值准备后，如果以前期间减值的因素发生变化，使得上述两项差额高于该资产账面价值的，转回原已计提的资产减值准备，并计入当期损益，但转回后的资产账面价值不超过假定不计提减值准备情况下该资产在转回日的账面价值。

合同资产，是指本集团已向客户转让商品或服务而有权收取对价的权利，且该权利取决于时间流逝之外的其他因素。本集团拥有的无条件（即仅取决于时间流逝）

向客户收取对价的权利作为应收款项单独列示。

合同负债，是指本集团已收或应收客户对价而应向客户转让商品或服务的义务。

同一合同下的合同资产和合同负债以净额列示。

2. 重要会计政策变更

本集团自2018年1月1日起执行新收入准则，新收入准则引入了收入确认计量的5步法，并针对特定交易（或事项）增加了更多的指引。新收入准则要求首次执行该准则的累积影响数调整首次执行当期期初（即2018年1月1日）留存收益及财务报表其他相关项目金额，对可比期间信息不予调整。在执行新收入准则时，本集团仅对首次执行日尚未完成的合同的累计影响数进行调整。

除了提供了更广泛的收入交易的披露外，首次执行新收入准则对当期期初的留存收益金额未产生重大影响。新收入准则对本集团2018年1月1日合并资产负债表的影响如表19－25所示，未受影响的报表项目未包含在内：

表19－25

单位：千元

项目	注	2017年12月31日（已重述）	重分类	重新计量	2018年1月1日
流动负债：					
预收款项		2 639 128	（2 639 128）		—
合同负债		—	2 353 642		2 353 642
其他流动负债		8 283 155	285 486		8 568 641

注：截至2018年1月1日，本集团将预收货款2 353 642千元（不包含预收相关的增值税款）重分类至合同负债，预收相关的增值税款285 486千元重分类至其他流动负债。

与原收入准则相比，执行新收入准则对当期财务报表相关项目的影响列示如表19－26、表19－27所示：

表19－26　　合并资产负债表

单位：千元

项目	注	新收入准则下2018年12月31日余额	调整	原收入准则下2018年12月31日余额
流动资产：				
应收票据及应收账款		4 881 389	1 014 869	5 896 258
合同资产		1 014 869	（1 014 869）	—
流动负债：				
预收款项		—	2 795 073	2 795 073
合同负债		2 478 903	（2 478 903）	—
其他流动负债		9 450 225	（316 170）	9 134 055

表 19－27　　合并利润表　　单位：千元

项目	注	新收入准则下2018年度发生额	调整	原收入准则下2018年度发生额
营业收入		104 140 066	1 973 126	106 113 192
营业成本		74 314 057	1 973 126	76 287 183

注：根据原收入准则，由于本集团面临重大客户信用风险，本集团作为责任人按总额确认了若干煤炭交易的销售。应用新收入准则后，由于本集团在将货物转让给客户之前未获得对该货物的控制权，本集团的身份是作为代理人为另一方安排提供煤炭交易服务。该会计政策的变动导致本集团2018年度营业收入和营业成本均减少1 973 126千元。

3. 合同资产（见表19－28）

表 19－28　　单位：千元

项目	2018年12月31日
合同资产——煤矿装备销售	1 017 975
减：信用损失准备	（3 106）
合计	1 014 869

注：合同资产主要与本集团对已交付但未开发票的煤矿装备的对价相关，因为满足无条件收取对价的条件主要是取得合同规定的客户的检验证书。合同资产于该等权利变为无条件时转为应收账款。本集团通常在12个月内将合同资产转为应收账款。

4. 合同负债（见表19－29）

表 19－29　　合同负债情况　　单位：千元

项目	2018年12月31日
预收煤炭销售款	1 101 113
预收煤矿装备销售款	820 629
预收煤化工产品销售款	500 229
其他	56 932
合计	2 478 903

注：年初合同负债在本年度确认收入情况：其中煤炭1 223 082千元，煤机567 951千元，化工产品514 995千元，合计2 306 028千元。

本集团不存在以前期间履行的义务在本年度确认收入的情形。

对于煤炭及煤化工产品，在交付前收到客户的预付款项在合并财务报表中确认为合同负债。销售过程中不存在重大的融资成分和退货权。

对于煤矿装备，在交付前收到合同金额的30%的预付款项在合并财务报表中确认为合同负债。销售过程中不存在重大的融资成分和退货权。

第五节　新收入准则披露示例：建筑业

截至2018年12月31日，113家A+H股上市公司中属于建筑业的有5家，收入共计22 845亿元，占A+H股上市公司收入总金额的12%。摘录年报披露典型示例如表19－30所示：

表19－30

序号	上市公司示例	披露内容
1	中国中铁（601390.SH）	收入会计政策、重要会计政策变更、合同资产、合同负债、营业收入及成本
2	中国铁建（601186.SH）	收入会计政策、重要会计政策变更、合同资产、合同负债、营业收入及成本

示例19－7：601390.SH中国中铁

1. 收入会计政策

本集团在客户取得相关商品或服务的控制权时，按预期有权收取的对价金额确认收入。

（1）基础设施建设及相关业务和部分制造与安装业务的收入。本集团提供的基础设施建设和基建项目的勘察、设计、咨询、研发、可行性研究、监理等服务，以及在工程设备与零部件制造业务中的钢结构产品制造与安装业务，根据履约进度在一段时间内确认收入。

基础设施建设合同、基建项目的勘察设计等服务合同以及钢结构产品制造与安装合同的完工进度主要根据建造项目的性质，按已经完成的为履行合同实际发生的合同成本占合同预计总成本的比例或已完成的合同工作量占合同预计总工作量的比例或已完工合同工作的测量进度确定。于资产负债表日，本集团对已完工或已完成劳务的进度进行重新估计，以使其能够反映履约情况的变化。

合同成本包括合同履约成本和合同取得成本。本集团为提供基础设施建设和基建项目的勘察设计等服务以及钢结构产品制造与安装而发生的成本，确认为合同履约成本。本集团在确认收入时，按照已完工的进度将合同履约成本结转计入主营业务成本。本集团将为获取建造合同而发生的增量成本，确认为合同取得成本。本集团对于摊销期限不超过一年或者该业务营业周期的合同取得成本，在其发生时计入当期损益；对于摊销期限在一个营业周期以上的合同取得成本，本集团按照相关合同下确认收入相同的基础摊销计入损益。如果合同成本的账面价值高于因提供该服务预期能够取得的剩余对价减去估计将要发生的成本，本集团对超出的部分计提减值准备，并确认为资产减值损失。于资产负债表日，本集团对于合同履约成本根据其初始确认时摊销期限是否超过该项业务的营业周期，以减去相关资产减值准备后的净额，分别列示为存货和其他非流动资产；对于初始确认时摊销期限超过一年或者一个营业周期的合同取得成本，以减去相关资产减值准备后的净额，列示为其他非流动资产。

（2）销售工程设备和零部件、工程物资等商品的收入。本集团销售工程设备和零部件、工程物资等商品，并在客户取得相关商品的控制权时，根据历史经验，按照期望值法确定折扣金额，按照合同对价扣除预计折扣金额后的净额确认收入。本集团给予客户的信用期与行业惯例一致，不存在重大融资成分。本集团为部分产品提供一年期的产品质量保证，并确认相应的预计负债。

（3）房地产开发业务的收入。本集团房地产开发业务的收入于将物业的控制权转移给客户时确认。基于销售合同条款及适用于合同的法律规定，物业的控制权可在某一时段内或在某一时点转移。仅当本集团在履约过程中所产出的商品具有不可替代用途，且本集团在整个合同期间内有权就累计至今已完成的履约部分收取款项的情况下，按照合同期间已完成履约义务的进度在一段时间内确认收入，已完成履约义务的进度按照为完成履约义务而实际发生的合同成本占合同预计总成本的比例确定。否则，收入于客户获得实物所有权或已完工物业的法定所有权且本集团已获得现时收款权并很可能收回对价时确认。在确认合同交易价格时，若融资成分重大，本集团将根据合同的融资成分来调整合同承诺对价。

（4）建设、运营及移交合同。建设、运营及移交合同项于建设阶段，按照相关会计政策确认基础设施建设服务的收入和成本。基础设施建设服务收入按照收取或有权收取的对价计量，并在确认收入的同时，确认合同资产或无形资产，并对合同安排中的重大融资成分进行会计处理。

合同规定基础设施建成后的一定期间内，本集团可以无条件地自合同授予方收取确定金额的货币资金或其他金融资产的，于项目建造完成时，将合同资产转入金融资产核算。

合同规定本集团在有关基础设施建成后，从事经营的一定期间内有权利向获取服务的对象收取费用，但收费金额不确定的，该权利不构成一项无条件收取现金的权利，本集团在确认收入的同时确认无形资产，并在该项目竣工验收之日起至运营期及其延展期届满或特许经营权终止之日的期间采用年限平均法或车流量法摊销。

于运营阶段，当提供劳务时，确认相应的收入；发生的日常维护或修理费用，确认为当期费用。

（5）建设和移交合同。对于本集团提供基础设施建设服务的，于建设阶段，按照相关会计政策确认相关基础设施建设服务收入和成本，基础设施建设服务收入按照收取或有权收取的对价计量，在确认收入的同时确认合同资产，并对合同安排中的重大融资成分进行会计处理。待拥有无条件收取对价权利时，转入“长期应收款”，待收到业主支付的款项后，进行冲减。

（6）利息收入。按照他人使用本集团货币资金的时间和实际利率计算确定。

2. 重要会计政策变更

（1）根据新收入准则的相关规定，本集团及本公司对于首次执行该准则的累计影响数调整2018年年初留存收益以及财务报表其他相关项目金额，首次执行该准则对2018年年初留存收益无重大影响。2017年度的比较财务报表未重列，其采用的会计政策与本集团编制2017年度财务报表所采用的会计政策一致，如表19－31所示。

表19－31

会计政策变更的内容和原因	受影响的报表项目名称	影响金额 2018年1月1日	
		合并	公司
因执行新收入准则，本集团及本公司将与基础设施建设、钢结构产品制造与安装业务及提供劳务相关、不满足无条件收款权的已完工未结算、长期应收款计入合同资产和其他非流动资产，将与基础设施建设、钢结构产品制造与安装业务相关的已结算未完工，提供劳务及与销售商品相关的预收款项重分类至合同负债，将与基础设施建设、钢结构产品制造与安装业务及提供劳务相关的合同预计损失准备重分类至预计负债。	合同资产——原值	115 094 052	2 674 531
	其他非流动资产	25 664 122	1 982 401
	长期应收款	（25 651 013）	（1 982 401）
	存货	（114 724 593）	（2 674 531）
	合同负债	84 435 656	5 117 331
	预收款项	（84 389 034）	（5 117 331）
	预计负债	335 946	—

（2）与原收入准则相比，执行新收入准则对2018年度财务报表相关项目的影响如表19－32所示：

表19－32

受影响的资产负债表项目	影响金额 2018年12月31日	
	合并	公司
合同资产——原值	110 175 050	1 809 819
存货	（109 781 366）	（1 809 819）
其他非流动资产	67 881 054	5 666 929
长期应收款	（67 881 054）	（5 666 929）
合同负债	91 999 246	8 974 244
预收款项	（91 999 246）	（8 974 244）
预计负债	375 667	—
一年内到期的非流动负债	18 017	—

3. 合同资产（见表19－33）

表19－33

	2018年12月31日	2017年12月31日
合同资产	191 833 801	—
减：合同资产减值准备	1 371 230	—
小计	190 462 571	—
减：列示于其他非流动资产、一年内到期的非流动资产的合同资产（附注四（25）（10））		
－原值	81 658 751	—
－减值准备	441 793	—
小计	81 216 958	—
合计	109 245 613	—

合同资产无论是否存在重大融资成分，本集团均按照整个存续期的预期信用损失计量损失准备。于2018年12月31日，单项计提减值准备的合同资产分析如下：

（1）于2018年12月31日，单项计提减值准备的合同资产分析如表19－34所示：

表19－34

	账面余额	整个存续期预期信用损失率	减值准备	理由
合同资产1	324 311	15%	47 649	预期信用损失
合同资产2	32 562	81%	26 353	预期信用损失
合同资产3	23 867	70%	16 717	预期信用损失
其他	80 834	36%	28 733	预期信用损失
合计	461 574		119 452	

（2）于2018年12月31日，组合计提减值准备的合同资产分析如表19－35所示：

表19－35

	账面余额	整个存续期预期信用损失率	减值准备	理由
基础设施建设项目	100 979 482	0.76%	766 315	预期信用损失
土地一级开发项目	8 733 994	0.50%	43 670	预期信用损失
合计	109 713 476		809 985	

（3）其他非流动资产（见表 19－36）：

表 19－36

	2018 年 12 月 31 日	2017 年 12 月 31 日
合同资产（附注四（9））	67 881 054	—
预付投资款（注）	2 186 500	1 047 460
预付购房款	1 030 897	346 922
预付设备款	556 931	535 172
代垫土地整理款	585 736	1 073 775
抵债资产	355 919	355 919
预付购地款	269 829	176 338
其他	1 494 316	5 302 044 065 790
小计	74 361 182	
减：减值准备	391 230	25 750
合计	73 969 952	4 040 040

注：于 2018 年 12 月 31 日，账面价值为 9 914 442 千元（2017 年 12 月 31 日：3 233 721 千元）的合同资产已质押取得 3 247 700 千元的银行借款（2017 年 12 月 31 日：985 000 千元）。

4. 合同负债（见表 19－37）

表 19－37

	2018 年 12 月 31 日	2017 年 12 月 31 日
预收售楼款	33 674 903	—
预收工程款	28 829 140	—
已结算未完工款	17 787 852	—
预收设计咨询费	3 642 102	—
预收制造产品销售款	3 395 050	—
预收材料款	1 924 093	—
其他	2 746 106	—
合计	91 999 246	—

5. 营业收入及成本

本集团 2018 年度营业收入分解如表 19－38 所示：

表 19－38

	基础设施建设	勘查设计与咨询服务	工程设备与零部件制造	房地产开发	其他	合计
主营业务收入						
其中：在某一时点确认	—	—	13 792 501	43 324 215	35 199 635	92 316 351
在某一时段内确认	624 211 312	14 609 594	1 207 441	—	—	640 028 347
其他收入	—	—	—	—	5 369 153	5 369 153
合计	624 211 312	14 609 594	14 999 942	43 324 215	40 568 788	737 713 851

示例 19－8：601186.SH 中国铁建

1. 收入会计政策

本集团的收入主要来源于如下业务类型：

（1）工程承包业务，主要包括铁路、公路、城市轨道等基础设施和房建项目的工程施工；

（2）勘察设计和咨询业务，主要包括铁路、公路、城市轨道交通等土木工程和基础设施建设的勘察设计及咨询服务；

（3）工业制造业务，主要包括大型养路机械、掘进机械、轨道系统等机械设备的研发、生产和销售；

（4）房地产开发业务，主要包括民用住房、商用建筑的开发、建设与销售；

（5）其他业务，主要包括物流贸易业务、金融保险业务和高速公路运营服务等。

本集团在履行了合同中的履约义务，即在客户取得相关商品或服务控制权时，按照分摊至该项履约义务的交易价格确认收入。

履约义务，是指合同中本集团向客户转让可明确区分商品或服务的承诺。

本集团在合同开始日即对合同进行评估，识别该合同所包含的各单项履约义务，并确定各单项履约义务是在某一时段内履行，还是某一时点履行。满足下列条件之一的，属于在某一时间段内履行的履约义务，本集团按照履约进度，在一段时间内确认收入：（1）客户在本集团履约的同时即取得并消耗本集团履约所带来的经济利益；（2）客户能够控制本集团履约过程中在建的商品；（3）本集团履约过程中所产出的商品具有不可替代用途，且本集团在整个合同期间内有权就累计至今已完成的履约部分收取款项。否则，本集团在客户取得相关商品或服务控制权的时点确认收入。

本集团的工程承包业务主要属于在某一时段内履行的履约义务，按照履约进度，在合同期内确认收入，本集团采用投入法，即按照累计实际发生的成本占合同预计总成本的比例确定恰当的履约进度。当履约进度不能合理确定时，本集团根据已经发生的成本预计能够得到补偿的成本金额确认收入，直到履约进度能够合理确定为止。

本集团的勘察设计和咨询业务、工业制造业务、房地产开发业务和其他业务，根据具体业务性质与合同规定，按照履约进度在合同期内确认收入或者在客户取得相关商品或服务控制权时确认收入。

交易价格，是指本集团因向客户转让商品或服务而预期有权收取的对价金额，但不包含代第三方收取的款项以及本集团预期将退还给客户的款项。

（1）可变对价。合同中存在可变对价的，本集团按照期望值或最可能发生金额确定可变对价的最佳估计数。包含可变对价的交易价格，不超过在相关不确定性消除时累计已确认收入极可能不会发生重大转回的金额。每一资产负债表日，本集团重新估计应计入交易价格的可变对价金额。

（2）重大融资成分。合同中存在重大融资成分的，本集团按照假定客户在取得商品或服务控制权时即以现金支付的应付金额确定交易价格。该交易价格与合同对价之间的差额，在合同期间内采用实际利率法摊销。合同开始日，本集团预计客户取得商品或服务控制权与客户支付价款间隔不超过一年的，不考虑合同中存在的重大融资成分。

（3）应付客户对价。合同中存在应付客户对价的，除非该对价是为了向客户取得其他可明确区分商品或服务的，本集团将该应付对价冲减交易价格，并在确认相关收入与支付（或承诺支付）客户对价二者孰晚的时点冲减当期收入。

合同中包含两项或多项履约义务的，本集团在合同开始日，按照各单项履约义务所承诺商品或服务的单独售价的相对比例，将交易价格分摊至各单项履约义务。但在有确凿证据表明合同折扣或可变对价仅与合同中一项或多项（而非全部）履约义务相关的，本集团将该合同折扣或可变对价分摊至相关一项或多项履约义务。

单独售价，是指本集团向客户单独销售商品或服务的价格。单独售价无法直接观察的，本集团综合考虑能够合理取得的全部相关信息，并最大限度地采用可观察的输入值估计单独售价。

（4）附有质量保证条款的销售。对于附有质量保证条款的销售，如果该质量保证在向客户保证所销售商品或服务符合既定标准之外提供了一项单独的服务，该质量保证构成单项履约义务。否则，本集团按照《企业会计准则第13号——或有事项》规定对质量保证责任进行会计处理。

（5）主要责任人与代理人。本集团根据在向客户转让商品或服务前是否拥有对该商品或服务的控制权，来判断从事交易时本集团的身份是主要责任人还是代理人。本集团在向客户转让商品或服务前能够控制该商品或服务的，本集团为主要责任人，按照已收或应收对价总额确认收入；否则，本集团为代理人，按照预期有权收取的佣金或手续费的金额确认收入，该金额按照已收或应收对价总额扣除应支付给其他相关方的价款后的净额或者按照既定的佣金金额或比例等确定。

（6）取得合同的成本。本集团为取得合同发生的增量成本（即不取得合同就不会发生的成本）预期能够收回的，确认为一项资产。若该项资产摊销期限不超过一年的，在发生时计入当期损益。本集团为取得合同发生的其他支出，在发生时计入当期损益，明确由客户承担的除外。该资产根据其初始确认时摊销期限是否超过一个正常营业周期在其他流动资产或其他非流动资产中列报。

（7）履行合同的成本。本集团为履行合同发生的成本，不属于除收入准则外的其他企业会计准则范围且同时满足下列条件的，确认为一项资产：①该成本与一份当前或预期取得的合同直接相关；②该成本增加了本集团未来用于履行履约义务的资源；②该成本预期能够收回。该资产根据其初始确认时摊销期限是否超过一个正常营业周期在存货或其他非流动资产中列报。

上述与合同成本有关的资产采用与该资产相关的商品或服务收入确认相同的基础进行摊销，计入当期损益。

上述与合同成本有关的资产，其账面价值高于下列两项的差额的，超出部分计提减值准备，并确认为资产减值损失：①本集团因转让与该资产相关的商品或服务预期能够取得的剩余对价；②为转让该相关商品或服务估计将要发生的成本。

计提减值准备后，如果以前期间减值的因素发生变化，使得上述两项差额高于该资产账面价值的，转回原已计提的资产减值准备，并计入当期损益，但转回后的资产账面价值不超过假定不计提减值准备情况下该资产在转回日的账面价值。

（8）合同资产。合同资产，是指本集团已向客户转让商品或服务而有权收取对价的权利，且该权利取决于时间流逝之外的其他因素。本集团拥有的无条件（即仅取决于时间流逝）向客户收取对价的权利作为应收款项单独列示。

（9）合同负债。合同负债，是指本集团已收或应收客户对价而应向客户转让商品或服务的义务。

2. 重要会计政策变更

新收入准则对本集团和本公司的影响。新收入准则要求首次执行该准则的累积影响数调整首次执行当年年初（即2018年1月1日）留存收益及财务报表其他相关项目金额，对可比期间信息不予调整。在执行新收入准则时，本集团仅对首次执行日尚未完成的合同的累计影响数进行调整。

执行新收入准则对本年年初合并资产负债表相关项目的影响列示如表19－39所示：

表 19－39

单位：千元

项目	2017 年 12 月 31 日	重分类（注 1）	重分类（注 2）	重新计量（注 3）	2018 年 1 月 1 日
流动资产：					
应收票据及应收账款	153 528 817	—	(39 988 707)	—	113 540 110
存货	266 604 158	(130 254 952)	—	898 232	137 247 438
合同资产		130 254 952	—	—	130 254 952
其他短期资产	232 765 144	—	—	—	232 765 144
流动资产合计	652 898 119	—	(39 988 707)	898 232	613 807 644
非流动资产：					
长期应收款	40 662 087	(2 972 033)	—	—	37 690 054
递延所得税资产	3 577 034	—	—	45 433	3 622 467
其他非流动资产	2 644 327	2 972 033	39 988 707	—	45 605 067
其他长期资产	122 105 892	—	—	—	122 105 892
非流动资产合计	168 989 340	—	39 988 707	45 433	209 023 480
资产总计	821 887 459	—	—	943 665	822 831 124
流动负债：					
预收款项	85 682 565	(85 682 565)	—	—	—
合同负债		85 682 565	—	1 122 154	86 804 719
应交税费	5 964 383	—	—	(27 722)	5 936 661
其他应付款	49 797 546	—	—	(14 469)	49 783 077
其他短期负债	402 210 345	—	—	—	402 210 345
流动负债合计	543 654 839	—	—	1 079 963	544 734 802
非流动负债：					
其他长期负债	99 583 775	—	—	—	99 583 775
非流动负债合计	99 583 775	—	—	—	99 583 775
负债合计	643 238 614	—	—	1 079 963	644 318 577
股东权益：					
未分配利润	79 204 629	—	—	(136 298)	79 068 331
其他归属于母公司股东权益	70 207 354	—	—	—	70 207 354
归属于母公司股东权益合计	149 411 983	—	—	(136 298)	149 275 685
少数股东权益	29 236 862	—	—	—	29 236 862
股东权益合计	178 648 845	—	—	(136 298)	178 512 547
负债和股东权益总计	821 887 459	—	—	943 665	822 831 124

执行新收入准则对本年年初公司资产负债表相关项目的影响列示如表 19－40 所示：

表 19-40　　单位：千元

项目	2017 年 12 月 31 日	重分类（注 1）	重分类（注 2）	2018 年 1 月 1 日
流动资产：				
应收票据及应收账款	4 370 398	—	（749 691）	3 620 707
存货	2 048 514	（2 048 514）	—	—
合同资产		2 048 514	—	2 048 514
其他流动资产	50 025 319	—	—	50 025 319
流动资产合计	56 444 231	—	（749 691）	55 694 540
非流动资产：				
其他非流动资产	—	—	749 691	749 691
其他长期资产	101 328 558	—	—	101 328 558
非流动资产合计	101 328 558	—	749 691	102 078 249
资产总计	157 772 789	—	—	157 772 789
流动负债：				
预收款项	856 037	（856 037）	—	—
合同负债		856 037	—	856 037
其他流动负债	44 508 097	—	—	44 508 097
流动负债合计	45 364 134	—	—	45 364 134
非流动负债：				
非流动负债合计	25 019 569	—	—	25 019 569
负债合计	70 383 703	—	—	70 383 703
股东权益：				
股东权益合计	87 389 086	—	—	87 389 086
负债和股东权益总计	157 772 789	—	—	157 772 789

注 1：合同资产与合同负债

于 2018 年 1 月 1 日，本集团/本公司根据工程项目履约进度确认的收入金额超过已办理结算价款的被重分类为合同资产，其中预计 1 年以上收回的款项列报为其他非流动资产。本集团/本公司的预收款项被重分类至合同负债。

注 2：工程质量保证金

于 2018 年 1 月 1 日，本集团/本公司将尚未完成的合同中不满足无条件收款权的工程质量保证金根据其流动性列报为其他非流动资产。

注 3：收入重新计量的影响

于 2018 年 1 月 1 日，本集团依照新收入准则的要求，对于首次执行日尚未完成的合同进行评估，识别合同所包含的各项履约义务。对于部分合同中向客户转让商品或服务的承诺，经评估不满足新收入准则规定的单项履约义务条件，与合同中承诺的其他商品或服务不可单独区分，应作为一项履约义务，在客户取得相关商品控制权时确认收入。对于合同中存在的可变对价，按照期望值或最可能发生金额确认可变对价的最佳估计数。

3. 合同资产

合同资产主要系本集团的工程承包业务产生。本集团根据与客户签订的工程承包施工合同提供工程施工服务，并根据履约进度在合同期内确认收入。本集团的客户根据合同规定与本集团就工程施工服务履约进度进行结算，并在结算后根据合同规定的信用期支付工程价款。本集团根据履约进度确认的收入金额超过已办理结算价款的部分确认为合同资产，根据其流动性，列示于合同资产/其他非流动资产。本集团已办理结算价款超过本集团根据履约进度确认的收入金额部分确认为合同负债。

表 19－41

单位：千元

项目	2018 年 12 月 31 日		
	账面余额	减值准备	账面价值
合同资产	129 206 889	5 268 738	123 938 151

4. 合同负债（见表 19－42）

表 19－42

单位：千元

项目	2018 年 12 月 31 日	2017 年 12 月 31 日
预收工程款项	44 249 968	—
预收售楼款（注）	39 148 662	—
预收材料款	4 862 273	—
预收产品销售款	161 881	—
其他	853 801	—
合计	89 276 585	—

注：预收售楼款明细如表 19－43 所示：

表 19－43

单位：千元

项目名称	2018 年 12 月 31 日	2018 年 12 月 31 日累计预售比例%	预计最近一期竣工时间
西安中国铁建·国际城三期项目	3 515 124	63	2019 年 6 月
中国铁建·西派城项目	3 476 994	26	2019 年 12 月
中国铁建·成都西派城项目（7 号地）	2 314 649	48	2019 年 10 月
中国铁建·开元小区项目	2 184 232	79	2019 年 9 月
香榭国际项目	2 165 659	53	2019 年 1 月
杭州西湖国际城项目	2 141 531	83	2018 年 12 月
西安中国铁建·国际城二期项目	1 798 493	53	2020 年 5 月
嘉兴花语江南项目	1 548 505	61	2019 年 12 月
西安铁兴西派国际项目	1 470 923	54	2019 年 1 月
中国铁建·万国城项目	1 180 527	92	2020 年 8 月

续表

项目名称	2018年12月31日	2018年12月31日累计预售比例%	预计最近一期竣工时间
南宁西派澜岸项目	883 433	80	2019年2月
中国铁建·云景山语城项目	839 117	80	2019年12月
中国铁建杨春湖畔项目	838 382	48	2019年12月
中国铁建·山语城（大连）项目	836 178	54	2019年4月
长春经开区洋浦地块项目	802 879	62	2019年6月
中国铁建·龙沐湾一号项目	779 109	65	2020年12月
成都北湖新区项目	733 737	90	2019年12月
合肥青秀城项目	725 087	55	2019年5月
长沙梅溪湖项目	723 951	70	2019年12月
香漫溪岸项目	601 547	56	2020年2月
贵安山语城项目	581 317	63	2019年11月
中国铁建·青秀城项目	479 910	72	2020年4月
中国铁建·云公馆项目	456 060	69	2019年10月
成都皇冠湖壹号项目	451 281	94	2018年12月
南宁安吉山语城项目	445 666	50	2019年11月
兰州SOHO项目	396 923	43	2019年6月
中铁成都武侯铁佛村项目	350 817	100	2018年12月
中国铁建·公园3326项目	325 881	38	2019年12月
中国铁建·东来尚城项目	320 675	90	2019年4月
中国铁建·御景阳光项目	312 752	13	2019年11月
其他	5 467 323	—	—
合计	39 148 662	—	—

于资产负债表日，账龄超过1年的重要合同负债列示如表19－44所示：

表19－44 单位：千元

单位名称	与本集团关系	2018年12月31日	未结转原因
单位1	第三方	232 113	工程尚未验工计价
单位2	第三方	174 189	工程尚未验工计价
单位3	第三方	173 668	工程尚未验工计价
单位4	第三方	153 803	工程尚未验工计价
单位5	第三方	150 805	工程尚未验工计价
合计	—	884 578	—

5. 营业收入及成本

（1）营业收入的分解信息（见表 19－45）。

表 19－45

单位：千元

	工程承包	房地产开发	工业制造	勘察设计及咨询	其他	合计
营业收入确认时间						
在某一时段内履行履约义务	622 822 165	—	—	15 509 854	2 367 560	640 699 579
在转移商品或服务控制权时	—	36 913 777	14 596 953	785 387	37 127 349	89 423 466
合计	622 822 165	36 913 777	14 596 953	16 295 241	39 494 909	730 123 045

（2）本集团提供的工程承包服务通常整体构成单项履约义务，并属于在某一时段内履行的履约义务。截至 2018 年 12 月 31 日，本集团部分工程承包业务尚在履行过程中，分摊至尚未履行（或部分未履行）履约义务的交易价格与相应工程承包合同的履约进度相关，并将于相应工程承包合同的未来履约期内按履约进度确认为收入。

第六节 新收入准则披露示例：电力、热力、燃气及水生产和供应业

截至 2018 年 12 月 31 日，沪深证券交易所共有 A＋H 股上市公司 113 家，2018 年度收入共计 184 214 亿元。其中，电力、热力、燃气及水生产和供应业 5 家，收入共计 3 591 亿元，占 A＋H 股上市公司收入总金额 2%。摘录年报披露典型示例如表 19－46 所示：

表 19－46

序号	上市公司示例	披露内容
1	华能国际（600011. SH）	收入会计政策、重要会计政策变更、合同资产、合同负债、营业收入及成本
2	创业环保（600874. SH）	收入会计政策、重要会计政策变更、合同资产、合同负债、营业收入及成本

注：其他为联营企业财务报表会计政策调整不切实可行的说明示例。

示例 19－9：600011. SH 华能国际

1. 收入会计政策

收入是本公司及其子公司在日常活动中形成的、会导致股东权益增加且与股东投

入资本无关的经济利益的总流入。

本公司及其子公司在履行了合同中的履约义务，即在客户取得相关商品或服务的控制权时，确认收入。

合同中包含两项或多项履约义务的，本公司及其子公司在合同开始日，按照各单项履约义务所承诺商品或服务的单独售价的相对比例，将交易价格分摊至各单项履约义务，按照分摊至各单项履约义务的交易价格计量收入。

交易价格是本公司及其子公司因向客户转让商品或服务而预期有权收取的对价金额，不包括代第三方收取的款项。本公司及其子公司确认的交易价格不超过在相关不确定性消除时累计已确认收入极可能不会发生重大转回的金额。预期将退还给客户的款项作为退货负债，不计入交易价格。合同中存在重大融资成分的，本公司及其子公司按照假定客户在取得商品或服务控制权时即以现金支付的应付金额确定交易价格。该交易价格与合同对价之间的差额，在合同期间内采用实际利率法摊销。合同开始日，本公司及其子公司预计客户取得商品或服务控制权与客户支付价款间隔不超过一年的，不考虑合同中存在的重大融资成分。

满足下列条件之一时，本公司及其子公司属于在某一段时间内履行履约义务，否则，属于在某一时点履行履约义务：

（1）客户在本公司及其子公司履约的同时即取得并消耗本公司及其子公司履约所带来的经济利益；

（2）客户能够控制本公司及其子公司履约过程中在建的商品；

（3）本公司及其子公司履约过程中所产出的商品具有不可替代用途，且本公司及其子公司在整个合同期间内有权就累计至今已完成的履约部分收取款项。

对于在某一时段内履行的履约义务，本公司及其子公司在该段时间内按照履约进度确认收入。履约进度不能合理确定时，本公司及其子公司已经发生的成本预计能够得到补偿的，按照已经发生的成本金额确认收入，直到履约进度能够合理确定为止。

对于在某一时点履行的履约义务，本公司及其子公司在客户取得相关商品或服务控制权时点确认收入。在判断客户是否已取得商品或服务控制权时，本公司及其子公司会考虑下列迹象：

（1）本公司及其子公司就该商品或服务享有现时收款权利；

（2）本公司及其子公司已将该商品的实物转移给客户；

（3）本公司及其子公司已将该商品的法定所有权或所有权上的主要风险和报酬转移给客户；

（4）客户已接受该商品或服务等。

本公司及其子公司已向客户转让商品或服务而有权收取对价的权利（且该权利

取决于时间流逝之外的其他因素）作为合同资产列示，合同资产以预期信用损失为基础计提减值。本公司及其子公司拥有的、无条件（仅取决于时间流逝）向客户收取对价的权利作为应收款项列示。本公司及其子公司已收或应收客户对价而应向客户转让商品或服务的义务作为合同负债列示。计客户取得商品或服务控制权与客户支付价款间隔不超过一年的，不考虑合同中存在的重大融资成分。

满足下列条件之一时，本公司及其子公司属于在某一段时间内履行履约义务，否则，属于在某一时点履行履约义务：

（1）客户在本公司及其子公司履约的同时即取得并消耗本公司及其子公司履约所带来的经济利益；

（2）客户能够控制本公司及其子公司履约过程中在建的商品；

（3）本公司及其子公司履约过程中所产出的商品具有不可替代用途，且本公司及其子公司在整个合同期间内有权就累计至今已完成的履约部分收取款项。

对于在某一时段内履行的履约义务，本公司及其子公司在该段时间内按照履约进度确认收入。履约进度不能合理确定时，本公司及其子公司已经发生的成本预计能够得到补偿的，按照已经发生的成本金额确认收入，直到履约进度能够合理确定为止。

对于在某一时点履行的履约义务，本公司及其子公司在客户取得相关商品或服务控制权时点确认收入。在判断客户是否已取得商品或服务控制权时，本公司及其子公司会考虑下列迹象：

（1）本公司及其子公司就该商品或服务享有现时收款权利；

（2）本公司及其子公司已将该商品的实物转移给客户；

（3）本公司及其子公司已将该商品的法定所有权或所有权上的主要风险和报酬转移给客户；

（4）客户已接受该商品或服务等。

本公司及其子公司已向客户转让商品或服务而有权收取对价的权利（且该权利取决于时间流逝之外的其他因素）作为合同资产列示，合同资产以预期信用损失为基础计提减值。本公司及其子公司拥有的、无条件（仅取决于时间流逝）向客户收取对价的权利作为应收款项列示。本公司及其子公司已收或应收客户对价而应向客户转让商品或服务的义务作为合同负债列示。

与本公司及其子公司取得收入的主要活动相关的具体会计政策描述如下：

（1）电力销售收入。当电力供应至各电厂所在地的电网公司时，电网公司取得电力的控制权，与此同时本公司及其子公司确认收入。

（2）热力销售收入。当热力供应至购热客户时，购热客户取得热力控制权，与此同时本公司及其子公司确认收入。

(3) 服务收入。服务收入主要指提供港口搬运服务和运输服务等而收取的收入。本公司及其子公司提供的港口搬运服务及运输服务于服务提供期间确认收入。

(4) 燃料及原材料销售收入。本公司及其子公司在燃料及原材料的控制权转移至客户时确认收入。

(5) 供热管道初装费收入。本公司及其子公司向购热客户收取的供热管道初装费按照供热管道的热力供应期限分摊确认收入。

2. 重要会计政策变更(见表 19－47)

表 19－47

会计政策变更的内容和原因	审批程序	备注(受重要影响的报表项目名称和金额)
财政部颁布《企业会计准则第 14 号——收入》(修订)("新收入准则")取代了财政部于 2006 年颁布的《企业会计准则第 14 号——收入》及《企业会计准则第 15 号——建造合同》(统称"原收入准则")		本公司及其子公司对收入来源及客户合约流程进行复核以评估新收入准则对财务报表的影响。本公司及其子公司的收入主要为售电、售热及销售其他商品取得的收入,且超过 95% 的收入来源于与客户签订的核定价格的售电、售热合同,收入仍于向客户交付时点确认。采用新收入准则对本公司及其子公司除财务报表列报以外无重大影响
财政部颁布《企业会计准则第 22 号——金融工具确认和计量(修订)》《企业会计准则第 23 号——金融资产转移(修订)》《企业会计准则第 24 号——套期会计(修订)》及《企业会计准则第 37 号——金融工具列报(修订)》(统称"新金融工具准则")修订了财政部于 2006 年颁布的《企业会计准则第 22 号——金融工具确认和计量》《企业会计准则第 23 号——金融资产转移》和《企业会计准则第 24 号——套期保值》以及财政部于 2014 年修订的《企业会计准则第 37 号——金融工具列报》(统称"原金融工具准则")		本公司及其子公司按照新金融工具准则的规定,除某些特定情形外,对金融工具的分类和计量(含减值)进行追溯调整,将金融工具原账面价值和在新金融工具准则施行日(即 2018 年 1 月 1 日)的新账面价值之间的差额计入 2018 年年初其他综合收益。同时,本公司及其子公司未对比较财务报表数据进行调整
财政部颁布《企业会计准则解释第 9 号——关于权益法下投资净损失的会计处理》《企业会计准则解释第 10 号——关于以使用固定资产产生的收入为基础的折旧方法》《企业会计准则解释第 11 号——关于以使用无形资产产生的收入为基础的摊销方法》及《企业会计准则解释第 12 号——关于关键管理人员服务的提供方与接受方是否为关联方》(统称"解释第 9—12 号")		采用解释第 9—12 号未对本公司及其子公司财务状况和经营成果产生重大影响
财政部颁布《关于修订印发 2018 年度一般企业财务报表格式的通知》(财会〔2018〕15 号)		本公司及其子公司根据财会〔2018〕15 号规定的财务报表格式编制 2018 半年度财务报表,并采用追溯调整法变更了相关财务报表列报

新收入准则取代了财政部于2006年颁布的《企业会计准则第14号——收入》及《企业会计准则第15号——建造合同》（统称“原收入准则”）。

在原收入准则下，本公司及其子公司以风险报酬转移作为收入确认时点的判断标准。本公司及其子公司销售商品收入在同时满足下列条件时予以确认，即：商品所有权上的主要风险和报酬已转移给购货方，收入的金额及相关成本能够可靠计量，相关的经济利益很可能流入本公司及其子公司，本公司及其子公司既没有保留通常与所有权相联系的继续管理权，也没有对已售出的商品实施有效控制。提供劳务收入和建造合同收入按照资产负债表日的完工百分比法进行确认。

在新收入准则下，本公司及其子公司以控制权转移作为收入确认时点的判断标准：

（1）本公司及其子公司在履行了合同中的履约义务，即在客户取得相关商品或服务的控制权时，确认收入。在满足一定条件时，本公司及其子公司属于在某一段时间内履行履约义务，否则，属于在某一时点履行履约义务。合同中包含两项或多项履约义务的，本公司及其子公司在合同开始日，按照各单项履约义务所承诺商品或服务的单独售价的相对比例，将交易价格分摊至各单项履约义务，按照分摊至各单项履约义务的交易价格计量收入。交易价格是本公司及其子公司因向客户转让商品或服务而预期有权收取的对价金额，不包括代第三方收取的款项。本公司及其子公司确认的交易价格不超过在相关不确定性消除时累计已确认收入极可能不会发生重大转回的金额。合同中存在重大融资成分的，本公司及其子公司按照假定客户在取得商品或服务控制权时即以现金支付的应付金额确定交易价格。该交易价格与合同对价之间的差额，在合同期间内采用实际利率法摊销。

（2）本公司及其子公司依据新收入准则有关特定事项或交易的具体规定调整了相关会计政策。

（3）本公司及其子公司依据新收入准则的规定，根据履行履约义务与客户付款之间的关系在资产负债表中列示合同资产或合同负债。同时，本公司及其子公司依据新收入准则对与收入相关的信息披露要求提供更多披露，例如相关会计政策、有重大影响的判断（可变对价的计量、交易价格分摊至各单项履约义务的方法、估计各单项履约义务的单独售价所用的假设等）、与客户合同相关的信息（本年收入确认、合同余额、履约义务等）、与合同成本有关的资产的信息等。

（4）本公司及其子公司对收入来源及客户合约流程进行复核以评估新收入准则对财务报表的影响。本公司及其子公司的收入主要为售电、售热及销售其他商品取得的收入，且超过95%的收入来源于与客户签订的核定价格的售电、售热合同，收入仍于向客户交付时点确认。采用新收入准则对本公司及其子公司除财务报表列报以外无重大影响。

3. 合同资产

本公司及其子公司的合同资产主要涉及在资产负债表日对外提供的设备检修服务，当本公司及其子公司取得该无条件收取对价的权利时，合同资产将转为应收账款。

4. 合同负债

合同负债主要涉及本公司及其子公司从供热合同客户预先收取的供热款项，该合同的相关收入将在本公司及其子公司将热力供应至购热客户时确认。合同负债年初账面价值中在本年确认收入的金额约为14.24亿元。

本公司及其子公司的供热管道初装费相关的长期合同负债计入其他非流动负债，按照供热管道的热力供应期限分摊确认收入。其他非流动负债年初账面价值中在本年确认收入的金额约为2.07亿元。

本公司及其子公司的供热管道初装费相关的长期合同负债计入其他非流动负债。

5. 营业收入及成本

本公司及其子公司电力、热力、燃料及原材料销售收入于商品控制权转移的时点确认收入；港口搬运、运输和检修服务提供期间确认收入；供热管道初装费按照供热管道的热力供应期限分摊确认收入。

示例19-10：600874.SH创业环保

1. 收入会计政策

本集团在客户取得相关商品或服务的控制权时，按预期有权收取的对价金额确认收入。收入按扣除销售折让及销售退回的净额列示。

与交易相关的经济利益很可能流入本集团，相关的收入能够可靠计量且满足下列各项经营活动的特定收入确认标准时，确认相关的收入：

（1）污水处理服务及供冷供热服务收入。污水处理服务收入及供冷供热收入于提供服务时确认。

（2）污水处理设施建设服务收入。如果建造的结果能够可靠估计，在资产负债表日收入和成本应参照合同完工的百分比计入当期损益。完工百分比通常按照已经发生的成本与合同预计总成本的比例确定。合同的变更、索赔及奖励，若能够可靠地计量，也应计入合同收入。

如果建造的结果不能可靠估计的，合同收入应按照最有可能收回的合同成本的金额确认。合同成本应按照当期发生的费用确认。当合同总成本有可能超过合同总收益，预计的损失应被确认为当期费用。

（3）自来水及中水销售收入。自来水及中水销售收入在已将产品所有权上的主要风险和报酬转移给购货方，一般指自来水及中水已输送到客户时确认。

（4）中水管道接驳收入。本集团对外提供中水管道接驳工程，根据已完成工程的进度在一段时间内确认收入，其中，已完成工程的进度按照实际完工进度。于资产负债表日，本集团对已完成工程的进度进行重新估计，以使其能够反映履约情况的变化。

本集团按照已完成工程的进度确认收入时，对于本集团已经取得无条件收款权的部分，确认为应收账款，其余部分确认为合同资产，并对应收账款和合同资产以预期信用损失为基础确认损失准备；如果本集团已收或应收的合同价款超过已完成的工程，则将超过部分确认为合同负债。本集团对于同一合同下的合同资产和合同负债以净额列示。

合同成本包括合同履约成本和合同取得成本。本集团为提供中水管道接驳工程而发生的成本，确认为合同履约成本，并在确认收入时，按照已完成劳务的进度结转计入主营业务成本。本集团将为获取中水管道接驳工程合同而发生的增量成本，确认为合同取得成本，对于摊销期限不超过一年的合同取得成本，在其发生时计入当期损益；对于摊销期限在一年以上的合同取得成本，本集团按照相关合同下确认与中水管道接驳工程收入相同的基础摊销计入损益。如果合同成本的账面价值高于因提供该工程预期能够取得的剩余对价减去估计将要发生的成本，本集团对超出的部分计提减值准备，并确认为资产减值损失。于资产负债表日，本集团对于合同履约成本根据其初始确认时摊销期限是否超过一年，以减去相关资产减值准备后的净额，分别列示为存货和其他非流动资产；对于初始确认时摊销期限超过一年的合同取得成本，以减去相关资产减值准备后的净额，列示为其他非流动资产。

（5）环保设备销售收入。如果建造的结果能够可靠估计，在资产负债表日收入和成本应参照合同完工的百分比计入当期损益。完工百分比通常按照已经发生的成本与合同预计总成本的比例确定。合同的变更、索赔及奖励，若能够可靠地计量，也应计入合同收入。本集团销售的环保设备主要是环保专利技术的科研转化成果。

（6）委托运营收入。委托运营收入根据服务协议按照权责发生制进行确认。

（7）技术服务收入。技术服务收入在服务提供的会计期间内确认，根据已发生成本占估计总成本的比例确定完工进度，按照完工百分比确认收入。

2. 重要会计政策变更

根据新收入准则的相关规定，本集团及本公司对于首次执行该准则的累积影响数调整2018年年初留存收益以及财务报表其他相关项目金额，2017年度的比较财务报表未重列（增加/减少），如表19－48所示。

表 19－48

会计政策变更的内容和原因	受影响的报表项目	影响金额	
		2018 年 1 月 1 日	
		合并	公司
因执行新收入准则，本集团及本公司将已签订合同，但尚未满足收入确认条件的预收款项重分类至合同负债	合同负债	591 017	5 123
	预收款项	－591 017	－5 123
因执行新收入准则，本集团及本公司将提供中水管道接驳工程根据完工百分比法确认收入	预付账款	－91 230	—
	预收账款	－339 871	—
	应付账款	9 866	—
	应交税费	68 031	—
	未分配利润	170 744	—
因执行新收入准则，本集团及本公司将已向客户转让商品而有权收取对价，但尚不满足无条件收款权的工程施工科目余额重分类至合同资产	存货	－6 249	—
	合同资产	6 249	—

与原收入准则相比，执行新收入准则对 2018 年度财务报表相关项目的影响如表 19－49 所示：

表 19－49

受影响的资产负债表项目	影响金额	
	2018 年 12 月 31 日	
	合并	公司
合同负债	469 093	4 541
预收款项	－469 093	－4 541
受影响的利润表项目	影响金额	
	2018 年度	
	合并	公司
营业收入	115 636	—
营业成本	42 737	—

3. 合同资产（见表 19－50）

表 19－50

项目	2018 年 12 月 31 日			2017 年 12 月 31 日		
	账面余额	减值准备	账面价值	账面余额	减值准备	账面价值
合同资产						6 249

4. 合同负债

（1）合同负债情况（见表 19－51）。

表 19－51

单位：千元

项目	2018 年 12 月 31 日	2017 年 12 月 31 日
预收中水管道接驳费	453 602	576 642
预收汉沽项目款	4 467	4 467
预收供热服务费	4 074	4 749
其他	7 042	5 159
合计	469 185	591 017

（2）报告期内账面价值发生重大变动的金额和原因。于 2018 年 1 月 1 日，本集团合同负债的余额为 591 017 千元，其中 275 326 千元已于 2018 年度转入营业收入。

5. 营业收入及成本

本集团 2018 年营业收入分解如表 19－52 所示：

表 19－52

	污水处理及污水处理厂建设			中水	供冷供热	自来水	环保设备销售	其他	合计
	天津	杭州	其他					分部	
主营业务收入	858 211	284 062	484 102	349 860	91 015	93 261	35 282	64 339	2 260 132
其中：在某一时点确认	0	0	—	0	0	0	0	0	0
在某一时段内确认	858 211	284 062	484 102	349 860	91 015	93 261	35 282	64 339	2 260 132
其他业务收入	0	0	0	—	0	0	0	187 383	187 383
合计	858 211	284 062	484 102	349 860	91 015	93 261	35 282	251 722	2 447 515

于 2018 年 12 月 31 日，本集团的污水处理业务、中水供水业务以及自来水供水业务根据合同约定的单价，以及实际污水处理量，自来水、中水的供水量定期向客户发出账单，且账单金额能够代表本集团累计至今已履约部分转移给客户的价值，且不存在任何对价金额未纳入交易价格，从而未纳入对于分摊至剩余履约义务的交易价格所需披露的信息之中。

于 2018 年 12 月 31 日，本集团中水配套工程业务已签订合同但尚未履行或尚未履行完毕的履约义务所对应的收入金额为 454 百万元，将在以后年度根据工程的实际完工进度确认收入。于 2018 年 12 月 31 日，本集团供热业务已签订合同但尚未履行或尚未履行完毕的履约义务所对应的收入金额为8百万元，其中，本集团预计8百万元将于2019年度确认收入。本集团委托运营业务已签订合同但尚未履行或尚未履行完毕的履约义务所对应的收入金额为61百万元，其中，本集团预计61百万元将于2019年度确认收入。本集团代建业务已签订合同但尚未履行或尚未履行完毕的履约义务所对应的收入金额为14百万元，其中，本集团预计14百万元将于2019年度确认收入。本集团道路收费业务已签订合同但尚未履行或尚未履行完毕的履约义务所对应的收入金额为633百万元，其中，本集团预计2019—2028年每年确认收入金额为62百万元，2029年将确认收入13百万元。

第七节　新收入准则披露示例：房地产业

截至2018年12月31日，沪深证券交易所共有A+H股上市公司113家，2018年度收入共计184 214亿元。其中，房地产业2家，收入共计3 155亿元，占A+H股上市公司收入总金额2%。摘录年报披露典型示例如表19-53所示：

表19-53

序号	上市公司示例	披露内容
1	北辰实业（601588.SH）	收入会计政策、重要会计政策变更、合同取得成本、合同负债
2	万科A（000002.SZ）	收入会计政策、重要会计政策变更、合同资产、合同负债、合同取得成本、营业收入及成本

示例19-11：601588.SH北辰实业

1. 收入会计政策

（1）一般原则。收入确认和计量所采用的会计政策。

本集团在客户取得相关商品或服务的控制权时，按预期有权收取的对价金额确认收入。

（2）具体方法。

A. 销售商品。收入在商品的控制权转移给客户时确认。商品的控制权是在某一时段内还是某一时点转移，取决于合同的条款约定与适用于合同的法律规定。如果本集团满足下列条件时，商品的控制权在某一时段内发生转移：

- 客户在本集团履约的同时即取得并消耗本集团履约所带来的经济利益；
- 客户能够控制本集团履约过程中在建的商品；

● 本集团履约过程中所产出的商品具有不可替代用途，且本集团在整个合同期间内有权就累计至今已完成的履约部分收取款项。

如果商品的控制权在某一时段内转移，本集团按在整个合同期间已完成履约义务的进度进行收入确认。否则，收入于客户获得商品控制权的某一时点确认。

本集团在报告日根据已完成履约义务的进度对来自在某一时段内确认收入类型的商品销售合同确认收入。已完成履约义务的进度按本集团为完成履约义务而发生的支出或投入来衡量，该进度基于每份合同截至报告期末已发生的成本在预算成本中的占比来计算。

对于在某一时点转移商品控制权的房地产开发的销售合同，收入于商品房达到已完工状态并交付或视同交付给客户时确认。针对其他商品零售业务，当本集团向消费者交付商品后，本集团在此时确认商品的销售收入。零售收入通常以现金或信用卡结算。

B. 提供劳务。收入根据已完成劳务的进度在一段时间内确认收入，其中，已完成劳务的进度按照已发生的成本占预计总成本的比例确定。于资产负债表日，本集团对已完成劳务的进度进行重新估计，以使其能够反映履约情况的变化。

本集团按照已完成劳务的进度确认收入时，对于本集团已经取得无条件收款权的部分，确认为应收账款，其余部分确认为合同资产，并对应收账款以预期信用损失为基础确认损失准备；如果本集团已收或应收的合同价款超过已完成的劳务，则将超过部分确认为合同负债。本集团对于同一合同下的合同资产和合同负债以净额列示。

合同成本包括合同履约成本和合同取得成本。本集团为提供劳务而发生的成本，确认为合同履约成本，并在确认收入时，按照已完成劳务的进度结转计入主营业务成本。

本集团将为获取销售商品合同或劳务合同而发生的增量成本，确认为合同取得成本，对于摊销期限不超过一年的合同取得成本，在其发生时计入当期损益；对于摊销期限在一年以上的合同取得成本，本集团按照相关合同下与确认收入相同的基础摊销计入损益。如果合同成本的账面价值高于因销售商品或提供该劳务预期能够取得的剩余对价减去估计将要发生的成本，本集团对超出的部分计提减值准备，并确认为资产减值损失。于资产负债表日，本集团对于合同履约成本根据其初始确认时摊销期限是否超过一年，以减去相关资产减值准备后的净额，分别列示为存货和其他非流动资产；对于初始确认时摊销期限超过一年的合同取得成本，以减去相关资产减值准备后的净额，列示为其他非流动资产。

（3）采用会计政策的关键判断。根据所述的会计政策，针对在某一时点转移控制权的商品房销售合同，本集团对于开发产品控制权转移给购买者的时点，需要根据交易的发生情况作出判断。在多数情况下，控制权转移给购房者的时点，与购买者验收或视同验收的时点相一致。

在正常的商业环境下，本集团与购房客户签订房屋销售合同。如果购房客户需要从银行获取按揭贷款以支付房款，本集团将与购房客户和银行达成三方按揭担保贷款协议。在该协定下，购房客户通常需支付至少购房款总额的20%—30%作为首付款，而本集团将为银行向购房客户发放的抵押贷款提供阶段性连带责任保证担保，担保时限一般为6个月至2年不等。该项阶段性连带责任保证担保责任在购房客户办理完毕房屋所有权证并办妥房产抵押登记手续后解除。

在三方按揭贷款担保协议下，本集团仅在担保时限内需要对购房客户尚未偿还的按揭贷款部分向银行提供担保。银行仅会在购房者违约不偿还按揭贷款的情况下向本集团追索。

根据本集团销售类似开发产品的历史经验，本集团相信，在阶段性连带责任保证担保期间内，因购房客户无法偿还抵押贷款而导致本集团向银行承担担保责任的比率很低且本集团可以通过向购房客户追索因承担阶段性连带责任保证担保责任而支付的代垫款项，在购房客户不予偿还的情况下，本集团一般情况下可以根据相关购房合同的约定通过优先处置相关房产的方式避免发生损失。因此，本集团认为该财务担保对开发产品的销售收入确认没有重大影响。

2. 重要会计政策变更

根据新收入准则的相关规定，本集团及本公司对于首次执行该准则的累积影响数调整2018年年初留存收益以及财务报表其他相关项目金额，2017年度的比较财务报表未重列。

其中主要变动原因如下：

（1）本集团将为获得合同而直接产生的销售佣金确认为合同取得成本，列报为其他非流动资产，并根据收入履约进度结转计入销售费用。

（2）原分类为预收款项的开发项目预售款及其他款项重分类至合同负债。

3. 合同取得成本（见表19－54）

表19－54　　其他非流动资产

项目	期末余额			期初余额		
	账面余额	减值准备	账面价值	账面余额	减值准备	账面价值
合同取得成本	144 633 361	—	144 633 361	—	—	—
合计	144 633 361	—	144 633 361	—	—	—

其他说明：

2018年度，合同取得成本摊销计入销售费用的金额为43 705 919元。

4. 合同负债（见表 19－55）

表 19－55

合同负债情况

单位：元

项目	期末余额	期初余额
开发项目预收款（i）	28 329 021 728	—
其他（ii）	115 744 407	—
合计	28 444 766 135	—

合同负债中包含的开发项目预收款分析如表 19－56 所示：

表 19－56

项目名称	2018 年 12 月 31 日	竣工时间/预计竣工时间	预售比例 2018 年 12 月 31 日
北京北辰香麓	106 006 003	2010—2012 年	不适用
北京北辰福第	57 150 464	2010—2013 年	不适用
北京北辰墅院 1900	72 910 323	2015—2017 年	不适用
长沙北辰三角洲	7 833 270 719	2012—2019 年	83%
北京碧海方舟	6 000 000	2013 年	不适用
长沙北辰中央公园	1 066 919 664	2016—2019 年	92%
北京北辰红橡墅	780 514 344	待定	70%
北京当代北辰悦 MOMA	39 634 281	2019 年	96%
杭州北辰蜀山项目	291 235 477	2018 年	100%
苏州北辰旭辉壹号院	616 666 798	2019 年	100%
成都北辰朗诗南门绿郡	976 094 905	2019 年	88%
南京北辰旭辉铂悦金陵	10 969 855	2018 年	100%
成都北辰香麓	30 715 772	2018 年	76%
合肥北辰旭辉铂悦庐州府	1 708 122 461	2018—2020 年	80%
武汉蔚蓝城市（武汉辰智）	1 965 581 536	2019 年	99%
廊坊北辰奥园新城	426 655 819	2023 年	58%
成都北辰南湖香麓	1 899 580 459	2020 年	92%
重庆悦来壹号	1 120 953 526	2019—2020 年	80%
杭州国颂府	1 328 727 730	2019 年	89%
宁波北宸府	824 559 167	2020 年	23%
宁波堇天府	6 252 564 805	2020 年	91%
四川国颂府	79 556 493	2020 年	41%
武汉北辰光谷里	485 679 282	2020 年	34%
武汉北辰孔雀洲	98 961 640	2020 年	98%
武汉金地北辰阅风华	171 837 884	2020 年	90%
其他	78 152 321	2001—2010 年	不适用
	28 329 021 728		

合同负债中的其他主要包括酒店业务的预收房款等。于2018年1月1日，本集团合同负债的余额为21 436 638 479元，其中13 487 252 668元已于2018年度转入营业收入，包括开发项目预收款13 434 735 017元、酒店业务44 367 828元以及其他业务8 149 823元。

示例19－12：000002. SZ 万科A

1. 收入会计政策

收入是本集团在日常活动中形成的、会导致股东权益增加且与股东投入资本无关的经济利益的总流入。

本集团在履行了合同中的履约义务，即在客户取得相关商品或服务的控制权时，确认收入。

合同中包含两项或多项履约义务的，本集团在合同开始日，按照各单项履约义务所承诺商品或服务的单独售价的相对比例，将交易价格分摊至各单项履约义务，按照分摊至各单项履约义务的交易价格计量收入。

交易价格是本集团因向客户转让商品或服务而预期有权收取的对价金额，不包括代第三方收取的款项。本集团确认的交易价格不超过在相关不确定性消除时累计已确认收入极可能不会发生重大转回的金额。预期将退还给客户的款项作为退货负债，不计入交易价格。合同中存在重大融资成分的，本集团按照假定客户在取得商品或服务控制权时即以现金支付的应付金额确定交易价格。该交易价格与合同对价之间的差额，在合同期间内采用实际利率法摊销。

满足下列条件之一时，本集团属于在某一段时间内履行履约义务，否则，属于在某一时点履行履约义务：

（1）客户在本集团履约的同时即取得并消耗本集团履约所带来的经济利益；

（2）客户能够控制本集团履约过程中在建的商品；

（3）本集团履约过程中所产出的商品具有不可替代用途，且本集团在整个合同期间内有权就累计至今已完成的履约部分收取款项。

对于在某一时段内履行的履约义务，本集团在该段时间内按照履约进度确认收入。履约进度不能合理确定时，本集团已经发生的成本预计能够得到补偿的，按照已经发生的成本金额确认收入，直到履约进度能够合理确定为止。

对于在某一时点履行的履约义务，本集团在客户取得相关商品或服务控制权时点确认收入。在判断客户是否已取得商品或服务控制权时，本集团会考虑下列迹象：

（1）本集团就该商品或服务享有现时收款权利；

（2）本集团已将该商品的实物转移给客户；

（3）本集团已将该商品的法定所有权或所有权上的主要风险和报酬转移给客户；

（4）客户已接受该商品或服务等。

本集团已向客户转让商品或服务而有权收取对价的权利（且该权利取决于时间流逝之外的其他因素）作为合同资产列示，合同资产以预期信用损失为基础计提减值。本集团拥有的、无条件（仅取决于时间流逝）向客户收取对价的权利作为应收款项列示。本集团已收或应收客户对价而应向客户转让商品或服务的义务作为合同负债列示。

与本集团取得收入的主要活动相关的具体会计政策描述如下：

（1）房地产销售合同。对于根据销售合同条款、各地的法律及监管要求，满足在某一时段内履行履约义务条件的房地产销售，本集团在该段时间内按履约进度确认收入；其他的房地产销售在房产完工并验收合格，达到销售合同约定的交付条件，在客户取得相关商品或服务控制权时点，确认销售收入的实现。

（2）物业服务合同。本集团在提供物业服务过程中确认收入。

（3）物业出租合同。本集团在租赁合同约定的租赁期内按直线法确认收入。

（4）建造合同。本集团在履行履约义务的时段内按履约进度确认收入，本集团根据已经完成的合同工作量占合同预计总工作量的比例确定履约进度。

2. 重要会计政策变更

（1）会计政策变更的内容及原因。财政部于2017年及2018年颁布了以下企业会计准则修订及解释：《企业会计准则第14号——收入》（修订）（“新收入准则”）。

（2）会计政策变更的主要影响。会计政策变更是本集团根据财政部截至本报告日已发布的相关规定并结合本集团具体情况而做出，本集团持续评估会计政策变更及相关重大判断和估计，该等评估及相关调整导致在编制本财务报表时会计政策变更影响的披露与本集团2018年中期财务报表中列报的相应数据之间存在差异。

新收入准则取代了财政部于2006年颁布的《企业会计准则第14号——收入》及《企业会计准则第15号——建造合同》（统称“原收入准则”）。

在原收入准则下，本集团以风险报酬转移作为收入确认时点的判断标准。本集团销售商品收入在同时满足下列条件时予以确认，即：商品所有权上的主要风险和报酬已转移给购货方，收入的金额及相关成本能够可靠计量，相关的经济利益很可能流入本集团，本集团既没有保留通常与所有权相联系的继续管理权，也没有对已售出的商品实施有效控制。提供劳务收入和建造合同收入按照资产负债表日的完工百分比法进行确认。

在新收入准则下，本集团以控制权转移作为收入确认时点的判断标准：

本集团在履行了合同中的履约义务，即在客户取得相关商品或服务的控制权时，确认收入。在满足一定条件时，本集团属于在某一段时间内履行履约义务，否则，属于在某一时点履行履约义务。合同中包含两项或多项履约义务的，本集团在合同开始日，按照各单项履约义务所承诺商品或服务的单独售价的相对比例，将交易价格分摊至各单项履约义务，按照分摊至各单项履约义务的交易价格计量收入。交易价格是本集团因向客户转让商品或服务而预期有权收取的对价金额，不包括代第三方收取的款项。本集团确认的交易价格不超过在相关不确定性消除时累计已确认收入极可能不会发生重大转回的金额。合同中存在重大融资成分的，本集团按照假定客户在取得商品或服务控制权时即以现金支付的应付金额确定交易价格。该交易价格与合同对价之间的差额，在合同期间内采用实际利率法摊销。

本集团依据新收入准则有关特定事项或交易的具体规定调整了相关会计政策，例如合同成本、质保金、预收款等。

本集团依据新收入准则的规定，根据履行履约义务与客户付款之间的关系在资产负债表中列示合同资产或合同负债。同时，本集团依据新收入准则对与收入相关的信息披露要求提供更多披露，例如相关会计政策、有重大影响的判断、与客户合同相关的信息、与合同成本有关的资产的信息等。

本集团根据首次执行新收入准则的累积影响数，调整本集团2018年年初留存收益及财务报表其他相关项目金额，未对比较财务报表数据进行调整。本集团仅对在2018年1月1日尚未完成的合同的累积影响数调整本集团2018年年初留存收益及财务报表其他相关项目金额。

采用变更后会计政策编制的2018年度合并利润表及母公司利润表各项目、2018年12月31日合并资产负债表及母公司资产负债表各项目，与假定采用变更前会计政策编制的这些报表项目相比，受影响项目的增减情况如下：

会计政策变更对2018年合并利润表及母公司利润表各项目的影响分析如表19－57所示：

表19－57

	采用变更后会计政策增加/减少当期报表项目金额
	本集团
营业总收入	(752 710 292.80)
营业成本	(602 122 594.14)
税金及附加	(48 426 651.03)
销售费用	(859 449 783.63)
投资收益	(567 071 748.55)
利润总额	190 216 987.45
减：所得税费用	189 322 184.00

续表

	采用变更后会计政策增加/（减少）当期报表项目金额
	本集团
净利润	894 803.45
其中：归属于母公司股东的净利润	（131 060 106.30）
少数股东损益	131 954 909.75
综合收益总额	894 803.45
其中：归属于母公司股东的综合收益	（131 060 106.30）
归属于少数股东的综合收益	131 954 909.75

会计政策变更对2018年母公司利润表各项目无影响。

会计政策变更对2018年12月31日合并资产负债表各项目的影响分析如表19-58所示：

表19-58

	采用变更后会计政策增加/（减少）报表项目金额
	本集团
资产：	
存货	（762 004 203.70）
合同资产	1 364 126 797.84
其他流动资产	3 923 391 567.34
长期股权投资	（208 634 231.58）
负债：	
预收款项	（545 562 329 034.02）
合同负债	504 711 414 422.66
应交税费	649 708 139.78
其他流动负债	41 603 624 904.16
递延所得税负债	257 172 839.11
所有者权益：	
未分配利润	2 075 803 303.17
少数股东权益	581 485 355.04

会计政策变更对2018年12月31日母公司资产负债表各项目的影响分析如表19-59所示：

表 19－59

	采用变更后会计政策增加/（减少）报表项目金额
	本公司
负债：	
预收款项	（3 386 091 698.11）
合同负债	3 386 091 698.11

会计政策变更对2018年合并现金流量表及母公司现金流量表各项目无影响。

3. 合同资产

（1）合同资产按性质分析如表19－60所示：

表 19－60

	2018 年 12 月 31 日	2018 年 1 月 1 日
建造合同	1 364 126 797.84	692 809 067.43

本集团的合同资产主要涉及本集团与不同客户的建造合同。本集团根据合同约定履行建造义务，并按约定收取款项。当本集团取得该无条件收取对价的权利时，合同资产将转为应收账款。

本集团的合同资产涉及的建造合同对应的客户主要是政府及其相关方等信用良好的交易对手方，本集团持续评估各项合同资产的信用风险，管理层认为截至2018年12月31日合同资产信用风险较小，因此未计提坏账准备。

（2）合同资产本年的重大变动见表19－61：

表 19－61

项目	2018 年
年初金额	692 809 067.43
年初确认的合同资产于本年结算并收款	（692 809 067.43）
由于履约进度计量的变化而增加的金额	1 364 126 797.84
年末金额	1 364 126 797.84

4. 合同负债

（1）合同负债分类（见表19－62）。

表 19－62

项目名称	预计下批结算时间	项目预售比例	2018 年 12 月 31 日	2018 年 1 月 1 日
深圳山府	2019 年 6 月	76%	15 512 221 719.29	4 678 434 004.78
武汉汉口传奇	2019 年 3 月	66%	6 187 493 446.43	7 819 666 447.49

续表

项目名称	预计下批结算时间	项目预售比例	2018年12月31日	2018年1月1日
南宁万科城	2019年3月	35%	4 976 959 761.33	5 044 823 389.88
广州尚城御府	2019年3月	65%	4 936 702 522.19	3 244 079 454.84
杭州良渚文化村	2019年3月	41%	4 713 632 287.46	837 779 640.38
深圳麓城	2019年6月	81%	4 611 171 540.42	7 761 328 592.38
……				

（2）本集团账龄超过一年的合同负债余额为141 690 882 008.46元，其中主要为尚未结算的预收房款。

（3）合同负债主要涉及本集团客户的房地产销售合同中收取的预收款。该预收款在合同签订时收取，金额为合同对价的20%—100%不等。该合同的相关收入将在本集团履行履约义务后确认。该预收款在2017年12月31日的资产负债表中计入预收款项科目，本集团自2018年1月1日起开始采用新收入准则，根据新收入准则，本集团客户的房地产销售合同中收取的预收款计入合同负债科目。

（4）本集团的合同负债余额本年的重大变动如表19－63所示：

表19－63

项目	2018年
年初金额	379 941 170 989.98
因收到现金而增加的金额（不包含本年已确认为收入的金额）	341 074 242 587.41
包含在合同负债年初账面价值中的金额所确认的收入	(235 972 680 653.70)
合并范围变化	19 668 681 498.97
年末金额	504 711 414 422.66

5. 合同取得成本

其他流动资产

本集团的其他流动资产主要为合同取得成本和待抵扣增值税（见表19－64）。

表19－64

项目	2018年12月31日	2018年1月1日	2017年12月31日
合同取得成本	3 923 391 567.34	3 063 941 783.72	—
待抵扣增值税	9 964 265 842.67	4 701 550 319.97	4 701 550 319.97
其他	700 000 000.00	511 833 499.95	721 893 499.95
合计	14 587 657 410.01	8 277 325 603.64	5 423 443 819.92

合同取得成本本年变动（见表19－65）：

表 19－65

	佣金支出
年初余额	3 063 941 783.72
本年增加	3 106 847 243.52
本年摊销	(2 401 188 014.47)
合并范围变化	153 790 554.57
年末余额	3 923 391 567.34

本集团为签订商品房销售合同而支付给销售代理机构的佣金可以被销售对价覆盖，因此，本集团将相关金额资本化确认为合同取得成本，在相关收入确认时进行摊销。2017 年，这些佣金支出在发生时被确认为销售费用。

本集团的其他流动资产不存在所有权或使用权受到限制的情形。

6. 营业收入及成本

于 2018 年 12 月 31 日，本集团分摊至尚未履行（或部分未履行）履约义务的交易价格预计为 5 208.29 亿元，主要为尚未达到房地产销售合同约定的交付条件的销售合同交易价格。本集团预计在未来 1—3 年内，在房产完工并验收合格，达到销售合同约定的交付条件，在客户取得相关商品或服务控制权时点，确认销售收入的实现。

第八节　新收入准则披露示例：其他行业

截至 2018 年 12 月 31 日，沪深证券交易所共有 A＋H 股上市公司 113 家，2018 年度收入共计 184 214 亿元。其中，其他行业（包括科学研究和技术服务业、批发和零售业、水利、环境和公共设施管理业、文化、体育和娱乐业、租赁和商务服务业）5 家，收入共计 1 921 亿元，占 A＋H 股上市公司收入总金额 1.04％。摘录年报披露典型示例如表 19－66 所示：

表 19－66

序号	上市公司示例	披露内容
1	药明康德（603259.SH）	收入会计政策、重要会计政策变更、合同资产、合同负债、营业收入及成本
2	上海医药（601607.SH）	收入会计政策、重要会计政策变更、合同负债

示例19－13：603259.SH药明康德

1. 收入会计政策

本集团的收入主要来源于如下业务类型（见表19－67）：

表19－67

中国区实验室服务	服务包括小分子发现，例如合成化学、药物化学、分析化学、生物、药物代谢动力学（DMPK）/药物吸收、分布、代谢及排泄（ADME）、毒理及生物分析服务
美国区实验室服务	服务包括医疗器械安全测试服务的专业解决方案与细胞及基因疗法的全面生产及测试
临床研究及其他CRO服务	临床研究服务包括临床开发服务及现场管理（SMO）服务。临床开发服务分别包括项目计划、I期至IV期临床试验的临床手术、监控及管理、结果研究和医疗器械临床试验服务；嵌入式外包及临床信息学。SMO服务包括项目管理及临床现场管理服务
小分子新药工艺研发及生产业务（“CMO/CDMO服务”）	CMO/CDMO服务是一个一体化平台，支持开发生产工序及生产先进的中间体和活性药物成分及配方开发与药剂产品的生产、化学药物临床前及临床试验、新药申请及商业供应及早期至后期的广泛开发
其他	其他主要包括行政服务收入、销售原材料和销售废料的收入

本集团在履行了合同中的履约义务，即在客户取得相关商品或服务控制权时，按照分摊至该项履约义务的交易价格确认收入。履约义务，是指合同中本集团向客户转让可明确区分商品或服务的承诺。交易价格，是指本集团因向客户转让商品或服务而预期有权收取的对价金额，但不包含代第三方收取的款项以及本集团预期将退还给客户的款项。

满足下列条件之一的，属于在某一时间段内履行的履约义务，本集团按照履约进度，在一段时间内确认收入：(1) 客户在本集团履约的同时即取得并消耗所带来的经济利益；(2) 客户能够控制本集团履约过程中在建的商品；(3) 本集团履约过程中所产出的商品具有不可替代用途，且本集团在整个合同期间内有权就累计至今已完成的履约部分收取款项。否则，本集团在客户取得相关商品或服务控制权的时点确认收入。

本集团采用产出法确定履约进度，即根据已转移给客户的商品或服务对于客户的价值确定履约进度或者采用投入法确定履约进度，即根据本集团为履行履约义务的投入确定履约进度。当履约进度不能合理确定时，已经发生的成本预计能够得到补偿的，本集团按照已经发生的成本金额确认收入，直到履约进度能够合理确定为止。

合同中包含两项或多项履约义务的，本集团在合同开始日，按照各单项履约义务所承诺商品或服务的单独售价的相对比例，将交易价格分摊至各单项履约义务。但在有确凿证据表明合同折扣或可变对价仅与合同中一项或多项（而非全部）履约义务相关的，本集团将该合同折扣或可变对价分摊至相关一项或多项履约义务。单独售价，是指本集团向客户单独销售商品或服务的价格。单独售价无法直接观察的，本集团综合考虑能够合理取得的全部相关信息，并最大限度地采用可观察的输入值估计单独售价。

合同中存在可变对价的，本集团按照期望值或最可能发生金额确定可变对价的最佳估计数。包含可变对价的交易价格，不超过在相关不确定性消除时累计已确认收入极可能不会发生重大转回的金额。每一资产负债表日，本集团重新估计应计入交易价格的可变对价金额。

本集团根据在向客户转让商品或服务前是否拥有对该商品或服务的控制权，来判断从事交易时本集团的身份是主要责任人还是代理人。本集团在向客户转让商品或服务前能够控制该商品或服务的，本集团为主要责任人，按照已收或应收对价总额确认收入；否则，本集团为代理人，按照预期有权收取的佣金或手续费的金额确认收入，该金额按照已收或应收对价总额扣除应支付给其他相关方的价款后的净额，或者按照既定的佣金金额或比例等确定。

本集团向客户预收销售商品或服务款项的，首先将该款项确认为负债，待履行了相关履约义务时再转为收入。当本集团预收款项无须退回，且客户可能会放弃其全部或部分合同权利时，本集团预期将有权获得与客户所放弃的合同权利相关的金额的，按照客户行使合同权利的模式按比例将上述金额确认为收入；否则，本集团只有在客户要求履行剩余履约义务的可能性极低时，才将上述负债的相关余额转为收入。

在合同开始（或接近合同开始）日向客户收取的无须退回的初始费（如项目研发前期费用等）计入交易价格。该初始费与向客户转让已承诺的商品或服务相关，且该商品或服务构成单项履约义务的，本集团在转让该商品或服务时，按照分摊至该商品或服务的交易价格确认收入；该初始费与向客户转让已承诺的商品或服务相关，但该商品或服务不构成单项履约义务的，本集团在包含该商品或服务的单项履约义务履行时，按照分摊至该单项履约义务的交易价格确认收入；该初始费与向客户转让已承诺的商品或服务不相关的，该初始费作为未来将转让商品或服务的预收款，在未来转让该商品或服务时确认为收入。

2. 重要会计政策变更（见表19－68）

表19－68

会计政策变更的内容和原因	审批程序
变更内容：提前执行《企业会计准则第22号——金融工具确认和计量》《企业会计准则第23号——金融资产转移》《企业会计准则第24号——套期会计》和《企业会计准则第37号——金融工具列报》；变更原因：准则修订	董事会批准
变更内容：提前执行《企业会计准则第14号——收入》准则；变更原因：准则修订	董事会批准

本集团自2018年1月1日起执行财政部于2017年修订的《企业会计准则第14号——收入》。新收入准则引入了收入确认计量的5步法，并针对特定交易（或事项）增加了更多的指引。新收入准则要求首次执行该准则的累积影响数调整首次执行当年年初（即2018年1月1日）留存收益及财务报表其他相关项目金额，对可比期间信息不予调整。在执行新收入准则时，本集团仅对首次执行日尚未完成的合同的累计影响数进行调整。对于首次执行新收入准则当年年初之前发生的合同变更，本集团予以简化处理，根据合同变更的最终安排，识别已履行的和尚未履行的履约义务、确定交易价格以及在已履行的和尚未履行的履约义务之间分摊交易价格。

于2018年1月1日本集团采用新收入准则的影响详见表19－69。

本集团将与提供服务相关、不满足无条件收款权的应收账款重分类至合同资产，将与提供服务相关的预收款项重分类至合同负债。

表19－69

单位：元

项目	2017年12月31日	重分类	2018年1月1日
应收票据及应收账款	1 597 157 358.56	－185 676 717.37	1 411 480 641.19
合同资产	—	185 676 717.37	185 676 717.37
预收账款	604 132 140.03	－604 132 140.03	—
合同负债	—	604 132 140.03	604 132 140.03

同时，因执行新收入准则于2018年1月1日，本集团将77 122.673.54元从存货在产品重分类为合同履约成本，列报为存货。

与原收入准则相比，执行新收入准则对2018年12月31日财务报表相关项目的影响列示如表19－70所示：

表 19－70

项目	新准则下年末余额	调整	原准则下年末余额
应收票据及应收账款	1997.396 945.37	384 530 263.19	2 381 927 208.56
合同资产	384 530 263.19	－384 530 263.19	
预收账款	—	681 863 412.40	681 863 412.40
合同负债	681 863 412.40	－681 863 412.40	

3. 合同资产

（1）合同资产情况（见表 19－71）。

表 19－71

单位：元

项目	期末余额			期初余额		
	账面余额	减值准备	账面价值	账面余额	减值准备	账面价值
按预期信用损失一般模型计提坏账准备的合同资产	391 067 218.52	6 536 955.33	384 530 263.19	185 676 717.37	56 000.00	185 620 717.37
合计	391 067 218.52	6 536 955.33	384 530 263.19	185 676 717.37	56 000.00	185 620 717.37

（2）本期合同资产计提减值准备情况（见表 19－72）。

表 19－72

项目	本期计提	本期转回	本期转销/核销	原因
按预期信用损失一般模型计提坏账准备的合同资产	6 480 955.33	—	—	—
合计	6 480 955.33	—	—	—

其他说明：

本集团提前执行新金融工具准则，该准则对合同资产（预期信用损失）期初数影响金额为 56 000.00 元。

如按预期信用损失一般模型计提坏账准备，请参照其他应收款披露（见表 19－73）：

表 19－73

坏账准备	第一阶段	第二阶段	第三阶段	合计
	未来 12 个月预期信用损失	整个存续期预期信用损失（未发生信用减值）	整个存续期预期信用损失（已发生信用减值）	
2018 年 1 月 1 日余额	—	56 000.00	—	56 000.00

续表

坏账准备	第一阶段	第二阶段	第三阶段	合计
2018 年 1 月 1 日应收款账面余额在本期				
——转入第二阶段	—	—	—	—
——转入第三阶段	—	26 362. 18	26 362. 18	—
——转回第二阶段	—	—	—	—
——转回第一阶段	—	—	—	—
本期计提	—	5 309 036. 60	1 171 918. 73	6 480 955. 33
本期转回	—	—	—	—
本期转销	—	—	—	—
本期核销	—	—	—	—
其他变动	—	—	—	—
2018 年 12 月 31 日余额	—	5 338 674. 42	1 198 280. 91	6 536 955. 33

4. 合同负债

（1）合同负债情况（见表 19－74）。

表 19－74

单位：元

项目	期末余额	期初余额
一年以内	567 851 934. 74	533 522 477. 04
一到二年	92 458 562. 92	51 618 085. 12
二到三年	15 261 538. 19	11 876 714. 22
三年以上	6 291 376. 55	7 114 863. 65
合计	681 863 412. 40	604 132 140. 03

（2）报告期内账面价值发生重大变动的金额和原因。年初合同负债账面价值中金额为 490 120 662. 37 元已于本年度确认为收入。

5. 营业收入及成本

（1）合同产生的收入的情况（见表 19－75）。

表 19－75

单位：元

合同分类	中国区实验室服务	美国区实验室服务	临床研究及其他 CRO 服务	小分子新药工艺研发及生产业务	其他分部	合计
市场或客户类型						
境内客户	1 570 268 723. 96	—	453 789 886. 77	407 951 081. 00	12 611 127. 42	2 444 620 819. 15

续表

合同分类	中国区实验室服务	美国区实验室服务	临床研究及其他 CRO 服务	小分子新药工艺研发及生产业务	其他分部	合计
境外客户	3 543 135 763.91		130 840 405.75	2 290 934 383.65	—	7 169 062 773.89
按商品转让的时间分类						
按照履约进度在一段时间内确认收入	4 358 564 834.33	1 204 152 220.58	584 630 292.52	292 353 329.78	12 439 952.81	6 452 140 630.02
按照客户取得相关商品或服务控制权的时点确认收入	754 839 653.54	—	—	2 406 532 134.87	171 174.61	3 161 542 963.02
合计	5 113 404 487.87	1 204 152 220.58	584 630 292.52	2 698 885 464.65	12 611 127.42	9 613 683 593.04

合同产生的收入说明：

由于公司的经营性质，上表所述“按商品转让的时间分类”实为“按收入确认时点分类”。

（2）分摊至剩余履约义务的说明。本报告期末已签订合同、但尚未履行或尚未履行完毕的履约义务所对应的收入金额为 7 778 960 051.76 元。

示例 19－14：601607.SH 上海医药

1. 收入会计政策

本集团在客户取得相关商品或服务的控制权时，按预期有权收取的对价金额确认收入。

（1）销售商品。本集团将产品按照合同规定运至约定交货地点，在客户验收且双方签署货物交接单后确认收入。本集团给予客户的信用期根据客户的信用风险特征确定，与行业惯例一致，不存在重大融资成分。本集团已收或应收客户对价而应向客户转让商品的义务列示为合同负债。

本集团在向客户转让商品的同时，需要向客户或第三方支付对价的，将支付的对价冲减销售收入。

（2）提供劳务。本集团对外提供的劳务收入，根据已完成劳务的进度在一段时间内确认收入，其中，已完成劳务的进度按照已发生的成本占预计总成本的比例确定。于资产负债表日，本集团对已完成劳务的进度进行重新估计，以使其能够反映履约情况的变化。

本集团按照已完成劳务的进度确认收入时，对于本集团已经取得无条件收款权的部分，确认为应收账款，其余部分确认为合同资产，并对应收账款和合同资产以预期信用损失为基础确认损失准备；如果本集团已收或应收的合同价款超过已完成的劳务，则将超过部分确认为合同负债。本集团对于同一合同下的合同资产和合同负债以净额列示。

2. 重要会计政策变更

根据新收入准则的相关规定，本集团及本公司对于首次执行该准则的累积影响数调整2018年年初留存收益以及财务报表其他相关项目金额，2017年度的比较财务报表未重列（见表19－76）。

表19－76

会计政策变更的内容和原因	受影响的报表项目	影响金额2018年1月1日	
		本集团	本公司
因执行新收入准则，本集团及本公司将与销售商品相关的预收款项重分类至合同负债	合同负债	1 032 469 501.56	5 288 389.17
	预收款项	－1 032 469 501.56	－5 288 389.17
因执行新收入准则，本集团将摊销期限在一年以上的、为获取销售合同而发生的支出计入其他非流动资产	无形资产	－71 946 358.55	
	其他非流动资产	71 946 358.55	

与原收入准则相比，执行新收入准则对2018年度财务报表相关项目的影响如表19－77、表19－78所示：

表19－77

受影响的资产负债表项目	受影响的报表项目	影响金额2018年12月31日	
		本集团	本公司
因执行新收入准则，本集团及本公司将与销售商品相关的预收款项重分类至合同负债	合同负债	1 357 136 698.16	4 207 189.17
	预收款项	－1 357 136 698.16	－4 207 189.17
因执行新收入准则，本集团将摊销期限在一年以上的、为获取销售合同而发生的支出计入其他非流动资产	无形资产	－126 241 841.41	
	其他非流动资产	126 241 841.41	
因执行新收入准则，本集团将向客户支付的现金折扣冲减营业收入	调减财务费用	47 265 445.06	
	调减营业收入	47 265 445.06	
因执行新收入准则，本集团将为获取销售合同而发生的支出冲减营业收入	调减销售费用	27 062 091.28	
	调减营业收入	27 062 091.28	

表 19－78　　合同负债

	2018 年 12 月 31 日	2017 年 12 月 31 日
预收货款	1 357 136 698. 16	——

于 2018 年 1 月 1 日，本集团合同负债的余额为 1 032 469 501. 56 元，其中 987 607 665. 39 元已于本期转入主营业务收入，全部系销售商品收入。

第二十章
审计应对

第一节　识别与客户订立的合同的审计应对

一、识别合同的审计应对

（一）了解识别合同相关的内部控制

合同被定义为两方或多方之间产生可强制执行的权利和义务的协议。合同应包含各方的批准和承诺，识别出权利和义务，识别出付款条件，具有商业实质，并且主体很可能将收到其有权获得的几乎全部对价。阅读并理解销售合同的条款，有助于注册会计师了解合同存在所需的条件。

合同有书面形式、口头形式以及其他形式。值得注意的是，合同形式本身不能确定合同各方是否已批准合同。相反，在评估各方是否打算受合同条款和条件约束时，应当考虑所有相关的事实和情况。

某些情况下，口头或隐含合同（根据商业惯例）的各方可能已同意履行其相应的义务。但是，如果合同的每一方均有权利终止尚未被履行的合同，且不须赔偿另一方（或其他各方），合同即不存在。

书面合同条款可能不同于客户的预期，可能需要考虑与客户间的邮件或补充协议，并了解口头沟通、微信、短信沟通情况以及企业的正常商业惯例，以识别合同的所有条款。无论议定的条款是采用何种形式，如果协议确立了对各方具有约束力的可执行权利和义务，合同即存在。

识别合同相关的关键控制点可能包括但不限于：

1. 拟订合同文本时，除法律专家参加外，邀请财务部门专业人员参加，对于合同中订立的条款是否符合新收入准则对于合同的要求进行评估；

2. 在合同审批阶段，根据合同的类型不同而设定不同级别的审核要求；

3. 合同需要修订时，应当经过财务部门专业人员审核，确定其修订后的合同是应作为一项新合同还是应当作为补充协议；

4. 在提交合同申请时，需要比对最新的关联方清单确定是否为关联方交易，并按照规定的审批权限对与关联方的合同进行授权审批。

5. 合同签订后应由业务部门经办人员及时录入系统或合同台账，并由部门主管审批，每月由合同保管人员对合同的完整性进行复核。

6. 合同签订后应及时将合同副本提交给财务部门进行账务处理，保证会计处理的及时性。

（二）与识别合同相关的错报风险因素

在了解合同是否存在的情况下，注册会计师应考虑与不属于被审计单位正常条款和条件的非标准销售协议或交易的存在有关的风险。与之相关的风险因素包括但不限于：

1. 关联方交易；

2. 涉及新产品、新客户、国际市场，或新的销售渠道（例如，通过分销渠道的销售变动）的交易；

3. 基于口头或隐含合同的交易，此类合同可以执行或者是基于被审计单位商业惯例；

4. 在计划的发货日期之前发出的商品的销售，但没有客户协议或同意的证据或已记录的发货要求；

5. 在销售中有证据表明客户对产品的付款义务取决于以下条件：

（1）转售给另一（第三）方（例如，向分销商销售或寄售）；

（2）收到另一（第三）方的融资。

6. 合同签订后未能及时通知财务部，致使会计处理不及时；

7. 合同签订后未能及时录入系统或合同台账，导致会计处理的不完整。

（三）实质性审计程序

与被审计单位识别合同相关的实质性审计程序包括但不限于：

1. 查阅合同，识别与商品控制权转移相关的合同条款与条件是否符合准则的规定，重点关注以下方面：

（1）是否已获得双方的签署盖章。当合同是口头或隐含的形式时，需要向被审计单位获取充分适当的审计证据，并对证据进行评价（包括正面和反面）；

（2）查看合同条款中是否包含的明确和隐含的权利，若有，则需要评估管理层关于明确和隐含权利的此类结论。

（3）若合同有变更，检查与客户签订的补充协议。

（4）可利用专家的工作，并结合询问和其他证据，以判断该合同是否具有商业实质。

（5）结合客户支付对价金额的财务能力和支付对价的意图，判断交易价格的可回收性。

2. 通过查询客户的工商资料，询问被审计单位相关人员，以确认重要客户与公司是否存在关联关系。

（四）特殊行业的考虑

资产管理行业比较特殊，基金经理通常与基金订立合同，但基金是一个载体，使投资者能够将他们的资金通过基金聚集在一起，以便从基金经理的服务中获益。这种情况产生的问题是：应该将基金还是投资者视作客户。因此，在识别合同时，需要对主合同及补充协议的条款进行仔细阅读，对下列相关的内容进行重点甄别。

美国注册会计师协会财务报告执行委员会（Fin REC）认为以下情况可能支持基金是客户的结论：

1. 基金是单独的法律主体，可以设立为合伙企业、公司或企业信托。

2. 基金由独立于基金公司的董事会或其他形式的治理层进行治理。

3. 基金公司的费用安排和咨询费由基金协商，并按投资者类型一致地采用。

4. 大量潜在的多样化的投资者表明基金经理与基金有更直接的关系。

5. 看不出谁是基金的最终投资者，因为投资者通过第三方经纪自营商的综合账户购买基金。

6. 基金受到高度监管。

7. 基金经理和其他服务供应商可能与基金订立了多个不同的合同安排以提供不同的服务。

Fin REC 认为以下特征可能表明投资者是客户：

1. 基金经理就管理费与个别投资者订立了单独的“补充协议”安排（这在某些合伙企业结构中可能是常见的）。

2. 基金经理与个别投资者或一组投资者之间有积极的费用协商或互动，这些投资者通过他们在董事会或治理机构的职位直接或间接地控制基金的活动（即一组投资者作为基金的治理结构共同行动）。

3. 基金不是由独立于基金公司的董事会或其他形式的治理层进行治理。

4. 存在单一或有限数量的投资者。

二、合同变更的审计应对

（一）了解合同变更相关的内部控制

针对新收入准则对合同变更做出的规定和要求，注册会计师应在审计计划阶段走访被审计单位财务部门、业务部门和信息系统管理部门，了解管理层基于被审计单位的经营模式和历史经验，对内部控制流程做出了哪些调整。

如果按照历史经验，被审计单位销售业务中对正在履行的合同范围和价格进行修改是经常发生的情况，那么应考虑管理层是否建立了以系统化方式对合同变更情况及时录入、归集，并按照企业会计准则进行判断后做出适当的会计处理。

如果按照历史经验，被审计单位销售业务中的合同范围和价格调整是较为罕见的情形，则应关注在财务报告流程中，是否建立了应对偶发性事件的处理机制。例如，负责经办订单修改、审批的业务部门人员，是否清晰知晓应将合同变更的情况及时传递给财务部门。

在某些行业，比如经营建筑业、造船业、系统集成开发以及定制化的专用机械的生产、制造的企业，其提供的商品或服务比较特殊、复杂，如果涉及合同变更（比如设计规划修改造成的履约义务变化，进而导致订单总造价的调整），很难获取类似商品的市场售价来新增商品或服务的对价是否满足单独售价的定义。这种情况下，考虑历史同类订单的毛利率可能是较为可行的方式，这就需要管理层对以前若干年完成的订单信息建立数据库或者台账，作为判断依据。

合同变更相关的关键控制点可能包括合同变更的申请、批准，变更后信息的录入、归集和传递，以及财务部门对合同变更处理的复核、审批等流程。对于通过信息化方式处理合同变更的企业，还涉及相关系统应用的控制点。

（二）与合同变更相关的错报风险因素

结合现有信息及审计实务，与合同变更相关的重大错报风险因素包括但不限于：

1. 被审计单位未及时识别出合同变更，导致会计处理不及时。例如，业务部门未能将合同变更的信息传递给财务部门。

2. 管理层未能正确判断新增合同价款是否反映了新增商品单独售价，或者未能正确判断在合同变更日已转让的商品或已提供的服务与未转让的商品或未提供的服务之间是否可明确区分，导致会计处理不正确。

3. 管理层未能正确区分合同变更和可变对价，导致会计处理不正确。

例如，某企业经营港口货运、仓储业务。根据与常年客户签订的框架协议，每年处理货物总重在 1 000 万吨以下时，按照每吨 25 元的价格结算；如果超过 1 000 万吨，则超过部分按每吨 20 万元的价格结算。在报告期前三季度，该企业已经为客户处理了货物 1 000 万吨，按照每吨 25 元的价格结算；在第四季又处理了 400 万吨货物，按照 20 万元的价格结算。由于结算价格的变化已经在框架协议中明确约定，且被审计单位与该客户是常年合作关系，管理层有足够的信息对该价格变化做出合理预期，应作为基于客户销售额的可变对价进行会计处理（在前三季度确认收入时根据合理预期并结合历史经验，确定该可变对价的最佳估计数）。如果管理层将第四季度的价格变化作为合同变更处理（前三季度已结算部分按照每吨 25 元全额确认收入），则不符合准则规定，也不能反映经济业务的实际情况。特别是当前三季度的财务报表需要对外报送，甚至用于资本运作时，此处的会计处理不当可能导致财务报表的重大错报。

4. 管理层利用合同变更调节利润，或者因管理层专业判断的偏向导致会计处理不当。

（三）实质性审计程序

1. 应对合同变更相关错报风险的针对性程序

（1）获取报告期内的合同台账或者合同变更登记簿，检查合同变更是否得到适当的授权和审批。

（2）获取并检查变更后的合同、订单，结合修改后的条款，评价管理层做出的会计处理是否适当，必要时执行重新计算程序。

（3）结合存货监盘、存货出库的交易测试，检查变更后的合同中的新增商品（如有）是否按合同约定条款履约。

（4）根据类似商品的当期市场售价或者历史上同类交易的毛利率水平，判断新增商品或服务的对价是否公允。

（5）对于影响金额重大的合同变更，可考虑对变更后的合同条款执行函证程序。

2. 延伸检查程序

对于存在以下情况之一的合同变更，注册会计师应该识别为舞弊迹象，考虑执行延伸检查程序：

（1）临近资产负债表日进行的合同变更且导致结算价格上升、收入确认时点提前或者履约进度的比例增加的情形，特别是当被审计单位面临业绩承诺或者退市压力，以及被审计单位作为重大资产重组的标的资产时；

（2）变更的合同交易对手为被审计单位的关联方、经销商或者常年合作客户；

（3）变更的合同所约定的商品或服务为报告期内新增业务。

对于存在以上情形的合同变更，注册会计师应考虑走访交易对手，了解合同变更的真实原因和截至资产负债表日的履行情况，询问交易双方是否有抽屉协议，并实地观察交易对手的经营场所，综合判断变更后的履约义务是否具有商业实质；对于缺少类似商品市场售价或者历史上同类交易作为参照的商品或服务，可能需要追查至下一交易环节或者终端用户，评估交易对手是否有合理的利润空间，从而判断新增商品或服务的对价是否公允。

第二节　识别合同中单项履约义务的审计应对

一、了解识别合同中单项履约义务的内部控制

针对新收入准则对识别合同中单项履约义务做出的规定和要求，注册会计师应在审计计划阶段考虑以下几个方面：识别履约义务，包括已在合同中明确规定以及根据商业惯例可能隐含的义务；评价承诺的商品或服务是否可明确区分，在合同中是否可明确区分；评价一系列商品或服务是否应作为单一的履约义务处理。

在识别履约义务的环节中，关键控制点包括但不限于：对履约义务识别、承诺区分、单一履约义务认定是否经过恰当复核。

二、与识别合同中单项履约义务相关的错报风险因素

与被审计单位识别合同中单项履约义务相关的风险因素包括但不限于：

1. 合同内的履约义务未能适当识别（因为差错或舞弊），导致不当的提前或延迟确认收入。例如未能准确识别销售和付款条件的惯例和隐含履约义务的存在，一般情形如下：不符合被审计单位一般政策的销售条款；由商业惯例产生的合理客户预期；对销售使用非标准合同或合同条款等；

2. 补充协议被隐藏，导致不能正确识别履约义务等，例如补充协议可能产生与融资安排或与产品安装或定制有关的履约义务或不确定性，这可能解除客户在所有权上的某些风险和报酬，并表明客户不控制商品或服务，因此无法确认收入；

3. 不恰当地判断履约义务是否可明确区分；

4. 未能根据新收入准则实施对识别履约义务相关内部控制进行修改，例如隐含

义务的识别、商品或服务的区分、单一履约义务的判断等。

三、实质性审计程序

与被审计单位识别合同中单项履约义务相关的实质性审计程序包括但不限于：

1. 通过对相关人员访谈，抽样复核被审计单位与客户签订的合同，分析合同中履约义务的识别是否符合企业会计准则的规定、行业惯例及被审计单位的经营模式。

2. 通过对相关人员访谈，抽样复核合同，判断被审计单位对合同所包含的各单项履约义务（客户能够从该商品本身或从该商品与其他易于获得资源一起使用中受益；企业向客户转让该商品的承诺与合同中其他承诺可单独区分）的评估是否恰当。

3. 了解被审计单位的业务性质、商业惯例和已公布的政策，包括但不限于：

（1）登录被审计单位的网站并查看网站的内容；

（2）查看被审计单位公布的政策；

（3）除了会计部门以外，还询问被审计单位其他各个部门的人员（例如，销售、营销、法律、信息技术部门）；

（4）获得并查看分析报告；

（5）了解被审计单位竞争对手的政策和实务；

（6）了解影响被审计单位业务的行业、监管和其他外部因素。

4. 对重大合同的条款执行询证程序，在存在隐含的履约义务或被审计单位的操作与其规定的条款不同时，可函证协议条款或某些条件（补充协议或隐含协议）是否存在可能需要作出额外的考虑。

第三节　确定交易价格的审计应对

一、了解确定交易价格的内部控制

对新收入准则对确定交易价格做出的规定和要求，注册会计师应在审计计划阶段考虑合同中是否存在可变对价、非现金对价、重大的融资成分及应付客户对价等。

在确定交易价格时，交易价格可变的合同可能产生更高的重大错报风险。具有折扣、回扣、退款、信贷、价格折让、激励措施、业绩奖金或罚款的合同可能会影响被审计单位因转让承诺的商品或服务而预期有权获取的对价金额。这些条款的影响可能是基于管理层的估计并产生高度的估计不确定性，因此可能受到管理层偏误的影响。

另一种风险是管理层未能恰当地限制可变收入，而对于该可变收入，重大收入转回并不是很可能不会发生。

在评价和测试与确定交易价格有关的内控控制时，关键控制点包括但不限于：(1) 可变对价的估计经过恰当授权和审核，例如，当聘请估值顾问时，通常预期实施控制以确保他们的胜任能力和客观性；财务相关人员在合同开始日，根据合同、相关资料（历史数据、当前数据和预测信息）及会计准则对交易金额进行估计时，需经过恰当审核；(2) 确定非现金对价的公允价值，需经过恰当审核；(3) 识别和计量在合同中是否存在重大的融资成分，需经过恰当审核；(4) 对应付客户对价的判断，需经过恰当审核。

二、与确定交易价格相关的错报风险因素

与被审计单位确定交易价格相关的风险因素包括但不限于：

1. 交易价格的确定不准确的风险。注册会计师在审计过程中，需了解被审计单位及其环境。例如，被审计单位所处行业惯常的销售政策，被审计单位客户的类型和类别（如果向分销商的销售是重大的，必须了解是否以退货权或在被审计单位已订立的分销协议中其他安排的形式给予折让；在高科技行业的分销协议可能诸如价格保护、特定期间的退货权、过时产品的退货权和取消条款等约定，导致该协议的真正实质是“寄售”的存货)，有关定价、价格折让、退货、折扣、信用扩展、或有事项、正常交付和付款条款的政策。

2. 未根据新收入准则实施对确定交易价格相关内部控制进行修改。例如，可变对价的估计、非现金对价公允价值的确定、重大融资成分的判断等。

3. 了解被审计单位确定交易价格时可能需要作出重要的判断。

4. 关注管理层对可变对价的估计及管理层所使用的估值方法（或所用模型）和信息（过往、目前及预测信息）的合理性和支持证据。

5. 关注被审计单位是否存在大额退货情况以及是否涉嫌舞弊。

6. 关联交易中的交易价格不公允。

三、实质性审计程序

与被审计单位确定交易价格相关的实质性审计程序包括但不限于：

1. 检查重要销售或服务合同的定价和条款，确定是否符合销售及信用管理政策，并测试交易价格的确定是否正确。考虑代第三方收取的款项、预期将退还给客户的款

项，以及可变对价（如现金折扣、数量折扣、价格折让等）、合同中存在的重大融资成分、非现金对价、应付客户对价等因素的影响。

2. 访谈被审计单位销售、客户服务、退货部门及其他部门相关人员，了解交易性质以及可能与之相关的任何特殊条款。

3. 评估管理层估计可变对价考虑的因素和假设，包括管理层在进行估计时作出的假设是否基于对现有商业环境和趋势的合理评估以及最近可获得的信息；假设是否完整（即是否对所有相关因素作出了假设）；是否得到可靠信息的支持；假设的范围；已考虑但没有使用的替代假设，包括对可能与最终结论相反的信息的任何调节。

4. 针对附有销售退回条款的销售、客户额外购买选择权（奖励积分、常旅客计划等）、向客户预收销售款项（预售卡打折）、无需退回的初始费（如俱乐部的入会费等）等情况，检查收入确认政策，确定预计负债、合同负债的会计处理是否正确。

5. 对于附有客户额外购买选择权（如销售激励、客户奖励积分、续约选择权、未来商品或服务的其他折扣等）的销售，分析被审计单位对于该选择权是否向客户提供了一项重大权利的评估是否恰当，客户额外购买选择权的单独售价的估计是否合理，相应会计处理是否正确。

6. 对报告期内重要客户实施函证，可函证协议条款或某些条件（退货或退款条件）是否存在可能需要作出额外的考虑。

7. 对于存在舞弊迹象或者异常情形的交易，考虑对重要客户进行实地走访，并就交易条款中的定价考虑因素进行讨论，形成访谈记录。

8. 如果管理层在做出判断时利用了内部或者外部专家的工作，应评价管理层聘请的专家的客观性、独立性及专业胜任能力。

四、对特殊行业、特殊事项的考虑

1. 特殊行业

（1）房地产行业。

房地产开发商经常存在预收款的情形。根据新收入准则，管理层需要考虑是否存在重大融资成分，当安排中包含重大融资成分时，应相应调整交易价格。如果商品或服务的转移与付款相隔时间短于 1 年，即使合同本身期限超过 1 年，也允许企业在实务上简化处理，忽略货币的时间价值。

在审计的过程中，注册会计师需要评价被审计单位对是否恰当识别了重大融资成分，以及对重大融资成分的会计处理的恰当性做出判断；必要时，还应执行重新计算程序以测算金额的准确性。

(2) 资产管理。

例如，资产管理公司A（被审计单位）和客户B签订一项提供为期5年的资产管理服务的合同，被审计单位基于截至每季度末所管理的客户资产价值收取每季度2%的管理费。此外，若在该5年内该基金的回报超过可观察市场指数的回报，则被审计单位可获得相当于基金超额回报20%的基于业绩的奖励费。本例合同中的管理费和业绩奖励费均为可变对价。

根据企业会计准则的规定，包含可变对价的交易价格应当不超过在相关不确定性消除时累计已确认收入极可能不会发生重大转回的金额。每一资产负债表日，被审计单位应当重新估计应计入交易价格的可变对价金额。可变对价金额发生变动的，应将其分摊至相应的履约义务。

在审计的过程中，注册会计师需对资产管理人确认的可变对价执行分析程序和重新计算，同时根据合同条款和历史交易情况判断已确认的业绩奖励是否极可能不会发生重大转回。

2. 特殊事项

(1) 退货权。

在一些合同中，被审计单位向客户转移对产品控制的同时还赋予客户基于各类原因（如对商品不满意）退回产品及全部或部分返还已支付的对价、与货款抵免、换取另一产品等的权利。注册会计师在审计过程中，需要评估管理层关于明确或隐含权利的结论，对销售协议的细节进行函证（包括退货权）。

(2) 应付客户对价。

应付客户对价包括被审计单位向客户支付或预计支付的金额，并且可以以多种形式出现，应付客户对价可能包括（但不限于）进场费、合作广告安排、参见业务付费、返利或优惠券等。注册会计师在审计过程中需根据以下新收入准则的原理评估管理层关于应对客户对价的结论是否合理。

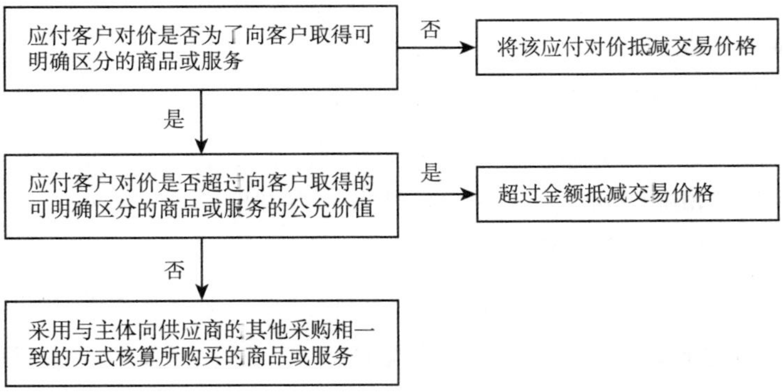

第四节　交易价格分摊的审计应对

一、了解交易价格分摊的内部控制

针对新收入准则对交易价格分摊做出的规定和要求，注册会计师应在审计计划阶段了解单独售价的确定、分摊合同折扣以及分摊可变对价等，如表 20 - 1 所示。

1. 单独售价

表 20 - 1

单独售价的确定		说明	可关注的流程和/或控制点
可直接观察	可直接观察的单独销售商品的价格	被审计单位在类似环境下向类似客户单独销售商品的价格，应作为确定该商品单独售价的最佳证据	合同或价目表上的标价可能是商品的单独售价，但不能默认其一定是该商品的单独售价
单独售价无法直接观察时	市场调整法	根据某商品或类似商品的市场售价考虑企业的成本和毛利等进行适当调整后，确定其单独售价的方法	被审计单位可以对其销售商品的市场进行评估，进而估计客户在该市场上购买被审计单位的商品所愿意支付的价格，也可以参考其竞争对手销售类似商品的价格，并在此基础上进行必要调整以反映被审计单位的成本及毛利
	成本加成法	根据某商品的预计成本加上其合理毛利后的价格，确定其单独售价的方法	预计成本应当与被审计单位在定价时通常会考虑的成本因素一致，既包括直接成本，也包括间接成本；在确定合理毛利时，应当考虑的因素包括类似商品单独售价的毛利水平、行业内的历史毛利水平、行业平均售价、市场情况以及被审计单位的利润目标等
	余值法	根据合同交易价格减去合同中其他商品可观察的单独售价后的余值，确定某商品单独售价的方法。例如，知识产权及其他无形产品，其增量成本很少	在商品近期售价波动幅度巨大，或者因未定价且未曾单独销售而使售价无法可靠确定时，可采用余值法估计其单独售价

注：应当最大限度地采用可观察的输入值，并对类似的情况采用一致的估计方法。

2. 分摊合同折扣（见表 20－2）

表 20－2

项目	说明	可关注的流程和/或控制点
合同折扣	合同折扣，是指合同中各单项履约义务所承诺商品的单独售价之和高于合同交易价格的金额。当客户购买的一组商品中所包含的各单项商品的单独售价之和高于合同交易价格时，表明客户因购买该组商品而取得了合同折扣。	被审计单位应当在各单项履约义务之间按比例分摊合同折扣。 有确凿证据表明合同折扣仅与合同中一项或多项（而非全部）履约义务相关的，被审计单位应当将该合同折扣分摊至相关的一项或多项履约义务。
同时满足下列三项条件，即表明有确凿证据表明合同折扣仅与合同中一项或多项（而非全部）履约义务相关	①被审计单位经常将该合同中的各项可明确区分商品单独销售或者以组合的方式单独销售； ②被审计单位也经常将其中部分可明确区分的商品以组合的方式按折扣价格单独销售； ③归属于上述第二项中每一组合的商品的折扣与该合同中的折扣基本相同，且针对每一组合中的商品的分析为将该合同的整体折扣归属于某一项或多项履约义务提供了可观察的证据。	有确凿证据表明，合同折扣仅与合同中的一项或多项（而非全部）履约义务相关，且被审计单位采用余值法估计单独售价的，应当首先在该一项或多项（而非全部）履约义务之间分摊合同折扣，然后再采用余值法估计单独售价。

3. 分摊可变对价（见表 20－3）

表 20－3

项目	说明	可关注的流程和/或控制点
同时满足下列两项条件的，被审计单位应当将可变对价及可变对价的后续变动额全部分摊至与之相关的某项履约义务，或者构成单项履约义务的一系列可明确区分商品中的某项商品	①可变对价的条款专门针对被审计单位为履行该项履约义务或转让该项可明确区分商品所作的努力（或者是履行该项履约义务或转让该项可明确区分商品所导致的特定结果）。	例如，是否获得奖金取决于被审计单位能否在指定时期内转让某项已承诺的商品；又如，为期两年的保洁服务合同中，第二年的服务价格将根据指定的通货膨胀率确定。
	②被审计单位在考虑了合同中的全部履约义务及支付条款后，将合同对价中的可变金额全部分摊至该项履约义务或该项可明确区分商品符合分摊交易价格的目标。	将交易价格分摊至各单项履约义务，以使被审计单位分摊至各单项履约义务（或可明确区分的商品）的交易价格能够反映其因向客户转让已承诺的相关商品而预期有权收取的对价金额。

注：对于已履行的履约义务，其分摊的可变对价后续变动额应当调整变动当期的收入。

二、与交易价格分摊相关的错报风险因素

1. 在分摊交易对价时所作出的估计存在偏向

为将适当的对价金额分摊至每一项履约义务，被审计单位必须在合同开始时确定

每一项履约义务所涉及的可明确区分的商品或服务的［单独］售价，并基于相对的［单独］售价分摊交易价格。由于涉及判断，因此在分摊交易价格或使用（针对分摊折扣和可变对价的）例外情况时，管理层通常制定一个应用相对的单独售价方法的流程。单独售价的最佳证据是被审计单位在相似情形下向类似客户单独出售商品或服务时，此类商品或服务的可观察价格。如果单独售价无法直接观察到，被审计单位应当作出估计。被审计单位应基于单独售价的估计将交易价格的一部分分摊至每项义务，即使其价值不容易观察到。如果价格无法观察到，估计单独售价的流程对于某些被审计单位来说可能是新的。管理层需要最大化地使用可观察输入值，而注册会计师应当根据市场情况和被审计单位的具体因素来评价这些估计。

有时交易价格包括与合同中的一项履约义务完全相关的折扣或可变对价。要求明确了被审计单位何时应将折扣或可变对价分摊至合同中的一项（或几项）履约义务，而不是全部履约义务。

2. 管理层有关分摊的评估和判断不适当

将折扣分摊至某些（而非全部）履约义务的能力是目前实务的一个重大变更。然而，关于何时应将折扣分摊至某些（而非全部）履约义务的标准可能会限制折扣能够分摊至的交易数量。“可观察的”证据标准要求被审计单位进行文件记录和制定流程，这通常会存在控制影响。如果符合准则中的可观察的证据标准，折扣应隶属于一项或多项履约义务。注册会计师应当考虑管理层评估和判断的合理性。

3. 管理层不具胜任能力

评估和分摊可变对价以及监督由此产生的交易价格变动，同时考虑融资和非现金对价，这对于会计资源有限的小型被审计单位来说可能更为困难，但对于任何规模的被审计单位而言都是一个挑战。注册会计师应当获取证据，以评价管理层得出以下结论所需的判断：有关可变付款额的条款专门针对被审计单位为履行一项履约义务所作的努力，并且将可变付款额分摊至一项履约义务使得交易价格的分摊符合准则的规定。如应更新可变对价的估计，且在大多数情况下，注册会计师需要测试已更新的估计，并获取关于所得出结论合理性的证据。

三、实质性审计程序

与被审计单位交易价格分摊相关的实质性审计程序包括但不限于：

1. 了解、记录并测试管理层政策、程序和结果

可能需要全面地记录管理层的政策、程序和结果，尤其在更复杂的情况下。在被审计单位必须估计单独售价的情况下，存在三种可接受的估计方法：经调整的市场评

估法、预计成本加毛利法以及余值法。在分摊交易价格时，目标是让被审计单位将交易价格分摊至每项履约义务（或可明确区分的商品或服务），而所分摊的金额应反映被审计单位因向客户转让承诺的商品或服务而预计有权获得的对价金额。默认使用余值法可能会违背此概念，并且不能反映交易的经济情况。余值法仅在特定标准得到满足时使用。除了其他程序以外，注册会计师还应当评价和测试所使用方法的适当性以及关于这些方法的证据。

2. 检查或观察双方之间合同的特征

虽然询问可以提供重要的审计证据，甚至可能提供错报证据，但仅凭询问通常不能就认定层面不存在重大错报提供充分的审计证据，而且单凭询问也不足以测试控制的运行有效性。商品或服务的合同价格或标价不能默认为一定是单独售价。在收集单独售价的证据时，检查或观察双方之间合同的特征可能是适当的。

3. 评价管理层可能存在的偏见

当根据单独售价或估计将交易价格分摊至每个履约义务时，注册会计师应当评价管理层的判断是否存在偏见。取决于被审计单位商品或服务的性质，可能不能获得基于单独售价的可观察价格。当被审计单位估计单独售价时，注册会计师一般需要获取管理层作出的各种假定和估计。当单独售价是基于不可观察的输入值，或当可变对价被分摊至一个或多个但不是全部履约义务时，估计不确定性的程度可能增加。在确定交易价格时，注册会计师应当考虑可能存在的管理层偏见对折扣分摊或对可变对价分摊的影响。

四、对特殊行业、特殊事项的考虑

（一）客户忠诚度计划中的里程积分

多数航空公司都有常飞旅客忠诚度计划，在该计划中，客户能够通过出行或购买其他商品或服务获得里程、积分或航段（统称“里程积分”）。忠诚度计划的目的是鼓励航空公司的客户带来更多的回头生意。航空公司忠诚度计划会员能够通过搭乘发起航空公司的航班或某些其他参与航空公司（与航空联盟相关的航空公司）的航班获得里程积分。参与计划的会员还可以通过向其他非航空合作伙伴（例如，信用卡发行人、零售商、酒店、租车公司及其他各类促销折扣店）购买获得里程积分。一经累积足够的里程积分，参与计划的会员就可以将其兑换为免费、折扣或升级的航空旅行以及其他奖励。通常，里程积分向航空公司客户提供了取得额外商品或服务的选择权。

在对里程积分进行会计处理时，航空公司应遵循，“如果被审计单位在合同中向客户提供有关取得额外商品或服务的选择权，仅当该选择权向客户提供客户在不订立合同的情况下无法获得的重大权利时（例如，通常在特定地域或市场中向指定客户类别提供的针对商品或服务的折扣范围的某个增量折扣），该选择权才形成合同中的履约义务。如果该选择权向客户提供重大权利，客户实际上是就未来的商品或服务预先向被审计单位进行支付，且被审计单位应当在此类未来商品或服务被转让或选择权失效时确认收入。”

在实务中，航空公司的里程积分变动频繁，涉及海量的交易数据，一般应该通过业务系统进行自动化的归集和处理。审计注册会计师在审计过程中应首先了解被审计单位对里程积分的会计处理方法是否符合新收入准则的要求，判断与重大会计估计相关的依据（例如历史交易数据、行业惯例等）是否充分。同时，应在信息系统测试中对与里程积分的数据完整性、及时性和处理的准确性相关的控制流程执行控制测试。

（二）电信行业中的确定单独售价及分摊交易价格

电信行业通常在多元化捆绑销售中向其客户提供多项产品及服务，因此需要确定制定单独售价的适当方法。这类安排可能包括出售通讯服务以及同时出售配套设备（例如，移动装置、路由器、调制解调器、移动服务、数据）。

分摊交易价格时采用的最佳价格是可直接观察到的价格。电信合同中的单独售价（例如，无线、有线）通常可观察到。也就是说，电信行业可能具有直接可观察到的向类似客户单独出售履约义务的交易。在这种情况下，电信公司应采用与类似客户订立的主体特定合同中可直接观察到的价格作为单独售价。

在公开标价（不论是内部还是外部）相当于可直接观察到的价格的情况下，分摊合同的交易总价时就应采用该价格。在标价反映相似交易及市场中类似客户将取得的价格时，采用标价分摊交易价格通常就是适当的。但是，不应假定标价是特定单独营销计划或多产品营销计划（其中每项产品都取得折扣）中售出产品及服务的单独售价。

在多数电信合同中（无线及有线），硬件可作为捆绑服务的一部分出售。多数情况下，捆绑套餐中的硬件（例如，移动装置或调制解调器）也可单独获得。在这种情况下，硬件的单独售价通常为在与类似客户的单独交易中出售的价格。需要注意的是，类似硬件的单独售价可能因其出售所在的司法管辖区或出售面向的客户类别而异。

对于无线服务合同，多数时候客户具有对其装置进行支付的不同选择权——导致同一装置有多个可观察价格。但是，单独售价可能是客户在不购买任何其他装置或不对服务协议的任何条款作出承诺的情况下购买装置支付的价格。这通常被称为没有附加条款的价格。

在一些情况下，电信行业可能提供免费产品（例如，平板电脑或电视机）作为吸引客户订立特定合同的营销激励措施。如果在基于合同进行考虑时未被确定为不重大的承诺商品或服务，免费产品在多数情况下通常将满足单独履约义务的定义。如果免费产品被单独出售，被审计单位应依赖可直接观察到的输入值来确定免费产品的单独售价。但是，可能存在在这类情况下被审计单位并未单独出售免费产品的情况。此时，如果无法针对单独履约义务取得被审计单位特定的可直接观察到的单独售价，电信行业将需要估计单独售价。

在其他电信服务计划中，附加语音及数据选择权通常将被单独定价。

对电信服务的多项履约义务，审计过程中也需要关注被审计单位会计政策、会计估计的合规性，以及信息系统的自动化控制的有效性。具体要求可参照前述（一）中的审计关注要点。

（三）使用余值法估计软件许可的单独售价

软件供应商常常将软件许可与其他产品和服务捆绑出售。例如，软件许可与维护服务捆绑（通常针对既定的期间）。商品或服务（或组成单一履约义务的一揽子商品或服务）的单独售价可能不是直接可观察的。在软件供应商不单独出售软件许可的许多软件交易中，这种情况尤其常见。在许多情况下，软件许可通常与维护服务或其他产品或服务（例如专业服务或托管）一起出售。

在某些情况下被审计单位可能使用“余值法”估计商品或服务的单独售价，即交易价格总额减去在合同中承诺的其他商品或服务的可观察单独售价的总额。仅当承诺的商品或服务是高度可变或不确定时，使用余值法估计承诺商品或服务的单独售价才是适当的。

许多软件供应商在过去都出售过一揽子软件（即软件许可与维护服务或其他产品或服务捆绑在一起），其价格因客户而存在很大差异。缺少单独出售软件许可的过往数据加上捆绑安排的可变定价可能使许多软件供应商考虑使用余值法来确定软件许可的单独售价。

在审计过程中，注册会计师需判断被审计单位采用余值法估计商品或服务的单独售价的前提条件是否满足企业会计准则的规定，以及做出估计的相关参数、假设是否适当，例如过往销售的价格数据的统计结果等等，必要时可能需要在信息系统测试中关注历史交易数据的完整性和准确性。在实质性测试程序中，注册会计师可能需要获取全年的合同台账或销售统计表，对涉及余值法分摊履约义务单独售价的业务以抽样方式实施重新计算等程序。

第五节　收入确认时点的审计应对

一、了解收入确认时点的内部控制

（一）时点确认收入

1. 对企业商品或服务的业务模式进行访谈、观察、检查，了解控制权转移的相关判断标准及收入确认的标志物，判断收入确认标志物是否满足商品或服务控制权转移的判断标准，是否符合准则要求。

2. 了解企业的营销模式，确定企业销售业务类别的划分，抽取样本，对不同类别销售业务涉及的商品或服务的控制权转移的内部控制流程的设计进行穿行测试，检查销售交易的处理是否业经复核；检查控制权转移时点与收入记录时间点是否一致，并确定收入确认时点的关键测试点。

3. 抽取控制测试样本，检查销售交易收入确认时点与控制权转移时点一致，且货物发送给真实且正确的客户，检查相关销售交易记录的收入确认时间点都记录在正确的会计期间。

4. 对于涉及的代销业务，检查是否与受托方签订代销协议，检查是否定期收取受托方的已销清单，检查代销收入确认时点是否与代销清单记录的销售时点一致。

（二）时段确认收入

1. 了解时段确认收入的履约进度计量的政策及相关计量证据依据，检查计量方法是否业经复核批准。

2. 对于采用投入法计量履约进度的，了解用于计量履约进度的指标，诸如消耗的资源、花费的工时数、发生的成本、流逝的时间或是使用的机器运转时数等，检查计量方法是否业经复核。

3. 对于采用产出法计量履约进度的，了解用于计量履约进度指标的确定，诸如实际测量的完工进度、评估已经实现的结果、已达到的里程碑、时间进度、已完成交付产品占产出指标等，检查计量方法是否业经复核。

4. 了解企业对履约进度计量是否设置技术复核部门并业经复核。

5. 了解企业内审部门是否定期抽查履约项目涉及的履约进度的计量。

6. 抽取样本执行穿行测试，检查履约进度确定的恰当性，并确定时段确认收入的关键控制点。

7. 抽取控制测试样本，检查履约进度计量政策执行以及时段确认收入的公允性。

二、与收入确认时点相关的可能错报风险

（一）时点确认还是时段确认的判断

根据新收入准则，收入确认时点首先需要区分合同履约义务是在一个时点履行，还是在一段期间履行，相应确定是时点确认收入，还是时段确认收入。如果应该选择时段确认收入的，选择了按照时点确认；或者应该按照时点确认收入的，选择了按照时段确认，由此造成收入的存在性、完整性、计价与分摊、截止性、分类和列报的认定均出现错报风险。

（二）时点确认下控制权转移的判断

对于按照时点确认收入的，对于控制权转移的判断一旦错误，将引致收入的提前确认或推后确认的风险，由此导致收入出现截止认定的错报风险。

（三）确认的履约进度不准确

对于按照时段确认收入的，需要选择按照产出法还是投入法计量履约进度。一旦履约进度的计量方法未能反映出履约进度的公允性以及真实性，收入确认的计价与分摊的认定将出现错报风险。

三、实质性审计程序

（一）时点确认收入

与被审计单位时点确认收入相关的实质性审计程序包括但不限于：

1. 从账面记录上抽取样本检查至证明控制权转移的标志物，再从证明控制权转移的标志物检查回账面记录，检查收入确认的标志物，以及是否满足商品或服务控制权转移的标准，完成收入的存在性及完整性的双向测试。

2. 对于临近资产负债表日前后的交易，分别从资产负债表日前和资产负债表日后，从账面记录上抽取样本检查至证明控制权转移的标志物，再从证明控制权转移的

标志物检查回账面记录，完成收入的截止性测试。

3. 检查是否每月与客户进行对账，并及时处理例外情况。

4. 检查期后的退货记录，判断是否存在提前确认收入的情况。

（二）时段确认收入

与被审计单位时段确认收入相关的实质性审计程序包括但不限于：

1. 对于时段确认收入的，获取企业项目实施进度表，抽取样本，检查履约进度的计算、预算成本的确定、相关收入金额的确定，以避免出现计价与分摊的认定风险。

2. 对于企业选定的计量履约进度的相关指标，检查相关指标的数据来源及可靠性。

3. 选取样本，向客户函证实施进度、付款约定、预收款项情况、预计完成时间、合同总收入等信息，必要时可函证与履约进度确认相关的合同条款。

4. 检查履约项目的工程监理报告或工程日报，与计量的履约进度收入进行比对，对于存在较大差异的，进行追查。

四、与收入确认时点相关的可能错报风险的特殊应对

对于信息化程度较好的企业（是指业务系统与财务系统通过数据传输能够实现信息对接的信息系统，例如实施了 ERP 的企业的业财信息的链接及共享），可以利用 IT 手段对收入确认时点进行检查，相关的测试检查程序包括但不限于：

1. 在企业信息系统的后台系统检查企业收入确认识别参数的设置，对于时点确认收入，检查控制权转移的判断要素的设置；对于按照时段确认收入，检查履约进度计量参数的设置，并与财务部门的收入确认标准进行比对。

2. 检查企业信息系统的后台系统中相关收入确认系统参数设置人员的权限分配、职责分离，若涉及任何变更和调整，检查变更前的授权、复核、日志管理以及日志保存。

3. 检查企业信息系统是否设置超级用户（指有权限访问全部信息系统的用户），若存在超级用户，检查超级用户的授权、登录及操作情况，是否涉及对收入确认时点的相关操作。

4. 检查财务核算系统与业务系统包括货物发运系统、物流管理系统、发票系统、订单系统、合同管理系统等之间的数据传输接口的设置、运行，检查该等业务系统是否涉及底层原始业务数据的修改，若涉及修改，检查是否履行复核审批，以及系统记

录是否完整。

5. 从货物发运系统导出全年的发货记录，将系统记录的发货时间点与从财务系统的收入确认时间点进行比对，对存在时间性差异的及异常迹象的进行追查。

6. 从物流管理系统导出全年客户的货物签收记录，将系统记录的客户签收时间点与财务系统的收入确认时间点进行比对，对存在时间性差异的及异常迹象的进行追查。

7. 从发票系统导出全年的发票开具记录，将系统记录的发票开具时间与财务系统记录的收入确认时间点进行比对，对存在的时间性差异分析原因；一般来说，开具发票的时间与商品控制权转移的时点并无必然关系，但如果存在显著异常，应考虑舞弊风险，并针对异常迹象的进行追查。

8. 从订单系统导出全部的订单，将系统记录的订单执行时间与财务系统记录的收入确认时间点进行比对，对存在时间性差异的及异常迹象的进行追查。

9. 从合同管理系统导出全年的合同，将系统记录的合同执行时间与财务系统记录的收入确认时间点进行比对，对存在时间性差异的及异常迹象的进行追查。

该等利用 IT 手段进行检查涉及的业务系统，需要使用 IT 手段从信息系统的后台安排相关数据的导出，与生成财务报表的财务核算系统的数据进行匹配。除检查收入的确认时点的准确性之外，这些程序也可以应用于对收入的真实性、完整性、计价与分摊等其他认定的检查，而并非仅仅只用于收入确认时点的检查测试。

第六节　特定交易的审计应对

一、主要责任人和代理人区分的审计应对

（一）与主要责任人和代理人区分相关的风险因素

与主要责任人和代理人区分相关的风险因素主要是因管理层判断的错误，导致对交易采用了不适当的会计处理，导致收入/成本、存货/相关往来款项列报的重大错报，具体可能包括但不限于：

1. 利用分销渠道销售商品；
2. 开发新的销售渠道，或分销渠道的销售变动；
3. 企业承诺安排他人提供特定商品；
4. 委托另一方（包括分包商）代为提供特定商品；
5. 基于口头或隐含合同的交易，频繁变更合同或者在截止日前变更合同；

6. 企业与第三方的合作方式，是企业本身提供相应的商品或服务（即企业是交易的当事人），还是安排第三方直接向客户提供相应的商品或服务（即企业是交易的代理人）；

7. 第三方拥有一定程度的定价权；

8. 企业开展融资性贸易（其交易实质是向贸易相关方（有部分是关联方）提供融资，并取得资金占用收益）；

9. 企业以信用风险、佣金等理由解释其商品销售模式。

（二）了解与主要责任人和代理人相关的内部控制

1. 与主要责任人和代理人相关的内部控制流程

与主要责任人和代理人相关的内部控制流程包括销售收入循环的合同审批与签订，以及企业的销售模式，主要涉及的内部控制活动包括但不限于：

（1）企业应当明确合同中的权利与义务，包括：被审计单位对履行向客户提供特定商品或服务的承诺承担主要责任（包括对特定商品或服务的可接受性责任）、被审计单位在特定商品或服务转让给客户之前、或在控制转移给客户之后（例如，若客户拥有退货权）承担存货风险、被审计单位对特定商品或服务拥有自主定价权等；

（2）对新增业务伙伴进行风险评估和准入制度；

（3）企业建立了完善的应对客户的投诉、纠正服务问题、并接受产品退货或主要负责换货或退款的制度和流程；

（4）企业对分销渠道的管理模式；

（5）企业在取得商品或者发出商品时，对于商品所有权的合同约定和实际执行方式；

（6）定期对账，框架合同复核和审批。

2. 了解与主要责任人和代理人相关的内部控制

上述内部控制活动中，与主要责任人和代理人区分相关的关键控制点包括但不限于：

（1）对大额预付贸易款进行专门的审查和审批；

（2）对贸易上下游企业的背景与资信进行严格审查；

（3）交易各方签订了正式销售合同，认可合同中记录的权利和义务；

（4）企业有合理的措施保证合同条款得到一贯执行；

（5）财务部门按照合同约定进行正确的账务记录；

（6）企业制定了合理措施保证管理层不能凌驾于相关控制之上，应对各方违反合同约定的情形；

（7）在提交合同申请时，需要比对最新的关联方清单确定是否为关联方交易，并按照规定的审批权限对与关联方的合同进行授权审批；

(8) 客观识别合同业务实质。

(三)实质性审计程序

与被审计单位主要责任人和代理人区分相关的实质性审计程序包括但不限于:

1. 如果另一方参与向客户提供产品或服务,分析被审计单位对其承诺的性质(被审计单位本身提供特定商品或服务,或者为另一方安排提供此类商品或服务)的判断是否正确。

2. 对于被审计单位判断自身是主要责任人的合同,分析属于哪种向客户转让商品前能够控制的情形:

(1) 被审计单位自第三方取得商品或其他资产控制权后,再转让给客户(如果被审计单位在特定商品的法定所有权转移给客户之前只是暂时性地取得该商品的法定所有权,则被审计单位不一定控制该商品);

(2) 被审计单位能够主导第三方代表本企业向客户提供服务(可以是对由另一方提供的商品或服务享有的权利);

(3) 被审计单位自第三方取得商品控制权后,通过提供重大的服务将该商品与其他商品整合成某组合产出转让给客户。

3. 对于被审计单位判断自身是主要责任人的合同,判断被审计单位是否综合考虑所有相关事实和情况(但这些指标既不能取代也不应凌驾于对控制的评估之上),包括被审计单位承担的责任、存货风险和对所交易商品的定价权等。

4. 分析被审计单位是否不恰当地考虑了某些因素,例如信用风险(通常不太相关或完全无关;原准则下某些企业试图用信用风险敞口推翻更强有力的反映代理人的证据)和佣金形式(尽管该指标有时对于评估企业是否为代理人可能会有所帮助,但对评估企业是否为主要责任人没有助益)。

5. 判断被审计单位的会计处理是否正确(企业在向客户转让商品前能够控制该商品的,该企业为主要责任人,应当按照已收或应收对价总额确认收入;否则,该企业为代理人,应当按照预期有权收取的佣金或手续费的金额确认收入,该金额应当按照已收或应收对价总额扣除应支付给其他相关方的价款后的净额,或者按照既定的佣金金额或比例等确定)。

(四)特殊行业的考虑

(一)融资性贸易

企业开展融资性贸易,其交易实质是向贸易相关方(有部分是关联方)提供融资，并取得资金占用收益。经营层面，加大企业的风险敞口；财务层面，按照全额确认贸易收入，导致营业收入虚增，关联交易信息披露不完整。

基于融资性贸易的经济实质，企业应以净额确认贸易收入，由于实际上采用了全额确认营业收入，从而导致收入和成本同时虚增，毛利率、利润率等重要财务指标背离了企业的实际运营情况及企业的发展定位，对报表使用人造成误导，并直接影响业绩考核和企业评定的结果。

1. 判断企业业务是否为融资性贸易

判断企业业务是否有以下类似情况：

（1）企业与贸易上下游企业分别签署贸易合同，除个别条款（如：交易价格、付款方式）外，两份合同中其他条款的格式和内容基本相同；

（2）与上下游企业约定的交货地点为同一地点。在货物流转时，企业与上游企业签署收货单的同时，向下游企业获取收货单，以完成货物的转移；

（3）企业向贸易上游企业购买商品，并提前支付大额预付款，且大部分并未取得担保；

（4）上下游企业之间为关联关系；

（5）下游企业明确要求企业向其指定供货商采购，并约定下游企业对该供货商资信负责；

（6）在业务中引入银行：

①由银行向下游客户的采购业务发放贷款，提供资金支持，被审计单位对于下游客户贷款承担连带偿还责任；

②银行向下游客户发放的贷款直接汇入被审计单位银行账户，用于向所指定的上游供应商采购货物；

③上游供应商收到货款后将所采购货物发至指定第三方仓库，被审计单位仓库监管员核对后签收货物明细，此时，被审计单位确认存货采购，同时，向银行提供接车明细（支付清单）；

④当下游客户向银行偿还贷款时，银行按照下游客户向银行的偿还贷款进度出具提货通知单。被审计单位根据提货通知单通知下游客户提走相应数量的存货，相应货物的物权随之转移至下游客户，此时被审计单位确认主营业务收入和成本。当下游客户无法向银行偿还剩余欠款时，被审计单位需用其自有资金或将存放于指定仓库尚未发货的剩余货物在市场上处置，以归还下游客户未清偿银行的剩余贷款。

如果仅从企业与上下游企业分别签署的贸易合同条款中约定的权利义务角度，上述融资性贸易可能被判断为一般贸易业务，从而忽略了其业务的实质，按照全额确认该贸易收入。

2. 关注企业内部控制

关注企业是否存在下列情况，从而将贸易性融资与正常贸易业务统一对待：

（1）存在以业务为导向、以业绩最大化的企业文化氛围；

（2）对其所处行业环境变化认识不够，对行业风险的识别和评估不足，未能切实建立并运行有效的风险评估和防控机制；

（3）在业务主导的企业环境下，财务等管理部门对于业务实质的理解不充分，内审等内部监察部门亦未能切实履行好监控责任；

（4）缺乏对其业务的特点和风险制定相应的内部控制管控措施；

（5）未对大额预付贸易款进行专门的审查和审批；

（6）未对贸易上下游企业的背景与资信进行严格审查；

（7）未深入了解业务的实质，仅依据购销合同的业务形式进行会计处理；

（8）业务部门未建立有效的风险预警机制。

3. 审计注意事项

（1）风险评估阶段。

避免基于以往年度审计工作经验进行风险评估的更新，认为上一年度已对贸易收入进行了较充分的工作，过于依赖上一年度的分析和判断，对于当年贸易业务的陡增未给予足够的重视。

（2）内部控制审计阶段。

避免仅基于以往年度对贸易业务内控流程的了解与基层业务与财务人员确认内控流程没有发生变更，而不将其作为重点设计内控测算程序，导致未能识别与新开展的融资性贸易业务相关的内控设计缺失。

（3）实质性测试阶段。

①抽样审阅合同文本、存货流转及收付款的凭证；

②与交易对手方进行安排访谈；

③对交易对手方进行深入的关联方检查。

（4）完成阶段。

①最终分析性复核程序时注意贸易收入变动情况；

②分析贸易业务量及相应收入金额变动的原因及合理性；

③将贸易业务性质的实质及相关风险列为关键领域进行分析。

（二）零售业

新收入准则基于单一的控制模型，对收入的确认和计量分为五个步骤进行分析和判断。对传统的百货商场和目前普遍存在的电商零售业可能产生的影响包括：总额法与净额法的问题、各种形式的代金券问题、应付客户对价与销售费用及其他成本费用的区分问题、附有退货权的销售问题以及预售卡的发售与兑换问题等。

1. 电商零售业

对于电商自营模式而言，需要分析其平台上的自营业务的性质，电商和供应商的权利义务与风险，判断在将商品销售给客户之前，电商是否取得了商品控制权，判断其是否为主要责任人。如果是主要责任人则应该采用总额法；是代理人的，则应该采用净额法。

实务中，电商自营部分与供应商签订的合同区分为经销和代销，在代销合同中，具有无条件退货的权利，且无条件退货期比较长，有的约定了一年时间，很多合同约定了任意时长可以无条件退货。约定销售之后一定账期内再与供应商结算款项，对于这种形式的销售，对于电商仓库中的商品归谁控制的问题，需要进一步确认。根据新收入准则的控制权模型，需要判断在商品销售给客户之前，电商是否控制该商品，例如，放在电商仓库中的商品，供应商是否还有权调拨给其他商家，如果不能，或者需要经过电商同意才可以，则说明电商在向客户出售之前控制该商品，是商品销售的主要责任人，应该采用总额法。

对于电商的平台模式，电商平台与商家之间建立多种各司其职的合作关系，电商平台为商家提供交易平台（包括商品展示系统、网上支付系统、商品销售系统以及后台管理系统），运营支撑、物流配送、以自身名义为消费者开具发票等各种服务，商家利用平台资源完成配送、销售及货款收取等一系列流程，并向平台支付服务费。在这种经营模式下，电商平台提供的是服务，不是商品销售，平台应该就其提供的服务金额确认收入，平台是作为商家的代理人，协助其完成商品销售，因而不应该将代商家收取的商品销售款计入其销售收入，即按照净额法确认收入。

独立电商，则是经营销售自身品牌商品的平台，其作为主要责任人没有争议。

2. 百货商场联营模式

在新收入准则下，百货公司需要考虑其在联营模式下是否为向客户提供商品的主要责任人。如果是百货公司是主要责任人，可以继续采用总额法；如果是代理人，应该采用净额法确认收入。

新收入准则给出了判断委托人还是代理人的指引：企业在判断其是主要责任人还是代理人时，应当以该企业在特定商品转让给客户之前是否能够控制该商品为原则。

企业在判断其是主要责任人还是代理人时，应当根据其承诺的性质，也就是履约义务的性质，确定企业在某项交易中的身份是主要责任人还是代理人。企业承诺自行向客户提供特定商品的，其身份是主要责任人；企业承诺安排他人提供特定商品的，即为他人提供协助的，其身份是代理人。自行向客户提供特定商品可能也包含委托另一方（包括分包商）代为提供特定商品。

当企业仅仅是在特定商品的法定所有权转移给客户之前，暂时性地获得该商品的法定所有权时，并不意味着企业一定控制了该商品。

实务中，企业在判断其在向客户转让特定商品之前是否已经拥有对该商品的控制权时，不应仅局限于合同的法律形式，而应当综合考虑所有相关事实和情况进行判断，这些事实和情况包括但不限于：

（1）企业承担向客户转让商品的主要责任。该主要责任包括就特定商品的可接受性（例如，确保商品的规格满足客户的要求）承担责任等。当存在第三方参与向客户提供特定商品时，如果企业就该特定商品对客户承担主要责任，则可能表明该第三方是在代表企业提供该特定商品。企业在评估是否承担向客户转让商品的主要责任时，应当从客户的角度进行评估，即客户认为哪一方承担了主要责任。例如，客户认为谁对商品的质量或性能负责、谁负责提供售后服务、谁负责解决客户投诉等。

（2）企业在转让商品之前或之后承担了该商品的存货风险。当企业在与客户订立合同之前已经购买或者承诺将自行购买特定商品时，这可能表明企业在将该特定商品转让给客户之前，承担了该特定商品的存货风险，企业有能力主导特定商品的使用并从中取得几乎全部的经济利益。在附有销售退回条款的销售中，企业将商品销售给客户之后，客户有权要求向该企业退货，这可能表明企业在转让商品之后仍然承担了该商品的存货风险。

（3）企业有权自主决定所交易商品的价格。企业有权决定与客户交易的特定商品的价格，可能表明企业有能力主导该商品的使用并从中获得几乎全部的经济利益。然而，在某些情况下，代理人可能在一定程度上也拥有定价权（例如，在主要责任人规定的某一价格范围内决定价格），以便其在代表主要责任人向客户提供商品时，能够吸引更多的客户，从而赚取更多的收入。例如，当代理人向主要责任人的客户提供一定折扣优惠，以激励该客户购买主要责任人的商品时，即使代理人有一定的定价能力，也并不表明其身份是主要责任人，代理人只是放弃了一部分自己应当赚取的佣金或手续费而已。

百货商场的联营专柜承担向客户转让商品的主要责任，商场的作用是进行形象管理，活动策划，提供统一收款和开具发票。在专柜向客户转让商品之前，商场并没有买下专柜的商品，并不承担存货风险，当商品存在质量问题等瑕疵，由专柜负责调换，如果双方发生争议，可能由商场出面解决客户投诉；双方签订合同时可能对专柜参与商场的活动提出了一定的要求，专柜经常选择性地参加商场的活动，专柜具有产品定价权，往往同一品牌专柜在不同商场具有相同的价格。

百货商场和联营专柜的关系非常类似于京东开放平台与卖家的关系，本质上是一种合作关系，因而百货商场很可能应该就其提供的服务确认收入。

值得注意的是，有一个重要的条款，验证百货商场赚取的不是商品销售收入，即“公司与供应商提前约定双方的保底结算比例，并约定供应商给予公司的保底毛利额”。因而百货商场需要重新评估其与品牌专柜之间的关系，考虑其收入确认的方式。

3. 审计注意事项

对于零售业主要责任人和代理人的审计，要关注企业相关内部管理制度是否健全，是否制定了符合企业经营模式的收入确认制度并得到一贯执行。在实质性程序执行过程中，需要抽样审阅合同文本、存货流转及收付款的凭证、与交易对手方进行安排函证和访谈、对交易对手方进行深入的关联方检查，并注意产品所有权变更的时间点、产品价格的制定权、风险的承担等因素。

二、知识产权许可的审计应对

（一）了解授予知识产权许可的内部控制

1. 与授予知识产权许可相关的内控流程

授予知识产权许可既有知识产权本身的管理，也包括授予知识产权许可的过程管理，因此与授予知识产权许可相关的内控流程主要涉及的内控活动包括但不限于：

（1）知识产权期限的管理。针对知识产权期限要由专人、分类进行管理，并由授权的高级人员进行定期复核。

（2）授予知识产权许可合同审批。不同知识产权许可合同需要根据金额大小由不同的授权人员进行审批。

（3）授予知识产权许可合同变更审批。当授予知识产权许可合同需要变更时，需要根据变更的内容，由业务部、法务部、财务部以及总经理（合同超过一定金额时）进行审批。

（4）由专人对授予知识产权许可合同进行核对登记，形成合同台账，并由授权的高级别人员进行定期复核。

（5）已授予许可的知识产权更新或维护。对于已授予许可的知识产权要分配专门的技术人员，根据知识产权自身的情况或者合同的要求定期更新或维护，并由技术部门的主管定期进行复核。

（6）已授予许可的知识产权摊销的记录。对于已授予许可的知识产权应当在系统中按月记录折旧摊销金额，由会计主管对其进行复核，并于每年年度终了，对使用寿命有限的无形资产的使用寿命及摊销方法进行复核。

（7）授予知识产权许可收入确认的记录。根据合同，按期或在客户已取得了该商品或服务控制权时确认收入，并经恰当的复核。

（8）涉及收入分成的业务，应建立并执行定期对账制度。

2. 与授予知识产权许可相关的关键控制点

与授予知识产权许可相关的相关认定可能包括：存在/发生，准确性、计价和分摊，如表 20－4 所示。

表 20－4

认定	容易出错的领域	关键控制点	控制活动描述
存在/发生	已记录的授予知识产权许可合同未经过恰当的审批	授予知识产权许可合同审批	不同知识产权许可合同需要根据金额大小由不同的授权人员进行审批
准确性、计价和分摊	已授予许可的知识产权摊销的方法或使用寿命不合理	已授予许可的知识产权折旧摊销的记录	对于已授予许可的知识产权应当在系统中按月记录摊销金额，并由会计主管对其进行复核，并于每年年度终了，对使用寿命有限的无形资产的使用寿命及摊销方法进行复核
准确性、计价和分摊	已记录的授予知识产权许可收入未经过恰当复核	授予知识产权许可收入的复核	根据合同，按期或在客户已取得了该商品或服务控制权时确认收入，并由会计主管进行复核
准确性、计价和分摊	已记录的收入与实际发生的收入不符	与客户定期对账	涉及收入分成的业务，应建立并执行定期对账制度

（二）与知识产权许可相关的风险因素

在了解被审计单位的过程中，注册会计师可能识别出风险因素，无论是内部或外部的，这些因素可能提醒注册会计师重大错报风险较高。

与被审计单位授予知识产权许可相关的风险因素可能包括但不限于：

1. 被审计单位已授予许可的知识产权本期已到期且没有续展；

2. 颁布了新的关于已授予许可的知识产权的法律或法规；
3. 有迹象表明已授予的知识产权的对价不能全部收回；
4. 在判断是按照某一时间段还是某一时点确认收入时未能按照准则要求进行；
5. 与关联方进行的知识产权许可交易；
6. 已记录的收入所采用的数据并非真实发生的。

（三）实质性审计程序

对于授予知识产权许可收入，应对其风险因素的实质性程序可能包括但不限于：

1. 取得合同台账清单，检查合同期限及交付、结算等合同执行情况。

2. 检查控制权转移时点的证据文件，并检查时间是否与合同约定相符。

3. 选取合同样本，并检查合同重要条款、控制权转移时点的证据文件，并对相关收入确认进行重新测算，以检查按证据文件确认收入的准确性，以评价相关收入确认是否符合公司的会计政策。

4. 选取合同样本，并对重要合同条款、期限、交付、结算情况等收入确认重要信息执行函证程序。

5. 执行截止性测试，以评价收入是否在恰当的期间确认。

6. 检查与合同成本有关的资产的组成及确认的准确性。

7. 通过查询客户的工商资料，询问公司相关人员，以确认重要客户是否属于关联方；如有，则需结合同类业务的市场价格或者历史上类似交易的毛利率等，评价知识产权许可的公允性。

（四）特殊行业的考虑

1. 网络游戏

网络游戏开发商许可第三方运营游戏，一般在初始许可运营时，收取一次性的授权金，并约定收益分成，在后续运营期间，持续提供后续服务。因涉及收益分成，则可能会根据游戏的道具收费、时间收费或是下载收费等来计算后续的许可收入，因此对于网络游戏的知识产权许可授予收入时，可考虑利用 IT 审计进行分析程序以确保：

（1）经营数据的完整性和准确性，是否存在被篡改的风险，与财务数据是否一致；

（2）用户真实性与变动合理性，包括新增用户的地域分布与数量、留存用户的数量、活跃用户数量、月活用户数量、单次访问时长与访问时间段等，系统数据与第三方统计平台数据是否一致；

（3）用户行为核查，包括但不限于登录 IP 或 MAC 地址信息、充值与消费的情况、重点产品消费或销售情况、僵尸用户情况等，用户充值、消耗或消费的时间分布是否合理，重点用户充值或消费是否合理；

（4）系统收款或交易金额与第三方支付渠道交易金额是否一致，是否存在自充值或刷单情况；

（5）平均用户收入、平均付费用户收入等数值的变动趋势是否合理；

（6）业务系统记录与计算虚拟钱包（如有）的充值、消费数据是否准确；

（7）获客成本、获客渠道是否合理，变动是否存在异常。

2. 影视行业

影视行业的知识产权许可，主要为影视制作商与播出平台采取根据收视率进行分账的形式，采用收益分成或者保底金额加收益分成的模式进行结算。其中收益分成依据内容定级、有效会员观看总时长、会员拉新等情况计算确定。因此，根据新收入准则，交易价格很可能在影视作品播放完或者按固定时间统计出来后才能确定。

在这种收费模式下，对于授予知识产权许可收入的确认，需要对分账数据的真实性进行重点关注，可考虑利用 IT 审计进行分析程序以确保：

（1）经营数据的完整性和准确性，是否存在被篡改的风险，与财务数据是否一致；

（2）不同平台观影用户占比是否符合商业逻辑；

（3）影视产品播放的时间段是否集中在合理的观看时间段；

（4）观影用户的观看时长与影片时长的合理性分析；

（5）观影用户真实性与变动合理性，包括新增用户的地域分布与数量、活跃用户数量、月活用户数量、单次访问时长与访问时间段等，系统数据与第三方统计平台数据是否一致。

第七节　合同成本的审计应对

一、了解与合同成本相关的内部控制

在了解被审计单位的过程中，注册会计师可能识别出风险因素，无论是内部或外部的，以下因素可能提醒注册会计师重大错报风险较高。

1. 已经进行账务处理的相关合同尚未签订或无法判断是否可以预期取得；

2. 记录了与一份当前或预期取得的合同不直接相关的成本；

3. （合同履约成本）有证据显示管理层对于增量成本预期能否收回的判断不准确，或者识别出管理层有错误判断增量成本预期能否收回的倾向；

4. （合同履约成本）发生的成本对增加企业未来用于履行（包括持续履行）履约义务的资源无益；

5. （合同取得成本）取得合同需要支付佣金的，合同取得后，收取佣金的一方还有重要的义务未完成；

6. （合同取得成本）合同取得成本与多份合同相关，且合同构成复杂；

7. （合同取得成本）合同后续期间客户的履约情况发生重大变化；

8. 合同成本摊销的计算不准确；

9. 合同成本减值准备的计提不准确；

10. 对合同成本在财务报表中未按照企业会计准则列报，例如分类不正确，或者未恰当划分流动性资产和非流动性资产等。

二、与合同成本相关的错报风险因素

1. 与合同成本相关的内部控制流程

（1）发生成本时，相关的合同已经签订或预期取得；

（2）发生成本的审批流程；

（3）（合同履约成本）管理层按照适当的程序对增量成本预期能否收回进行判断，且具有充分的依据，符合相关规定的要求；

（4）（合同取得成本）取得合同后，企业对于收取佣金一方及客户的持续关注；

（5）合同成本摊销的计算流程；

（6）合同成本减值准备的计提流程。

2. 与识别合同相关的关键控制点

与合同成本相关的关键控制点包括但不限于：

（1）发生成本时，确认相关的合同已经签订或预期取得；

（2）发生的成本经过适当的审批，以确保该成本与合同直接相关且真实发生，可能需要根据金额大小由不同的授权人员进行审批；

（3）管理层按照适当的程序对增量成本预期能否收回进行了正确的判断；

（4）取得合同后，企业有对于收取佣金一方及客户的持续关注制度并且得到了适当的执行；

（5）合同成本摊销经过正确的计算；

（6）合同成本减值准备的计提经过正确的计算。

三、实质性审计程序

对于合同履约成本，应对其风险因素的实质性程序包括但不限于：

1. 合同履约成本

（1）获取合同履约成本明细表：

①复核加计是否正确，并与总账数和明细账合计数核对是否相符。

②初始确认时摊销期限超过一年或一个正常营业周期，是否重分类到“其他非流动资产”列报。

（2）按成本构成分析本期发生的合同履约成本，将直接材料与材料耗用汇总表、直接工资总额与工资分配表核对一致，作交叉索引，并执行以下测试程序：

①获取履约项目累计已经发生的合同履约成本，分析各项成本占比，并与预算总成本进行比较，分析是否存在异常情况。

②对履约项目本期转销情况进行测算，是否考虑到与履约义务进度不成比例的已发生成本等因素的影响，并与履约进度计算做好交叉索引。

（3）抽取重大或异常履约项目，编制重大合同的项目履约成本检查表，并执行以下测试程序：

①获取制造费用明细表，比较当年度和以前年度，以及当年度各月制造费用的增减变动，询问并分析异常波动的原因。

②抽取发生额大和异常的分包成本项目，按对上的验工和分包的下浮比例对分包成本进行复核。

③抽取发生额大和异常的机械使用费项目，与合同履约情况进行复核。

④对已决算（已验工）的项目，抽取累计发生合同履约成本大的或异常的项目，将营业收入累计确认金额与工程决算书（验工单）核对。

（4）抽取本期发生额大的或异常的工程项目，进行实地观察。

（5）在合同履约成本借方发生额中选择资产负债表日前后的凭证，对合同履约成本实施截止测试，以确定合同履约成本被记录在正确的会计期间。

（6）必要时，抽取本期发生额大的或异常的工程项目，就工程项目的累计验工及形象进度向监理单位（业主）函证。

（7）对本期发生的合同履约成本的增减变动，检查至支持性文件，分析交易实质，确定会计处理是否正确。

（8）对应计入合同履约成本的借款费用，结合对长短期借款、应付债券或长期应付款的审计，检查借款费用（借款利息、折溢价摊销、汇兑差额、辅助费用）资本化的计算方法和资本化金额以及会计处理是否正确。

2. 合同取得成本

对于合同取得成本，应对其风险因素的实质性程序包括但不限于：

（1）获取或编制合同取得成本明细表，复核加计是否正确，并与总账数和明细账合计数核对是否相符，与报表数核对是否相符。

（2）检查合同取得成本所核算内容的分类是否正确。

（3）复核合同取得成本的增减变动，必要时抽查原始凭证，查阅有关合同、协议等资料，确定是否真实，检查会计处理是否正确。

（4）检查合同取得成本是否已按照企业会计准则的规定在财务报表中作出恰当列报。

3. 合同成本减值准备

对于合同成本减值准备，应对其风险因素的实质性程序包括但不限于：

（1）检查合同成本减值准备计提和转回的批准程序，获取企业支持性的（辅助性的）计算过程，并理解其应用的方法。

（2）确定该方法是否符合会计准则。合同成本减值准备的计算和账务处理是否正确，本期计提或转回是否与有关损益科目金额核对一致。

（3）评价合同成本减值准备所依据的资料、假设及计提方法，考虑是否有确凿证据为基础计算确定企业因转让与该资产有关的商品预期能够取得的剩余对价，检查其合理性。

（4）必要时，重新计算期末合同成本减值准备的金额或进行独立估计，与被审计单位的计算结果作比较。

4. 合同成本摊销

对于合同成本摊销，应对其风险因素的实质性程序包括但不限于：

（1）获取或编制合同成本的累计摊销明细表：

①复核加计正确，并与总账数和明细账合计数核对相符。

②确认摊销方法是否一致，是否合理，应采用与该资产相关的商品收入确认相同的基础进行摊销。

③重新测算摊销金额，形成本期摊销费用的期望。

④确定可接受的范围。

⑤与已记录的金额对比。

⑥与客户的适当人员讨论该波动。

⑦考虑对方回复的可信度，并验证相关解释及回复的恰当性。

⑧确定是否需要额外的程序，如是，实施适当的应对程序。

（2）检查其摊销政策是否合规、合理。摊销方法前后期是否一致。

第八节　新旧衔接的审计应对

一、了解列报、披露变化相关的内部控制

1. 新收入准则带来的列报、披露的主要变化

按照新收入准则的相关要求，根据企业履行履约义务与客户付款之间的关系在资产负债表中列示合同资产或合同负债。就对于财务报表的影响而言，该变化并不仅仅指资产负债表增加“合同资产”“合同负债”两个项目，同时还导致其他非流动资产、其他非流动负债、预收款项等项目列报内容的变化。

另外，由于新收入准则与原准则相比增加了应收退货成本、应付退货款、合同履约成本、合同取得成本等内容，虽然这些内容未直接增加财务报表项目，但是对其他流动资产、其他非流动资产、其他流动负债、预计负债和存货等项目的具体列报内容可能产生影响。

在披露方面，除了按照新收入准则更新会计政策和收入确认的具体方法之外，还涉及一些新的披露要求，例如前述的首次执行当期财务报表相关项目的影响金额、收入分解信息、履约义务的说明以及与剩余履约义务有关的信息等。

2. 与列表、披露相关的内部控制流程的变化

新收入准则带来的财务报表列报、披露的变化会深入影响企业财务报告流程相关的内部控制。注册会计师应尽早（至少不晚于首次执行新准则的会计期间之前的中期审阅或预审时）走访管理层，了解管理层为了按照最新准则要求编报所实施的准备工作，包括不限于对账套二级明细、科目余额表、财务报表结构以及账目记录和财务报表间映射关系的调整。

对于财务电算化水平较高的企业，编报可能采用信息化手段完成，需要结合对信息系统相关控制流程更新的了解程序。如果被审计单位的财务系统为订制软件及应用，或者在财务系统的升级、改造中利用了第三方服务机构的工作，可能还需要走访软件供应商或者服务机构，以评价更新后的财务报告流程是否满足新收入准则对列报和披露的要求。

二、与列报、披露相关的错报风险因素

结合上市公司执行新收入准则的实务，与新收入准则对列报、披露的要求相关的重大错报风险因素包括但不限于下列方面：

1. 列报方式不符合新收入准则的要求，例如未恰当列报合同资产或合同负债，或者一般工商业企业未按照合同资产、合同负债的流动性进行适当分类；又如，与履约义务相关的运输费仍列报为销售费用等。

2. 披露内容未按照新收入准则更新，例如会计政策、收入确认的具体方法，未体现出新收入准则的核心要求和变化。

3. 披露内容存在重大遗漏，例如未披露收入分解信息、分摊至尚未履行的履约义务的交易价格等。

三、实质性审计程序

对经审计财务报表列报、披露的复核程序，一般在临近完成阶段时执行。但是在执行实质性程序时获取的审计证据，也可能有助于注册会计师判断财务报表列报和披露的准确性。

对新收入准则相关列报、披露，注册会计师可能需要计划并实施以下审计程序，包括但不限于：

1. 获取并复核经审计的财务报表和附注，检查列报内容是否满足新收入准则和财政部关于财务报表格式的文件要求，披露信息是否完整、恰当。

2. 对于上市公司、拟 IPO 企业、国有企业、金融机构等被审计单位，同时关注对收入的相关列报、披露是否符合监管部门的要求，例如是否披露了按照新收入准则更新后的各类业务的收入确认具体方法。

3. 复核合同资产减值准备、合同取得成本、合同履约成本、应收退货成本、应付退货款（如有）、收入分解信息、履约义务的说明以及与剩余履约义务有关的信息等内容的披露，核对该等信息是否与审计过程中了解到的情况一致。

4. 对当期合同负债账面价值的重大变动的披露情况，可能需要对比其中重大项目的回函金额，判断是否相符；对存在差异的，应分析差异原因。需要注意的是，虽然按照新收入准则，对与收入确认相关的预收款作为合同负债列报，但是对交易对手来说，可能仍是均作为“预付款”。在执行函证程序时，对于同时存在预收货款、预

收租金或预收资产转让款的情况下，可考虑在函证中分别注明款项性质，这样有助于判断财务报表列报是否适当。

第九节　实务应用案例

一、制造业

示例 20－1：000063. SZ 中兴通讯

关键审计事项	该事项在审计中是如何应对
网络建设类合同的收入确认 网络建设类合同于 2019 年度在合并财务报表确认的收入为人民币 52 921 351 千元，占营业收入的 58%；在公司财务报表确认的收入为人民币 53 419 426 千元，占营业收入的 67%。这类合同主要包括设备销售、工程安装等多项商品及服务承诺。网络建设合同的收入确认需要管理层运用重大判断和估计： 一、判断这些商品或服务承诺是否分别构成单项履约义务。管理层需要考虑商品或服务是否可以明确区分。 二、判断每一项履约义务的控制权是在一段时间转移还是某一时点转移，管理层需要考虑向客户转让已承诺的商品或服务来履行履约义务的方式。 三、按照各单项履约义务所承诺商品或服务的单独售价的相对比例，将交易价格分摊至各单项履约义务，管理层使用预计成本加毛利法，主要依赖历史数据，一般以过往经验、项目配置、对安排的内在风险及不确定性评估等因素作为基础。 四、对合同变更，管理层需要判断是否增加了可明确区分的商品、变更日已转让的商品与未转让的商品是否可以明确区分，从而将交易价格在已转让商品和未转让商品之间进行适当分摊；对于尚未确定相应交易价格变动的，管理层需要对合同变更所导致的交易价格变动进行估计。以上这些因素使得网络建设类合同的收入确认较为复杂，因此，我们将网络建设类合同的收入确认识别为关键审计事项。 关于收入确认政策的披露参见财务报表附注三、24；关于收入确认的重大会计判断和估计的披露参见附注三、33；关于收入类别的披露参见附注五 40；关于合同资产的披露参见附注五、8；关于合同负债的披露参见附注五、25。	我们的审计程序主要包括： 我们了解了网络建设类合同收入确认流程和相关内部控制，评价了公司的收入确认会计政策，测试了关键内部控制设计和执行的有效性。 我们抽取样本，对网络建设类合同收入确认执行了细节测试： 对于单项履约义务的判断和控制权转移时间的判断，我们评估了管理层作出判断所依据的假设以及方法，并检查合同的关键条款。 对于交易对价的分摊，我们评估了公司所使用的预计成本加成法，将模型中所使用的主要参数（例如成本和毛利率）与历史数据进行了比较。 对于合同变更，我们检查了与客户签订的补充协议，评估了管理层在已转让商品和未转让商品之间分摊交易价格作出判断时所依据的方法； 对于金额尚未确定的合同变更，我们评估了管理层作出估计所依据的关键假设。

示例 20－2：600685. SH 中船防务

关键审计事项	该事项在审计中是如何应对
按履约进度确认收入 贵集团主要从事大型船舶建造及海工产品、船舶维修，如附注四（二十九）所示，对船舶建造及海工产品采用投入法，即累计实际发生的合同成本占合同预计总成本的比例确定履约进度，并按照履约进度确认收入。如附注六（四十九）所示，贵集团本年度按履约进度确认收入 185.87 亿元，占营业收入的比例为 85.15%，金额及其占营业收入的比例均比较重大，并涉及管理层做出的会计估计。 采用履约进度确认的收入涉及管理层的重大判断和估计，该等估计受到对未来市场以及对经济形势判断的影响，进而可能影响贵集团是否按照履约进度在恰当会计期间确认收入，因此我们将按照履约进度确认收入列为关键审计事项。	我们执行的主要程序包括： （1）了解并测试贵集团合同预计总收入与总成本的确定和变动的政策，程序，方法和相关内部控制； （2）比较已完项目实际成本与目标成本的差异，未完项目履约进度与实际生产进度的差异，以识别和了解差异产生的原因，并判断会计估计中是否存在管理层偏颇的舞弊； （3）检查在建合同及其结算等合同执行情况； （4）复核在建项目预计总成本合理性； （5）测试在建项目履约进度及其所依据的相关数据，确定其预估的准确性； （6）结合对存货的审计程序，对年末未完工合同进行现场盘点和截止性测试，检查已发生的合同成本归集是否准确。

示例 20－3：000338. SZ 潍柴动力

关键审计事项	该事项在审计中是如何应对
供应链解决方案服务收入确认 如财务报表附注七，52 所示，潍柴动力 2019 年度供应链解决方案服务收入人民币 18 341 103 742.64 元，对财务报表整体具有重要性．如财务报表附注五，26 及 34 所示，潍柴动力按照累计实际发生的履约成本占预计总成本的比例确定供应链解决方案服务合同的履约进度，管理层需要对供应链解决方案服务合同的预计总成本以及相应的履约进度作出合理判断，并于合同执行过程中持续评估和修订，该等评估和修订涉及管理层运用重大会计估计和判断，因此我们将供应链解决方案服务收入确认认定为关键审计事项。	我们针对这一关键审计事项执行的审计程序主要包括： （1）测试和评价与供应链解决方案服务收入相关的关键内部控制设计和执行的有效性； （2）基于风险特征抽取供应链解决方案服务合同，根据合同的约定具体情况，评估该等业务类型是否满足在某一时段内按照履约进度确认收入的要求； （3）基于成本预算资料，实际发生成本的报告以及履约进度计算表等资料，抽样复核履约进度的适当性； （4）抽样选取项目访谈相关业务负责人，了解项目履约情况及进度，与初始估计相比预算成本的调整情况及调整原因，以及是否存在其他非预期事项，必要时核查进一步的支持性证据； （5）选取项目对预算成本的合理性及准确性执行追溯复核程序； （6）必要时，选取项目，实地查看项目履约进度。

二、医药行业

示例 20－4：603295. SH 药明康德

关键审计事项	该事项在审计中是如何应对
客户定制服务（Fee－For－Service）的收入确认 集团主要通过其中国区实验室服务，美国区实验室服务以及临床研究及其他合同研发服务报告分部通过合同的形式向制药企业和研发机构在药物研发过程中提供专业化服务（以下简称“CRO”服务）。2019年度，集团 CRO 服务营业收入为人民币 9 098 933 025.02 元，其中 FFS 收费模式的收入为人民币 6 798 226 032.00 元，占集团 CRO 服务总收入的 74.71%。管理层识别出 CRO 服务合同中的履约义务，并在涉及的商品或服务的控制权转移给客户时确认收入。不恰当的对履约义务完成时点或者进度的确定可能导致收入确认的重大错报。因此，我们将 FFS 收费模式项下与客户合同的履约义务完成时间的判断识别为关键审计事项。	我们在审计过程中对该事项执行了以下程序： 1. 了解集团与确定合同中履约义务完成时间相关的关键内部控制，测试及评价相关内部控制的设计和运行有效性； 2. 询问管理层，查阅合同条款，评价集团关于收入确认时点的会计政策是否符合企业会计准则的规定； 3. 对 FFS 类收入执行细节测试，从已记录的收入交易选取样本，获取支持性文件，以测试集团是否已经在收入确认的时点履行了相关履约义务： （i）对于在一段时间内确认收入的 FFS 类业务，判断其是否满足《企业会计准则第 14 号——收入》下在一段时间内确认收入的条件，并评价采用投入法（根据履行履约义务投入的成本确认进度）或产出法（根据交付给客户的商品或者服务确定进度）确认履约进度是否恰当，复核管理层采用投入法或产出法确定的履约义务进度是否准确； （ii）对于在某一时点确认收入的 FFS 类业务，检查在该时点相关履约义务已经完成的审计证据，比如商品或者服务已经交付。

三、建筑业

示例 20－5：601186. SH 中国铁建

关键审计事项	该事项在审计中是如何应对
工程承包业务的收入确认 如财务报表附注五、47 所示，中国铁建的营业收入主要来自于工程承包业务收入，工程承包业务收入对财务报表整体具有重要性。如财务报表附注三、19 所示，中国铁建的工程承包业务，主要属于在某一时段内履行的履约义务，在合同期内按照投入法确定的履约进度确认收入。管理层根据工程承包项目的合同预算，对合同预计总收入、合同预计总成本作出合理估计以确定合同的履约进度，并于合同执行过程中持续进行评估和修订，这涉及管理层运用重大会计估计和判断。基于上述原因，我们将工程承包业务的收入确认认定为关键审计事项。	我们针对工程承包业务的收入确认执行的审计程序主要包括： （1）测试和评价与工程承包项目预算编制和收入确认相关的关键内部控制的有效性； （2）抽样选取工程承包项目样本，检查预计总收入和预计总成本所依据的工程项目合同和成本预算资料，评价管理层所作估计是否合理、依据是否充分； （3）选取样本对本年度发生的合同履约成本进行测试； （4）抽样选取工程承包合同台账中的工程项目，重新计算其履约进度，以验证其准确性； （5）选取工程承包项目样本，对工程形象进度进行现场查看，与工程管理部门等讨论确认工程的形象进度，并与账面记录的履约进度进行比较，对异常偏差执行进一步的检查程序。

示例 20－6：601800.SH 中国交建

关键审计事项	该事项在审计中是如何应对
建造合同收入确认 中国交通建设股份有限公司收入主要来自于按照履约进度确认收入的建造合同。按照履约进度确认收入涉及对合同预计收入和合同预计成本的重大判断和估计，包括管理层在合同执行过程中持续依据对合同交付范围、尚未完工成本等因素对合同预计收入和合同预计成本进行评估和修正。此外，由于情况的改变，合同预计收入和合同预计成本会较原有的估计发生变化（有时可能是重大的）。 建造合同收入确认的会计政策和披露信息见财务报表附注三、24 及 36、附注五、51 以及附注十五、10。	我们评价和测试了中国交通建设股份有限公司收入确认流程的内部控制，包括合同预计收入和合同预计成本编制及按照履约进度计算收入的内部控制； 选取了重大建造合同，复核关键合同条款并检查合同预计收入及合同预计成本； 抽样检查了相关文件核对已发生的合同成本； 执行了截止性测试程序，检查相关合同成本是否被记录在恰当的会计期间； 根据已发生成本和预计合同成本重新计算履约进度及收入； 对重大建造合同的毛利率执行了分析程序。

四、交通运输行业

示例 20－7：601111.SH 中国国航

关键审计事项	该事项在审计中是如何应对
收入确认 如财务报表附注五、39 及附注十四、4 所示，国航股份于 2019 年的合并及公司客运服务收入分别为人民币 124 524 583 千元及人民币 86 717 694 千元，对财务报表具有重要性。 如财务报表附注三、22 及 31 所示，国航股份客运服务收入于提供相关运输服务时确认为收入，在资产负债表日已出售但尚未提供相关运输服务的客运收款金额，以票证结算列报于合并及公司资产负债表。国航股份实行常旅客奖励计划，根据累计飞行里程提供飞行或产品奖励予会员。国航股份根据运输服务与奖励里程单独售价的相对比例，将收到的价款在运输股务和奖励里程之间进行分配，奖励里程所分配的价款作为合同负债预计一年后到期部分计入其他非流动负债列报于合并及公司资产负债表中。国航股份建立了较为复杂的信息技术系统，以跟踪每项销售的服务提供时点，并追踪派发的常旅客奖励里程及后续的兑换及使用里程数的情况。 由于客运服务收入是国航股份的关键绩效指标之一，同时其确认涉及较为复杂的信息技术系统和对常旅客奖励里程单独售价的估计，会导致与收入计入不正确的会计期间或收入被操纵相关的固有风险，因此我们将客运服务收入确认识别为关键审计事项。	我们针对客运服务收入确认执行的审计程序主要包括： 测试和评价国航股份与客运收入确认相关的关键内部控制，包括信息技术系统控制的设计和运行有效性； 对客运收入执行实质性分析程序，使用国航股份业务系统生成的独立输入值和信息，建立客运收入的预期值，并将预期值与客运收入的账面记录进行比较，以获取支持相关记录合理性的证据； 结合历史兑换情况及可能对未来兑换活动造成影响的常旅客计划变动情况，评估管理层在估计常旅客里程单独售价时采用假设的适当性； 对金额重大或符合其他特定标准的客运收入记录抽样检查相关支持文件。

示例 20－8：600221. SH 海航控股

关键审计事项	该事项在审计中是如何应对
航空客运收入确认 根据财务报表附注五（36）所述会计政策及附注七（59）所披露，海航控股航空客运收入于提供运输服务时确认，已出售但尚未提供相关运输服务的票款则作为负债计入预收款项。2019 年度，海航控股航空客运收入为人民币 643.36 亿元，占合并营业收入的 89%。由于航空客运收入金额重大，涉及交易数量庞大且涉及复杂的信息系统，故我们将航空客运收入确认确定为关键审计事项。	我们了解、评估并测试了海航控股航空客运收入的控制流程和管理层关键内部控制，以及航空客运收入相关的信息系统一般控制、自动及手工控制及系统生成报告。 我们对航空客运收入执行分析程序，并将贵集团信息技术系统生成的收入报告与财务系统航空客运收入金额进行比较分析。 我们针对航空客运收入相关的信息系统中的重要数据（包括机票价格、人数等）执行抽样测试，核对至相关支持性文件，包括运价通告、飞行任务书等。 此外，我们针对资产负债表日前后确认的航空客运收入执行抽样测试，与贵集团航班执行情况进行核对，以评估航空客运收入是否在恰当的期间确认。 我们选取符合特定风险标准的与航空客运收入相关的手工会计分录，核对至相关支持性文件以评估其真实、合理性。基于所执行的审计程序，我们发现航空客运收入确认可以被我们所获取的证据支持且符合航空客运收入确认的既定会计政策。

五、酒店餐饮行业

示例 20－9：0780. HK 同程艺龙

关键审计事项	该事项在审计中是如何应对
收入确认 请参阅综合财务报表附注 2.20 及 5 贵集团截至二零一九年十二月三十一日止年度的收入主要来自提供预订住宿服务及交通票务服务，分别为人民币 2 358 百万元及人民币 4 518 百万元。当用户通过贵集团预订的住宿成为不可撤销时，住宿预订服务所得佣金予以确认。交通票务服务的佣金于出票或旅游保险投保（扣除估计取消）时予以确认。 我们将贵集团的收入确认视为关键审计事项，由于贵集团交易量巨大且业务数据由自主同发的复杂信息技术（IT）系统处理并转移到会计记录中．我们在此领域进行大量审计工作。故我们将贵集团的收入确认视为关键审计事项。	（1）了解、评估及测试管理对主要收入类型的收入确认的流程及控制； （2）了解、评估及测试管理层对主要收入类型有关的重要 IT 系统的关键 IT 总体控制； （3）了解、评估及测试管理层的重要 IT 自动控制及重要 IT 系统与贵集团就其收入确认所用系统生成报告之间的接口程序； （4）通过检查相关支持性文件（包括销售订单、客户的佣金对账单及收款记录）对销售交易进行抽样测试； （5）选取符合特定风险标准的与收入确认相关的会计分录，核对至支持性文件； 基于所执行工作的结果，我们并未发现与收入确认有关的重大例外情况。

六、软件行业

示例 20－10：00268. HK 金蝶国际

关键审计事项	该事项在审计中是如何应对
软件安装收入 参见合并财务报表附注 41（b）和附注 26 截止至二零一九年十二月三十一日止年度，贵集团根据安装合同确认的软件安装收入为人民币 488 476 000 元，约占总收入的 15%。 软件安装合同根据完工进度在合同期间内确认收入。该完工进度依据合同阶段和客户确认的进度单来确定；相关的安装成本确认为销售成本。我们关注这一事项主要是因为软件安装收入对合并财务报表的重要性以及确定合同完工进度过程中会涉及到重大的管理层判断与估计。	了解、评估并测试了软件安装合同在收入和成本确认流程中的关键控制点。 使用抽样方法选取了部分合同实施以下审计程序： （1）检查安装合同条款核对合同金额的准确性以及复核管理层确认的完工进度； （2）核对管理层确认的完工进度与客户签收的安装进度确认单； （3）针对完工进度向客户进行函证。核对客户回函确认完工进度与管理层确认的完工进度；以及 （4）核对收入在完工进度下计算的准确性。 我们认为确定完工进度的过程中使用的重大判断和估计可以被我们获得的证据支持。

示例 20－11：600775. SH 南京熊猫

关键审计事项	该事项在审计中是如何应对
收入确认 关于收入确认会计政策详见附注三、（二十八）；关于收入的披露详见附注五、（四十）。 2019 年度，南京熊猫合并口径营业收入 46.60 亿元，主要来源于工业机器人及智能工厂系统工程、智能交通及智能建筑安装收入；电子制造产品、信息网络设备和消费电子产品的销售收入以及租赁服务收入。 公司确认收入的一般原则为：对于智能工厂系统集成、智能交通和建筑安装服务，履约义务是在某一时段内履行的，按照履约进度确认收入，以工程进度证明书作为收入确认的依据；对于工业机器人、电子制造产品、信息网络设备和电子产品等销售是在客户取得相关商品控制权时点确认收入；对于房屋租赁、物业管理等收入，根据合同约定的租赁期限按直线法确认收入。 由于收入是南京熊猫的关键业绩指标之一，从而存在管理层为了达到特定目标或期望而操纵收入确认时点的固有风险，因此我们将收入确认识别为关键审计事项。	我们针对收入确认执行的审计程序主要有： 1. 了解和评价管理层与收入确认相关的关键内部控制的设计和运行有效性； 2. 选取样本检查销售合同以及与管理层访谈，对合同进行“五步法”分析，判断履约义务构成和控制权转移的时点，进而评估南京熊猫销售收入的确认政策是否符合新收入准则的要求； 3. 结合应收账款函证程序，对本年记录的收入交易选取样本，检查与收入确认相关的支持性文件，包括销售合同、租赁合同、订单、销售发票、出库单、产品运输单、设备签收单、工程进度证明书、验收单、出口单证等单据，检查已确认收入的真实性； 4. 对收入和成本执行分析性程序，包括：本期各月份收入、成本、毛利率波动分析，主要产品本期收入、成本、毛利率与上期比较分析等分析性程序，检查已确认收入的准确性； 5. 针对资产负债表日前后记录的收入交易，选取样本，核对出库单、客户签收单及其他单证等支持性文件，以评价收入是否在恰当的会计期间确认。

七、房地产行业

示例 20－12：02007. HK 碧桂园

关键审计事项	该事项在审计中是如何应对
按在一段时间内确认的出售物业收入 请参照综合财务报表附注 5［重要会计估计及判断］和附注 6［收入及分部资料］。贵集团的履约过程中所产出的商品具有不可替代用途，且贵集团在整个合同期间内有就累计至今已完成的履约部分的合格收款权时，贵集团按在一段时间内确认出售物业的收入；除此之外，贵集团在买家取得已完工物业控制权的时点确认收入。2019 年度贵集团来自出售物业的收入确认为人民币 475 012 百万元，其中按在一段时间内确认的收入为人民币 96 562 百万元。对于所有物业销售，由于与买家的合同限制，贵集团不得更改或替换物业单元，或改变物业单元的用途，因此贵集团并不能将该物业单元用于其他用途。贵集团是否有就累计至今已完成的履约部分的合格收款权并采用在一段时间内的方法确认收入，取决于销售合同条款约定和该合同适用的法律解释。这涉及重大会计判断。关于销售合同的合格收款权，贵集团获得了法律顾问的意见。基于法律顾问的意见，管理层通过判断将销售合同进行有否合格收款权的合同分类。 在年末，贵集团根据已完成履约义务的进度对来自于在一段时间内确认收入的物业出售合同确认收入。在年末，已完成履约义务的进度按贵集团为完成履约义务而发生的支出或投入来衡量，该进度基于每份合同已发生的成本在预算成本中的占比来计算。贵集团根据物业类型和可售面积进行了成本分摊。在年末，管理层需要就整体成本预算的完整性和物业出售合同已完成履约义务的进度的准确性进行重大会计判断及估计。由于涉及的重大会计判断及估计，我们将按在一段时间内确认的出售物业收入作为一个关键审计事项。	为了解决这个关键审计事项，我们已执行的审计工作如下所示：为评估关于已采用在一段时间内的方法确认收入的销售合同中，贵集团是否有合格收款权的管理层判断的恰当性，我们已执行： （1）了解并评估了管理层识别销售合同有否合格收款权并进行分类的程序。 （2）复核了样本合同的关键条款以评估贵集团存在的合格收款权。 （3）获得并复核了贵集团法律顾问的意见书，特别是关于法律顾问对适用的当地法规的解释及其对贵集团合格收款权的影响。 （4）评估了管理层聘请的法律顾问的能力、经验和客观性。 关于整体成本预算的完整性和物业出售合同已完成履约义务进度的准确性，我们已执行： （1）对比了已完工项目的实际成本与管理层先前的估计成本以评估管理层以往作出该估计的准确性和成本估计方法的可靠性和恰当性。 （2）了解、评估和验证了生成每个物业单元成本基础数据的内部控制。 （3）评估了成本分摊基础的合理性，检查了物业单元的成本分摊的准确性。 （4）根据已完成销售合同的实际成本预算情况，结合了物业类型和可销售面积，评估了在建物业成本预算的合理性。 （5）对比了在建物业的整体预算建造成本与已通过管理层准予的预算。 （6）检查了相关支持性档案及适用的外部或内部监理工程师的报告以验证实际发生的建造成本。 我们认为，管理层用以确定贵集团是否有就累计至今已完成的履约部分的合格收款权，整体成本预算完整性，以及按在一段时间内确认的出售物业收入时在年末已完成履约义务的进度准确性的重大会计判断及估计能够被可获取的证据支持。

示例 20－13：000002. SZ 万科 A

关键审计事项	该事项在审计中是如何应对
房地产开发项目的收入确认 请参阅财务报表附注“三、公司重要会计政策、会计估计”注释25及“五、合并财务报表项目附注”注释41。 销售房地产开发项目产生的收入占贵集团2019年度营业收入总额的92.6%。这些收入在满足以下所有条件时进行确认： （1）与客户签署了买卖合同； （2）取得了客户的首期款并且已确认余下房款的付款安排；及 （3）房产已经被客户接受，或根据买卖合同约定被视为已获客户接受（以较早者为准）。由于房地产开发项目的收入对贵集团的重要性，以及单个房地产开发项目销售收入确认上的细小错误汇总起来可能对贵集团的利润产生重大影响，因此，我们将贵集团房地产开发项目的收入确认识别为关键审计事项。	与房地产开发项目的收入确认的评价相关的审计程序中包括以下程序： （1）评价与房地产开发项目的收入确认相关的关键内部控制的设计和运行有效性； （2）检查贵集团的房产标准买卖合同条款，以评价贵集团有关房地产开发项目的收入确认政策是否符合相关会计准则的要求； （3）就本年确认房产销售收入的项目，选取样本，检查可以证明房产已经被客户接受，或被视为已获客户接受的支持性文件，以评价相关房产销售收入是否已按照集团的收入确认政策确认； （4）就资产负债表日前后确认房产销售收入的项目，选取样本，检查可以证明房产已经被客户接受，或被视为已获客户接受的支持性文件，以评价相关房产销售收入是否在恰当的期间确认。

八、网络游戏行业

示例 20－14：0799. HK IGG

关键审计事项	该事项在审计中是如何应对
收入确认及递延收入的计算 请参阅综合财务报表附注3（a）、附注4和附注24以及附注2（q）（i）的会计政策。 贵集团通过以免费模式但同时亦为游戏玩家提供通过现金购买高级游戏资源的选择运营其自主研发的网络游戏来产生收入。该等高级游戏资源是虚拟道具，在游戏中能够为玩家提供额外的能力以增强其游戏体验。玩家可采用不同的支付平台（如：Google Play、Apple App Store、Facebook Payments、主要信用卡及PayPal）为高级游戏资源进行付款。该等第三方支付平台有权收取从向玩家收取的高级游戏资源的所得款项总额中预扣及扣除的服务费后，以净额支付给贵集团。高级游戏资源的收入于付费玩家通过每次购买获得更好游戏体验的期间按比例进行确认。管理层在考虑游戏商业模式、玩家消费模式以及游戏中玩家获得高级游戏资源的权利后，逐个游戏做出判断、估计服务期限。 于每个报告期末，就高级游戏资源所收取款项尚未摊销的部分计入递延收入。我们将收入确认和递延收入计算确定为关键审计事项，是因为收入是贵集团的关键业绩指标之一，且存在管理层为达到特定目标或预期而操纵收入确认时间的固有风险。	我们就评估收入确认及递延收入计算的审计程序包括以下程序： （1）管理层就收入确认的完整性、存在性以及准确性的关键内部控制的设计、执行和运作有效性进行评估，其中包括让我们的内部信息技术风险管理专家对相关的一般和自动信息技术控制进行评估； （2）对单独为贵集团产生重大收入的高级游戏资源的购买模式进行检查，并审阅贵集团向玩家提供的服务条款，以了解高级游戏资源的销售条款，其中包括贵集团就销售高级游戏资源所产生的义务，以及参考现行会计政策的规定对贵集团的收入确认标准进行评估； （3）以抽样方式对管理层就选定类别游戏的期间的假设和判断进行评估，并对该等预估的历史准确性开展追溯审查； （4）以抽样方式获取支付平台发出的每月结算报表以及银行水单，将结算报表的金额与银行水单进行比较，并将报表中的金额与账簿记录的金额和贵集团的记录进行核对，评估调节项目是否按照现行会计准则进行列账；及 （5）参考主要估计和假设，重新计算贵集团的收入和递延收入，并将结果与贵集团于年末确认的收入和递延收入进行比较。

示例 20－15：8267. HK 蓝港互动

关键审计事项	该事项在审计中是如何应对
游戏虚拟物品销售收入确认所涉及的会计估计 请参阅合并财务报表附注5。 截至二零一九年十二月三十一日止年度，来自游戏虚拟物品销售收入约为人民币136.0百万元。游戏虚拟物品销售收入确认涉及对游戏耐用类道具的生命周期（［玩家生命周期］）的估计。为收入确认的目的，管理层按游戏估计其玩家生命周期。对玩家生命周期的估计涉及固有的不确定性和主观性，其可能会影响当前期间与游戏虚拟物品销售相关的收入确认金额。因此，我们重点关注了此领域。	我们就游戏虚拟物品销售收入确认所涉及的玩家生命周期的估计执行的程序包括： （1）我们检查在玩家生命周期估计中使用的数学公式，并将玩家生命周期与历史数据和行业数据进行比较，以评估玩家生命周期估计中所使用方法和假设的恰当性。 （2）基于抽样的基础，我们检查了估计中所使用的重要输入值，包括将付费玩家数量、登录记录与直接从游戏服务器导出的原始数据进行检查。 （3）对于所选择的样本，我们重新计算了所选择游戏相关的玩家生命周期，并将结果与管理层估计的该等游戏的玩家生命周期进行比较。 我们发现，管理层所采用的假设和作出的估计为我们取得的凭证支持，并和我们的了解一致。

后　　记

感谢专业技术部万思宁、蒋伶倩、张娟、白璐、穆晨旭、韩天佩、薛惠、孙晶晶，以及北京办公室王娟、李力等同仁参与本书的编写工作。

Grant Thornton 致同

联系致同

总部
北京市朝阳区建国门外大街22号
赛特大厦1层
邮编　100004
电话　+86 10 8566 5858
传真　+86 10 8566 5120

北京
北京市朝阳区建国门外大街22号
赛特广场5层
邮编　100004
电话　+86 10 8566 5588
传真　+86 10 8566 5120

长春
吉林省长春市南关区南湖大路
鸿城国际B座10楼1005室
邮编　130042
电话　+86 431 8869 3555
传真　+86 431 8920 3788

长沙
湖南省长沙市中山路589号开福
万达广场C区3号楼3302－04号
邮编　410000
电话　+86 731 8526 1579
传真　+86 731 8566 4988

成都
四川省成都市
青羊工业集中发展区（东区）
敬业路229号H区7幢502号
邮编　610091
电话　+86 28 6150 1466
传真　+86 28 6150 1468

重庆
重庆市南岸区南坪西路28号
天福克拉广场A栋44楼
邮编　400060
电话　+86 23 6298 2647
传真　+86 23 6298 2646

大连
辽宁省大连市中山区鲁迅路35号
盛世大厦1408室
邮编　116001
电话　+86 411 8273 9275/76
传真　+86 411 8273 9270

福州
福建省福州市台江区
祥坂路口阳光城时代广场22层
邮编　350002
电话　+86 591 8727 2662
传真　+86 591 8727 0678

广州
广东省广州市天河区珠江新城
珠江东路32号利通广场10层
邮编　510623
电话　+86 20 3896 3388
传真　+86 20 3896 3399

哈尔滨
黑龙江省哈尔滨市道里区
经纬五道街16号7层（右侧）
邮编　150018
电话　+86 451 8420 8418
传真　+86 451 8420 8498

海口
海南省海口市国贸大道
新达商务大厦803室
邮编　570125
电话　+86 898 6855 6208
传真　+86 898 6854 2303

杭州
浙江省杭州市江干区市民街200号
圣奥中央商务大厦3501室
邮编　310000
电话　+86 571 8196 9519
传真　+86 571 8196 9515

香港
香港湾仔轩尼诗道28号12层
电话　+852 3987 1200
传真　+852 2895 6500

济南
山东省济南市历下区舜海路219号
华创观礼中心4号楼11－12层
邮编　250103
电话　+86 531 6897 8057
传真　+86 531 6897 8060

昆明
云南省昆明市人民西路315号
云投财富广场B3栋23层
邮编　650032
电话　+86 871 6838 3636
传真　+86 871 6837 6929

南京
江苏省南京市秦淮区中山东路532－1号
中山坊A幢2层
邮编　210019
电话　+86 25 6906 3686
传真　+86 25 6906 3667

南宁
南宁市良庆区凯旋路18号
广西合景国际金融广场45层
邮编　530028
电话　+86 771 5556 369
传真　+86 771 5536 576

宁波
浙江省宁波市鄞州区星海南路8号
涌金大厦2楼华商大厦7层
邮编　315041
电话　+86 574 8706 0769
传真　+86 574 8706 0767

青岛
山东省青岛市市南区福州南路16号
中港大厦11楼
邮编　266073
电话　+86 532 5861 5858
传真　+86 532 5861 5861

上海
上海市西藏中路268号
来福士广场45层
邮编　200001
电话　+86 21 2322 0200
传真　+86 21 6340 3644

深圳
广东省深圳市福田区金田南路
大中华国际交易广场写字楼14层（中区）
邮编　518048
电话　+86 755 3699 0066
传真　+86 755 3299 5566

太原
山西省太原市山西综改示范区
太原学府园区南中环街426号
山西国际金融中心2栋B座16层1605－1608室
邮编　030012
电话　+86 351 795 5588
传真　+86 351 795 5120

天津

天津市南开区长江道与南开三马路交口
融汇广场 2－1－2808 至 2812
邮编　300100
电话　+86 022 8747 5588

温州

浙江省温州市市府路 525 号
恒玖大厦 1504 室
邮编　325000
电话　+86 577 8898 6388
传真　+86 577 8898 3100

武汉

湖北省武汉市武昌区中北路 58 号
汉街总部国际 E 座 29 层
邮编　430071
电话　+86 27 8781 9677
传真　+86 27 8781 2377

厦门

福建省厦门市思明区湖滨南路 388 号
国贸大厦 16BC 室
邮编　361000
电话　+86 592 5166881
传真　+86 592 5166881

西安

陕西省西安市高新区锦业一路 6 号
陕西永利国际金融中心 24 层 2406－2407
邮编　710000
电话　+86 29 6563 5588
传真　+86 29 6563 5120

郑州

河南省郑州市郑东新区普惠路 80 号
绿地之窗云峰座 B 座 2611 室
邮编　450000
电话　+86 371 5526 9186
传真　+86 371 6165 5760

珠海

广东省珠海市香洲区兴业路 215 号
邮编　519001
电话　+86 756 2611 335
传真　+86 756 2611 719